中国历史文化名人传

烂漫饮冰子

梁启超传

徐 刚 著

作家出版社

出版说明

中华民族五千年文明史中，涌现了一大批杰出的文化巨匠，他们如璀璨的群星，闪耀着思想和智慧的光芒。系统和本正地记录他们的人生轨迹与文化成就，无疑是一件十分有必要的事。为此，中国作家协会于 2012 年初作出决定，用五年左右时间，集中文学界和文化界的精兵强将，创作出版《中国历史文化名人传》大型丛书。这是一项重大的国家文化出版工程，它对形象化地诠释和反映中华民族文化的基本精神，继承发扬传统文化的精髓，对公民的历史文化普及和建设社会主义文化强国都具有重要而深远的意义。

这项原创的纪实体文学工程，预计出版 120 部左右。编委会与各方专家反复会商，遴选出在中国文化发展史上产生过重大影响的 120 余位历史文化名人。在作者选择上，我们采取专家推荐、主动约请及社会选拔的方式，选择有文史功底、有创作实绩并有较大社会影响，能胜任繁重的实地采访、文献查阅及长篇创作任务，擅长传记文学创作的作家。创作的总体要求是：必须在尊重史实基础上进行文学艺术创作，力求生动传神，追求本质的真实，塑造出饱满的人物形象，具有引人入胜的故事性和可读性；反对戏说、颠覆和凭空捏造，严禁抄袭；作家对传主要有客观的价值判断和对人物精神概括与提升的独到心得，要有新颖的艺术表现形式；新传水平应当高于已有同一人物的传记作品。

为了保证丛书的高品质，我们聘请了学有专长、卓有成就的史学和文学专家，对书稿的文史真伪、价值取向、人物刻画和文学表现等方面总体把关，并建立了严格的论证机制，从传主的选择、作者的认定、写作大纲论证、书稿专项审定直至编辑、出版等，层层论证把关，力图使丛书经得起时间的检验，从而达到传承中华文明和弘扬杰出文化人物精神之目的。丛书的封面设计，以中国历史长河为概念，取层层历史文化积淀与源远流长的宏大意象，采用各个历史时期最具代表性的文化符号与雅致温润的色条进行表达，意蕴深厚，庄重大气。内文的版式设计也尽可能做到精致、别具美感。

中华民族文化博大精深，这百位文化名人就是杰出代表。他们的灿烂人生就是中华文明历史的缩影；他们的思想智慧、精神气脉深深融入我们民族的血液中，成为代代相袭的中华魂魄。在实现“中国梦”的历史进程中，必定成为我们再出发的精神动力。

感谢关心、支持我们工作的中央有关部门和各级领导及专家们，更要感谢作者们呕心沥血的创作。由于该丛书工程浩大，人数众多，时间绵延较长，疏漏在所难免，期待各界有识之士提出宝贵的建设性意见，我们会努力做得更好。

《中国历史文化名人传》丛书编委会

2013 年 11 月

梁启超

庄生曰："我朝受命而夕饮冰，我其内热欤？"

——梁启超，一八九九年八月二十六日《清议报》25 册

是年（一九〇一年）先生始号饮冰子。

——《梁启超年谱长编》175 页

目录

引子 一代宗师

寻觅于饮冰室，在长彗琼花间漫步，我仿佛看见，走出这情感飞动的时空隧道，一个死去的伟人和他蒙尘的思想正在复活。

这些年来写梁启超的、关注梁启超以及他所处的民国时代的人多了，这实在是中国文化界的一件幸事，此种现象或可多多少少地减轻我们数典忘祖的罪过，或者还能引发文化复兴的渺远之想。然而要让追思追问先哲的现象，成为一种思潮，成为“连续不断的群众运动”（梁启超语）还需时日，还需更多的前仆后继者，还需要我们远离尘嚣地从历史人物身上，从他的洋洋大著中以若干新见解、新观点奉献给社会及读者。以梁启超治学之论，史学是“将过去的事实予以新意义或新价值，以供现代人活动之借鉴”，且要有“新目的”。那么梁启超一生“新意义”、“新价值”何在？是否能震烁于二〇一三年的中国社会，从而使我们这些“现代人”，尤其是年轻人得到借鉴乃至灌顶而猛然醒悟呢？

或者也可这样说，我们不能再泛泛地写梁启超了，这个时代需要的是以史学的眼光解读梁启超，并且要“别具只眼”（梁启超语）。这一点，我自己就是不合格的。虽然，从一九九六年首版《梁启超传》始，二〇〇六年重修，二〇一〇年再修，内心所得的观感，对梁任公依然是望若河汉，而自己一改再改的作品不过是浮光掠影，是次又修订删改，欲以梁启超的历史研究法"攻"梁启超，在他的原著及史料中以他所教的"钩沉法"去钩沉他，便钩出了散见于千百万文字中，安详平静地蛰伏着的梁启超的音容思想，得着犹如为今而发的感慨！书成，我把这些所获所感，举其要者，着重于社会心理、文化教育，以为引子。

梁启超够得上思想家的称号吗？梁启超的思想是"肤浅"（陈独秀语），还是深刻？

梁启超，字卓如，号任公，流亡日本时与《民报》笔战，在历史上其绵延之影响不绝于今世者，为《驳某报之土地国有论》一文，任公明言："私有制度，虽谓为现社会一切文明之源泉可也。"为什么这样说？任公有详解："就历史上观察人类之普通性质，以研究现经济社会进化之动机"；"人类有欲望之故，而种种之经济行为生焉，而所谓经济上之欲望，则财务归于自己支配之欲望是也"；"惟归于自己支配，得自由消费之、使用之、转移之，然后对于种种经济行为，得以安故"；"故今日一切经济行为，殆无不以所有权为基础，而活动于其上"。任公又谓："盖经济之最大动机，实起于人类之利己心。"梁启超同时还指出，土地国有化的根本危机，是将国家立根之本、农民衣食之源的土地，"悉委诸官吏之手，则官吏之权力必更畸重，人民无施监督之途，而所谓民主专制之恶现象，终不可得避"。此种"恶现象"为何？官吏控制之下的土地财政，并且以国家的名义支配，"所谓国家以大资本家而经营者，亦限于独占事业而已……其结果势必尽吸一国之游资于中央，而无复余裕供给私人企业之需要，则一国中无复大资本家出现，诚哉然焉，但不识当时国民经济之状况，其萎敝若何耳！"何止经济，"然则此制度足以令政治趋于腐败，又必至之符矣"。

读者至此会生出何种感想，我不去揣测，以上文字，可谓梁启超有大思想家之目光如炬乎？倘仍感不足，不妨再列举任公于二十世纪之初访新大陆游记一端。其时适逢美国罗斯福总统巡视太平洋沿岸，并有讲演称“太平洋，洋中之最大者也，而此最大洋，在今世纪中，当为吾美国独一无二之势力范围”等语。梁启超据此有太平洋与中国之论：“世界大势日集中于太平洋，此稍知时局者所能道也；世界大势何以日集中于太平洋？曰：以世界大势日集中于中国故，此又稍知时局者所能道也；若是乎其地位可以利用太平洋以左右世界者，宜莫如中国。中国不能自为太平洋之主人翁，而拱手以让他人，吾又安忍言太平洋哉！”任公不忍言，我辈无以言，虽不忍言，虽无以言，今世今日太平洋上风涛能拒之不闻吗？

梁启超以最后十年的心力教书讲演，或可再问，在梁启超所处的日益西化的时代背景下任公坚守者为何？反对者为何？

梁启超对“教育”的一贯主张为“教人学做人”，后来在这一句话之后又加了一句话“学做现代人”。在《北海谈话录》中自谓做清华国学院导师，“当然有我的相当抱负而来：我要想把中国儒家道术的修养来做底子，而在学校功课上把它体现出来”。那么，《先秦政治思想》、《儒家哲学》、《戴东原哲学》及孔、老、墨、荀研究等等，都可做“底子”看，这个“底子”里不仅有学问，还有做人的道理及“人格上磨炼”的方法，任公嘱同学诸子，“自己先把做人的基础打定了”，且要有“道德信仰”，然后是“做人做学问”。当时的教育现状又如何？梁启超说“改造教育的要求，一天比一天迫切了”。“现在的学校多变成整套的机械作用，上课下课，闹得头昏眼花。进学校的人大多数除了以得毕业文凭为目的外，更没有所谓意志，”是次北海谈话在一九二七年初夏。而在一九二三年南京东南大学《课毕告别辞》中任公便说过：“现在中国的学校，简直可说是贩卖知识的杂货店，文哲工商，各有经理，一般来求学的，也完全以顾客自命。”这种只讲知识，不求精神和人格培养的教育，“我以为长此以往，一定会发生不好的现象。中国现今政治上的腐败，何尝不是前二十年教育不良的结果？”教育不良会生出政治上的腐败，任公所教也。教育不良所生的另一恶果便是“精神饥荒”，对于此种饥荒更可怕的是“人多不自知”，仍以为只是“知识饥荒”。

梁启超认为，救济“精神饥荒”之要者，首要就是立精神生活为第一。“物质生活，仅视为补助精神生活的一种工具”，“最要，在求精神生活的绝对自由。精神生活贵能对物质界宣告独立；至少，要不受其牵制”。而东方精神，“即精神生活的绝对自由”。

梁启超还认为，“苟无精神生活的人，为社会计，为个人计，都是知识少一点为好。……知识愈多，痛苦愈甚，作歹事的本领也增多”，“大奸慝的卖国贼，都是知识阶级的人做的”。一九二二年，在苏州学生联合会讲演，任公先讲：“问诸君‘为什么进学校’？我想人人都会众口一词地答道：‘为的是求学问。’‘你想学些什么？’恐怕各人的答案就很不相同，或者竟自答不出来了。诸君啊，我替你总答一句罢：‘为的是学做人。’”在道德的意义上，怎样成一个人？任公的教导是：“人类心理，有知、情、意三部分，这三部分圆满发达的状态，我们先哲名之为三达德——智、仁、勇。”为什么叫做达德呢？因为“这三件事是人类普通的道德标准，总要三件具备才能成一个人”。一个人的精神面貌，即任公说的“完成状态”又是什么样的呢？那就是孔子所说：“知者不惑，仁者不忧，勇者不惧，此即伟男子、大丈夫”，也就是“成一个人”了。

梁启超认为“教育应分为知育、情育、意育三方面。现在讲的智育、德育、体育不对。德育范围太笼统，体育范围太狭隘。——知育要教到人不惑，情育要教到人不忧，意育要教到人不惧”。梁启超对这三个方面的概括为：所谓“智者不惑”的必要条件，是具有“常识和学识的总体智慧，方能不惑”；所谓“仁者不忧”，“仁”字是说人格之完成，所以孔子说“仁者人也”，“仁”字从二人，因何？梁启超释义为：“总而言之，要彼我交感互发，成为一体，然后我的人格才能实现。所以我们若不讲人格主义，那便无话可说。讲到这个主义，当然归宿到普遍人格。换句话说：宇宙即人生，人生即宇宙，我的人格和宇宙无二无别。”然而何以因此无忧？因为我们知道了“宇宙和人生是永远不会圆满的”，《易经》六十四卦，始于《乾》而终于《未济》，正因永不圆满才有永远的创造和新生。“‘仁者’看透这种道理，信得过只有不做事才算失败，凡做事便不会失败。”“有这种人生观的人，还有什么成败可忧呢？”不仅不忧而且自得怡然，“他的生活，纯然是趣味化、艺术化”——梁启超的写照。“这是最高的情感教育，目的是教人做到仁者不忧。”既不惑且不忧，又养“浩然之气”，“‘虽千万人吾往矣’，这样才算顶天立地做一世人，绝不会有藏头躲尾左支右绌的丑态。这便是意育的目的，要教人做到‘勇者不惧’。”

梁启超是次讲演之末，几乎是大声疾呼了：“诸君啊，你千万不要以为得些片断的知识就算是有学问呀。我老实不客气地告诉你罢：你如果做成一个人，知识自然是越多越好，你如果做不成一个人，知识却是越多越坏。你不信吗？试想想全国人民所唾骂的卖国贼某人某人，是有知识的呀，还是没有知识的呢？试想全国人民痛恨的官僚政客——专门助军阀作恶鱼肉良民的人，是有知识的呀，还是没有知识的呢？这些人当几十年前在学校的时代，意气横历，天真烂漫，何尝不和诸君一样？为什么就会堕落到这步田地呀？”梁启超情不可抑，吟诵了屈原的几句诗：

何昔日之芳草兮，
今直为此萧艾也！
岂其有他故兮，
莫好脩之害也。

梁启超是现代科学、科学思想的热诚拥护者、传播者，又是科学万能、科学主义的坚决反对者。五四运动之后，舶来了“德先生”、“赛先生”。当时国中不少人认为，有了科学就什么都好了，是有科学与玄学的丁、张论战。梁启超认为“不能用科学来统一人生观”，在《人生观与科学》一文中说，人类生活固然离不开理智，但倘以理智涵括全部人类生活那就错了。所不能包括者为何？任公说：“还有极重要的一部分——或者可以说是生活的原动力，就是情感，情感表现出来的方向很多，内中最少有两件确确带有神秘性的，就是‘爱’和‘美’。”梁启超并且以“爱先生”、“美先生”称之，又谓：“‘科学帝国’的版图和威权无论扩大到什么程度，这位‘爱先生’和那位‘美先生’，依然永远保持他们那种‘上不臣天子下不友诸侯的身份’。”

这位“爱先生”和那位“美先生”，正是“情育”、“意育”的化身。有之，得大义凛然；无之，生暴戾凶残；有之，为清廉诚信；无之，则腐败卖国。任公发明的“爱先生”、“美先生”，衡量时下，其“新意义”不若惊雷闪电乎？

泰戈尔说过，“我们不能借贷历史”，中国人则厚今忘古，善忘、健忘历史。梁启超很早便指出了中国国民性中“健忘”的特症，一是在反袁战争结束后《五年之教训》的结句：“呜呼！毋忘！毋忘！呜呼！吾其如此健忘之民呵！”另一处稍晚载一九一五年七月《大中华》的《复古思潮平议》中，“甚矣！国人之善忘也”。梁启超开创《新史学》，带有“史性”的写作贯于毕生，尤其是学术成就最辉煌的最后十年，不仅几乎日日讲史，而且反复地讲历史研究法。任公何忧？忧当时人、后来人以历史为敝屣，忘犹过之也。所以梁启超一再呼告，像传道人之荒漠呼告一样：“史界革命不起，吾国遂不可救药。悠悠万事，惟此为大！”“《新史学》之著吾岂好异哉，吾不得已也。”史学到底具有何种意义？何种魔力？任公称：“史学者，学问之最博大而切实者也。国民之明镜也，爱国心之源泉也。”“历史者，以过去之进化，导未来之进化者也。”

梁启超在史学研究和写作中，因为得着“明镜”，使他成了最无情的自我解剖、自我讨伐者。在《清代学术概论》中，梁启超论自己：“启超之在思想界，其破坏力确不小，而建设者未有闻。晚清思想界之粗率浅薄，启超与有罪焉。”又：“启超务广而荒，……平心论之，以二十年前思想界之闭塞萎靡，非用此种卤莽疏阔手段，不能裂山泽以辟新局，就此论，梁启超可谓新思想之陈涉。”梁启超自比陈胜，让他当时的一班做文章的朋友很是吃惊。任公有自谦，但也极自信且坦坦荡荡地说：“虽然，国人所责望于启超者不止此，以其本身之魄力，及其三十年历史上所积之资格，实应为我新思想界力图缔造一开国之规模。”国人期望之重，任公又自许、自励、自叹："若此人而长此以自终，则在中国文化上不能不谓一大之损失也。"

梁启超的这一番话，其实正是在思想界造出一大境界的开始，《清代学术概论》写作前后，梁启超以《先秦政治思想史》、《中国历史研究法》及补编、《中国文化史·社会组织篇》、《儒家哲学》、《古书真伪及其年代》等气象宏阔、缜密精湛的鸿篇大著，架构近代中国思想文化界的"开国规模"，称之为先驱者、缔造者，不为过也。

社会乃至文化界一个不甚明了的问题是：文化有先进与落后吗？学问也以进化为法则吗？年轻时自言拥护社会达尔文主义的梁启超，由上世纪二十年代始，毫不犹豫地站到了此论之对立面，自此梁启超的相关论述，堪称世人如何审视当下与历史文化的宝典。在《研究文化史的几个重要问题》中，梁启超认为："宇宙事物可中分为自然、文化两系，自然系是因果律的领土；文化系是自由意志的领土。""历史为人类自由意志的创造品。"言及文化的进化，任公有一系列发问，且摘数问："说陶潜比屈原进化，杜甫比陶潜进化，但丁比荷马进化，索士比亚比但丁进化，拜伦比索士比亚进化……这些话都从哪里说起？"在《戴东原哲学》中，梁启超谓："有人说，依进化法则，二千年前人的学问，应该不及二千年后人……我说，此话不然。我们虽不敢说今人必不及古人，也不敢说古人必不及今人。不含时代性学说，尽可以几千年前的人发明了，几千年后的人无以易之。"任公认为："凡学说有含时代性的，有不含时代性的。例如君主政治好么？议会政治好么？苏维埃政治好么？这是含时代性的；'民为贵社稷次之'的原理，这是不含时代性的。井田好么？共产好么？几尔特好么？这是含时代性的；'不患寡而患不均'的原理，这是不含时代性的。含时代性的学说，要估量它的时代价值；不含时代性学说，是不必且不该用时代去估量呢。"戴东原治孔孟之学，写《孟子字义疏证》，"自成一家言"，"以识字为手段而别有'闻道'的目的在其后"，如戴东原自己所说："经之至者道也，所以明道者词也，所以成词者字也。由字以通其词，由词以通其道，必有渐。"

不识字——用字不确不当——其害如何？“识字和闻道真有那么密切的关系吗？”任公答道：“一点也不错，一个字表示一个概念，字的解释弄不清楚，概念自然是错误混杂囫囵……所衍出来的思想当然也同一毛病。”从孔孟之学到字义之学，“全部是不含时代性的，所以不发生时代价值的问题”。

任公所说的不发生时代价值问题，是指后来之时代所不能否定者，儒家哲学，识文写字，不是为今日之时代更迫切的需要吗？是“无以易之”？还是早已弃之？

梁启超做史学，还有两句话可为我们的座右铭：

> 史乎！史乎！其责任至重，而其成就至难。
> 吾愿与我同胞国民，筚路蓝褛以辟此途也。

梁启超辟出的史学新途中，因为他的钩沉比较，从“历史的瓦砾堆”里捡拾给南开、清华、燕京等大学学子的，却是极有新意义的宝贝物件。因为对“空谈说玄”、“静坐收心”的厌恶，并且以为此种学风不改，收获的必是清谈误国故，梁启超格外推崇颜习斋、李恕谷的“颜李学派”，其根本精神是“不要说只要做”。对于汉宋之学及高谈心性，格物穷理的程、朱、陆、王，“下极大胆的判语说，他们都不是学问”。为什么？因为他们“只说不做”。在《颜李学派与现代教育思潮》中，梁启超有此一叹：“所以颜李不独是清儒中很特别的人，实在是二千年思想界之大革命者。”

任公说：“颜先生为什么号称‘习斋’，一个‘习’字便是他的学术全部精神所在。”颜习斋说“习”：“心上想过，口上讲过，书上见过，都不得力，临事依旧是所习者出来。”习惯也，习惯而能成势成力。梁启超把颜李钩沉而出后，首先说“习”字，一个经性、国性所托，而我们人人皆识得却一概茫然的“习”字。梁启超称，习有“可怕”、“可贵”两层意思：“一个人性格之好坏，都是由受人以后种种习惯所构成。”先天禀赋不能支配，所以习斋一生“专提倡《论语》里的‘习相远’，《尚书》里的‘习以性成’这两句话，令人知道习之可怕。”颜习斋不认为“实习之外，能有别的方法得着学问，所以专提倡《论语》里‘学而时习之’一句话，令人知道习之可贵”。梁启超要求青年学子养成“在事上磨炼”，“不逐时流”的习惯，“修养品格起见，惟一的功夫是练习实务”。任公透彻明了地告诉我们:“学而时习之”当作何解。此一从孔孟、颜李学术中引申而出的释义，新意所在，已然明了。即:学了就要做，要改变习惯，要修养人格。我们还可联想，“学习”即从“学而时习之”来，可是这一简化，却把“时习之”的本义变得轻薄了，甚至抹杀了。对学子而言，学习就是背英语单词、做题目做到缺觉，更广大的社会层面，开会、讨论、学习，大约也就是接连不断空谈之类。

大哉！习斋之习！

梁启超笔端常带感情，他曾说:“我一生的政治活动，其出发点与归宿点，都是贯彻我爱国救国的思想与主张，没有什么个人打算。”梁启超可说是个彻底的爱国主义者。又因笃信“宇宙未济人类无我”，他又提出“中国人对于世界文明之大责任”。“人生最大的目标，是要向人类全体有所贡献”，“一个人不是把自己的国家弄到富强便了，却是要叫自己国家有功于人类全体”。于是“知道我们的国家，有个绝大责任横在前途”。什么责任呢？是“拿西洋的文明来扩充我的文明，又拿我的文明去补助西洋的文明，叫他‘化合’起来，成为一种新的文明”。直接引发梁启超这一番感慨，并于九十三年前第一个发出“中国人对于世界文明之大责任”的，缘自游历法国在巴黎与哲学家蒲陀罗（Boutreu，柏格森之师）相会，蒲陀罗一番话，任公“觉得顿时有几百斤重的担子加在我肩上”。蒲陀罗说:“一个国民最要紧的是把本国文化发扬光大。好像子孙袭了祖父遗产，就要保住他，而且叫他发生功用。就算很浅薄的文明，发挥出来都是好的。因为他总有他的特质，把他的特质和别人的特质‘化合’，自然会产生出第三种更好的特质来。”蒲陀罗是了解中国文明的:“你们中国着实可爱可敬，我们祖宗裹块鹿皮拿把石刀在野林里打猎的时候，你们不知已出了几多圣人了。”梁启超又与法国社会文化名流闲谈，“我说孔子和‘四海之内皆兄弟’，‘不患寡而患不均’，跟着又讲到井田制度，又讲些墨子‘兼爱’、‘寝兵’，他们都是跳起来说道：‘你们家里有这些宝贝，却藏起来不分点给我们，真是对不起人啊！’”因而任公说：“我们人数居全世界人口四分之一，我们对于人类全体的幸福，该负四分之一的责任。不尽这责任，就是对不起祖宗，对不起同时的人类，其实是对不起自己。”

要感觉梁启超笔端浓得化也化不开的爱，还要读《梁启超年谱长编》、《梁任公先生年谱长编》中，他写给“放洋”的儿女们的信，他把最富爱的魅力的言词，都给孩子们了，“大宝贝”，“小宝贝”，“对岸的一群大大小小的宝贝们”，家事国事著述等等，还有家庭生活中的趣事，皆与孩子们分享。但自己血尿之初，后来几小时、几十小时的小便堵塞的痛楚，却从未言及，只是告诉大女儿思顺：“我平常想你还可以，每到病发时便特别想得厉害，觉得像是若顺儿在旁边，我向他撒一撒娇，苦痛便减少许多。”梁启超把对孩子们的情感，以爱情名之，儿女情长之极者也。任公对孩子们完全是爱的情感教育，然后是人格修养，习惯的提醒。梁启超，伟大的父亲！

我雅不愿以伟大的思想家，伟大的史学家，伟大的教育家，伟大的文学家，祝告于西山任公墓前，可是我又怕任公责为“啰嗦”，为史极不可有一点夸张之嫌。虽然，我欲辩之，末学岂敢？故以任公为文简洁之好，剪而裁之曰：一代宗师。

可乎？可乎？

第一章

神童初出

珠江三角洲南端，广东新会县城往南约二三十公里，西江入海之处，因为河海冲积相隔而成的七个小岛中央，便是茶坑村——梁启超的桑梓之地。

西江水涨水落，南海涛声依旧。

日落日出，总是江花璀璨，夏秋之际，村前清澈的小河上，会有风帆驶过，把那江花剪成碎片，恍若熔金，对应着天上的或者暮云合璧，或者朝晖万道。

村后有一座小山，长着青松翠竹。山上的凌云塔建于明代。绕塔漫步，珠江三角洲可以尽收眼底，南海潮亦隐约可见。

新会属亚热带气候。

你无法想象，这样的气候下茶坑村的土地所具有的似乎是无穷无尽的活力：花开四季，严冬无雪，有桑园、柑橘、香蕉，还有行销海内的大葵扇。

这只是一个方面。茶坑村的居民每每被海岛气候中常见的台风侵扰，风声涛声摧枯拉朽，教人骇然。祖祖辈辈生于斯长于斯的茶坑人，却已经习以为常了。茶坑村的气候可谓忽晴忽雨忽冷忽暖。《新会县志》

云:“一日之间，雨晴寒暑，顷刻则易。夏秋之间，时有飓风，或一岁数发，或数岁一发。又有石龙风，其作则黑云翔海，猝起俄顷。”

抗拒灾难，善于应变，身处飓风中心而不惊不慌，便成了在特定的地理环境下造就的新会茶坑人的性格。又因为世居小岛，为外面的世界所吸引，因此好读书、尚学问、求仕途，向往升官发财光宗耀祖，便也成了茶坑世风。

一八七三年正月二十六，茶坑村又添新丁——梁启超诞生。

在《三十自述》中，梁启超谓:“余生同治癸酉正月廿六日，实太平天国亡于金陵后十年，清大学士曾国藩卒后一年，普法战争后三年，而意大利建国罗马之岁也。”人之初生，其偶然者，不知为谁家子，不知落于何地;其必然者，必然有生，且必然有死。梁启超客观的自述，却自觉地把一己之命运，与国家和世界相联系，因缘际会，风生水起，蹉跎岁月，梁启超出矣。

“中国极南之一岛民也，余乡人也——”梁启超自谓。

“汝自视乃如常儿乎？”

父亲梁宝瑛在梁启超两岁时，便常常这样训导梁启超。那时，在母亲膝下，梁启超已开始认字了。

祖父梁维清视乃孙梁启超为神童、奇才，四岁的梁启超便在祖父的教导下读《诗经》，到了晚上，祖父先给他讲故事，然后再背书，困了就与祖父同榻而卧。

梁维清教梁启超写字，所临的字帖全是柳公权的，并对梁启超说:“汝日后书法应如柳公权的刚健婀娜。进士及第，皇上朱批，先见字而后见文，汝当记取。”

梁启超记住了，不仅写得一手好文章，且有一笔好字。

六岁之后，梁启超在父亲开办的私塾中读书，念《中国略史》、“五经”等，并开始写诗作八股文。梁启超的天赋，加上祖父、父母的悉心教诲，神童之名一时传遍茶坑及新会县城。梁氏家人把振兴家业的希望全寄托在了天赋极高的梁启超身上，施以教诲，令其读书，再加上没有贫寒人家的衣食之忧，凡此种种使孩童时的梁启超打下了坚实的国学基础。

一日，梁启超父亲的朋友到访。此公亦是教书先生，见启超在侧，冷不防道："听着，对我一联。"却是新会俗语："饮茶龙上水。"梁启超不假思索："写字狗扒田。""再对一联。"遂脱口而出上联："东篱客赏陶潜菊。"

梁启超是时六七岁，孺子也，竟也脱口而出："南国人思召伯棠。"①

教书先生击掌叫好。

"八岁学为文"，"九岁能缀千言"（《三十自述》）。

每逢这样的场合，梁启超便会恳求父亲："我可以去玩一会儿吗？"

自然是恩准，因为对联对得好，梁宝瑛觉得好有光彩。

梁启超便去爬山，望着凌云塔，好高的塔，好大的风！

这村后小山上的塔，是梁启超的倾心之地。或许那山上的绿色更能使人有生命蓬勃的感觉吧！或许在一个孩子的眼里，凌云塔的岿然是茶坑村的高度吧！

幼小的心灵总是被山野的绿色和凌云塔的高大所吸引，那是充满着童稚与幻想、渴望成长的心灵。

茶坑村还有一座古庙。

正月十五，梁维清必定要带着梁启超到庙里祭拜，奉上香火之余，不厌其烦地讲这座庙的来历，以及庙里供奉的二十四忠臣、孝子的画像。元宵之夜，山门洞开，灯火辉煌。是时也，茶坑村百户村民穿梭进出，可谓盛况空前。

梁维清携梁启超的手，于熙熙攘攘之中旁若无人地告诉梁启超："此乃朱寿昌弃官寻母也。""此乃岳武穆精忠报国誓死北征也……"梁维清如数家珍，并且告诫梁启超道："人生一世，来去匆匆。奸恶者为后人唾骂，唯忠孝诚爱者不朽于世，汝当记取！"

"记住了。"梁启超认真、严肃地告诉祖父。

---

① 《梁启超年谱长编》（二〇〇九年四月一版 11 页），召伯，仁者也，行德政，曾在棠树下裁决狱讼。

家祭之日，梁氏一家都会到梁家祖坟所在地的厓山祭拜。祭拜梁氏祖宗，也祭拜南宋末年的忠臣将士。

厓山古战场，倘若这山上的石头会说话，这石头上的草木能写文章，是一篇何等壮丽的史诗。

南宋末年，赵昺退至厓山，元将张弘范率蒙古铁骑紧追不舍，南宋名将陆秀夫以最后的残兵余勇奋力抗击。大势已去难挽狂澜之既倒，陆秀夫先将自己的爱妻推入海中，然后又背负着南宋皇帝赵昺投海自沉。梁维清每每说及这一往事，总是老泪横流。

从茶坑村去厓山要坐船，接近厓山时有一怪石，高达数丈突兀于大海之中，石上有碑文，上刻："元张弘范灭宋于此。"

舟行往返，经过这怪石时，梁维清便一脸沉痛，把南宋故事说了一遍又一遍，然后便抑扬顿挫地吟哦陈独麓的《山木萧萧》：

海水有门分上下，
关山无界限华夷……

听着祖父的慷慨悲歌，梁启超沉思默想着，或许厓山古战场，陈独麓的《山木萧萧》以及梁维清都正在梁启超的心田里，播撒着忧国忧民的种子。

查新会梁氏，曾得家学渊源，后又渐离官场，十世为农。据《梁氏历代世系图谱》所记，广东有梁姓始于宋朝的梁绍。梁绍，字季美，进士出身，为官广东，后居南雄珠玑里。梁绍传三代，梁南溪迁居新会大石桥；再传十二代梁谷隐立户于茶坑村。梁谷隐之十世孙名上悦，字光恒，号毅轩，为梁启超的高祖；上悦之子炳昆为梁启超的曾祖；炳昆的第二子维清即为梁启超祖父，号镜泉先生。维清生子三人，季子宝瑛，字祥徽，便是梁启超之父，号莲涧先生者是也。

梁维清苦读诗书，曾想通过科举进仕，改变梁氏十世为农、家道中落的现状。梁维清之妻黎氏为其时广东提督黎弟光之女。梁维清却终于苦读不成只中了个秀才，挂名府学生员，做了个不入流的八品官——教谕。无论如何，这在茶坑村也是个人物了，多少也有点儿银子收入，便购置了十几亩地，过着“半为农者半为儒”的乡绅生活。

待到梁启超出生，孙子天资聪慧且又刻苦好学，使梁维清大为振奋。梁家再起似已指日可待了。

母亲赵氏出身书香门第，幼读诗书，在梁家的长辈中，也是对梁启超要求最严格的。

一九〇二年，梁启超《我之为童子时》（《饮冰室合集·文集》之二）一文中，回忆道：“我为童子时，未有学校也。我初认字，则我母教我……祖父母及我父母皆钟爱我，并且责骂甚少，何论鞭挞。……我家之教，凡有罪过，皆可饶恕。惟说谎话，斯断不饶恕。”对于神童梁启超来说，六岁为难忘之一岁，终生未忘之一岁，因为说了一句谎话，被母训斥，乃至责打。摘录《我之为童子时》如下，慈母之怒，教训之言，读之揪心。

> 我六岁时，不记因何事，忽说谎一句。所说云何，亦已忘却，但记不久即为我母发觉。……晚饭后我母传我至卧房，严加盘诘。……我母温良之德，全乡皆知。我有生以来，只见我母终日含笑，今忽见其盛怒之状，几不复认识为我母矣。我母命我跪下受考问。……当时被我母翻伏在膝前，力鞭十数。我母当时教我之言甚多。……但记有数语云：“汝若再说谎，汝将来便成窃盗，便成乞丐。”……我母旋又教我曰：“凡人何故说谎？或者有不应为之事，而我为之，畏人之责其不应为而为之也，则谎言吾未尝为。或者有必应为之事而我不为，畏人之责其应为而不为也，则谎言吾已为之。夫不应为而为，应为而不为，已成罪过矣。若已不知其罪过，犹可言也。他日或自能知之，或他人告之，则改焉而不复如此矣。今说谎者，则明知其罪过而故犯之也。不惟故犯，且自欺欺人，而自以为得计也。人若明知罪过而故犯，且欺人而以为得计，则与窃盗之性质何异？天下万恶，皆起于是矣。然欺人终必为人所知。将来人人

皆指而目之曰，此好说谎话之人也，则无人信之。既无人信，则不至成为乞丐焉而不止也。”我母此段教训，我至今常记在心，谓为千古名言。

三岁定八十，更况六岁乎？

一八八二年，梁启超刚满十岁。

和别的那些八九岁的孩子相比，梁启超已经是饱读诗书的了，而且已经感到了某种重负——部分的原因是他的家庭，从祖父到父母乃至乡亲邻里，对梁启超期望太高、太急。

刚满十岁，祖父便要梁启超到广州应童子试，父母亲也欣然同意。

梁启超只得从命，心里却有点儿胆怯。

毕竟是十岁的孩子。

祖父给梁启超讲了很多赶考的故事，无非是十载寒窗苦，一朝榜上有名便光宗耀祖等等。

“我怕我考不上。”

“那倒无妨，梅花香自苦寒来，再读再考。”

祖父怕梁启超负担太重，便又讲了苏东坡与两位朋友一起去九江赶考的传说。因突发大水，舟行困难，耽误了时间，考场门卫不让进，苏东坡非进不可，并口出狂言：“尔误我，乃误国。”有主考官听得争吵，出来调解，便以对联试探苏东坡的才学，出上联为：

一叶小舟，载着二三位考生，走了四五六日水路，七颠八倒进九江，十分来迟。

苏东坡稍加思索，挥笔写成下联：

十年寒窗，读了九八卷诗书，进了七六五个考场，四返三往到二门，一定要进。

梁启超听罢雀跃：“我们不也坐船去广州？”

祖父点头称是。

“要是晚了，我也跟考官对对子。”

祖父摇手连连：“晚不得！我们早早去。”

十岁孩童，做着秀才的梦，腮边挂着微笑。

岭南十一月，新谷登场，秋风徐来。

一条木船、一叶风帆由新会沿西江而上，赶赴广州。这木船上坐的便是梁启超及新会县的赶考者。谁见了梁启超都惊讶：这孩儿去干吗？梁启超自然也甚觉奇怪，不免胆怯起来，所有的人都可以做自己兄长，有的四五十岁，那是长辈了，还考秀才干吗？

殊不知，清朝典例，科举进士的第一步即是秀才，由各府、州、县统考合格者，即取得了生员资格，亦即秀才，然后才有可能进入乡试、会试、殿试。科举之下，读书人六七十岁而未得秀才者，多矣！

不过，西江里清澈的流水，两岸青山倒影，很快便使梁启超觉得心旷神怡，不禁想起了苏东坡。“大江东去，浪淘尽，千古风流人物……”那是梁启超五岁时候已背熟了的，如今置身江中听浪涛拍岸，那感受更非同一般了。苏东坡赶考去的是九江，九江又是什么好去处呢？茶坑村以外的世界真是太大了！

从新会到广州的水路要走三天。一日，舟上午餐，吃的是白米饭、蒸咸鱼。有人提议以咸鱼为题吟诗或作对，咸鱼入诗入对，倒是难题，盖咸鱼虽为广东人饭桌上的名菜，却毕竟不登大雅之堂，“入鲍鱼之肆，久而不闻其臭”。说的仍然是臭，满船学子一时都难倒了。

梁启超环顾舟中左右，见人人面有难色，便引吭而吟：“太公垂钓后，胶鬲举盐初。”（《曼殊室戊辰笔记》）风格典雅，诗意浓郁不说，更难得的是征典求书不落俗套。有后人论及神童梁启超时戏言道：“广东咸鱼从此始得翻身，入风流儒雅一类了。”神童之名自此传扬。胶鬲，商代人也，遭纣王之乱后隐遁贩鱼，文王得见，举为相。

是次应试，梁启超名落孙山。

梁启超却毫不气馁，他已经见了世面，在实践中增长了科举考试的知识，他还有时间，他还有太多的时间。

无论是同去赶考的学子，还是考场上来回梭巡的考官，对梁启超无不投去惊奇又敬佩的目光，使梁启超的自信有增无减。

“广州太大了！”梁启超对祖父说。

“北京还要大得多！”梁维清告诉梁启超。

确实，广州很大，北京更大。十九世纪八十年代的清朝，已经步入风雨飘摇之年。好比一座大厦，粉刷是年年不断的，却挡不住梁木的锈蚀，蛀虫出入其间，墙体也已经开始剥落，虽然有油漆的光泽遮挡着，实实在在的腐败却正吞噬一切。

这个时候的中国正由一个女人的铁腕统治着。

这个时候距第一次鸦片战争结束，中国惨败，禁烟名臣、两广总督林则徐被发配新疆，四十年稍稍有余。

梁启超为赶考秀才而埋头读书写八股文的时候，正是中国开始近代史的岁月。

中国近代史的开始，是以一场屈辱的战争——鸦片战争、一个屈辱的条约——《南京条约》为发端的。就在这场战争之后的这个条约中，香港被割让给英国。大英帝国的侵略者以海盗的枪炮轰开了中国的大门，并进而倾销可以置一个民族于死地的鸦片。

在广州，梁启超听见了过去才刚刚四十年的风声雨声。这些历史的回声对梁启超来说，将会日甚一日地如雷贯耳，因为这个早熟早慧的茶坑岛民，是肯定不会安于现状的，他将用他的机敏、聪慧迎来并周旋于这个变幻多端的世界中。

斯时也，广东风云际会。或许是为鸦片毒害莫过于此地？或许是虎门炮战牺牲的民魂在南海中推波助澜？或许是随着舶来品输入的西方的思想先已在岭南未雨绸缪？

比梁启超长七岁的孙文，正在美国檀香山架构救国方略；比梁启超长十五岁的康有为，正在西樵山苦读、苦思，旋又游历香港，试图以一个文人的笔去改造中国……

这些风雨中跋涉的人物，或早或迟，都要登上中国的历史舞台。

如今他们都站到了各自的起跑线上。

梁启超准备第二次考秀才，康有为正努力中举，暴风雨之前，仿佛一切都很平静。

一八八四年梁启超十二岁，再赴广州应考，中秀才，补博士弟子员，童子秀才由此得名。梁启超的老师周惺吾先生曰“吾不能教之矣”（《梁任公先生年谱长编》10 页，中华书局）。

一条坎坷不平却又可以跻身达官贵人行列的科举仕途，已经有了开头。

梁启超站在这个开端上，踌躇满志。

主考官、广东省学政使叶大焯得知广东地面上出了这么一个神童，再细阅梁启超的试卷，不禁惊喜有加，特地“进诸生奖谕之，旅进旅退，而启超独留，长跪请曰：‘家有大父，今年七十矣，弧矢之期，在仲冬二十一日，窃愿得先生一言为寿，庶可永大父之日月。’”大父者祖父也，梁启超是在为祖父七十大寿，求叶大焯的贺寿书文。

叶大焯叹其孝心，爱其伶俐，一口答应，当即挥毫写了一篇贺寿文，先以历史上同为十二龄童子的吴祐、任延、祖莹等激励梁启超，而要“勤夫其未学者，各臻于远大。使乃祖乃父得遂教成之愿，含饴矍铄，则由七十杖国之年，以臻百年期颐之日……启超勉乎哉”（叶大焯《镜泉梁老先生寿序》摘录）。

梁启超一路春风回茶坑村，只觉得舟行太慢。到得村口，家里人等连同老祖父梁维清都已经望眼欲穿了。他们见梁启超喜不自胜的表情，便知道秀才已考中。梁启超回到家中却先不说考场的事，慢悠悠地取出一张宣纸，展开，对梁维清说：“祖父请看。”

梁维清一读之下，非同小可，广东学政乃朝廷三品大员，竟亲笔挥毫为其七十寿辰贺，真是大喜过望。及至梁启超说起叶大焯召见的过程，梁维清已是泪眼盈盈了。

茶坑村就像过节一般。

即便在老一辈人的记忆中，梁家也从来没有如此兴旺过，孙子十二岁中秀才，祖父七十岁生日有叶大焯贺寿，梁家要发达了！

祖父的寿宴隆重而又有岭南乡村的特色，一个大堂里桌子挨着桌子，菜有四盆六碗，贺客中除梁氏本家人等外，还有近邻及礼贺的乡亲。梁维清与其说是为自己高寿喜悦，还不如说为孙子梁启超高兴，一脸笑容，红光满面，寿星也。

寿宴毕，梁维清叫梁启超到自己的卧室。

梁维清知道，人生七十古来稀，以后的岁月，总是暮色黄昏了。孙子年少，治学的路还长，秀才可以是开始也可以是结束，他自己就是个老秀才。又想到茶坑之于孙子必非久留之地，不免心中凄凉，总有些话要对孙子说。

梁维清告诉梁启超：“汝之机敏、聪慧皆过人，余所忧者恰是学政所言，‘勤夫其未学者’。已学者总是太少，未学者总是太多，此所谓‘学海无涯苦作舟’，汝记住了吗？”

“记住了。”梁启超又复如往昔，循规蹈矩。

“再者，今非盛世也，风气日下，人心不古。时局变幻一言难尽，余所再忧者汝今后之仕途当非茶坑至广州一路平静，而是西江入南海之波涛汹涌，汝有大成功，亦必有大曲折。”

梁启超只是点头，他觉得祖父仿佛也非同以前的祖父了。无论如何，梁启超能感觉到这一番谆谆教诲的来之不易。

梁维清许是喝了一杯酒的缘故吧，再往下说时，居然语带悲伤：“新会梁氏十载务农，虽说清贫，田园也可养人，耕者自有其乐。然心犹不甘也，到汝一代，振兴家室有望，当可告慰厓山先祖之灵，汝亦万万不能忘记祖上世代累积之德，享之用之，还需积之培之。”

“那么，还做不做官呢？”梁启超问。

“做。否则读书何用呢？”梁维清意犹未尽，“官场可以练历、可以近圣上。”

“因此而得祸的，不也不少吗？”梁启超问。

梁维清沉思一番道：“祸福相依，实不能一意求福或一意避祸。”

梁启超有点儿一头雾水了。

人世间可不是雾水太多？

一八八五年，梁启超以秀才的资格跨进了名噪一时的广州学海堂读书深造。

话说这学海堂，为广东最高学府，由前两广总督阮元所兴设。阮元其人，乾隆进士，曾官至侍郎、巡抚等，但无论做什么官都脱不了读书人的癖好，总是注重开设学堂，教化风气，其本人对经学、史学、天文学均有研究，在两广地面，官声不错。

学海堂是为秀才提供的一处读书场所，在学海堂学成之后再考举人，一旦中举，便可参加会试，对幸运者而言，离金榜题名、进士及第就不远了。

与学海堂并立的还有菊坡精舍、粤华书院、粤秀书院、广雅书院，号称广东五大书院。

学海堂的主讲称为山长，先生有八人。一应教育事宜均由山长说了算。山长的选择必须是公认的学界巨子、得人望者。每每新的督抚到任都要前来拜谒。

石星巢、吕拔湖、陈梅坪都曾教过梁启超，这些先生亦是其时广东的学海星宿，自然满腹经纶，出言不凡。学海堂承继的是“汉学”传统。“汉学”又称“朴学”、“训诂学”，一般指清代乾隆、嘉庆年间出现的推崇汉代儒家，致力于训诂、辨伪的乾嘉学派之别称。讲究治学严谨。从文字学及训诂入手研究经典，长于考证、辑佚、辨伪。虽有人批评乾嘉汉学为“信而好古，不务现实”，但在梁启超眼里，较之于纯然为科举作准备的“帖括学”却是深广多了。兴趣广泛的梁启超在石星巢的指点下，打下了传统学术的坚实根底，梁启超后来忆及学海堂时写道：“乃决舍帖括从事于此，不知天地间有训诂词章之外，更有所谓学也。”

五年苦读，却也并非都是苦滋味。

每月初一，按旧例学海堂的山长与学生共餐，以交流感情，切磋学术。学堂还设有“膏火”即奖学金，梁启超“四季大考皆第一”，用所获之“膏火”购得《四库提要》、《皇清经解》，不亦快哉。

一八八九年九月，广东乡试，主考官为李端棻和王仁堪。

十六岁的梁启超欣然应考，走进考场落座，打开考卷，考题为：1.“子所雅言诗书执礼”至“子不语怪力乱神”；2.“来百工则财用足”；3.“离娄之明，公输子之巧”。诗“荔实周天两岁星”，得“星”字。（一八八九年八月十二日上海《申报》）

梁启超从容考毕，自以为所有试题均在学海堂授课的范围之内，应属胸有成竹。发榜日，人头攒动，梁启超一瞧顿时恨不得肋生双翅，中了！中举了！举人第八名。

按清制，举人才有参加会试的资格，考中后即可做官。即便落榜，按班次亦可选授知县，补用教职。

梁启超真个是少年得志，前程似锦。

还有举人榜上所没有的好事。主考官李端棻阅罢梁启超的卷子，便有按捺不住的赏心悦目之感。这个十六岁的少年举人，于字里行间流露的，着实不是一般人物。“其前程之远大，乃未可量也。”于是便心生一念，想把自己的妹妹嫁给梁启超。两年后梁启超到北京与李端棻之妹李蕙仙完婚，终成秦晋之好，暂且按下不表。

梁启超的童年、少年是在成功的喜悦与刺激中度过的。科举史上，一个学子十二岁得秀才、十六岁中举人的也并不多见。

梁启超和中华民族一起，迈进了十九世纪末多难、多变也多希望的岁月。梁启超怀着满腔的热血来迎接这个时代，并且以他特有的敏锐接受新思想。次年，梁启超进京会试落第，“归道上海，从坊间购得《瀛环志略》读之，始知有五大洲各国。且见上海制造局译出西书若干种，心好之，以无力不能购也”（《三十自述》）。

天上风云，南海潮头，是任谁也阻挡不了的。梁启超每走出一步，都有一番新的天地展现在眼前，并且都会带来新的鼓舞与冲动。

也就在此时此刻，曾在西樵山读书明志，据一洞而构想天下大同的康有为，将要在广州执鞭开讲，集合同道，“以大海潮音，作狮子吼”。

康南海是在等待梁启超吗？

第二章 万木草堂

康有为，广东南海人。他的渐渐没落的封建地主官僚家庭，既为他提供了良好的传统教育的基础，也为他显现了一个行将崩溃的社会的写照。

其时，康有为从事学术研究、企望跻身仕途的一个特点，便是具有鲜明的政治色彩，正如他自称的："日日以救世为心，刻刻以救世为事。"

他以救世为己任。

他认认真真地把自己摆到了救世主的位置上，并为之奋斗。

康有为读书救世的如痴如狂被称为狂生，或者被顶礼膜拜视为康圣人，皆源出于此。

他去西樵山苦读，"时或啸，歌为诗文，徘徊散发，枕卧石窟瀑泉之间，席芳草，临清流，修柯遮云，清泉满听，常夜坐弥月不睡，恣意游思，天上人间，极苦极乐，皆现身试之"。

有去西樵山看见他赤足披发、啸歌放言的回来便说："康有为疯了！"

康有为的游历也使他眼界大开。

英国人统治下的香港，以及繁华一时的上海，都使康有为看到了资本主义的生机，与当时中国社会的愚昧落后相比较，自是两种天地。

康有为以自己的旧学根基，再加上所学所见的西学知识，凝聚成

“救世”的大忧大愤，便成了无可争议的自龚自珍以后，敢于面对并剖析现实的今文经学大师。

由此，才可能“尽破藩篱而悟彻诸天”。

康有为在一八八八年即上书清帝，吁请变法，南海潮音，一时四播。

沉醉于几年之后金榜题名的梁启超，当时并不知道康有为。

一个偶然，引出了此后几十年难分难解的必然。

一八九〇年秋，某日，同为学海堂高才生的陈通甫（即陈千秋）告诉梁启超：“吾闻南海康先生上书请变法，不达，新从京师归，吾往谒焉。其学乃为吾与子所未梦及，吾与子今得师矣！”

梁启超闻言，“且惊且喜，且怨且艾，且疑且惧，与通甫联床，竟夕不能寐。”（《饮冰室合集·文集》之二《三十自述》）

梁启超内心里的平静被打破了。

这是一种对梁启超来说更有魅力、更有刺激的吸引，这是帖括、训诂以外的新的生命、知识和学问。梁启超听罢陈通甫的一番解召，最初的感觉是“冷水浇背，当头一棒”，是“一旦尽失其故垒，惘惘然不知所从事”。随即，梁启超的心灵感觉告诉他：走新进之路，跟康南海学，当义无反顾矣！

这是一个晚上在月光之下与同窗作出的选择。对梁启超来说，这一时刻较之于取秀才中举人都更为重要得多。

人生的道路从此另有风采。自然，也会有艰辛与跋涉。

“于是乃与通甫修弟子礼，事南海先生。”梁启超自谓，以少年科第，时流所重之训诂词章“颇有所知，辄沾沾自喜。先生乃以大海潮音，作狮子吼，取其所挟持之数百年无用旧学更端驳诘，悉举而摧陷廓清”（《同上》）。

一八九〇年，康有为全家迁往广州，在云衢书屋执鞭开讲，梁启超、陈通甫等二十多位学子追随左右、潜心求学，一时开广东风气之先。

自从上皇帝书不达，康有为黯然离京返广东路上，痛感到民智未开，孤掌难鸣的唯一改变之道便是亲执教鞭、传播风气、推动维新。

"若有弟子三千，朝夕为维新大业而奔走呼号，传之者广，播之者远，岂有不成之理？"

一八九一年春，从云衢书屋迁往长兴里邱氏书屋（今广州中山西路长兴里三号），人称长兴学舍。一八九三年，投奔康有为的青年学子日渐增多，长兴学舍人满为患，再迁至府学宫仰高祠（今广州市工人文化宫）。这里树木参天，环境幽雅，是读书的好去处，人称万木草堂。

梁鼎芬有诗赞万木草堂：

九流混混谁真派，
万木森森一草堂。
但有群伦尊北海，
更无三顾起南阳。

梁鼎芬也是岭南才子，工诗文，他把康有为比作南阳高卧的诸葛亮，可惜的是"更无三顾"之人！

这也正是万木草堂新潮激荡、生机勃发的原因所在。从康有为始，一群学子不再是摇头晃脑地背书了，而是师生同堂，读书论学，相与诘难，也纵论天下，思考国家、民族的命运。因着康有为的影响，这一批学子无不以康圣人门下高足自居，以改变时局推动维新为义不容辞之责，"舍我康门中人而其谁？"小子们够狂的了，却也狂得可爱。

每天午睡之后，康有为即"升坐讲古今学术源流，每讲辄二三小时，讲者忘倦，听者亦忘倦"。

万木草堂改变了的不只是读书方法，求知、救国救民和改造社会，因为康有为的大胆尝试而被紧密地联系在一起了。当后人抚今追昔，钩沉某一段历史的时候，往往只记取了急风暴雨，而忽略了水滴石穿。正是在万木草堂，由新风新雨滋润过的梁启超之辈，渐渐明晰地看见了那些依然威严的老墙的裂缝。

作为万木草堂具有最高权威的康有为，也给他的弟子们树立了一个全新的为人之师的形象：他讲古今思想源流时博采百家，有时还涉及西人文化，同时又无不将词锋对准当今之世，进而再回到孔子之道、传统文化中寻找改造中国的途径与办法。就在这讲学的过程中，康有为的思想、见解也同时感染了他的弟子们。

在讲堂上，康有为“每语及国事机陧，民生憔悴，外侮凭陵，辄慷慨欷歔，或至流涕”。时而长吟，时而拍案，梁启超和学子们“先生在则拱默以听，不在则主客论难锋起”。“论难”，交相辩驳，互为主客也。议论风生，慷慨激昂，引经据典。满堂哗然，却也是满堂生机，直到声振林木。

广州毕竟不是茶坑村了，越秀山、白云山，都曾留下过梁启超、陈通甫等学子的足迹。春华秋月，绮丽风光，常常使人流连忘返，尤其是与先生康有为一起踱步山间静听林涛之时。

学问自然是要谈的，康有为始则有问有答，继而古今中外无所不谈，每每此时，梁启超便打心眼里更加敬重先生，并且暗暗自问：“何日吾乃如吾师耶？”

偶尔也谈及上书一事。皇帝大矣！远矣！梁启超仍然不解：康有为何来如此胆识？又因何不达？

康有为告诉梁启超：今四夷相逼，日本向吉林于东，英国取香港之后又窥川、滇于西；俄国筑铁路于北而志在盛京[①]；法国煽乱民于南。瓜分豆剖，国将不国，保国保种，任重而道远。

然则如何为之？

陈通甫：“以吾辈之新学，鼓而呼之，扫荡朽腐，推动新政，正其时矣！至于时世艰难，阻碍重重，正如登山攀援，步履维艰之后，便是‘天将降大任于斯人也’！”

越秀山上月，万木草堂树。

康有为治学，并非只是激昂慷慨，更不是攻击他的人所说的“疯疯癫癫”一路。

每次授课前，康有为先开列相关书目，让学子们先行预习，写出

---

① 盛京，即沈阳。笔者注。

心得，然后展开讨论，互为交流也互相辩驳，达到互相补益、互相启发之目的。然后，康有为开讲，既讲自己的观点，也插入评论学子们的见解。其时满堂肃静，一根绣花针落地的声音听来也似南屏晚钟，学子们屏息听康有为如何评判自己的学识、观点。直到下课，康有为背着双手踱出门去，才吐一口长气。同门无不感慨："凡吾师说，一言九鼎，退省者醰醰然有味，历久而弥永也。"

万木草堂严格的考试制度，不在于死记硬背或写作八股文，而着重读书笔记和学习心得。书目由康有为指定，学子也可有所增补但不能删减。笔记则深求其故而贯古今，心得则自出议论而泛及宇宙。康有为治教对学子最苛刻者有三：一曰广大，指博览、学识、贯古今而通中西；二曰精微，探源溯本、寻根究底；三曰献疑，无疑问则无学问，有大疑问始有大学问，非献疑质难不能更新自己。

万木草堂的课程设置在上世纪末，可算是非常新潮的了。自然，苦读仍是必须的，但康有为首先让学子们读的是《公羊传》、《春秋繁露》这些今文经学的经典。此外，还要读《易》、《春秋》、《资治通鉴》、《二十四史》、《宋元明儒学案》、《文献通考》等。西学则有声光化电、《格致汇编》及中国人在西方的游记等。

康有为还好讲佛经、佛学。

中国几千年的学术源流与历史上的政治沿革得失，一旦由康有为相交融并宣之于讲坛，历史就活了，学术便栩栩如生了，再加上"取万国以比例推断之"，中国社会之改造，似也洞若观火了。

《长兴学记》详尽地概括了其时康有为的办学宗旨，也透彻地表现了康有为所独具的教育思想。是康有为，在中国第一个提出德、智、体全面发展的教育原则。

康有为的德育，旨在培养忠勇、厉节，用康有为自己的解释是"劲挺有立，刚毅近仁"。在刻苦读书追求其理中达至"勇猛之力，精进之功"。要"养心"，"敦行孝悌"。而智育对于旧式封建教育的突破，主要在于学以致用、全面发展。学义理之学，为知立人之道、天命之理；学经世之学，即修身齐家治国平天下；此外，还有词章学、考据学、天文学、中外史地学，乃至历代沿革的制度、典故、礼、乐均是必修课。

体育列为教学的一个重要方面，也始于万木草堂，在康有为看来，苦筋骨、强体魄、炼心志与担负大任、奋进改革是不可分割的。万木草堂的体育课程，主要是军事体操，康有为尤为欣赏队列中的整齐、划一，报数时的声震若雷。此外，还有舞蹈、野游、爬山等。

万木草堂由康有为亲辟一个乐器库，钟、鼓、琴、瑟应有尽有。康有为还自己谱写了典雅古朴的《文成舞辞》，编创了文成舞，均为万木草堂独有。每年孔子诞辰之日，乐曲高奏、笙鼓齐鸣、舞步蹁跹。

就是这不新不旧不中不西亦新亦旧亦中亦西的万木草堂，在十九世纪末叶的中国，悄悄地，悄悄地“万木森森散万花”……

梁启超早期思想形成时，冲击最深、得益最巨的是康有为的《长兴学记》及《新学伪经考》、《孔子改制考》与《大同书》。

显然，万木草堂之于康有为，是一所学堂，也是一处大本营。他的自幼苦读及于藏书两万卷中得益的博学，以及他总是怀疑地注视现实，并在古今思想源流中比较得失的诸多发现，都需要宣示于众，并广纳百家之言。他不能永远面对西樵山的岩洞与瀑布。

那些听讲的学生，为康有为的学养与风范所折服，年轻的心在“懔然于国家兴亡匹夫有责”的熏陶下，无论治学、处世，乃至言谈举止，无不以乃师康有为作表率，万木草堂在康有为的教鞭之下，实实在在地造就了一批小康有为。

这几十个学生之中，梁启超、陈通甫、曹泰、麦孺博等皆是康有为最得意的门生，梁启超在《三十自述》中写到康有为门下，龙象并出，陈通甫为首也，南海“每与通甫商榷，辨哲入微，余辄待末席，有听受，无问难，盖知其美而不能通其故也”。正是在万木草堂，梁启超“一生学问之得力，皆在此年”。

康有为的《新学伪经考》在初稿写成之后，便交给梁启超校勘。梁启超每有质疑或偶然发现笔误，都会得到康有为的赞赏。《孔子改制考》则由陈通甫、梁启超分撰，而且总得师意。梁启超隐隐地感到康有为是在假托孔子而宣扬改革。

《新学伪经考》校勘已毕，康有为从书房里取出一部手稿请梁启超先读。梁启超顿觉眼前有闪电划过，这部手稿即为《大同书》。

梁启超爱不释手。原来先生的心中所包容的是彻上彻下、彻里彻外的大同理想，或曰人类公理。

当一个人以实现世界和人类大同作为自己的奋斗目标时，这个人就绝不是一般的人了！

梁启超叹服再三，并力主刊印传播，康有为却说："时机未到，宜先保密。"

后有论者谓，康有为的大同理想杂陈了儒家传统、资产阶级的天赋人权、社会主义的人人平等、基督教的博爱、佛家的普度众生等等源流，是一种美好的幻觉。

在十九世纪末叶的中国，能有此种幻觉不正是中国之大幸吗？那是至今仍然美好的幻觉。

梁启超为学一生，几次提及《长兴学记》，丁文江、赵丰田之《梁任公先生年谱长编》16页中称"先生所受万木草堂时代的教育里面，最得力的是南海先生那部《长兴学记》"，同页又记梁启超之自述："稍长，游南海先生之门，得《长兴学记》，俛焉孜孜从事也。"梁启超写的《新中国未来记》"虽然大半是寓言，但是论到得力于《长兴学记》和《仁学》[①]，可以说是很靠得住的自述"，那段话说"到那年起行游学的时节，他父亲琼山先生别无嘱咐，单给他一部《长兴学记》，说道这是我老友南海康君发挥先师的微言大义，来训练后学的……你就拿去当作将来立身治事的模范罢"（资料来源同上）。又，《康南海自编年谱》谓："始开堂于长兴里，著《长兴学记》以为学规。"读《康有为全集》，检索出《长兴学记》，读后大骇，始知，所谓学规，当以为人、为学之规范视之，实在是晚清之季，康有为手制的融百家源流，溯儒学之本，尽去陈腐，敢发新声的论学美文，教育大纲。其要、其切，乃学也

① 《仁学》为谭嗣同著。

者，本乎仁，本乎爱，本乎“学做人也”。节录于后，可知梁启超因何“孜孜从事也”，因何受学“最得力”，或者虽百年而后，睹中国教育之现状，可得一二之启迪：

鄙人戆愚，文质无底，虽尝钻励，粗知记诵，非能知学也。二三子以踸踔之志，斐然之资，荡涤汙泽，噬肯来游，鄙人无以告焉。然尝侍九江之末席，闻大贤之余论，谨诵所闻，为二三子言之。二三子之来游，非为学耶！学者，效也。有所不知，效人之所知；有所不能，效人之所能。若已知、已能，共知、共能，则不必学；不知、不能，而欲知、欲能，故当勉强也。董子曰：勉强学问，则闻见博而知益明；勉强行道，则行日起而有功也。

夫性者，受天命之自然，至顺者也。不独人有之，禽兽有之，草木亦有之，附子性热，大黄性凉是也。若名之曰人，性必不远，故孔子曰：性相近也。孟子性善之说，有为而言。荀子性恶之说，有激而发。告子生之谓性，自是确论，与孔子说合，但发之未透。使告子书存，当有可观。王充、荀悦、韩愈即发挥其说。程子、张子、朱子分性为二，有气质，有义理，研辨较精。仍分为二者，盖附会孟子。实则性全是气质，所谓义理，自气质出，不得强分也。余别有《论性篇》。夫相近，则平等之谓，故有性无学，人人相等，同是食味、别声、被色，无所谓小人，无所谓大人也。有性无学，则人与禽兽相等，同是视听运动，无人禽之别也。

学也者，由人为之，勉强至逆者也。不独土石不能，草木不能，禽兽之灵者亦不能也。鹦鹉能言，舞马能舞，不能传授扩充，故无师友之相长，无灵思之相触，故安于其愚，而为人贱弱也。犀象至庞大，人能御之；虎豹鸷猛，人能伏之。惟其任智而知学也。顺而率性者愚，逆而强学者智，故学者惟人能之，所以戴天履地，而独贵于万物也。之京师者，能为燕语；

入吴越者，能作吴言；游于贵人之门者，其舆服甚都矣，其外有以灌输之也。终身不出乡，老于山居谷汲者，虽饶衍，朴鄙可笑，蔽其所见而无所学也，况以天地为之居，以万物为之舆，以圣人为之师者乎？

同是物也，人能学则贵，异于万物矣；同是人也，能学则异于常人矣；同是学人也，博学则胜于陋学矣；同是博学，通于宇合，则胜于一方矣；通于百业，则胜于一隅矣；通天人之故，极阴阳之变，则胜于循常蹈故拘文牵义者矣。故人所以异于人者，在勉强学问而已。夫勉强为学，务在逆乎常纬。顺人之常，有耳、目、身体，则有声、色、起居之欲，非逆不能制也；顺人之常，有心思识想，则有私利隘近之患，非逆不能扩也。人之常俗，自贵相贱，人之常境，自善相高，造作论说，制成事业。舆接为构，而目惑荧，而心洽就……

然学也者，浩然而博，矫然而异，务逆于常，将何所归乎？夫所以能学者，人也；人之所以为人者，仁也。孟子曰：人者，仁也。荀子曰：人主仁，心设焉，知其役也。董子曰：仁者，人也；义者，我也。自黄帝、尧、舜开物成务，以厚生民，周公、孔子垂学立教，以迪来士，皆以为仁也。旁及异教，佛氏之普度，皆为仁也。故天下未有去仁而能为人者也。虎狼鹰鸷，号称不仁，而未尝食其类，则亦仁也。人莫不爱其身，则知爱父母，其本也，推之天下，其流也，有远近之别耳，其为仁一也。是故其仁小者，则为小人；其仁大者，则为大人。故孝弟于家者，仁之本也；睦和于族者，仁之充也；任恤于乡者，仁之广也。若能流惠于邑，则仁大矣；能推恩于国，则仁益远矣；能锡类于天下，仁已至矣……天下道术至众，以孔子为折衷；孔子言论至多，以《论语》为可尊；《论语》之义理至广，以“志于道，据于德，依于仁，游于艺“四言为至该。今举四言为纲，分注条目，以示人德焉。志于道。道之说至歧矣。谨按：孔子系《易》曰：立天之道，曰阴与阳；立地之道，曰柔与刚；立人之道，曰仁与义。然则道者，仁义而已。志者，志于为仁义之道。《孟子》曰：居恶在，仁是也；路恶在，义是也。指点最为直捷。所以志之，凡有四目：一曰格物。格，扞格也。物，外物也。言为学之始，首在扞格外物也。《乐记》曰：人生而静，天之性也；感于物而动，性之欲也。物至知至，而后好恶形焉。好恶无节于内，知诱于外，不能反中，天理灭矣。夫物之感人无穷，而人之好恶无节，则是物至而人化物也；人化物也者，灭天理而穷人欲也……二曰厉节。节者，假借于竹，有所节止之谓。天道尚圆，人道尚方。圆首以为智，方足以为行；不圆则不能备物理，不方则不能立人道。《记》称“行有格”，又称“砥砺廉隅”；《论语》称“临大节而不夺”，《传》称“圣达节，次守节，下失节”。宋广平曰：名节至重。陈白沙曰：名节者，道之藩篱。顾泾阳曰：学者宜从狂狷起脚，从中行歇脚。后汉。晚明之儒，皆以气节自厉，深可慕尚。劲挺有立，刚毅近仁，勇者强矫，务在任道。若卑污柔懦，终难振起，愿与二三子厉之。三曰辨惑。外内清肃，于是，冰雪聪明矣。然大道以多歧而亡，学术以小辨而惑，凡近似于道而实非道者，积习既久，最易惑人，学者当严辨之……《庄子》曰：鱼相忘于江湖，人相忘于道术。人性易缘，有所先入，则终身惑之。且虽小道，持之有故，立之有党，新学胸无所主，鲜不蔽之；及其用力既深，不忍舍去，此所以陷溺灭顶而无悔也。近世声音训诂之学，则所谓小言破道，足收小学之益，决不能冒大道之传，则辨之不足辨也。四曰慎独。克己修慝，学之要也。然克修于已发之后，不若戒慎于未发之前……仁为“相人偶”之义，故贵于能群。羊能群者也，故善、美、义、羡皆从之；犬不群者也，故狱、独等字从之。吾既为人，非斯人之徒与而谁与？曰孤曰独，惟鬼神之道则然，非人道也。岩处奇士之行，寡过独善，其能比于木石乎？故胡文忠曰：今日所难得者，是忠肝热血人也……即佛氏空寂，亦言若不普度众生，誓不成佛……今上原周、孔之意，推行仁道，期易天下，使风气丕变。先觉之任，人人有之，辗转牖人，即为功德。推之既广，是亦为政。则志士仁人讲学之责也……孔子曰：言之无文，行之不远。故四科之列，文与学并。战国以降，辩说蜂起；西京而后，文体浩繁……今厘为二体；曰文，曰章。有韵者，文也；无韵者，章也。章有二体：曰散，曰骈。文有二体：曰铭赞，曰诗赋。铭赞本异而后同，诗赋古合而今分。骈、散之谐协者，亦曰文；诗赋之单行者，亦为章。盖韵者，非徒句末叠韵之谓，“五色相宜，八音协畅”是也……

（《康有为全集》中国人民大学出版社）

一八九一年秋，万木草堂金风送爽时，梁启超在父亲的陪同下，到北京与李蕙仙完婚。李蕙仙，京兆公李朝仪之女，刑部侍郎李端棻之妹也。是年梁启超十九岁。行前，康有为有诗相赠，并嘱早去早归，学业要紧，梁启超自然铭记在心。

康有为诗云：

道入天人际，江门风月存。
小心结豪俊，内热救黎元。
忧国吾其已，乘云世易尊。
贾生正年少，诀荡上天门。

世纪末的风风雨雨激荡着梁启超，中华民族的深重苦难亦无时不在心中呻吟。在全部接受了康有为的思想之后，梁启超面对的将是大荣耀、大苦难。

四年的学子生涯将要结束。

四年前，梁启超以少年举人的博古通今、思维敏捷而从康有为学，四年中方知道自己一切的学问与康有为比实在差之千里。四年来，康有为耳提面命，无数次促膝长谈，读《长兴学记》时的惊心动魄让梁启超一日不敢忘记。

一八九二年，梁启超致汪康年的信中谓：

> 仆性禀热力颇重，用世之志未能稍忘，然周览天人。知天下事之无可为，惟欲以二三同志著书以告来者，目前之事，半付之青天白云矣！
>
> （《梁任公先生年谱长编》18 页）

信中可见梁启超的热力躁动不安，为救世，为著书立说以形成风气。同一封信中，梁启超又想到了中国铁路建设之重要："非俟铁路大兴之后，则凡百无可言者，奚以明之。……铁路以开风气，又以通利源。风气开则可为之势也，利源通者可为之资也。今诸公衮衮因循观望，而我辈坐论莫展一筹，一手一足是岂能挽江河哉？"

这个充满苦难的时代，却又是玉成梁启超的时代。鸦片战争以后，中国为列强包围，如康有为所言"瓜分豆剖"也，清廷腐败，大厦将倾……登高一呼，正其时矣！

是次北京之行，却认识了一个"外江佬"夏穗卿，光绪进士，一八九〇年授礼部主事，闻名京都的史学家、佛学家，《国闻报》创办者之一，名曾佑，字穗卿，号碎佛，笔名别士。夏穗卿博学、性冷、好酒、好佛。多有奇论，其为人为学均为梁启超赏识。开始时识于偶然，"草草一揖"（《饮冰室合集·文集》之四十四），了不相干。后来"不晓得怎样便投契起来"，之后谭嗣同找康有为不遇，却碰见了梁启超。夏穗卿住贾家胡同一间小屋，梁启超住粉房琉璃街新会会馆，谭嗣同住北半截胡同浏阳馆。三个人初识便成挚友，"几何没有一天不见面，见面就谈学问，常常对吵，每天总大吵一两架。吵的结果，十次有九次我被夏穗卿屈服。"夏穗卿好历史，"尤其是古代史，尤其是有史以前"之太古史，无记载只有神话传说的历史。夏穗卿还精深佛学。谭嗣同讲《仁学》，当时难得的仗侠之士，有浩然之气。梁启超讲"新学伪经"、"孔子改制"、《大同书》，那真是三仙过海，各显神通了。总是吵架的原因之一是语言问题，夏穗卿以杭州腔对付梁启超的广东官话，谭嗣同听他们不断要对方“你再说一遍”，“你重说过”时，便起而舞剑。吵什么？历史、佛学、当时中国的风气、如何救国等。那真是烂漫而浪漫的日子啊！夏穗卿好酒，梁启超也善饮，酒后便吵得更热闹，总而言之是要救国先得救学问，总算达成的一致是：“中国自汉以后的学问全要不得，外来的学问都是好的。”外国学问好，“却是不懂外国话，不能读外国书，只好拿几部教会的译书当宝贝，再加上些我们主观的理想”，“奇怪而幼稚的理想”，便成了这三位青春年少、忧国忧民者的“我们所标榜的新学”（一九二四年四月二十九日《晨报副刊》梁启超文）。

只要不和梁启超、谭嗣同在一起，夏穗卿便静穆，“常常终日对客不发一言”，或者自顾自地品茶，饮酒，茶必龙井，下酒菜除一碟五香花生豆外，别无他物。梁启超、谭嗣同便常带猪手之类的熟菜去，听夏穗卿说史前史，无字之史，有物之史，绝无伪史，后来有文字，有史官，大都拍皇上马屁的史，非真史也。这些话，梁启超听得别有兴味，因为吵架的时间多了，杭州腔也能听懂，只是问道，中国几千年留下的文化，除去诗词，历史为洋洋大者，没有一个可称为史家的吗？“太史公是一个，还有两三个，几十年后可能还有一个，新会梁启超。”

夏穗卿的酒喝完了，余兴正浓，哥儿仨便去前门外杏花村大酒缸再饮。进门是曲尺形的木栏柜台，柜上瓷盘一律为民窑青花精品，装有各种小吃。柜台外是一排盛酒的大酒缸，那朱红缸盖便是酒桌，随取随酌，大酒缸因此得名，豪饮之地也。店主是山西人，瓜皮小帽下是透着精明的小眼睛，认得夏穗卿，学着京腔京调大喊大叫：“三位爷请！”夏穗卿连呼好酒，三个人便讨论开始有酒的年代，“史前无酒，但有酒香酒味，熟过头的发酵的果实，食之，其味大不同。”“有农耕便有酒。”“什么年代？”“要到墓里去找。”“中国的历史半在地上，半在地下。”是夜，三人大醉而归。

青春年少时，对梁启超影响最大的首推康有为，然后是夏穗卿的史学与佛学、谭嗣同的仁学。历史充满了偶然，所有的偶然却皆指向必然，坐而言之后便是起而行了。

第三章 也有风云也有情

一八九四年，农历甲午年二月，梁启超为准备明年会试，又到北京，下榻于粉房琉璃街新会会馆。

二月三月小阳春，南国已经花事繁忙，淅淅沥沥的小雨下个不停，桃李芭蕉都是湿漉漉的，茵茵嫩绿间有各色鲜花，是蒙蒙春色催人醉的味道。梁启超骤然由广州来到北京，嘴唇干裂，寒气袭人，冷风裹着沙子，北京人称之为“大灰风”，时不时从巷子里席卷而来，叫人望而却步。

一八九四年的北京人心浮动，日本屡屡挑衅，政府交涉未果，眼看开战在即。另一方面适逢西太后慈禧六十整寿，宫里宫外又在忙着万寿庆典。而北京城内的无家可归者，北京之外广大农村的凋敝、农民的食不果腹，有谁能顾得上他们？

梁启超的岳丈和姻兄处，少不了要走动走动，家宴接风，李端棻更以刑部侍郎之身亲到新会会馆往访梁启超，屏退左右，秉烛围炉，品茗夜谈。

北京人好喝花茶，李端棻送给梁启超的却是杭州旗枪，花茶与旗枪不仅泡法、水温略有区别，就连茶具也不同。前者紫砂壶可也，一壶两盏随倒随饮，旗枪则需透明的玻璃杯。李端棻遂带了一对喜鹊登枝杯，随即泡上茶，梁启超急急相问：“目下朝政如何？”

李端棻却只是指指那玻璃茶杯：“什么茶？”

“旗枪也。”

“何谓旗枪？一杯之中茶叶若旗若枪，旗也猎猎，枪也凌凌，比之今上[①]与太后如何？”

梁启超恍然大悟：“国在有君无君间。”

李端棻饮一口茶：“政于将亡未亡时。”

梁启超的忧愤之情顿时一泻而出：“日本三岛小国也，欺我逼我何至太甚！当朝一让再让，低声下气，既不图朝政清新有力，也不为民生疾苦着想，莫非真的气数已尽？”

“今上圣明，当可无疑。并非不思图强中兴，只是太后掣肘，不是垂帘胜似垂帘，八旗王公趋而拥之，老朽昏聩之下岂有政通人和？”李端棻把茶杯一推，像要推走这烦恼似的。

梁启超：“弟从康南海学所获颇丰，舍去学西人之路，恐无良策。新政、变法，时不我待也。”

“李鸿章不是一直在做洋务吗？然则愈是洋务愈是畏首，怪哉！”

梁启超：“李鸿章之洋务所学的乃是西人之皮毛，曰船坚炮利仪器物之不足也。吾师南海所注重者乃根本，曰制度之不足。两相比较，李鸿章小小不言，康南海泱泱大哉！”

李端棻细听之下，这一番话让他耳目一新。“奈何南海上书不达，尔等以布衣之身难达天听，可惜！”

“此变法之始也！军机王公俱皆平庸，平庸之人谈何识见？若非广开言路、广纳群贤，一味由昏聩遍于内廷，腐败密布朝野，国将不国，旦夕之间！”

说到这里，李端棻不禁连声叹息：“当今大内，上至军机下至太监，只要塞红包，无事不可做成，唯独上书之事恐怕谁也不敢收这个红包。”

---

① 即光绪帝。笔者注。

话题转到中日交涉，据李端棻称，日本趁“东学党”之乱出兵朝鲜，乃项庄舞剑之举，意欲试探大清朝的对应之策。如倾兵一战或可阻吓日人不致妄动，如一味退让则必有更大的血光之灾。

梁启超深以为是：“此吾师南海早为预言也，列强‘瓜分豆剖’，中国已成燃眉。”

朝鲜的情况到底又如何呢？

其时，袁世凯请“厚集兵力”。

李鸿章认为：“越国进剿，毫无把握。”

光绪震怒：“究竟海军所练之兵各有若干？此外北洋分扎沿海防军若干？直隶绿营兵丁可备战守者若干？”一到要打仗时，兵都没有了！

新会会馆所在的宣武门一带，也是北京的热闹去处。谈兴正浓，不可无酒，梁启超出得会馆，左拐，胡同口便是一家熟食店，酱肘子是少不了的，还有几样小菜拎进屋时，炉子上锡壶里的绍兴花雕也已经微微冒热气了。

“你道此时北京最热闹的去处是哪里？”李端棻抿一口酒，笑着问。

梁启超书生也，只惦着琉璃厂荣宝斋：“恐怕是荣宝斋吧？”

李端棻哈哈一笑：“八大胡同。贵为王公，八旗子弟，满汉亲贵，也有文人墨客，无不公开嫖妓。大清祖制有太监不得干政、官吏不得狎妓，俱在九霄云外了。”

“末日景象，可怕可怕！”

“今年不好过。你没有看见北京到处都在大兴土木、设点布景吗？西太后六十大寿，军机首辅世铎等一干大臣‘总办万寿庆典’。广征献纳肆意挥霍，以三千万两白银为一人庆，可悲可叹！”李端棻把杯中酒一饮而尽。

“亡国其实也简单。”梁启超感慨系之。

李端棻一定是想起了“康乾盛世”，指着适才泡旗枪的玻璃杯：“乾隆爷曾有咏玻璃的诗道，‘几回拂拭澄如镜，静对冰心一片明’。”

乾隆年间，大型的玻璃镜还是进口的，乾隆本人对那些新鲜的事物都有浓厚的兴趣，从西洋餐具、西洋乐队乃至天文、律算均有涉猎，尤对镜子情有独钟。梁启超感叹道："对西洋之器物人皆可以把玩，对西洋之思想却视同洪水猛兽，殊不知器物与思想两难分离也！"言毕，梁启超从里屋取出一卷书札，展开乃康有为所著《长兴学记》。

李端棻："南海，奇人也。"

梁启超告诉李端棻，明年春上，他将随康南海一起赴京会考，"功名已在其次，为建言救国，匡扶圣上耳！"

李端棻叮嘱梁启超，朝中已有大员对康南海及《新学伪经考》颇多微词，轻易不可示人。

酒已温过三遍，月已斜在西天。

紫禁城里有敲更声传来，悠悠，悠悠……

次日早朝，东华门外冠盖云集。

忧心如焚的光绪帝，自朝鲜东学党事变之初同意李鸿章的"遣兵代剿"之策，意在扑灭东学党起义，却不料日本政府趁机出兵，到六月十三日在仁川登陆的日军已达八千人。日本以铁舰扼守仁川，以陆军进犯汉城，尽占险要之地以为侵吞中国之第一步的谋略，已经暴露无遗了。

其时，举国上下，求战之声汹汹，然而北洋陆军、北洋水师又尽在李鸿章的掌握之下，李鸿章犹豫彷徨，日本人出兵迅速，以致中日战端未启，日方便已"招招占先"，我方便已"四面受制"了。

光绪问李鸿章，和战之举关乎大局，"如何及时措置"？

李鸿章跪奏道："现有陆海兵丁，守尚有余而攻则不足。如若非战不可，则必须备饷征兵。"

是年七月十一日，光绪下诏拨款三百万两白银给李鸿章，令其"将战守一切事宜，妥为筹备，以期缓急足恃"。

李鸿章一则要求备饷，同时又准备从朝鲜撤军，京城物议纷纷之下，御史张仲炘上疏光绪，指控李鸿章一味观望迁延，拥兵不动，请朝廷立下决心"一意决战，以弭后患"。

七月十四日，中日关系急剧恶化，日本公使向清廷送出第二次绝交书。

这个时候，光绪一战之意更坚，旨谕李鸿章，日本以重兵挟制朝鲜，“和议恐不足恃，亟应速筹战备，以杜狡谋”。光绪并且考虑到“水路叶志超一军，兵力尚单，须有继进之军，以资接应”。

北京城里的街谈巷议都在说：“嘿！光绪爷要跟小日本开打了！”

养心殿里独坐的光绪却着实心绪不宁。

中日开战在即，胜败难以预料，李鸿章几乎是打一鞭走一步，而颐和园里慈禧太后那边，屡屡催问的是万寿庆典。谈及中日陈兵朝鲜时，太后的言谈便有诸多矛盾了，一来以为天朝大国与小日本开打应属无虞；二来又觉得万寿之年战火骤起，似为不吉。光绪自问：如何是好？

光绪正想再发上谕，命李鸿章迅即增兵朝鲜，并随时禀报军情时，忽然发现在堆积的奏章中有安维峻的一份。安维峻，侍御也，为清流中的敢直言者，最名噪一时甚至连光绪都替他捏一把汗为其担心有杀身之祸者，乃是曾上疏慈禧奏请“撤帘归政”于光绪，并“免掣皇上之肘”。从此，太后与光绪便对安维峻这个名字都不会忘记了。

安维峻又所奏何事？

光绪一看是奏劾康有为的，康有为这个名字曾听翁同龢说过，李端棻也曾荐举过，说是虽为布衣，学富五车而心忧天下，并有上书被阻格。光绪之世，朝臣老迈，为更新图强只有求才求贤。因而康有为及他的大弟子梁启超，便是光绪有时会想起的两个人。

安维峻奏劾康有为请毁禁《新学伪经考》，说康有为以“诡辩之才，肆狂瞽之谈，以六经皆新莽时刘歆所伪撰，著有《新学伪经考》一书，刊行海内。腾其簧鼓，煽惑后进，号召生徒，以至浮薄之士。靡然向风……”光绪心里与其说一惊不如说一动，这康有为果然好生了得。光绪倒想把安维峻的奏劾看完了，不知道为什么，安维峻骂得愈凶火气愈大，光绪心里倒觉得愈坦然——谁让你们陈陈相因、泥古不化、了无新意的？

安维峻是在请诛康有为了：“……非圣无法，惑世诬民，较之华士、少正卯，有其过之，无不及也。如此人者，岂可容于圣明之世？若不及早遏炽焰而障狂澜，恐其说一行，为害伊于胡底，于士习文教，大有关系。”

光绪难得莞尔，心想：炽焰、狂澜，朕所爱也！“传翁同龢。”

垂询之下，光绪得知，康有为的《新学伪经考》毁誉参半，坊间学子却又相传不绝。而其放言攻击古文经学，是意在动摇“恪守祖训”之陈腐，为变法、改革廓清障碍。

“康有为可在京城？”光绪问。

“臣启奏陛下，康有为不在京城，他的门生梁启超在。”

沉思一番后，光绪挥挥手：“下去吧！”

京师风云变幻，梁启超虽非局内之人，却也分明感到了的。春夏之交的气候捉摸不定，说暖还寒，说寒也暖，但内政外交的种种不和谐却是尽人皆知的。不是要打仗吗？万寿庆典的筹备仍然轰轰烈烈，道路传言——这道路传言却又是真实的——仅内务大臣福锟进贡给慈禧的万寿礼品便有：

> 脂玉如意五对，绿玉红玛瑙寿星仙桃两件，脂玉插瓶一对，脂玉盒子一对，脂玉洗瓶两件，脂玉镶嵌花瓶一对，脂玉花觚洗子两件，脂玉杯壶两件，脂玉盖碗茶盅两对，脂玉花插圆屏两件，玉石大小仙台六座。玉字镶嵌围屏一件，镶嵌象牙花卉鸟木围屏一件（含宝座、足踏、宫扇、香几、景泰蓝凤凰），镶嵌象牙人物紫檀木围屏一件，玉镶嵌挂屏对子两件，珊瑚嵌绿玛瑙盆景一座，江南织造特制绣花氅衣、衬衣、马褂、紧身面料五十四件，加宽各色江绸、库缎七十八尺。

安徽巡抚沈秉成的贡品有：

> 文玉如意成对，一统万年玉宝成座，翠玉麻姑献寿一对，景泰鹤一对，灵璧乐石九座，铁花挂屏四扇，黄山万寿松九盆，花卉围屏九扇，牡丹富贵图画册四本。

……

一个正面临着被侵略被瓜分的帝国，为着慈禧太后生日和独裁的威权，正在耗尽这个帝国国库中仅有的资财，在北京城披红挂彩、铺金嵌玉。庆典期间紫禁城内架彩164间，彩绸635处；颐和园内架彩98间，彩绸143处；中南海（时称西苑）内架彩171间，彩绸298处；万寿寺架彩55间，彩绸38处。仅以上各项需要白银14.41万两！何况慈禧林林总总几百样万寿用品？何况大大小小各种工程为了“以壮观瞻”的修缮漆饰？何况龙棚戏台自西华门至颐和园的60段景点工程？

一八九四年，是满朝文武举国上下有权有势者争相拍马屁的一年，“政以贿成，惟事娱乐，相与交关，是岁为极”。梁启超惊讶莫名。

忧国忧民的宏论向谁去说？

为了一个人如此奢靡，奢靡到一次庆典挥霍掉国家岁入六千万两白银的一半！贫困与腐败奢华竟如此不能分离！真是“金樽美酒千人血，玉盘佳肴万姓膏”。

那四处高悬的宫灯，鲜艳的披红挂彩，此刻在梁启超看来都是滴血的，教人心碎。

怀才不遇、报国无门啊！

梁启超之郁闷，《三十自述》有记：“甲午年二十二，客京师，于京国所谓名士者，多所往返。六月日本战事起，惋愤时局，时有所吐露，人微言轻，莫之闻也。”康南海《甲午十月记事诗》，有如下忧国时评：“当时两江总督张之洞建议割东三省与俄、西藏与美，赂俄助我拒日。而盈廷联俄说尤盛，总署与俄使已有成言。”（《南海先生诗集》卷二页三十二）一八九四年梁启超北京之行，以准备来年会试之名，其实志不在此。在给夏穗卿的信中明白表露，任公当年之救国救世的主张，为广求同道，但开风气为第一要务。摘录《与穗卿兄长书》：

此行本不为会试，弟颇思假此名作汗漫游，以略求天下之人才。……今日之事，以广求同志开倡风气为第一义……君迫有所得否？……湖江之间所见何人？

又一书：

贵省通材谨悉，但仍欲觅后起之秀者，虽学未成而志趣过人，亦足贵也。

再一书：

我辈以普度众生为心，多养人才为第一义。吾粤学子虽非大佳，然见闻稍开，骨殖稍竖，四顾天地，此方人尚可用也。

（《梁启超年谱长编》23 页，上海人民出版社）

由此，追溯二十二岁时的梁启超，对科举仕途、金榜题名，已了无兴趣。在万木草堂的熏染下，因为康南海的耳提面命，梁启超已经自觉地把匡救时局视为自己的责任，而广求同志，寻觅开倡风气之路，“我辈以普度众生为心”。笔者特意指出，一八九四年时梁启超的心境、言论、热情和热力，其实是身处中国乱局而又渴望力挽狂澜的“预热”。但，后之来者已经感受到了任公之忧患深重，热力燎人。谓予不信，有诗为证：

怅饮且浩歌，血泪忽盈臆。
哀哉衣冠俦，涂炭将何极。
道丧廉耻沦，学敝聪明塞。
竖子安足道，贤士困缚轭。
海上一尘飞，万马齐惕息。
江山似旧时，风月惨无色。
帝昏呼不闻，高谈复何益。

这一首直指时危而又茫然无奈的诗，为穗卿而作。（资料来源同上）

朝鲜战事，一日比一日吃紧。

日本兵有备而来如狼似虎，七月二十一日、二十三日，清政府为增援孤守牙山的清军而派出的济远、广乙、操江三舰，并护送高升、爱仁、飞鲸运兵赴朝时，日本立命联合舰队司令伊东祐亨率十五艘军舰开赴朝鲜西海岸。二十四日，日舰吉野、浪速、秋津洲集结于牙山口外丰岛海面，二十五日中国舰队遭到袭击后仓促应战。广乙舰遭重创，死伤七十余人，操江号被掳去，高升号被击沉，济远舰管带方伯谦临阵脱逃。日军出动小船捕杀跳入海中已完全失去抵抗能力的中国士兵……

八月一日，清政府被迫下诏书对日宣战。

早已先机在握的日本兵于九月十五日总攻平壤，清军扼守牡丹台的左宝贵一部凭险抗击，失守后又退至玄武门死战。左宝贵阵亡，叶志超逃跑，十六日晨日军攻陷平壤。

十七日，黄海海战。丁汝昌率领的北洋舰队浴血冲杀五个小时，互有损失，这一仗打了个平手。随即，李鸿章下令：北洋舰队退守威海卫基地，为“保舰”也，拱手让出了黄海、渤海制海权。于是，日本陆海军直逼中国本土。

十月下旬，侵华日军首度攻入中国境内，攻陷丹东，直指辽东腹地；另一路日军由花园口登陆，直犯金州。十一月七日占大连，十一月二十一日攻陷旅顺……

北洋军节节败退。光绪喝问李鸿章：“尔怯于攻望风逃之谓守则有余，黄海不守渤海弃之辽东尽失，尔所守何来？何守之有？”

十一月七日，日本兵攻占大连之日，正是慈禧万寿庆典之日。

中日甲午战争使中国丢城失地，从此一蹶不振，这也正是慈禧册封、官吏晋升、山呼万岁、夜夜笙歌之时。

梁启超要回广州了。初春抵京，回广州时已是十一月，秋深，忧也深，愁也深。

甲午败绩，万寿庆典，这拂之不去的两个阴影巨大到可以使人疯狂或者窒息。

“国耻！皆是国耻！”梁启超在心里怒吼。

梁启超回到广东便得知陈通甫正在病中，肺痨日见沉重，咯血不止，苦无良药，家人焦虑。通甫不时询问梁启超的行踪，每每自叹：莫非见不到任公最后一面了？

梁启超匆匆赶到陈通甫处，见正值青春年少二十五岁的好友憔悴不堪，禁不住两眼盈湿。想起康南海门下万木草堂的时日，不过一两年光景，而今却已恍若隔世了。当初，是通甫引荐梁启超给康有为的，二人一夕不寐联榻长谈，自此，人一生的命运便有了新轨迹的开始。

康有为曾说过：“吾门人陈千秋通甫者，绝代才也，为吾门冠，可惜短命！”

陈通甫问及京师印象，梁启超慨然叹道：“有两副对子私下相传，倒是有趣得很，一是‘万寿无疆，普天同庆；三军败绩，割地求和’。”

陈通甫：“妙啊！妙得很！”

“另一副据说是章太炎所写：‘一人庆有，万寿疆无。’”

“唉，任公兄，我们都是从小对对子对出来的，想不到这对子竟然有如此深厚之玄机，我中华民族实在是可爱可惜可叹！”……

一八九五年三月，梁启超随康有为赴北京参加会试。一路上昼夜兼程听康有为说古论今，倒也并不寂寞。经上海，至大沽，有日本兵来船上搜查，乘客们一个个敢怒不敢言。“都当亡国奴了，还考什么状元？”梁启超愤而放言。康有为却一把拉着梁启超，步出船舱站到船舷旁，闭目倾听，却只是不说话。

良久，康有为问：“你听见了？”

梁启超一时摸不着头脑未及回答，康有为又问：“你看见了？”

康有为仿佛自言自语：“那涛声不绝于耳是因为生生不息。一如这潮流涌动浪浪相接，虽有日月轮换，涨潮落潮，却无时不流无处不动。非为它也，只为自身之故，而有潮汐而有风波而有漩涡而有涛声。人见否人听否皆无妨。人不听涛声不会消亡，人不见江流不会断绝。水滴石穿，冲决堤防，载舟覆舟，皆源于此——连绵不竭，无为而为也。”

梁启超频频点头称是。

“再者，人所见江海之大莫不是表象而已，苍茫宇宙天地洪荒之际，水乃一切生命之母，吾辈知之甚少矣！先有水汇聚成原始之海，才有藻类，无所畏惧登陆死亡者十有八九，然后才有森林。之后才是人类出现。孔子于川上谓‘逝者如斯夫’，时光如流水也，水之古老恒远可见一斑。然而倘要深究人间万象莫过于观沧海，日月出矣，风涛生矣，时雨降矣，千帆发矣，樯倾楫摧矣，礁石之屹立不动，海鸟之盘旋不去，何也？乃江海之博大，运动之不息，而有声有势有力。人只能加固堤防，却不能填海灭海，所谓望洋兴叹概莫能外。”

梁启超忽然想起，康有为万木草堂口说之语：“日大质，爆而为地”，“高而上则成花岗岩，下而底则成河海”；“海之所生，蚧为先”；“苔为人物之始”（《康有为全集》第二集）。不禁连声称妙。

梁启超诺诺连声之后又问：“‘黄钟毁弃、瓦釜雷鸣，蝉翼为重，千钧为轻’之际，当如何？”

康有为：“作虎啸雷鸣，似波涛运动，除此之外更无它途。”

这真是“无语听沧海，人间有大音”。

北京是如何迎接康有为、梁启超以及各省前来赶考的举子的呢？行装甫卸，风尘未洗，甲午兵败，北洋水师全军覆没的消息，便已沸腾。最后的希望破灭了，中国完蛋了，日本兵就要往北京打了。李鸿章怎么还有脸皮到日本去求和？

日本不宣而战，杀我同胞夺我山川，为什么中国还要割地、赔款？因为战败了，这个世界是强者胜者的世界，公理等等，茶余饭后的谈资而已！

慈禧一个庆寿，用去国家半年收入，还拿什么去赔？

鸦片战争、甲午海战，先败于英国，又败于日本；先割香港，再割台湾，正在由李鸿章与日本人商量。原来“瓜分豆剖”的时候，还得由中国的大员在一旁协助指点，他们熟悉地理形势，签字画押起来比较方便。

康有为在北京的住处常常宾客盈门。

北京人在天子眼皮底下本来就好关心国事，再加几千举子进京，道路传闻多激昂慷慨之言，一时街谈巷议、茶楼酒肆议论纷纷，乃至震动朝野。

米市胡同南海会馆北跨院里，康有为住的屋子像一只小船，便称之为汗漫舫；其时院内种有七棵树也叫七树堂。廊子两侧堆着各种太湖石，长廊壁上嵌有苏东坡观海棠帖片的石刻，东坡神韵常常使访客驻足不前，这几天却不一样了，各省举子慕名来访的无不气色愤然，步履匆匆。

举子们因为考期临近，首先谈论的是考与不考，结果多数人认为，考了再说。且有传言谓：

主考官也在那边厢睡不着觉，慈禧太后手下的那些守旧官僚们，都知道康有为也来应试了，比日本兵占辽东还风声鹤唳。务必不能让康有为榜上有名的责任，便落到了徐桐身上。徐桐与副考官李文田、唐景崇、启秀相约：凡是文笔狂放、思路悖谬如康有为之流的卷子一律弃之。不过为此还得读读《新学伪经考》，虽然煞风景，却也无奈。

“帝党”那边，也有人嘱康有为：作文、立论务取平和。

精神高度紧张的徐桐在阅卷时，取的是“宁可错杀不能放过”的大刀阔斧式。副考官李文田虽然也是守旧之辈，却有爱才之心，为一举子的试卷大加赞叹，说：学问、才情加之娟秀的字迹，无出其右者。徐桐阅后却不以为然：“不是康有为便是其门生。”丢在一边了。李文田据理力争，如此判法还能判出状元来吗？徐桐答道：“出不出状元无所谓，只要没有康有为便好。”

李文田无奈，便在这份试卷上批了两句诗：“还君明珠双泪垂，恨不相逢未嫁时。”

事后得知，这一份卷子便是梁启超的。

放榜之日，京师轰动，康有为中进士第八名，梁启超落榜。

徐桐目瞪口呆，声言：“此人我决不与之谋面。”

康有为闻言笑道：“先前倒是想见他的。”

一八八八年，康有为第一次上书，曾三谒吏部尚书徐桐之门，请求代奏光绪。非但“不获见”，“越日原书发回，以狂生见斥”。

徐桐与康有为原来是打过交道的。

当年拒不接见、上书阻格；而今刻意阻挠其仕途却又阴差阳错，还是“进士及第”。历史开了徐桐一个不大不小的玩笑。

不过，无论是康有为榜上有名也好，还是梁启超名落孙山也好，他们都已经无所谓了，志不在此矣！

一八九五年四月中旬，《马关条约》签订的消息已传到京城，在京应试的举人义愤填膺，决心抗争，康有为敏锐地觉察到“士气可用”，想找梁启超计议一番，却听得走廊里有脚步声响：“卓如到矣！”果然梁启超推门而进。

康有为：“何事匆匆？”

梁启超：“《马关条约》已签订，先生知否？吾辈就这样不声不响吗？”

康有为：“联络各省举人，分托朝士鼓动，先由广东公车上折拒议和，湖楚呼应，公车上书，是其时矣。吾与汝迅即起草，如何？”进京赶考的举人由衙门派车接送，是有“公车”之称。

梁启超：“好！”

中国几千年大梦初醒的时刻即将到来。

史无前例的公车上书，由广东率先，然后是各省“连日并递都察院，衣冠塞途，围其长官之车，台湾举人，垂泪而请命，莫不哀之”。

声势已成，朝野震惊之后，康有为、梁启超联合十八省举人，于松筠庵集会，与会者共一千二百多人签名，通过了康梁起草的《上清帝万言书》。四月八日送往都察院，人群汹涌，群情激奋。都察院拒收，理由是皇帝已盖上印鉴，无法挽回了。

拒收是拒收了。西太后与光绪帝却都在关注着举子们这一公开的非同小可的行动。可以说“后党”震惊不已，“帝党”喜忧参半。

公车上书所反映的，是自鸦片战争以来中国民众不甘沉沦，在痛苦中不断追求的执著精神。

公车上书开启了文人学子集会上书、参与政事、呼唤变革的新格局。

公车上书也是康有为、梁启超推进维新变法的第一步。自此之后，中国近代史虽然仍充斥黑暗，却也有了暗夜中的追求与呼告；康梁始料未及的是，这一仍被阻挠的公车上书之举，使封建帝制的壁垒显现了裂缝，这裂缝中生出的小草宣示着阳光的不可阻挡，并且嘲笑着旧政权的枯槁与朽腐。

公车上书的核心内容即是康梁的政治主张，下诏、迁都、拒和、变法。“下诏鼓天下之气，迁都定天下之本，练兵强天下之势，变法成天下之治。”下诏者，是要求光绪皇帝下罪己诏，承认失误，激励天下，“以雪国耻”。下惩罚诏，严惩甲午之役中屡失战机的大臣、将领及一切贪官污吏。下求贤诏，广求人才、破格录用。所谓“变法”内容更广泛，变成法而求富国、养民、教民、废科举、办学较等。康梁还要求改革封建官僚体制，精简机构、广招人才，派员出洋学习，设立皇帝顾问处等等。

慈禧听说后大发雷霆之怒，指着徐桐、奕劻等怒喝道：“尔等何用？难还真的要让那批妄为举子造反不成？”

光绪在养心殿问翁同龢：“屡屡阻格上书者是谁？”翁同龢诚惶诚恐：“臣不敢说。”

举子们陆续离开北京了。

前些日子都察院门前一里多路全是公车上书的人群，人多势众，虽然被拒收，北京城里的百姓却几乎家喻户晓。

举子们陆续离京，有的远在云贵，山高路远的跋涉之苦谁人能体味？求功名不得，求上书不得，求拒和不得。台湾的举子离京时，康梁送行，更是挥泪长街，来时台湾为中国的一个大岛，归去已赔割日本，如此耻辱怎能不刻骨铭心？

梁启超在新会会馆中感到了一种孤独、一种从未有的孤独，这孤独又给了他启示，想要在中国的政事中推动维新、变法，则必须有

“群体”。群体何来？如公车上书，为某一大事关乎家国命运而有人发动有人联络，其余人等经过议论补充达至共识，凡共识者即为群体之一员也。

梁启超穿街过巷，直向南海会馆汗漫舫而去。

其时，康有为正在汗漫舫里品茶，轰轰烈烈的行动之后，他喜欢独处，他要想一想从自己一个人上书被阻格，到这一次千余人上书仍到不了皇帝手里的教训。官僚衙门之深何止深似海？

康有为几乎找遍了京城那些显赫的衙门，如掌户部时的翁同龢，时任工部的潘祖荫，直至用了周公“吐哺握发”的故事，希望“闻尊主庇民之略，俾足副沧海大塞之观”。疾呼道：“失此不图，后虽欲为之，外夷之逼已近，岂能待十年教训乎？”

康有为的上层路线已经走到穷途末路了。

衮衮诸公，有谁不是“龌龊保位”的？

真是：“虎豹狰狞守九关，帝阍沉沉叫不得。”

平心而论，康有为的前仆后继也不是毫无所获。帝党中人如翁同龢、徐致靖、孙家鼐、文廷式等一直在注目康有为，并不时在光绪面前有所荐举，埋下了伏笔。而这也让西太后及后党之人痛恨到食不甘味夜不寐席的地步。

康有为和梁启超在汗漫舫里讨论着“群体”的事儿。

康有为说：“中国士人向来散漫，不敢相聚讲求，只知坐而论道，倘思开风气创一新鲜局面，非合大群不可。”

梁启超似乎对此已有考虑，想到了更深一层：“合群则需会议，合大群则得大会议，如在外省，一个地方官便足以制止。因之需得合群于京师，且有若干官员参与，则方可登高呼远，使八方响应。”

康有为深以为然，两人商定先办一张报纸，再设会，进而合群会议，以开风气之始。

办一张报纸的前景使康梁二人喜不自禁，可以发表同仁的文章，可以传播自己的观点。但思虑之下，还是应以介绍西方各国的社会政治、史地、风情为主，以期别开生面，耳目一新。同时发挥公车上书的主旨，讲富国强兵之道，维新变法之源，故而取名为《万国公报》。

一八九五年八月十七日，公车上书之后，康有为、梁启超精心策办的《万国公报》正式发刊，逢双日出版，首期刊印千余份，委托送《京报》者代递，“分送朝士，不收分文”。

梁启超的办报生涯实由此小试身手，《万国公报》上每期一篇的言论文字，均出自梁启超之手。难怪御史杨崇伊读后便说：“此等文章不是康有为便是梁启超所写，总之‘康党’不甘寂寞也！”

总有人希望别人甘于寂寞，在寂寞中死去，他自己却决不寂寞。

一八九五年，北京秋色正浓时。

康有为与梁启超相约，去陶然亭饮茶，并商议成立强学会一事，急需商定的是：领衔者何人为妥？

饮茶，康梁所同好也。公车上书前后忙于政事，就连饮茶也是匆匆忙忙的。原来广东人讲究饮茶，除了茶好水好以外，还得有时间慢饮慢品慢聊，今天算是稍得宽余。到得陶然亭是上午十时，在茶室里落座，一壶功夫茶沏好，得稍稍浸泡片刻，第一道茶还要回壶。阳光暖暖地照着，秋风凉凉地吹着，窗外是一大片芦苇荡，轻柔地摇曳于阳光之中。

一边品茶一边说陶然亭的掌故，竟然忘记所为何来了。

“陶然亭始建于康熙三十四年，其时的工部郎中江藻于古寺慈悲庵中建敞厅三间，取名为陶然亭。”

“当是白居易诗意，‘更待菊黄家酝熟，共君一醉一陶然’。”

康有为点点头：“其实，此园一直是荒凉的，园中多杂草、芦苇、水潭，这便多出了一分野气。还有芦苇，自生自灭自强不息，岂不如同我等布衣？”

说到这里，康有为似乎有些伤感：“卓如，你我常被人斥为狂生、狂徒，究竟何狂之有？”

“便似这芦苇，偏偏不去豪华宅院做小摆设，就在荒凉处站着，任它夏来青冬来黄，无大欢喜也无大悲伤，在那些万紫千红看来，不也显得狂态毕露吗？”

康有为目光里难得笑盈盈的："有道理，'就在荒凉处站着'！"一摸茶杯，那茶已凉了。自然是换茶叶重新沏上开水，接着又是一番议论。

梁启超言归正传了："我想强学会的宗旨应该开宗明义、简便醒目——探求中华民族自强之学。"稍作停顿，梁启超又说，"这发起人的领衔者，似应既与我等有同气相连处，又有官方背景也可借此保护，您说呢？"

康有为略作思考："翁同龢如何？"

"不妥，离皇上太近。"

"也是。常熟太过谨慎，恐也无此胆量。李端棻呢？"

"也不行，离皇上又远了点儿。"

两人沉思良久，目光一碰不禁同时脱口而出，道出一个人名来："文廷式！"

联络之下，不仅文廷式应允参加，还有陈炽、袁世凯、徐世昌等方面要员。站在背后支持强学会的则有翁同龢、沈曾植、孙家鼐、张之洞、刘坤一等人。就连其时正在做着"伴食宰相"，"韬光养晦"的李鸿章也表示愿"以三千金入股"。李鸿章此举却为"帝党"要员陈炽所拒绝，甲午之后丧权辱国，人人皆曰李鸿章可杀，"虽身存而名已丧"（《梁启超年谱长编》31 页），不少人避之唯恐不及了。

北京宣武门外公园内，十月初，秋风落叶之际，强学会正式成立。规定：强学会中人定期集会；购置图书、仪器，尤其是欧美史地、人文及科技新书。当时购买这一类书籍之不易，已是后人所不能想象的了。梁启超痛切地感到中国士人往往不知道世界之大，便想购置一张世界地图，在北京各家书店"遍求而不得"，后托人从上海购得一幅。购得之后又如何呢？不要说芸芸众生了，即便是读书人，又有几人去玩味地图、看那蓝色海洋包裹着的地球，又有几人会去思量造物的奥妙，于经纬之间寻找自己的位置呢？

梁启超若干年后忆及当初感叹道："图至之后，会中人视同拱璧，日夕求人来观，偶得一人来观，即欣喜无量。"

除此之外，强学会还倡导"翻译西书，传布要闻"。

一八九五年十二月十六日，《万国公报》改名为《中外纪闻》，成为强学会的机关报，以梁启超、汪大燮为主笔。

北京有了这样一张报纸了：公开宣传西方科技之发达，公开评论中西社会之得失，公开呼吁中国唯变法维新才能跟上世界潮流。

不消说，这是十九世纪末年，以康梁为主导，中国未曾有过的让思想冲出禁锢的尝试。

《中外纪闻》居然能一期发出三千张，这使主持笔政的梁启超十分雀跃。

《京报》送至各官室富户人家，初衷是企图影响这些京城中握有权柄的人，哪知道后来却成了“谣言谋反”、企图结党的证据。御史杨崇伊便断章摘句、危言耸听，上奏朝廷，谓强学会贩卖西学，攻击国体，要挟外省大员，破坏社会安定，请立即查禁。

军机处知会步军统领，立即行动。

跟日本人一打便输，对付几个读书人却绰绰有余。听说要“捉人”，强学会会员“纷纷逃匿”，有的甚至“破涕泣下”哀求当局宽容。京师强学会无形中已解散，兵丁到强学会会所封门时，一应图书、仪器、资料连同梁启超本人的“服器书籍皆没收，流浪于萧寺中者数月”。任公有详述：“时在乙未之岁，鄙人与诸先辈，感国事之危殆，非兴学不足以救亡，乃共谋设立学校，以输入欧、美学术于中国。惟当时社会……一言办学，即视同叛逆，迫害无所不至，是以诸先辈不能公然设立正式之学校，而组织一强学会，备至图书仪器，邀人来观，冀输入世界之智识于我国民，且于讲学之外，谋政治之改革，盖强学会之性质，实兼学校与政党而一之焉。在今日固视为幼稚之团体，然在当时风气未开之际，有闻强学会之名者，莫不惊骇而疑有非常之举。此幼稚之强学会，遂能战胜数千年旧习惯，而一新当时耳目，具革新中国社会之功，实亦不见轻视之也。……迄乙未之末，为军统领所封禁，所有书籍仪器，尽括而去，其中甚至可感慨者，为一世界地图，盖当购此图时，曾在京师费一二月之久，遍求而不得，后辗转托人，始从上海购来。图至之后，会中人视同拱璧，日出求人来观，偶得一人来观，即欣喜无量，乃此图当时禁封，亦被步军统领衙门抄去，今不知辗转落在何处矣。及至戊戌之岁，朝政大有革〈新〉之望，孙寿州先生本强学会会员，与人同谋，请之枢府，将所查抄强学会之书籍仪器发出，改为官书局，嗣后此书局即改为大学校，故言及鄙人与大学校之关系，则以大学校之前身为官书局，官书局之前身为强学会，则鄙人固可为有关系之人。”（《梁任公先生演说集》第一辑，一九一二年十二月版）

强学会被封，《中外纪闻》被禁，此时康有为正在联络张之洞办上海强学会及《强学报》奔波于粤沪之间。北京的局面还要看一看，梁启超便听信了文廷式的一句话：“少安毋躁，或有转机。”

光绪身边的人及朝中主张改良的官员，不甘心就此挨一闷棍；光绪也知道实在需要有一处言路能介绍西方，以为需要时之援引。御史胡孚宸正好有奏章送达，《书局有益人才请饬筹设以裨时局折》。光绪乘机将强学会改为官书局，使之“维系一线”，由孙家鼐主持，梁启超被摒局外。

谭嗣同来找，便相与去夏穗卿处。

夏穗卿的小屋也实在太寒酸了，一床一桌两把椅子，别的空间堆满了书，三人同桌，有一人需坐在床上，桌子上倒是空空如也，三只酒杯一碟花生米而已。

谭嗣同兴致很高，便出门去了一家熟食店，拎回一堆下酒菜。

谭嗣同，字复生，号壮飞，官宦子弟，即今之所谓官二代也。其父谭继洵官至湖北巡抚，教子极严。谭嗣同幼年丧母，为父所督，自幼好学，并且“能文章，好任侠，善剑术”，弱冠之年即从军新疆，为刘锦棠幕府。以后游历于直隶、新疆、甘肃、陕西、河南、湖南、湖北、江苏、安徽、浙江、台湾各地，体察风土人情，结交壮士豪杰。谓：“此生若是平庸过，枉为七尺好男儿！”

谭嗣同自己也惊讶，与梁启超、夏穗卿均为初交，却如同挚友。他走南闯北十年，什么样的地方口音都听过，所以梁启超的广东官话、夏穗卿的杭州话均不影响与之交谈。

话题最热烈的还是战败议和、割让台湾，谭嗣同去过宝岛便略叙岛上日月潭之美景，高山族之风情。据谭嗣同考察，台湾一地祖宗来自福建的为多，广东也有。台湾人以整只大虾煮汤，味带酸甜；并好食香菇、木耳均与福建同。茶以乌龙为主，香片为辅，乌龙中出名的是采于云雾山巅的冻顶乌龙，是乌龙之味兼有绿茶之清碧，可谓一绝。

夏穗卿："干一杯，我还有话请教二位。"

一杯酒下肚，夏穗卿却转身取来纸墨笔砚，眼睛似开似闭，画了一张中国地图，"再割地以外人，将割何处？"

梁启超："还要割下去？"

夏穗卿："岂能不割？比如一个西瓜既已切下一刀，便只有再切，你想食之，别人也想尝一尝。国运式微，贪官当朝，战之既不胜则不战，但又要图享乐做万寿，如西太后之在颐和园，不割怎么办？只要北京不割出去便算太平盛世。"

谭嗣同："除了割地，当朝已无事可做了。"

夏穗卿："非也！尚有另一割。"

谭嗣同："愿闻其详。"

夏穗卿："恐怕要割头。"

谭嗣同默然沉思，梁启超道："兄与我等同赴菜市口？"

夏穗卿不答，随口吟出两句诗来："君自为繁我为简，白云归去帝之居。"

谭嗣同常常一边倾听梁启超放言康有为之大同三世说时，一边冥想世界之未来。而梁启超所惊讶者却是康有为的"微言大义"，与谭嗣同的侃侃而谈何其相似。夏穗卿在更多的时候则是不发一言，他用目光与挚友交谈，或赞许或困惑或不以为然，但总是真诚的。倘若开口便是怪论、妙语。

这是十九世纪末的中国青年饱学之士啊！他们怀疑的目光从中国投向世界了，他们的激情将会冲击新的浪花，冲击一个民族的麻木。有一次，他们谈佛教、佛经，那个年代的文人学子没有不研读佛经的。夏穗卿终于开口了:“《楞严经》是假的。”

梁启超与谭嗣同愕然，然后自然是一番争吵:“这自古相传法轮常转中传播的经文，怎么会是假的呢？”

“你去读。”夏穗卿如是说。梁启超后来说过,《楞严经》确是愈读愈像假的。

夏穗卿厌世太深，于今生，则为“简”也。

梁启超“凡事都有兴味”，欲望太强，谭嗣同则刚烈愤世，如火如炽，于现世，皆为“繁”也。

朋友是不必凡事相同的。梁启超说:“受夏、谭影响亦至巨。”谭嗣同则谓自己“自交梁启超后，其学一变”。梁启超致信康有为，力荐谭嗣同:“敬甫之子谭复生。才识明达，魄力绝伦，所见未有其比……”

夏穗卿却依旧静穆，依旧饮酒。

梁启超要去上海了，为《时务报》事。

谭嗣同要去金陵了，遵父命“就官为候补知府”。

夏穗卿还住在北京贾家胡同那一间堆满了书与酒瓶的小房间。目送好友远去，喃喃自诗:“冰期世界太清凉，洪水茫茫下土方。巴别塔前一挥手，人天从此感参商。”

第四章 呼风唤雨

一八九六年，《三十自述》中梁启超谓，“三月，去京师，至上海，始交公度”，公度即黄遵宪，同创《时务报》，任公平生又一挚友也。“七月，《时务报》开，余专任撰述之役，报馆生涯自兹始。”

梁启超统领《时务报》笔政，主笔该报言论，并以六十篇大作在《时务报》发表，一时四海之内无不说《时务报》、无不知梁启超。凡此种种，却不能不提到力荐梁启超的黄遵宪。

梁启超比黄遵宪小二十五岁，当黄遵宪以诗歌闻名于世时，梁启超乃蒙童学子。甲午战争之后，康梁鹊起，梁启超为黄遵宪看重，顾左右曰：“此子乃栋梁之才。”

黄遵宪不仅旧学深厚诗名卓著，且精通外文，长期充任驻日本、美国、英国、新加坡的外交官，是康梁推动新政改革时，最了解西方诸国，最富有世界知识的维新志士。

一八九四年，黄遵宪驻新加坡总领事任满归国。次年，赴南京谒见两江总督张之洞，不得要领。其时北京强学会兴起，《万国公报》及后来改名的《中外纪闻》使黄遵宪很是激动了一番，一个不了解世界的民族又自诩为“天朝大国”，怎么能自主图强呢？其间康有为来江南游说张之洞筹立上海强学会，在沪小住时，黄遵宪往访，“自是朝夕过从，无所不语”。并且相约，待时机一到，必先得办报，必先要译介西方的著述，且要速译，为振民气也。不久康有为返广东，北京强学会被封禁，上海强学会停办之后，黄遵宪“愤学会之停散，谋再振之，欲以报馆为倡始”。当张之洞的幕僚汪康年到上海与黄遵宪商议办报事宜时，黄遵宪便提出主笔非新会梁启超不能担此重任。

黄遵宪在上海敦促梁启超南下，梁启超一到，匆匆接风后便发出公启，公启由黄遵宪、汪康年、梁启超、邹凌瀚、吴德潇五人署名，公告各界:《时务报》不日创刊发行。

所有的分歧都是从开始便隐伏着的。

当议及办报宗旨时，汪康年承张之洞之意，力主专译西政、西论、西事，并录宫廷谕旨。对于言论，则守夫子之道述而不作。

这是官僚的精明处，专事翻译可不负文责，上海地乃南北要冲，是两江地盘辖下，张之洞自不能放弃却又顾及到了清廷对康梁的注目。更何况新学之潮汹汹，张之洞何不坐收渔人之利呢?

梁启超认为，既为主笔，就要言论。“广译西报果然重要，然毕竟是中土之上中国人办中国人看的报纸，不发一言从无立论，岂非贻笑天下？”黄遵宪调和其间，要汪康年不必太过“忧谗畏讥”；同时又嘱梁启超不要“畏首畏尾不敢为”，但也不能“太过恢张”。总之是，兹事体大，谨慎为之。用邹代钧的话说:“愿公兢兢业业为之，不愿公轰轰烈烈为之。”

汪康年、梁启超暂告妥协。《时务报》仍遵“广译西报”，“事皆纪实”为宗旨，仍有言论评说，但只占极少篇幅。

一八九六年八月九日，《时务报》创刊。其开办费为康南海上海强学会之余款，黄遵宪“首捐千金为倡”，馆址在上海四马路。

《时务报》创刊第一期，即有梁启超的《论报馆有益于国事》、《变法通议自序》两文赫然见诸报端。令读者耳目一新的，不独是梁启超要冲决封建罗网的思想，还有他独具一格的酣畅淋漓的新文体。

这一切，真是中国人盼望已久的了。

《论报馆有益于国事》一文，是梁启超作为主笔登上中国文坛的一个开场白，他摒弃了一切陈旧的文章做法，开篇即开门见山写道：

> 战国之强弱，则于其通塞而已。血脉不通则病，学术不通则陋。道路不通，故秦越之视肥瘠，漠不相关。言语不通，故闽粤之于中原，邈若异域。惟国亦然，上下不通，故无宣德达情之效。而舞文之吏，因缘为奸；内外不通，故无知己知彼之能。而守旧之儒，乃鼓其舌，中国受侮数十年，坐此焉耳！

梁启超是文起句的“通塞”之论，实在是至理名言。大上海有了新的声音了。

梁启超关于办报的诸多想法，既是源于历史的，比如他认为“古者太师陈诗以观民风，饥者歌其食，劳者歌其事，使乘轩以采访之，邻移于邑，邑移于国，国移于天子，犹民报也”；也有源于西方的，比如讲到“西人之大报”，议院言论，国会用计，人口生死，地理险要，民生盈绌，物产品目，兵力增减等等无所不记。更有各种分报——专业报纸——“朝登一纸，夕布万方”。

结论是：“阅报愈多者，其人愈智；报馆愈多者，其国愈强。”

梁启超对于办报的精辟之见，却是痛感于中国现实的种种“血脉不通”、“道路不通”及“漠不相关”。岁月如流，社会艰难地演进着，梁启超的论述已经由一百年前的现实感言成了留给后人的至理名言。

梁启超清醒地看到在中国办报与在西方办报是不可同日而语的，因为“西国议院议定一事，布之于众，令报馆人入院珥笔而录之”。但是在中国则“讳莫如深，枢府举动、真相不知”。再者。西方有发达的“格致制造专门之业”，“新法日出，故亟登报章，先睹为快”。而在中国“稍讲此学之人已如凤毛麟角，安有专精其业，神明其法，而出新制也”。

《时务报》究竟如何办呢？梁启超是这样告诉读者的：“广译五洲近事”，“详录各省新政”，使读者“知国体不立，受人嫚辱。律法不讲，为人愚弄。可以奋历新学，思雪前耻矣！”然后“待以岁月，风气渐开，百废渐兴，国体渐立，人才渐出，十年以后，而报馆之规模，亦可以渐备矣”。

对梁启超来说，上海的全部诱惑就是《时务报》，他的试图投入社会、一试身手的迫切之情，从此要喷薄而出。这是任谁也无法阻挡的，此种源于青年梁启超忧国忧民、试图变法维新的渴望，一旦融入社会成为潮流，能不一泻千里？

“有助耳目喉舌之用，而起天下之废疾”，言之行之，梁启超兼于一身了。在陆续发表于《时务报》的《变法通议》中，他揭露封建专制的腐朽，疾呼不变法的危险，实在振聋发聩。

上海四马路是热闹地段，白天熙熙攘攘，贩夫走卒叫卖之声不绝，一到晚上青楼堂馆，车水马龙，煞是热闹。四马路以风月场所“长三书寓”闻名，入夜，便有欢场女子坐在年轻龟公的肩膀上，飞奔而去。

《时务报》报馆是不起眼的。

梁启超走进报馆，落座，便有一种感觉：新的生命仿佛又开始了。因为这一天他将撰写新的文章，安排新的版面。《时务报》是旬刊，每一期论说四千至五千字，由梁启超撰写；东西各报译稿一万多字，由梁启超润色定稿；所有公牍告白等等杂项，归其编排。这一切底定之后，还得由梁启超校对。十天一册，每册三万字。再加上梁启超的“字字精心”，耗费多少精力可想而知了。

上海八月还是暑热难耐之时，《时务报》报馆的小楼上，梁启超独居一室，办公、休息、吃饭、会客都在这里了。《变法通议》的写作使他常常处于激动之中，浮想联翩而不能停笔：

> 法何以必变，凡在天地之间者，莫不变。昼夜变而成日，寒暑变而成岁，大地肇起，流质炎炎，热熔冰迁，累变而成地球。海草螺蛤，大木大鸟，飞鱼飞鼍，袋鼠脊兽，彼生此灭。更代迭变，而成世界。紫血红血，流注体内，呼炭吸氧，刻刻相续。一日千变，而成生人。藉曰不变，则天地人类，并时而息矣。故夫变者，古今之公理也。

梁启超笔下，一个“变”字被解析得淋漓尽致了。而地球之形成、人类万物之进化，在当时的中国还是极为新鲜的，梁启超以他独有的语言生动地将这一幅幅画面展示给读者。因而接受这天下之公理，一般民众并不艰难。

梁启超告诉人们，变是不可阻挡的，变是非变不可的。问题只是：自己愿意变的变，或自己不愿意变的变。

“变亦变，不变亦变。”

历朝历代，总是有人想变、愿变；有人不想变、不愿变。

风吹云动，天无时不在“变”。

春华秋实，地无时不在“变”。

生老病死，人无时不在“变”。

梁启超看到了“变”的微妙精深。

由一“变”而万“变”，万“变”归一“变”。

“变”是一种流动的美，仿佛时光之箭。

流动在天地之间，流动在思想的清泉中。

“变”的联想，使梁启超喜不自胜。由天而地，由人而国，往复无穷。

梁启超认为：

> 变而变者，变之权操诸己，可以保国，可以保种，可以保教；不变而变者，变之权让诸人，束缚之，驰骤之。呜呼！则非吾之所敢言矣！

梁启超还以世界历史为例，认为日本以自变而强，印度以不变而沦为英国的殖民地，而波兰，则也“见分于诸国而待变”。

字里行间，梁启超已经在呼唤了：

中国，你为什么不变？

你怎么能不变？

你又到底如何变？

变法的本源先是“变动科举”，及后是“工艺专利”。梁启超的变法本原思想意在摧毁束缚知识分子思想的封建科举制度，广取天下有识之士。后者则是旨在推动生产发展经济，为民族资本主义摇旗呐喊。

在中国这块板结的封建土壤中，梁启超与《时务报》脱颖而出了。《时务报》在不到半年的时间里行销一万余份，“为中国有报以来所未有”。与天津《国闻报》遥相呼应，成为一南一北的两大报。一时间，《时务报》影响之大，从“通邑大都，下至僻壤穷乡，无不知有新会梁氏者”。

公度（黄遵宪）书云：“梁卓如兄乃旷世奇才，今窥一斑，益为神往矣。”严复在写给熊纯如的信中说，梁启超“自甲午以来，于报章文字，成绩为多，一纸风云，海内视听为之一耸”。而在上海，读一点儿书于国事稍有关心者，无不争说《时务报》，大有海上纸贵之势，“举国趋之，如饮狂泉”。(《饮冰室合集·文集》之六）

因为梁启超的“语言笔札之妙”，社会各界纷纷“争礼下之”。有论者云，妙就妙在梁启超的敏锐洞察、深刻见解、优美顺畅而又极富鼓动性的文字。

二十四岁的梁启超，已经如新星闪耀了。

张之洞饬行湖北全省“官销《时务报》”，并称：“上海新设时务报馆，每一旬出报一本，本部堂披阅之下，具见该报识见正大，议论切要，足以增广见闻，激发志气。凡所采录，皆系有关宏纲，无取琐闻，所录外洋各报，皆系就本文译出，不比坊间各报讹传臆造。且系中国绅宦主持，不假外人，实为中国创始第一种有益之报。”

张之洞还亲笔写信给梁启超，云：“甚盼卓老中秋前后来鄂一游，有要事奉商。”

卓如，梁启超的号，称卓老，且以湖广总督之尊，张之洞对梁启超的延揽人才之心已经跃然纸上了。

一八九七年二月，梁启超往武昌拜见张之洞。

张之洞极为兴奋，破例开武昌城中门迎接梁启超。

正式拜见的那天，适逢张之洞的侄儿结婚，人来客往，应接不暇，张之洞却只是应付了事，丢下一应宾客，只顾与梁启超长谈。是夕招饮，作陪的有梁鼎芬、钱恂。张之洞频频劝酒，梁启超颇有知遇之感，赞许《时务报》是不必说的，垂询政事，梁启超倒也无所顾忌，所言的无非是变法维新、孔子改制之论，张之洞话题一转："有一事相商，望屈求。"

梁启超："请赐教。"

原来是张之洞邀请梁启超到湖北任"两湖时务院"院长，并在总督署办事，月薪"千二百金"。

梁启超倒是为难了。

倘论知遇之恩当报，则理所不能推辞。然而上海《时务报》的事业刚刚如日中天，且还算得心应手，又实在放不下了。于是再三"固辞"回到了上海。

是次湖北之行，备受礼遇又有张之洞的盛情相邀，秉烛夜谈，梁启超心里自然是感激不尽的。更要者，他以为《时务报》的事业有张之洞的支持，能省却很多麻烦，且还可有一番发展。因而，梁启超在给张之洞的信中称："赐以燕见，许以尽言，商榷古今，坐论中外，微言大义，不吝指教，刍荛涓流，靡不容采，授多馈赆，殷勤逾恒。宁惟知己之感，实怀得师之幸，归舟容与，喜不自胜。"

梁启超是真诚的，也是天真的。

宦海沉浮几十年的张之洞，作为洋务派的人员，对康梁有同情的一面，也有戒惧的一面；对康梁的思想有认可的一面，也有反对的一面。总的来说，后者大于前者。官僚对于文人从来都只是利用而已，而有没有、有多少利用的价值，则要视当时的社会形势以及对自己的官场仕途是否有利而定。

自古以来，在这一价值判断上，政客与官僚是从不含糊的。

而梁启超也已经有着自己的轨迹了，他在《时务报》的那一支笔已经断然不能搁下，他活跃的新思维、新思想还将源源而出；他势必要触动那个暮气沉沉的旧世界，并给这个旧世界的维护者留下许多不快；就连梁启超自己也意想不到的是，作为维新变法的文字宣传者、舆论造势者，他已经与乃师康有为并列而为康梁了。

然而这一时期的梁启超从思想体系而言，仍是师承康有为的梁启超。《时务报》上发表的梁启超作《读日本书目志书后》，除照录康有为《读日本书目志序》外，梁启超又引康的“改制”说，提出“藉观明治维新”，而“发愤以改政”的主张。此文一经刊出，立即为张之洞注意，并由汪康年、汪诒年兄弟出面，力图使梁启超不再援引“康学”，以为规避。

梁启超顿时觉得《时务报》不好办了，原以为同仁办报掣肘较少，不料发行愈多、声名愈广，那险象便也接二连三了。其时汪康年为《时务报》总理，负筹款、发行之责；梁启超为主笔，担撰述、文字之纲，职权本来分明，汪康年却要干预笔政且又涉及师门，梁启超不能不认真对待了。

梁启超告诉汪诒年：

> 启超之学，实无一字不出于南海。前者《变法》之议（此虽天下人之公言，然弟之所以得闻此者，实由南海。去年之不引者，以报之未销耳），未能征引，已极不安。曰为掠美之事，弟其何以为人？弟之为南海门人，天下所共闻矣。若以为见一康字，则随手丢去也；则见一梁字，其恶之亦当如是矣。为销报计，则今日之《时务报》谁敢不阅；谓因此一语，而阅报者即至裹足，虽五尺之童，知其不然矣。

梁启超的这一番话，于学问和人格都是掷地有声的，也是梁启超不妥协的宣示。其实，岂止是维护师门，在同样发表于《时务报》的《知耻学会叙》中，对当时清朝政府官僚腐败的抨击，已经达到了摧枯拉朽的程度。

从古到今，由今溯古，学会多矣！而知耻学会则闻所未闻、见所未见。顾名思义，该学会的宗旨是知耻，其诞生于甲午战败、国耻累积之后，实在是生逢其时。

让人知耻，便是有人不知耻。在中国，不知耻者是些什么人？梁启超认为：

> 官惟无耻，故不学军旅而敢于掌兵，不谙会计而敢于理财，不习法律而敢于司法，瞽聋跛疾，老而不死，年逾耋颐，犹恋栈豆，接见西官，栗栗变色，听言若闻雷，睹颜若谈虎，其下焉者，饱食无事，趋衙听鼓，旅进旅退，濡濡若驱群豕，曾不为怪。
>
> ……

（《时务报》四十册，一八九七年九月二十六日）

“官惟无耻！”梁启超道出了多少民众的心声。

难怪张之洞对刊有《知耻学会叙》的该册《时务报》“恐招大祸”，而急急令“千万勿送”了，并认为“太悖谬，阅者人人惊骇”。

一个没落的阶级，是更加敏感的阶级；一个腐败的权力群体，是更加凶残的权力群体。无耻并不是麻木的代名词，即便洋务派首领如张之洞，当梁启超的笔锋触及到洋务运动“自强新政”的破产，并一起归入无耻官僚之类，而可能会影响到自己的权势、地位时，便真相毕露了。

张之洞再三授意幕僚致函汪康年，抑制改良派的议论。乘梁启超在湖南时务学堂任职，只能“遥领笔政”时，汪康年延聘私人，未经梁启超同意便修改梁启超的文稿，康有为另一弟子徐勤的文章被腰斩，就连康有为之弟康广仁要在《时务报》登载大同译书局的广告，也因有《孔子改制考》的书名而“见却”。

一八九八年三月三日，忍无可忍的梁启超致书汪康年，提出于梁、汪之间选择其一：“请兄即与诸君子商定，下一断语，或愿辞，或不愿辞，于廿五前后，与弟一电，俾弟得自定主意。如兄愿辞，弟即接办；如兄不愿辞，弟即告辞，再行设法另办。”

汪、梁之争，并不是一场势均力敌的较量。

汪康年的背后是张之洞。

梁启超只有手中的一支笔。

汪康年当然不会放弃已经握在手中的权力。

梁启超离开了《时务报》，离开了这一份由他造就也造就了他蜚声海内的报纸。

而《时务报》之后，风气所及，中国始有前所未有之报章迭出的大局面，知新图变成为潮流，梁启超在《时务报》撰述时的文白相间、情感发烫的文笔，成为梁氏报刊体，后来之报人无不奉为圭臬。《时务报》之后的新起报章如下：

是年（1897 年）正月，商务印书馆创设于上海，先设印刷所。九、十月间梁启超集股创办《大同译书局》；

是年正月初十，康有为到桂林，刊《广仁报》；

是年正月二十一日，康广仁、徐勤创《知新报》于澳门；

是年三月二十日，黄遵宪、唐才常创《湘学新报》于长沙；

是年九月，湖南时务学堂开学。梁为总教习，唐才常助教辅之；

是年十月初一日，严复、夏曾佑（穗卿）创《国闻报》于天津（《梁启超年谱长编》45 页，上海人民出版社）。

梁启超在《时务报》大体完成了《变法通议》的写作，这一篇篇如秋风扫落叶的文字，摧折了多少枯朽，滋润了多少新芽。

十九世纪末叶之末，茫茫长夜啊，因为万木草堂，因为《时务报》，中国已经有了从腐朽沉闷中发出的鸣声，“伊尹鸣殷，周公鸣周”，任公则鸣清，“其声大而远”，此鸣声后又成思想的光芒，若星火，虽星星点点，却包孕燎原，掠过世纪末。

岳麓山下，橘子洲头，眺望三湘大地，自有别的一番情趣，开阔、空旷，使人神往。一八九七年九月，梁启超应谭嗣同、黄遵宪之约到长沙，虽然还在“遥领笔政”替上海《时务报》撰述，可是因为汪、梁之争日趋公开、激烈，对湖南时务学堂，梁启超已经有一番谋划了。

其时，黄遵宪刚调任湖南按察使。巡抚陈宝箴对新学也颇为支持，且提调熊希龄鼎力相助。湖南时务学堂也因此有了相当规模，更何况又有了梁启超的加盟，湖南大有“变法”、“新政”领先一步的态势。一时间，仁人志士云集湘楚，好不热闹。

梁启超亲自制订的《湖南时务学堂学约十章》为：一曰立志，以天下为己任，为救亡而献身；二曰养心，破苦乐，破生死，破毁誉，威武不屈，富贵不淫，贫贱不移；三曰治身，忠信笃敬；四曰读书，穷尽上下千古，纵横中外之学；五曰穷理，深思考，勤观察；六曰学文；七曰乐群；八曰摄生；九曰经世；十曰传教。这十条学约，自然没有完全脱离儒家的“修身齐家治国平天下”的精神，然其总的目标却是学以致用，全面发展，为中国自强立志，为民族救亡献身。

梁启超开列的学员需读书目中有《公羊》、《孟子》、《万国公法》、《几何原本》、《日本国志》、《化学鉴原》、《格致汇编》、《万国史记》等等。

梁启超的教学也自备一格，他以教习《公羊》、《孟子》为轴心，同时糅以古典儒学、西洋科技、中外史地等，再进而发挥康有为的“改制”、“大同”思想，结合中国实际，听者无不屏息静气，而梁启超则声情并茂，辅之以手势，有时开怀大笑，有时热泪滚滚。

湖南时务学堂，实质是准备维新变法政治学堂，学生四十，李炳寰、林圭、蔡锷为佼佼者。

如果说梁启超在《时务报》是以笔下风雷呼唤中国人奋进的话，那么他在长沙时务学堂，却是面对面地在教练一支生力军了。

梁启超每天上四小时课，其风度、举止颇像康有为，又更多一些随和、亲近，梁启超毕竟只有二十五岁。当学子们鞠躬、行礼如仪，每一天的教习开始时，梁启超总会用温情的目光向每一个学子问好，然后把那目光停留在最得意的门生蔡锷身上，再翻开一个厚厚的书包，里面是讲义以及学生们的作业。

梁启超的眼睛有点儿红，他总是熬夜。

四十个学生的作业，写的是感想、体会、笔记，如饥似渴地求学的心灵里，会生出无数美妙的想法，便全都写在作业本上。因为他们知道梁启超会有妙语连珠的批语，少则几百言，多则上千言，给蔡锷批得最多，写完最后一本的批语，再写上落款“总教习梁批”时，每每总是夜深之时，唯闻更鼓之声偶然从巷子深处传出；或者已是黎明，淡淡的白光又将渐次展现窗外这个古城的山色风韵。

还有谭嗣同，在金陵“候补”一年，如同到深山出家，写成了《仁学》一书。不想再“候补”下去了，回湖南后把家小安置在浏阳，一个人到长沙参加筹创时务学堂。梁启超一到，只要稍得空闲便一起议论时政，诗歌互答，常常想起夏穗卿以及他的一句诗：一灯静如鹭。

也常常说到岳麓书院——宋代中国四大书院之首，以及佛教入湘。

梁启超认为，始祖东渡，一苇慈航，至魏晋南北朝而隋唐，佛教在中国已经广为弘扬、深入民心，原因何在？录梁启超批语四则如下：其一，“今日欲求变化，必自天子降尊始，不先变去跪拜之礼，上下仍习虚文，所以动为外国讪笑也”。其二，“屠城、屠邑皆后世民贼之所为，读《扬州十日记》尤令人发指眦裂。故知此杀戮世界非急以公法维之，人类或几乎息矣”。其三，“二十四朝，其足当孔子王号者，无人焉，间有数霸者生于其间，其余皆民贼也”。其四，“衣服虽末事，然切于人生最近，故变法未有不先变衣服者，此能变，无不可变矣”（前三批见《翼教丛编》卷五，四批见《时务学堂遗编》答问页十三。）。除教义经典慑服人心外，更有一心传道者，山高路远万难不辞之故也。

“麓山寺是佛教入湘后最早的一所寺庙，建于西晋泰始四年。弟每在岳麓山下散步，见托钵僧、苦行者飘然而过便顿生敬意，我辈什么时候不是坐而论道而是行而践道呢？”谭嗣同慨然道。

梁启超：“不妨说我辈已在行之矣。舍科举而求新学，办报馆而为新论，今日湘地学堂或能留名万古，文坛闯将、国家栋梁焉知不在我莘莘学子中？”

谭嗣同：“真是‘昭潭无底’，‘惟湘有才’！”

这一夜，金月在上，湘水在下，已经了无睡意了。

谭嗣同突然问梁启超：“‘一灯静如鹭’应作何解？”谭嗣同又在思念夏穗卿了，三个好友走了两个，只剩下本来就郁郁寡欢的夏穗卿，奔走京津之间，办《国闻报》。

梁启超亦然，在上海时曾去信约夏穗卿写稿，此公却少有兴趣，偶尔回札也是三言两语，或谓：“《楞严经》愈读愈假，兄以为然否？”有一次只写一行字：“终日栖栖为底忙？”这一句却有出处，想当年在北京有一段时间梁夏几乎无日不见，有三天梁启超不在会馆住，回来后见案头有夏穗卿的留诗：

不见佞人三日了，
不知为佞去何方。
春光如此不游赏，
终日栖栖为底忙。

“你说他‘一灯静如鹭’，他也知‘春光如此不游赏’。可见，这如鹭之静，是心智的，是出神到单足而立，唯其时才有澄心妙思也。”梁启超言毕，又补充道，“当初夜深人静，我与穗卿对饮时用的是两根灯草的油灯。”

“想那两根细长灯草的油灯，也似白鹭。”

“先醉了自己再燃起火光。”

“这佞人又作何讲？”

梁启超：“那实在可看出穗卿学问根底的。古人自谦便称‘不佞’，《论语》又说‘仁而不佞’，还说‘非敢为佞也，疾固也’，不佞又何谦之有呢？有训诂道：‘佞，才也。’不佞即不才，仁而不佞即仁而无才，非敢为佞即不敢自命有才。穗卿称我为‘佞人’，也是在挖苦我的墨学狂，《庄子·天下》篇论墨子学术总结一句是‘才士也夫’。于是穗卿便先称我‘才士’，再加以训诂辗转注解一番，便成了‘佞人’！”

谭嗣同叹道：“训诂之学也未应全弃，却不知才是何物？如穗卿之怪、之静、之醉，及醉后狂言。”

梁启超：“他好杯中物，其量无底，却只是微醉，微醉之后更为静穆，倘若此时穗卿肯写点什么，一定是满纸精彩纷呈的怪语怪论，可惜他不为，只是微醉微笑。”

谭嗣同："偶有高论也清醒得惊人，如说'恐怕要割头'。"

"割头的事情总不太美妙。"

梁启超："然。如《扬州十日记》所载，令人发指眦裂，此杀戮世界，非急以公法维之。人类或许就要灭亡！"

《扬州十日记》、《明夷待访录》是清廷的禁书，梁启超"窃印"之"加以按语，秘密发播，传播革命思想，信奉者日众"。时务学堂可以称为维新学堂了。湖南一省，由黄遵宪、谭嗣同、梁启超、唐才常的合力推动，另有《湘报》、《湘学报》以及"全省新政之命脉"南学会。南学会的具体创办者为谭嗣同、唐才常、熊希龄，以讲演为活动形式，把甲午之后，民族危机深重，"敌氛压境，沿海江十数省，风声鹤唳，草木皆兵"之情形诉诸百姓。一八九七年冬，德国侵略者又强占胶州湾，帝国主义瓜分中国已是燃眉之急，南学会将这一时事形势及时报告会友，轰动一时。

南学会之后，湖南各府州县纷纷设会，计有：湖南不缠足会、延年会、学战会、公法学会、法律学会、群萌学会、任学会、舆算学会、龙南致用学会、明达学会。

《国闻报》评论说："湖南风气日开，较之沿海各省，有过之无不及也。"

在中国历史的一个紧要关头，湖南是"全国最富朝气的一省"。

梁启超也为湖南而自豪：

> 自时务学堂、南学会既开后，湖南民智骤开，士气大昌，各县州府私立学校纷纷并起，学会尤盛。人人皆能言政治之公理，以爱国相砥砺，以救亡为己任，其英俊沉毅之才。遍地皆是。……自是以往，虽守旧者日事遏抑，然而野火烧不尽，春风吹又生，湖南之士之志，不可夺也。

湖南时务学堂梁启超门下的高才生，如李炳寰、蒋百里、林圭、蔡锷等从此常常谈论国家大事，并以"上利于国，下泽于民"为己任。同时也直指“朝廷纲纪败坏”。蔡锷则以“求学苦读，匡济时艰，做一个堂堂正正的男子汉，决不随俗沉浮以自污”为人生的目标。

湖南守旧派的攻击也甚嚣尘上了。

王先谦指康有为学说为“心迹悖乱，人所共知”；而康门下的梁启超乃“阐扬师说，贼我湘人”。南学会谭嗣同等人是“逞其邪说，放厥淫词”，一律扣上了“首创邪说，背叛圣教，败灭伦常，惑世乱民”的罪名。

梁启超自然是首当其冲地被口诛笔伐者：“伪六经，灭圣经也；托改制，乱成宪也；倡平等，堕纲常也；申民权，无君上也；孔子纪年，欲人不知有本朝也。”

在《清代学术概论》中，梁启超曾追述往事，于不经意间勾画出了清末思想界之新思想的发生、发展的脉络。万木草堂之后，乃《时务报》，乃湖南时务学堂，乃“四十份报章”（《饮冰室合集·文集》之四），燃起的思想之光焰，实为百日维新、清廷屠刀挥斩之源。执刀者必死于刀下，清廷之亡，中国封建社会之轰然倒地，不亦源于此乎？任公谓：

> 已而嗣同与遵宪、熊希龄等，设时务学堂于长沙，聘启超主讲席，唐才常等为助教，启超至，以《公羊》、《孟子》教，课以札记，学生仅四十人，而李炳寰、林圭、蔡锷称高才生焉。启超每日在讲堂四小时，夜则批答诸生札记，每条或至千言，往往彻夜不寐。所言皆当时一派之民乐论，又多言清代故实，胪举失政，盛倡革命。其论学术，则自荀卿以下汉、唐、宋、明、清学者，掊击无完肤。时学生皆住舍，不与外通，堂内空气日日激变，外间莫或知之，及年假、诸生归省，出札记示亲友，全湘大哗。先是嗣同、才常等设南学会聚讲，又设《湘报》（日刊）、《湘学报》（旬刊），所言虽不如学堂中激烈，实阴相策应；又窃印《明夷待访录》、《扬州十日记》等书，加以案语，秘密分布，传播革命思想，信奉者日众，于是湖南新旧派大哄。

任公在《时务学堂札记残卷序》中记：

丁酉秋，秉三（即熊希龄）与陈佑铭、江建霞、黄公度、徐研甫诸公，设时务学堂于长沙，而启超与唐君黻丞（即唐才常）等同承乏讲席，国中学校之嚆矢此其一也。学科视今日殊简陋，除上堂讲授外，最主要者为令诸生作札记，师长则批答而指导之，发还札记时，师生相与坐论。时吾侪方醉心民权革命论，日夕以此相鼓吹，札记及批语中盖屡宣其微言。湘中一二老宿，睹而大哗，群起掎之。新旧之哄，起于湘而波动于京师。御史某刺录札记全稿中触犯清廷忌违者百余条，进呈严劾，戊戌党祸之构成，此实一重要原因也。

《蔡松坡遗事》又说：

及进到时务学堂以后，谭壮飞先生嗣同、唐黻丞先生才常和我都在堂中教授。我们的教学法有两面旗帜，一是陆王派的修养论；一是借《公羊》、《孟子》发挥民权的政治论。从今日看起来，教法虽很幼稚，但是给同学们的“烟士披里纯”（灵感、启迪之意，笔者附识）却不小。开学几个月后，同学们的思想不知不觉就起剧烈的变化，他们像得了一种新信仰，不独自己受用，而且努力向外宣传。记得初开学那几个月，外面对于我们那个学堂都很恭维，到了放年假同学回家去，把我们那种“怪论”宣传出去，于是引起很大的反动，为后来戊戌政变时最有力的口实。

（《晨报》蔡松坡十周年忌纪念特刊）

关于《时务学堂》及其流风所至，历史的记忆并不完全如后人想象的那样，只有波澜壮阔，激昂慷慨。而那些在报章、学堂宣扬变革、传播革命思想、窃印《扬州十日记》等禁书的梁启超等，不过是二十五六岁的青年学子。他们从来没有想过要成为思想家、革命家，他们唯一的激情来源是爱国主义，是救国救民。梁启超、谭嗣同对于因他们而点燃的思想的火花，燎烧帝国之黑夜的迅猛，似乎也没有太多思想准备。其时湖南革新之风弥漫，梁启超处众星拱月而如鱼得水，他说："余生平所历，镂刻于神识中最深者，莫如丁酉戊戌之间在长沙。"当时长沙助推新学的有陈宝箴，湘抚也，其子陈三立，光绪乙丑进士、官吏部主事，江建霞、徐研父（徐致靖之子）先后督学，又有"黄公度，谭嗣同，熊秉三，唐才常以乡党之秀，咸并力一致，以提倡当时所谓新学"。在竟日竟夜地议论国是、讲学批卷之余，也有墨客文人而志同道合的情深谊长。梁启超在《石醉六藏江建霞遗墨》有记：唐才常送给任公一菊花砚，谭嗣同为之铭曰："空华了无真实相，用造别偈起众信，任公之研佛尘赠，两公之交我作证。"唐才常，字佛尘。江建霞奉命调任，来时务学堂与梁启超话别，睹砚睹诗之后说："此铭镌刻，岂可委石工，能此唯我耳！"便推后一日启程，"了此因缘"，江建霞好治印，能刊刻，便归舟"脱冠服，向夕，褐裘抱一猫至，且奏刀且侃侃谈当世事，又汜滥艺文，间以诙谑"。刊毕已夜，任公等送至舟中，忽忽将曙，江建霞送任公至江岸，"濛濛黄月，与太白残焰相偎煦，则吾侪别时矣"。

别矣！别矣！谁知道此一别是暂别还是永别？

总是说"后会有期"，又有多少别离却是后会无期？

爆竹一声辞旧。新的一年，一八九八年来临了。

中国人民已经习惯了：希望中的一年总是在失望中过去。

希望，失望；失望而又希望。虽说失望总是巨大的，可是智者所感所觉所见的希望哪怕渺小到若小露、若新萼、若星火，却总是视之为新世纪曙光之先兆。

风雨飘摇中的世纪末啊！

艰难跋涉中的先行者啊！

梁启超又要收拾行装了，康有为命他"即刻赴京"。快哉！呼风唤雨的岁月。

第五章 『去留肝胆两昆仑』

又是冰消雪融，又是桃红柳绿。

当金水桥下护城河水又开始流动，并且发出轻轻的拍击之声，城墙下骆驼队缓缓地走过，龙潭湖里冬季用来过河的冰床搁浅在湖边，一条条牵挂渡船的缆绳重新舒张活力……一切都只是无言地告诉人们：无论你觉得缓慢还是疾速，时光就这样流动着。

岁月会带走一切，历朝历代，城头变幻，殿角楼台……后人将会茫然地面对各种废墟或者尘封的古迹，让思想绵延不绝。

然而，岁月的流逝却并不意味着一定会给所有的人带来富裕、繁荣、平安的一切。同在日月之下，英国的舰队占领了香港，日本侵略者霸占了台湾，德国人强占了胶州湾……中国呢？光绪皇帝不断地在各种不平等条约上“用宝”；大臣们四出求情、议和；子民百姓已被搜刮得家徒四壁，为了赔款，赔给那些夺去中国人的命又夺去中国人土地的侵略者们……因而时间之于一百年前中国的全部意义便是：维新救亡！

现在是一八九八年了。

已经是一八九八年了。

不少人对这一年有着特别的敏感。

康有为叹息道：距一八八八年第一次上书清帝，正好十年。

梁启超当然不会忘记，这一年是“公车上书”后的第三年。

那个在颐和园中享尽天下荣华富贵的慈禧太后，已经得了轻度的面部神经麻痹症，说是“万寿”，哪有万寿？这个绝对残忍的太后会享福会用权势而且一点儿也不糊涂，她不放心光绪，总觉得光绪要搞什么名堂，想彻底摆脱了她，自个儿做皇帝。

一八九八年，早春北京，春寒料峭，犹胜往年；冰封雪冻，坚硬若铁。街上行人稀少，却也有奔走呼告者。

二月，俄罗斯强索旅顺、大连湾事件起，举国震怒。梁启超与同为南海门生麦孺博，“助南海奔走其事，当时先生且与麦孺博联合各省递一呈稿于都察院，请拒俄变法”，是年三月十三日天津《国闻报》有载：

顺德麦孺博、新会梁任公两孝廉，夙具爱国之忱，天下争传其学问，文章犹其末也。此次入都，适值俄人要约旅、大之时，两君遂约同两广、云、贵、山、陕、浙、江众公车，于三月初六日上书都察院，力陈旅、大之不可割。不意是日堂官无一到者，孝廉等又以入闱在迩，不能再诣察院，若出闱，则事已大定矣。盖其书始终不克上达云。

一八九八年三月，康有为、梁启超等二三百人集会于北京南横街粤东会馆，正式成立“保国会”。康有为先作演讲，曰国之现状，曰如何报国，曰报国为谁等等，声泪俱下，几乎没有经过讨论便通过了“保国会”章程三十条。

择其要者，不能不录，以示后人：

1. 本会以国地日割、国权日削、国民日困，思维持振救之，故开斯会以冀保全，名为保国会。

2. 卧薪尝胆，惩前毖后，以图保全国地、国民、国教。

3. 为保国家之政权土地。

4. 为保人民种类之自立。

5. 为保圣教之不失。

6. 为讲内治变法之宜。

7. 为讲外交之故。

8. 为仰体朝旨，讲求经济之学，以助有司之治。

9. 本会同志讲求保国、保种、保教之事，以为议论宗旨。

10. 凡来会者，激励奋发，刻念国耻，无失本会宗旨。

11. 自京师、上海设保国会，各省各府各县皆设分会，以地名冠之。

（光绪二十四年闰三月十七日《国闻报》）

这些章程要旨，实质上已具有政党性质，也可视为康、梁第一次试图组党之举，是他们救国救民思想的集中体现。因为“保国会”的推波助澜，维新的步伐加快了。

是年四月二十一日，“保国会”在北京崧云草堂第二次集会，梁启超发表了激动人心的演说。他先是直陈民族危亡已经燃眉，中国已经被瓜分，眼下还在被瓜分，几千年生生不息的炎黄之地正由列强宰割、争抢，而成为各自的势力范围。而更为痛心者，是有一些士大夫的“中国不可救药论”。节录如下：

呜呼，今日中国之士大夫，其心力其议论，与三岁以前则大异。启超甲午、乙未间游京师，时东警初起，和议继就，窃不自揣，日攘臂奋舌，与士大夫痛陈中国危亡，朝不及夕之故则信者十一，疑者十九，退而蠹然忧，睊然思，谓安得吾国中人人知危知亡，其必有振而救之者。乃及今岁，胶、旅、大、威相继割弃，受胁失权之事，一月二十见。启超复游京师，与士大夫接，则忧瓜分惧为奴之言，洋溢乎吾耳也。及求其所以振而救之之道，则曰天心而已，国运而已。谈及时局，则曰一无可言。语以办事，则曰缓不济急。千臆一念，千喙一声，举国戢戢，坐待封割。嗟乎，昔曾惠敏作《中国先睡后醒论》，英人乌理西（英之子爵，今任全国陆军统帅）谓中国如佛兰金山之怪物，纵卧则安寝无为，警之觉则奋牙张爪，盖皆于吾中国有余望也。今之忧瓜分惧危亡者遍天下，殆几于醒矣，而其论议若彼，其心力若此！故启超窃谓吾中国之亡，不亡于贫，不亡于弱，不亡于外患，不亡于内讧，而实亡于此辈士大夫之议论，之心力也。今有病者于此，家人亲戚，咸谓其病不可治也，相与委而去之。始焉虽无甚病，不浃旬必死矣。今中国病外感耳，病噎隔耳，苟有良药，一举可疗，而举国上下，漫然以不可治之一语，养其病而待其死亡。昔焉不知其病，犹可言也。今焉知其病，而相率待死亡，是致死之由，不在病而在此辈之手，昭昭然也。且靡论病之必可治也，即治之罔效，及其死也，犹有衣衾棺椁之事焉，犹有托孤寄命之事焉，欲委而去之，盖犹所不能矣。一人之身且有然，而况国之存亡，其所关系所牵率，有百倍于此者乎。故即瓜分之事已见，为奴之局已成，后此者犹当有事焉矣。执豕于牢，尚狂掷而怒嗥，今数万里之沃壤，固犹未割也，数万万之贵种，固犹未絷也，而已俯首贴耳，忍气吞声，死心塌地，束手待亡，斯真孟子所谓是自求祸也。《论语》之记孔子也，曰知其不可为而为之，夫天下事可为、不可为，亦岂有定哉？人人知其不可而不为，斯真不可为矣；人人知其不可而为之，斯可为矣。使吾四万万人者，咸知吾国处必亡之势，而必欲厝之于不亡之域，各尽其聪明才力之所能及者，以行其分内所得之事，人人如是，而国之亡犹不能救者，吾未之闻也。

（《饮冰室合集·文集》之三）

天寒地冻后的复苏纵然是缓慢的，却也不可阻挡。北京城的冬芽渐渐舒张成荫了，迎春初开。

梁启超赶往前门外的杏花村大酒缸，与夏穗卿小饮。

梁启超："今日畅饮。"

夏穗卿："畅饮之期尚远。"

梁启超："你我久别，何不畅饮？"

夏穗卿："大祸将至，何能畅饮？"

梁启超："兄何出此言？今上决意维新，正是我等有为之时，保国保种在此一役。"

夏穗卿："兄可知今上之上尚有今上乎？兄可闻书生论道从来不敌刀兵乎？"

梁启超："然则坐待亡国乎？"

夏穗卿："'夫唯不争，故天下莫能与之争'。"

梁启超叹一口气，夏穗卿说的是老子之言，一切圣人之言，在热衷现实者的眼里总是"恍兮惚兮"。"老兄，你到底想说什么？"

夏穗卿满饮一杯："'西边'要动手了！""西边"，西太后慈禧也。

康梁等对帝后之争或许都有耳闻，可不在局中者是难有切身体会的。在光绪的赏识或首肯之下，立志维新的人们鲜有想到后顾之忧的，"有今上圣明"这一句话鼓舞着不少人，但在夏穗卿或旁的一些人看来，维新实则隐伏着血光险象。

军队在握、有权有势的荣禄居然在等候上朝时咆哮不断："王公大臣都还没有死，即使亡国也不用康梁去保！"

与荣禄同列一班的李鸿章问："以公之见当如何处置？"

荣禄答曰："康梁僭越妄为，非杀不可。"

御史潘庆澜、黄桂望上奏折，力主查禁"保国会"。御史文悌则于朝堂之上指"'保国会'名为保国，实为乱国"。

光绪怒斥道："会能保国，岂不大善？尔等有何保国之策，朕未曾闻之！"

光绪一怒之下，痛责文悌自己既不思保国，且不让别人保国，"悖谬之极，革御史着交部议处"。

保国会之后的这一股来势汹汹的暗潮暂时平息了，然而帝后两党的要员都知道，一切仅仅是开始。

夏穗卿极而言之，意在提醒梁启超，告别时仰天长叹："任公，你我何如白云黄鹤！"

一八九八年四月二十三日，光绪帝在重重阻隔、虎狼围困中定国是之诏。光绪帝直到传旨颁诏、晓谕天下的那一时刻，心里仍是忐忑不安的。自从甲午败绩，割地赔款，一方面是西方列强前呼后拥纷纷取得在中国"租借"海港及筑路、开矿等种种特权，并且各自划分"势力范围"，"国中之国"的局面已大体形成；另一方面，由于列强和封建势力的勾结压制，使得民族工业在发生之初便遭到摧残。民生凋敝，岁入减少，度支艰难。广大的农村更是灾荒不断，饥民遍野。而朝中大臣，昏庸者居多，腐败而不知耻，日日以取颐和园中慈禧欢心为能事，国将不国之际，舍变法而有何法？

变法又谈何容易！

"诏定国是"前，光绪在颐和园先已向慈禧太后"奏请恩准"。慈禧不露声色，取的是暂且克制与容忍的态度，"静观其变"。那是因为慈禧也明白，《马关条约》之后不满清廷、直指慈禧的情绪已经达至愤怒，国势日衰是谁也遮盖不住的。如今皇帝要变法，慈禧当即站出来制止自然不妥，连太监李莲英都明白这个道理："先让皇帝变着瞧吧。"

荣禄等一批手握大权的守旧官僚，当然是了解慈禧的叵测居心的，就在"变法"开始的那一时刻，他们就准备着置之于死地而后快了。

光绪所能依靠的除了少数如翁同龢、徐致靖、张荫桓等帝党官僚外，便是康有为、梁启超等一批儒子了。

这是一个饶有兴味的历史时刻。

这是一种发人深省的历史现象。

在内忧外患之下，中国已经具备了"变法"的客观环境；一批知识分子不仅"托古改制"，且已经开始传播西方文明的思想、观念；而光绪帝几乎全部接受"维新派"的主张，"诏定国是"便是皇帝几乎孤注一掷的自上而下强行"变法"之举；可是从"变法维新"的一开始，它就是败象重重的了。

难道中国人不应该变法？

光绪帝的谕旨中称：

> 数年以来，中外臣工，讲求时务，多主变法自强。迩者诏书数下，如开特科、裁冗兵、改武科制度、立大小学堂，皆经再三审定，筹之至熟，甫议施行。惟是风尚未大开，论说莫衷一是，或托于老成忧国，认为旧章必应墨守，新法必当摈除，众喙哓哓，空言无补。试问今日时局如此，国势如此，若仍以不练之兵，有限之饷，士无实学，工无良师，强弱相形，贫富悬绝，岂真能制梃以挞坚甲利兵乎？……嗣后中外大小诸臣，自王公以及士庶，各宜努力向上，发愤为雄。以圣贤义理之学植其根本，又须博采西学之切于时务者实力讲求，以救空疏迂谬之弊，专心致志，精益求精，毋徒袭其皮毛，毋竟腾其口说，总期化无用为有用，以成通经济变之才。
>
> 京师大学堂为各行省之倡，尤应首先举办，着军机大臣，会同妥速议程，所有翰林院编检、各部司员、大门侍卫、候补候选道府州县以下官、大员子弟、八旗世职，各省武职后裔，其愿入学者，均准其入学肄业，以期人才辈出，共济时艰，不得敷衍因循，循私援引，致负朝廷谆谆告诫之至意。将此通喻知之。钦此。
>
> （《光绪政要》卷三十四）

康有为读罢诏书后，当即疾步奔往新会会馆，梁启超欣喜若狂："一切维新，基于此诏，一切新政，开于此日！"

总算有个开头了，以后怎么辅助光绪使新政得以成为现实呢？师徒二人竟一时语塞，不知从何着手。不知不觉中，康梁已经卷入某种关乎国家大计的大漩涡中了，那也许是他们十分向往却又十分陌生的政治，自此以后的变化，人生的道路不再是如以往的上书言事了，至于究竟如何，只是激动而迷茫。

李端棻到访。

梁启超一边延客一边连声直道："来得好！来得好！"

李端棻却并无太大的兴奋，先告诫道："诏令之后，朝廷各种官员反应如何，殊为重要，由此可以推断许多。尔等务请切记：乐极生悲，祸生不测。"

梁启超："诏令之下，岂有不从？"

李端棻："非康乾年代也。今上行事已不能朝纲独断，可谓如履薄冰。需慎之又慎。"

紫禁城通往颐和园的官道上，兵丁吆喝，车驾不绝。

值得庆贺的日子，往往也是阴谋诡计交织的日子。

一批早朝时刚刚得到了"诏定国是"圣旨的大员们，由庆亲王奕劻带头，依次是荣禄、载漪、端方、刚毅等，从颐和园侧门鱼贯而入，步履匆匆。

进了仁寿门，便是仁寿殿。

李莲英早已等候在一侧了，一声"叫起"，众大臣跪伏在慈禧座前，号啕大哭……

"说话，我还在哪！"慈禧的脸上一阵抽搐。西太后毕竟老了，但依然声色俱厉。

慈禧知道这班人是冲着皇帝的"诏定国是"来的，维新了，变法了，外边喊得很热闹，宫廷内外有的是耳目，慈禧都明白，却顾左右而言他："今儿个有什么新鲜事？"

奕劻："启禀圣母皇太后，臣等恳请太后回銮训政，上为宗庙计下为黎民望，挽狂澜之既倒，非太后莫属。"

慈禧："皇上不是做得好好的吗？"

荣禄："废祖制、失乾纲，康梁结党，狂徒横行，皇上却宠信有加，大清祖业皇天后土，眼看要丢在维新奸徒手中，请太后圣裁。"

载漪："宁可亡国，不能维新！"

慈禧："你们下去吧，我不糊涂。"

春天的夕阳红得像一轮火球，映照在昆明湖上，那炽热便化作水汽，笼罩着湖面，一枝荷花孤零零地亭亭玉立着。

帝后两党都在争分夺秒，从颐和园到紫禁城，从紫禁城到颐和园，车辚辚，马萧萧，生命时速顿时加快了。

四月二十三日诏定国是。

四月二十五日翰林院侍读学士徐致靖奏荐康有为、张元济、黄遵宪、谭嗣同、梁启超，原折节录如后：

窃臣伏读本月二十三日上谕，以国是不定，则号令不行，外察时局，内审国势，斥守旧迂谬之见，求通经济变之才，此诚穷变通久之大经，转弱为强之左券。然臣愚以为皇上维新之宗旨既定矣，而所以推行新法乃皆委诸守旧之人。夫非变法则不能自强，而非得其人亦不能变法。昔日本维新之始，特拔下僚及草茅之士，如木户孝允、伊藤博文、大久保利通等二十人，入直宪法局，以备顾问，不次擢用，各尽其才。新法皆数人所定，用能新政具兴，臻于强盛。……故臣以为不欲变法则已，苟欲变法，必广求湛深实学博通时务之人而用之，而后旧习可得而革，新模可得而成也。

臣窃见工部主事康有为、湖南盐法长宝道黄遵宪、江苏候补知府谭嗣同、刑部主事张元济、广东举人梁启超等，若蒙皇上召置左右，以备论思，与讲新政，或置诸大学堂，令之课士，或开译书局，令之译书，必能措施裕如，成效神速。臣深维举尔所知之义，敬效以人事君之忱，用敢特为保荐。……

（《光绪政要》卷三十四）

徐折入，同日即奉有上谕说：

四月二十五日奉上谕：翰林院侍读学士徐致靖奏保通达时务人才一折。工部主事康有为、刑部主事张元济均着本月二十八日，预备召见。湖南盐法长宝道黄遵宪、江苏候补知府谭嗣同，著该督抚送部引见。广东举人梁启超，著总理各国事务衙门查看具奏。钦此。

（四月二十七日《国闻报》）

光绪皇帝批览徐致靖二十五日奏本后，即有御旨：康有为、张元济“均着于本月二十八日，预备召见”。可见，光绪帝已有时不我待之感，紫禁城里的倒春寒，一阵阵从颐和园吹来，但光绪帝不想后退，自明令国是诏发布，光绪寝食不安，他必须要应付慈禧，而更为钻心刺骨的是外患之迫，甲午战败的奇耻大辱，又接着德人强占胶州，俄人索夺旅大，祸难接踵而至，国政除去变法，已无它路。光绪帝急着见康有为问政，定天下方针大计，着力举荐者徐致靖、翁同龢也。

慈禧的反应出乎意料的迅猛，且招招狠辣：在四月二十八日光绪帝召见康有为垂询大计的前一天，即二十七日强迫光绪帝连发三道上谕：一，以“揽权犯悖”罪命翁同龢开缺回籍；二，王文韶入值军机、荣禄督京师；三，补授文、武一品或满汉侍郎均需恭诣太后谢恩。

梁启超在《新政诏书恭跋》中指出：二十七日翁同龢见逐，荣禄督师，西后见大臣，篡废之谋已伏。（《梁任公先生年谱长编》78 页）

光绪帝力排众议，于四月二十八日仍召见康有为。

是日下午 3 时，康有为奉命来到总理衙门西花厅，少顷，李鸿章、荣禄、廖寿恒、张荫桓先后到达。稍事寒暄之后，荣禄突然冲着康有为大喝一声：“祖宗之法不能变！”

康有为不卑不亢答道：“祖宗之法，以治祖宗之地，今祖宗之地不能守，何有祖宗之法乎？即如此地为外交之署，亦非祖宗之法所有也。因时制宜，诚非得已。”

荣禄语塞。

“宜如何变法？”廖寿恒问。

“宜变法律，官制为先。”康有为答。

李鸿章接着问：“然则六部尽撤，则例尽弃乎？”

康有为:“今为列国并列之时,非复一统之世,今之法律官制,皆一统之法,弱亡中国,皆此物也,诚宜尽撤。即一时不能尽去,亦当斟酌改定,新政乃可推行。”

“如何筹款?”

“日本之银行纸币,法国印花,印度田税,以中国之大,若制度改变,可比今十倍。”康有为又谈了关于变法的总体设想,举凡法律、财政、学校、农商、工矿、铁路、邮电、海军、陆军等无所不包。听者除荣禄外,满座皆惊,康有为这个从一介布衣起不断上书言政、被视为“悖谬”、“狂人”、“疯子”者,竟是学贯中西之士。

是次召见,君臣独对,一直持续到天黑。荣禄拂袖而去,出得中南海径奔颐和园。

是年,康有为又上了第六书,即著名的《应诏统筹全局折》,使变法维新的主张有了纲领性的指导思想。

对当时政局,梁启超一则以喜一则以忧,在给夏穗卿一书中,表露无遗。同时还透露出,康梁谋划策动之维新变法运动,其目的,“初时及欲大办”,如何大办?应是去陈旧泥古之诺诺官僚,代之于新人、新的官制。但无论怎样大办,却只是协助光绪革故更新而外御其侮、内安民生,断不是以推翻清王朝为目的。倘大办不成,则以废科举为宗旨,梁启超当时认为“科举一变,则守旧之命脉已断,我辈心愿亦几了矣。日间必出都,相见不远也”。梁启超在信中尚有关键一语“常熟去国,最为大关键”,常熟,翁同龢也,突被西后贬逐,凶光杀机实已露出,同时亦说明了翁与时局新政关系之密切。此任公之忧也,且又维新命运茫然之感。此书不能不录:

新政来源真可谓全出我辈,大约南海先生所进《大彼德变政记》、《日本变政记》两书,日日浏览,因摩出电力,遂与前月二十间有催总署议复先生条陈制度局之议。仆等于彼时,乃代杨侍御、徐学士各草一奏,言当定国是,辨守旧开新之宗旨,不得骑墙模棱,遂有二十三日之上谕。南海、菊生召见,力言科举事，既退出，即飞告仆，令作请废八股折，宋侍御言之，是日即得旨，送往园中，至初五乃发耳。大率有上开新折者，则无不应，盖上下之电力热力，皆以相摩而成也。而常熟去国，最为大关键。此间极知其故，然不能形诸笔墨，俟见时详之。南海不能大用，菊生无下文，仆之久不察者，率皆由此而生也。仆已于前日举行察看之典，未知下文如何耳。初时极欲大办，今如此局面，无望矣。科举一变，则守旧之命脉已断，我辈心愿亦几了矣。日间必出都，相见不远也。

书中尚言，康有为与光绪独对后，“既退出，即飞告仆，令作请废八股折”。梁启超漏夜挥毫，请废科举，是时也，又是三年一度的会试之期，举子云集北京。当时在北京参加会试者，“将及万人”，苦读苦熬多少年，就为博取一个进士及第、金榜题名，始有出头之日。“皆以八股性命相依”，废八股不是所有的期待与梦想尽毁无遗吗？于是举子们始则大怨，继则愤慨，找到梁启超问罪，先是恶言相向，后又欲挥动老拳者。四年前公车上书，为国事也，举子合而力为。今梁启超请废科举，直接相关每一举子的前程，于是“嫉之如不共戴天，遍布谣言，几被毁击”（梁启超《戊戌政变记》）。

变法从废科举、办新学、广集天下才士始，这是康梁及一众维新人士的宿愿。但倘若一旦废科举，政治之潮流又如何发展？慈禧为首的守旧派如何反制？则不独梁启超不知，康南海亦不知；不独康梁不知，支持变法的朝中大员翁同龢、徐致靖等亦不知也。

《公车上书：请变通科举折》之结尾处，议论风生而铿锵有力：

顷者伏读上谕举行经制之科，天下咸仰见旁求之盛意矣。而以旧科未去，经制常科，额又甚隘，举人等从田间来，见生童昼夜咿唔，尚诵读割裂、搭截、庸恶、陋劣之文如故。举人等亦未免习写楷法，以备过承策问之用。当时局危急如此，而天下人士为无用之学如彼，岂不可为大忧哉！此非徒多士之无耻，亦有司议例之过，以误我皇上，以亡我中国也。夫《易》尚穷变，《礼》观会通。今臣工频请开中西学堂，皇上频诏有司开京师大学矣；然窃观直省生童之为八股以应科举，一邑百千皆非郡邑教官教之者，盖上以是求，下以是应。昔齐桓服紫，一国皆服紫；楚灵细腰，宫人饿死。皇上抚有四万万之民，倍于欧罗巴全洲十六国之数，有雷霆万钧之力，转移天下之权，举天下之人而陶冶成才以御侮兴治，在一反掌间耳，奚惮而不为哉？查经制常科已由总理各国事务衙门王大臣会同礼部议准颁行，伏乞皇上忧恤国家，哀怜多士，奉圣祖仁皇帝之初制，尽行经制科之条列，断自圣衷，不必令礼官再议，特下明诏，宣布天下：今自丁酉、戊戌乡会试之后，下科乡会试停止八股试帖，皆归并经制六科举行；其生童岁科试，以经古场为经制正场，四书文为二场，并废八股试帖体格。天下向风，改视易听，必尽废其咿唔、割裂、腐烂之文，而从事于经制之学。得此三年讲求，下科人才必有可观。风化转移，人才不可胜用。皇上挟以复仇雪耻，何所往而不可哉！变法之要，莫过于此。

（一八九八年六月六日《知新报》五十五册）

沿袭千年的八股取士旧制，居然在层层老旧枢臣的拼命阻挠之下，光绪于五月初五和十二日发两次上谕而废除，为何发两次上谕？五日上谕，是废除乡会试应用八股；十二日上谕是言废除童生岁科应用八股，一律改为策试。光绪在上谕中，除了说“实因积弊太深，不得不改弦更张，以破拘墟之习”外，又明确指出，废科举不是废学，“至于士子为学，自当以四子六经为根柢，策论与制义，殊流同源，仍不外通经史以达时务，总期体用兼备，人皆逸为通儒，毋得意逞博辩，复蹈空言，致负朝廷破格求才至意”。(《光绪政要》，一八九八年五月七日《国闻报》)

光绪决意新政的另一功德无量之举，是在废科举之后，因维新派之请，创设京师大学堂，但恭亲王、刚毅等久拖不办，明令三年而无声息，光绪帝震怒之后不能不办，一帮大臣既不知学校为何物，章程等拟定“仓皇不知所出”，请出梁启超代草章程。(《戊戌政变记》)

此北京京师大学堂之艰难初创也，而梁启超实为京师大学堂学规、章程之初草者，共十八余条，可惜今已不存，否则当是又一《长兴学记》。而任公之发明，凡我学子，怎能忘怀?

光绪帝连发两道上谕废除科举，如惊天炸雷，颐和园中亲贵大臣自是惊悚愤恨。但慈禧在调兵遣将以荣禄掌北洋三军——甘军董福祥、武毅军聂士成、新建陆军袁世凯后，刀兵在握，胸有成竹，她要看看，这个不听话的皇帝还要走多远?

五月十五日，光绪帝召见梁启超，“启超以布衣召见，尤为本朝数百年所未见，皇上之求才若渴，不拘成格如此”，“上命进呈《变法通议》，大加奖励，遂有是命。”(《戊戌政变记》)是命何命?十五日召见，十五日发上谕:“举人梁启超赏给六品衔，办理译书局事务。”(五月十七日《国闻报》)

《变法通议》是梁启超发表在上海《时务报》上，使其蜚声中国的大作，与康有为的几次上书一起，是康梁变法的理论基础。光绪帝读后或会长叹:梁启超文章写得好，可是他的广东官话却至为难听。

清朝旧例，举人召见便赐入翰林，起码得为内阁中书。梁启超其时已赫赫有名，同乃师康有为并称康梁，召见后只赐给六品顶戴。传闻说梁启超说北京话水平太差，光绪听得十分吃力仍听不明白，便让梁启超办理译书局去了。

严复、谭嗣同、林旭、刘光第、杨锐等人也先后由光绪召见。与康梁结盟的维新志士，全部走到了舞台的中心。

对光绪而言，这是不得已而为之。国家、民族在危难关头时，皇帝突然发现那些王公、大臣、铁帽子王竟是如此昏庸。光绪面对这些年轻的陌生面孔，深感这是一批有真才实学者。在昏庸无能却又拼死抱残守缺者与那些为家国民族敢于直言献身者之间，光绪选择了后者。此一选择也意味着，这个被慈禧掣肘着却又不甘为亡国之君的皇上，把命运托付给了近代中国的一次变革大潮，他将与之共存亡。

康有为、梁启超各自寄居的会馆，便成了维新志士们的聚集地，终日人来车往。这是他们的节日，办报、办学堂、上书等等奔走呼号，现在大体上已成了光绪诏令的基本内容，而变法伊始，诏令之多，也创下了清王朝的新纪录：每天由大内发出的上谕达一至二件。

酝酿新政或新政期间，康有为、梁启超始终是光绪的思想库，光绪召见之后，康有为有了专折奏事之权，先后便有二十多道奏章进呈。光绪颁布的新政确实源于康梁等人，尤其是康有为关于军事和教育的建议几乎全部被采纳，经济改革方面，除了废漕运及废厘金制之外，其余均得到了重视。唯独关于颁宪法、立议院等政治制度方面的改革，光绪在左思右想之后还是小心翼翼地避开了。

一八九八年的夏天。

这是雷电交加的日子，三伏天里，市井街头，京城的百姓们议论了一个夏季的，是翁同龢离开京师贬回常熟时，于滂沱大雨中对着紫禁城长跪不起的情景，从此这个泪流满面的老人便永远离开了权力中心。

至于维新变法，老百姓觉得新奇，在认识的判断上却又格外地世故或者说老成：“要是老佛爷不想变，这事儿能成吗？”

一八九八年八月下旬，主事王照上奏，请光绪帝“巡视中外”，以开眼界而广见识。并特建议他应该到日本走一走，可以实地考察明治维新的经验，以利新政推行，同时并请成立商部、教育部等等。

主事的官职太小，没有专折奏事之权，请礼部代递。礼部尚书怀塔布、许应骙认为王照之议实属大谬，拒绝递转。王照据理力争，怀塔布仍以“违背祖训”为由“扔还”。于是王照干脆再上奏章弹劾怀塔布等大员，一再阻格言路、抗拒新政。怀塔布不得已上递光绪。同时又指控王照“咆哮堂署”、无理取闹，并认为王照请光绪帝远涉东洋这刺客极多之地，是“居心叵测”，“欲置皇上于险地”。

七月十九日，光绪发布上谕，斥责怀塔布“阻格言路”，“着交部议处”。大学士徐桐上奏为怀塔布等人求情，光绪不予理睬。

光绪的新政步步进逼，一招比一招厉害，对新政之雷厉风行，亦可谓与西后放手一搏，“有不顾利害誓死以殉社稷之意”（梁启超语，《戊戌政变记》），革六部堂官，乃狠招，亦险招也。

七月十九日，革六部堂官旨下：

> 七月十九日奉硃谕：吏部奏，遵议礼部尚书怀塔布等处分一折，朕近来屡次降旨，戒谕群臣，令其破除积习，共矢公忠，并以部院司员及士民，有上书言事者，均不得稍有阻格，原期明目达聪，不妨刍荛兼采，并借此可觇中国人之才识。各部院大臣，均宜共体朕心，遵照办理，乃不料礼部尚书怀塔布等，竟敢首先抗违，借口于献可替否，将该部主事王照条陈，一再驳斥，经该主事面斥其显违谕旨，始不得已勉强代奏，似故为抑格，岂以朕之谕旨为不足遵耶？若不予以严惩，无以儆戒将来，礼部尚书怀塔布、许应骙，左侍郎堃岫，署左侍郎徐会澧，右侍郎溥颋，署右侍郎曾广汉，均著即行革职。至该主事王照，不畏强御，勇猛可嘉，著赏给三品顶戴，以四品京堂候补，用昭激励，特谕。钦此。
>
> （七月二十一日《国闻报》）

朝野惊愕，不知所措时，光绪帝为推动新政，次日即七月二十日，又发上谕，擢用杨锐、刘光第、林旭、谭嗣同为军机章京。

与此同时，请杀康梁的折子也到了光绪的案头。

梁启超《戊戌政变记》称：

> 七月二十三四日之间，有湖南守旧党举人曾廉，上书请杀康有为、梁启超，摘梁在《时务报》论说及湖南时务学堂讲义中之言民权自由者，指为大逆不道，条列上之。皇上非唯不加罪二人。犹恐西后见之，乃命谭嗣同将其原折按条驳斥，然后以呈西后。盖所以保存之者，无所不至矣。

《南海先生自编年谱》里也有同样记载：

> 有湖南举人曾廉上书，请杀吾及卓如，上特发交谭嗣同拟旨驳之。

是夜秋风乍起。

光绪在养心殿伏案读《变法通议》。“经国之才原来远在天涯近在眼前！”神武门城楼上传来三更鼓罢，光绪仍无睡意。他是预感到时日无多了吗？他是决心要走下去了。

革罢礼部六堂官，又破例任命杨锐、林旭、刘光第、谭嗣同为军机章京，直接参与朝政及变法事宜后，按理变法新政，自此推行，中国会有新的起色，而使光绪始终忐忑的是：政令之多，本朝未有，所有新政，无人推动，更况西后阴森，虎狼在侧！诏定国是，废除八股，倡设京师大学堂后，上谕频发，计：五月十七日有奖励创新之旨；五月二十二日命书院改为中小学堂；二十五日命咨送经济特科人才；六月十一日，上谕各衙门删改则例；十五日，设矿务铁路总局于京师，同日为广开言路命各部司员及士民皆可上书言事；七月三日，废止朝考；七月五日，设农工商总局于京师；七月十日，上谕责江督刘坤一、粤督谭钟麟不奉诏；七月十一日，饬各省速议复交议各件；十四日，谕令简政裁汰京内外冗官；十九日、二十日即革六部堂官，用谭嗣同等四军机章京。在这一系列自上而下的改革变法中，光绪皇帝可谓尽心竭力，置帝位于不顾，以生命求变法，然体制、旧官僚之壁垒，虽腐败犹坚硬，新旧对垒一触即发。

颐和园仁寿殿。

满脸肃杀之气的荣禄告知慈禧：“变法新政已使天下共愤，康梁一党可谓罪恶贯盈。”

慈禧关心的是秋天到天津阅兵一事，北洋三镇都在荣禄手中了，“你要把兵操练得整整齐齐的，到时我和皇帝都会去看。”

借阅兵之机把光绪孤零零地放在天津，周围都是荣禄的兵，趁机废立，这是再方便不过的事情了。

荣禄："皇上那里，阅兵上谕还没有发。"

慈禧："明儿个就有。"慈禧似乎不太想多与臣下谈阅兵的话题，忽然问荣禄："秋风起矣，你那里可有好的草虫儿？"

荣禄呆了会儿："臣留心去找。"

草虫是宫里的称谓，即蟋蟀，北京人也称蛐蛐，斗蛐蛐是清宫里面的传统，始于康熙年间。宫廷里有专门养蟋蟀的，属内务府奉宸苑管理，备有暖室孵育草虫，如遇筵宴，则将蟋蟀置于绣笼挂在筵侧，以为助兴。每至元旦及上元节令，乾清宫殿暖阁设精美的火盆，内燃香木炭火，周围架子上是各色绣笼内的各种蝈蝈、蟋蟀等草虫，并挂有宫廷内自己种的葫芦。是时，宫灯辉煌，美酒飘香，草虫齐鸣，慈禧说："那才是万国来朝的庆贺之声。"

康熙曾有诗赞道：

秋深厌聒耳，
今得锦囊盛。
经腊鸣香阁，
逢春接玉笙。

慈禧兴致很高，对荣禄说："你先下去吧，得空来斗蛐蛐玩儿。"

荣禄退出，一时摸不着头脑，眼看就要火烧眉毛，礼部六堂官都撤干净了，怎么还有兴致斗蛐蛐？

只要老佛爷高兴，荣禄岂敢怠慢？出颐和园驾车一溜烟赶到了圆明园，那儿的"伏地蛐蛐"色青、背宽、腿长、善斗。因为这里泉水多、地湿，断垣残壁正是蛐蛐的乐园。

康有为、梁启超相约起了个大早，在湖南浏阳会馆谭嗣同处碰头。

北京已是秋风飒飒了。一大早，天高且蓝，街上行人稀少，一支长长的骆驼队慢悠悠地刚从关外进京，那些骆驼或是累了或是陌生，低着头，负重而去。那是给宫里送炭的，悠悠的脚步已涉过千山万水了。

进得会馆，谭嗣同已经等候在门前了。

大病初愈的谭嗣同略显清瘦，但双目有神。光绪帝召见维新派诸人，谭嗣同因病是最后一名到京的，召见之后即为四品军机章京，用梁启超的话说“犹唐宋之参知政事，实宰相之职也”。光绪本想借重康有为，慈禧反对，谭嗣同等入值军机之后，光绪与康梁之间便有了直通的管道，上呼下应，几近日日召对了。

谭嗣同的住处，自题为“莽苍苍斋”。

一副门联，也是谭嗣同自拟自写的。上联是：家无儋石；下联为：气雄万夫。

康有为凝视门联片刻，对谭嗣同说：“锋芒太露。”进屋，环顾室内，问：“有笔墨吗？”谭嗣同立即笔墨侍候，梁启超也兴致勃勃地站在一边，康有为要送一副门联给他的得意门生。

略一思想，康有为运笔写道：

视尔梦梦，天胡此醉。
于时处处，人亦有言。

谭嗣同大喜，当即嘱会馆仆役将新的门联送裱。

然后是沏茶、交谈。

谭嗣同讲起光绪欲开懋勤殿设顾问以议政，让谭嗣同拟旨，先让内侍把历朝圣训送到谭嗣同手中并命查阅，康熙、乾隆、咸丰三朝曾有开懋勤殿之举，写入上谕中以为有前朝故事可以援引，再亲往颐和园请命慈禧。

谭嗣同不无忧虑：“皇上确实无权。”

开懋勤殿的上谕也真的让慈禧太后否决了，皇上虽有明令，懋勤殿的大门却紧闭如初。

康有为：“这是一个信息。”

梁启超：“伊藤博文到访，或可有转机？”

伊藤博文，日本的维新元老，也是对华外交的决策人物。历任日本国四届政府首相，三任枢密院院长。一八九八年时逢第三届伊藤内阁总辞，他以日本在野人士的身份来华访问。更有媒体称，伊藤行前，日本天皇曾召见数小时，密谈良久，话题自然离不开其时正在进行中的中国变法维新的局势。

当然，伊藤博文想看看中国的实际情况，这是毫无疑问的，对于日本来说，中国的疆域一直是它所最感兴趣的，它必须和中国打交道，长时间地打交道。

伊藤的到来，使光绪和慈禧都睁大了眼睛。京城之内，一时成为舆论所向。

七月二十九日，伊藤博文由津至京，“拜谒在署王大臣，坐谈两点钟之久”。（八月二日《国闻报》）又有传言，伊藤会见了李鸿章，李鸿章闲居在北京做“伴食宰相”，语多谨慎。他们两人是《马关条约》的谈判对手。说是对手，其实一为胜者一为败者。也即是从此开始，李鸿章这个“少年科第，壮年戎马，中年封疆，晚年洋务，一路扶摇至坐镇北洋，遥领朝政”的元勋首辅，一落千丈到投闲置散，门庭冷落，饱尝世态炎凉。

伊藤博文很想知道李鸿章对光绪诏定国是的态度：“据我所知，大臣熟谙洋务，对康梁新政如废八股、兴学堂等理应视为同道，未知对否？”

李鸿章：“仆老矣！康梁新进才学高深，未敢与闻。约略想来，维新之事却是以贵国、贵相为楷模的，不知贵相以为如何？”

这是避而不谈，还把球踢回给伊藤了。

诏定国是以来，李鸿章对极少亲信表示过“取仕之道，亟应变通”，以练兵为国家之本、振兴工农等等新政，都为李鸿章所深以为是的。然而李鸿章毕竟是久经官场的，他知道慈禧与皇上二者只能有其一。光绪倘若愚庸或者假装愚庸，日子就要好过一些；光绪一旦为振兴家国真有动作，稍示自己并非愚庸之君，那就大祸临头了。李鸿章自然不会去蹈火海，便作壁上观，而光绪自甲午败绩后也已疏离了他，至于康梁更不曾想到和他结盟，李鸿章却早已看出维新变法必败无疑。

盖因为："变法太急，用人不当"。

京师斗蛐蛐的场所在顺治门外，两只蛐蛐决一雌雄谓之"打将军"，这时要由王公大臣做主持。届时安放虫王神位牌，两侧饰以黄幡、宝盖等神用仪仗。养蛐蛐者向神位三叩首，然后开始会斗。与此同时，颐和园里蛐蛐的角斗也成为赌博的一种方式，秋风一起，便由蛐蛐把式将各种好勇斗狠的蛐蛐进呈慈禧，慈禧观赏后便赐以嘉名，再召亲贵王公近臣、有钱的大太监开盆为戏。

一八九八年九月的斗蛐蛐其实也是清室的祖制旧例，不同的是慈禧把荣禄拉来了，并且赐给他一只从山东进呈的"山蛐蛐"，白脑袋、墨色牙，稍有动静便做龇牙咧嘴状，浑身青色。慈禧为这山蛐蛐取的名字是"大将军"。

"大将军"主斗，慈禧在一旁观战，李莲英盒子里跳将出来的一只是从南方来的"杭虫"，慈禧赐名时颇费思量，李莲英耳语一番后，慈禧说："就叫'南客子'吧。"

还没有开斗，丫环们便伸长了脖子又惊又怕又好奇地一边往前瞧一边往后退，慈禧端坐着，一边是四格格，一边是点水烟的荣儿。一声"开斗"，只见"大将军"猛扑过去，那"南客子"却只是往左一侧，回头应付。"大将军"回过身来再斗时，"南客子"似乎无心恋战，只是被逼到跟前了，才仓促应斗。荣禄看得真切，那"南客子"的一条腿在开斗之前便已被折断了。结果是"大将军"一口咬死了"南客子"。

慈禧带头拍掌。李莲英也喜形于色，他知道今儿一定得输，输得让老佛爷高兴、放心。奴才自然也欢喜。

荣禄频频进出颐和园。

伊藤博文的到访正在加快着某种进程，慈禧知道，倘若光绪及康梁的新政得到了日本或别的西方大国的支持，那后果不可想象。

光绪也在作最后的努力，除了准备接见伊藤博文外，皇上听取了康梁的意见，召见袁世凯，手中需有可用之兵。

光绪发上谕:“电寄荣禄，着袁世凯即行来京陛见。”

光绪与袁世凯独对。

光绪明确告诉袁世凯，“尔与荣禄，互不掣肘。”这是把尚方宝剑给了袁世凯，可以不受荣禄节制。但，那又是为什么呢?

光绪又说:“如遇紧急军情，随时到京陛见!”

袁世凯叩头谢恩步出宫廷时，已经一身冷汗把内衣都湿透了，他知道他已卷进了帝后之争中，稍有不慎，便是粉身碎骨。他在轿子里反复掂量着慈禧与皇上，冷汗出个不停，秋风从帘子里卷进，不禁一阵颤抖。

天凉好个秋!

就在这时候，杨锐带着光绪的密诏先找到了梁启超，展读之下，梁启超放声大哭。皇上危难，变法维新已有一派气象，怎么会忽然功败垂成呢?次日，康有为、梁启超、谭嗣同、杨锐、康广仁秘密“经划救上之策”。议决:由谭嗣同携密诏见袁世凯，说袁勤王，杀荣禄，除旧党。

九月十八日夜，京城似梦非梦。

谭嗣同趁夜色来到法华寺，敲开了袁世凯寓所的大门……

是夜，谭嗣同三更之后才回到会馆。

一灯如豆，思绪翻腾。

谭嗣同自问:与袁世凯一番交谈，应该说是成功的，可是为什么心里惴惴不安?再细想，袁世凯与荣禄，袁世凯与奕劻关系之深，几乎名满京城，惶急之下怎么忽略了这一层考虑?而如今，一切托付给袁世凯，一切均暴露在袁世凯面前，从光绪的安危乃至维新大业以及一批朋友的生死存亡，都被袁世凯捏在手中了!

谭嗣同一声怒喝:“不好!”

怒喝之后却是安静，如“莽苍苍斋”窗外的暗夜一般浓重——在天亮之前。

谭嗣同意识到眼下的一分一秒都将是十分珍贵的，他首先想到要把自己的预感、忧虑告诉康有为、梁启超，他认为此二人必须得设法保全，为图未来之策。

打开“莽苍苍斋”，谭嗣同一头钻进黑暗中。

这暗夜撕裂了，又弥合了。

康有为的情绪也很低沉，他把最后的希望寄托在伊藤博文身上。康有为和伊藤见面时，伊藤问:“贵国着意变法已数月，而未见推行之效，何哉？”

康有为答以慈禧掣肘、顽固派阻挠、光绪无权之故，并请伊藤在觐见慈禧时“剀切陈说”变法之重要，促其“回心转意”。

伊藤表示:“既如此，仆谒见皇太后时，当竭尽忠言。”

一个病急乱投医的人与一个病急乱投医的国度，大约是差不多的。京师人士，对伊藤的期望实在是太高了。

御史杨深秀，维新派的干将，在给光绪的奏折中说:“况值日本伊藤博文游历在都，其人曾为东瀛名相，必深愿联吾华，共求自保者也。”英国传教士李提摩太也为之鼓动:“既然伊藤博文成功地改变日本成了一个强国，那么最好的办法，是由中国政府聘请伊藤为国事顾问。”还有人甚至主张干脆将伊藤留下为相，借以推行新政。凡此种种，均在慈禧的掌握之中，她自然感到十分紧张。当光绪决定接见伊藤后，慈禧便从颐和园回到紫禁城，以便监视皇帝的一举一动。

光绪得知慈禧进宫并静观他与伊藤博文的会见时，他仿佛掉进了冰冻的深渊，感到透心彻骨的寒冷。他终于承认或者说他不得不面对这样的事实:一切企图摆脱西太后的努力均告失败，天下是慈禧的天下。

光绪在勤政殿召见伊藤博文，并待之以亲王礼，赐坐在御座之旁。

光绪面色凝重忧郁。

慈禧坐在屏风之后。

这个世界上有各种囚犯。有的关在刑部大牢里，有的坐在金銮宝殿中。

光绪已经演练好了一套说辞，当时却全忘了，他不知说什么好，也许真是无话可说。他面对的是一个表面上拘谨、谦恭的日本人，他在自己的日本国倒幕府，倡导明治维新，他成功了。甲午海战，他又赢了。

光绪如芒刺在背。

伊藤首先致词："陛下近来变法自强，力图振作，将来中国富强之业可立而待，外臣不胜钦佩。此实东方盛事！外臣归国后述与敝国皇帝知之，当必异常欢悦。愿陛下永保盛业，长享景福！"

光绪应答道："贵国自维新后，庶绩咸熙，皆出自贵侯手定。各国无不景仰，无不赞美。朕亦自佩于心。贵国与敝国同洲，相距较近，我中国近日正当维新之时，贵侯曾手创大业，必知其中利弊，请为朕晰言之；并祈与总署、王大臣会晤时，将何者当兴，何者当举，笔之于书，以备观览。"

伊藤答："他日承总署、王大臣下问，外臣当竭其所以告。"

光绪又说了几句诸如"愿嗣后两国友谊从此益敦"之类的客套话，便匆匆结束了。

就在光绪召见伊藤时，袁世凯匆匆离京，直奔天津小站而去。是夜，荣禄未及通报，连夜返京与慈禧密商。

光绪从慈禧冷若冰霜的神色中能感觉到，灾难的阴影正在迫近，此刻他牵挂于心的是在两道密诏催促之下，康有为离京了没有。光绪想到一旦事变发生，康有为难逃杀身之祸，所以连连促其离开北京，也是用心良苦了。

康有为决意不出都，等天津阅兵之后，视情况救护皇上。康广仁当机立断曰："阿兄即行，弟与复生（谭嗣同）、卓如（梁启超）及诸君力谋之。"

光绪帝觉察到西太后杀机毕露时，赐康有为密诏，由杨锐带出。诏曰："朕唯时局艰难，非变法不足以救中国，非去守旧衰谬之大臣而用通达英勇之士，不能变法。而皇太后不以为然，朕屡次几谏，太后更怒。今朕位且不保，汝康有为、杨锐、林旭、谭嗣同、刘光第等可妥速议奏，设法相救。朕不胜焦灼，不胜企盼之至，特谕。"八月初二，光绪得知康有为仍在京，由林旭带出第二诏，即康有为所谓"衣带诏"，后人屡有争议，梁启超在《戊戌政变记》录有密诏全文："朕今命汝督办官报实有不得已之苦衷，非楮墨所能罄也。汝可迅速出京，不可延迟。汝一片忠爱热肠，朕所深悉。其爱惜身体，善自调摄，将来更效驰驱，共建大业，朕有厚望焉！”

康有为离京潜逃。

这时候，梁启超、谭嗣同等人虽不放心袁世凯，又都以为事变不会马上发生，天津阅兵才是最后的决斗。因而梁启超与谭嗣同商量请湖南唐才常、毕永年等联络会党及绿林好汉进京，相机营救皇上。

每有一计想出，便是一阵激动。然康广仁的冷静与远虑，在这关键时刻便显现出来了：“自古无主权不一之国而能成大事者，今皇上圣明，却无赏罚之权。国家权柄全在西后手中，成者足怪，败者当然。死生由命，败亦无妨，我辈当相约前仆后继可也！”

一八九八年的一个凌晨。

紫禁城还没有醒来。

紫禁城就像一个梦。

这是一个老梦，笼罩在琉璃瓦的屋顶下，由雕梁画栋装饰，高大而坚固的城墙护卫着，一切只是为了梦的美丽与完整。曾有撕碎了这个梦的人，一到这残破的梦境中便梦魂牵绕，开始修复这梦，直至完好如初。

试图从这梦里醒来的人，也被大梦吞没了。

养心殿寝宫里，光绪已早早地在灯下读《史记·河渠书》。其中讲到黄河山东河段屡堵屡决，流民哀号，浊浪滚滚，赈灾的奏章年年都似雪片一样飞来。河段需有一次大的勘河治理工程。无意中，光绪读到，汉武帝授任上书修通褒斜道的御史大夫张汤的儿子张印为汉中太守，“发数万人作褒斜道五百余里”时，不禁感慨系之，被吸引了。古褒斜道因褒谷、斜谷得名，“缘侧径于岭岩，缀危栈于绝壁”，在峡谷的一侧穴山架木、沿水作桥，使道路依崖凌空变险径为通途。这就是中国人民创造的世界第一的栈道。

后人为记古栈道之盛，便有了褒斜道上石门摩崖石刻群，那“衮雪”固真是曹操临石门而手书的吗？……

光绪从养心殿踱步而出，他要去中和殿批阅礼部所拟的“祀社稷坛祭文”，刚一出门，抬头却见秋高气爽。

就在这瞬间，荣禄的一队卫兵和几个太监蜂拥而来，将光绪团团围住。

光绪知道有变，喝道：“尔等私闯禁宫，意欲何为？”

卫兵：“遵旨，请皇上挪个地儿。”

一群昔日自称奴才的人，把光绪带到了中南海的瀛台，少顷，慈禧在李莲英的陪同下怒气冲冲地赶来了。慈禧怒目相向：“你做的好事，神人共愤！”

光绪不语。

“百日维新”落幕，慈禧撤帘训政开始。

时光不会倒流，历史却会重演。

从此，烟波浩淼的瀛台孤岛将与一个绝对无奈的皇帝厮守，孤独地咀嚼命运的况味。

梁启超正在谭嗣同所住的会馆与谭嗣同枯坐，这个时刻是艰难而漫长的，袁世凯究竟会如何动作？光绪为什么匆匆急令康有为离开京城？一种直觉告诉他们，恐有不测！但中国的文人又历来好幻想，总以为某人或可援手，某人或许不至于坏到这个程度，更何况袁世凯又是面对谭嗣同之时信誓旦旦的呢？

最坏的消息终于传来了：康广仁已被捕。大批兵丁已将南海会馆查抄。

紧接着，火车停开，侦探密布，北京瞬时间便流动着恐怖的气氛，街议巷谈，都是抓维新党的新闻。

谭嗣同从容地对梁启超说：“昔欲救皇上，既无可救，今欲救先生，亦无可救，吾事已毕，唯待死期。”

梁启超劝谭嗣同逃跑，为留得青山着想，谭嗣同拒绝了，却要梁启超立即离开，径赴日本使馆，求见伊藤博文看能否于皇上及康有为有所帮助。

梁启超匆匆跑到日本驻华公使馆。

日本代理公使林权助正和伊藤博文谈话，光绪被囚，慈禧撤帘自然是主要的话题，忽听守卫的报告说梁启超到了。林权助当即于另外一室和梁启超见面，只见梁启超脸色苍白，满目悲壮之气，大约是太紧张了，或者因为自己不通日语，又怕会讲中国话的林权助听不懂自己的广东腔，便在一张纸上写道："仆三日内即须赴市曹就死，愿有两事奉托。若君犹念兄弟之国，不忘旧交，许其一言。"

林权助也是梁启超的老朋友了，且欣赏梁启超的才情，便决断地说："你为什么一定要去死呢？你好好想一想，如果心意改变了，什么时候都可以到这儿来，我救你！"

梁启超闭目，任热泪两行。

是夜，梁启超宿在日本使馆，辗转反侧，不能成眠，他在想着谭嗣同。

却说谭嗣同一天未曾出门，以待捕者。哪知抓人的人却偏偏不来。九月二十二日，谭嗣同来到日本使馆与梁启超相见，虽然小别一天，却已经恍同隔世了。

握手，相拥，一时竟无言语。

谭嗣同劝梁启超东渡扶桑暂且避难，并以文稿及家书相托代为保存，而他自己则下了必死的决心。

梁启超仍是苦苦相劝："既然东渡，兄为何不作逃亡之伴呢？"

谭嗣同显然是经过深思熟虑的："不有行者，无以图将来；不有死者，无以酬圣主。兄远游，风雨兼程，不为苟全而为明日之想；弟赴难，只因改革需流血，但愿从吾起从吾终，死得其所也！"

梁启超："既如此，你我理当同赴市曹。"

谭嗣同："目下已不是论理的时候了，圣上已入牢笼，南海生死未卜，程婴杵臼、月照西乡，弟与兄分而任之！"

谭嗣同言毕，起身，目视梁启超。梁启超欲哭无泪，望着谭嗣同，"遂相与一抱而别"。

梁启超与谭嗣同直到最后时刻，一直在设法力挽狂澜。为此，他们一起拜访了英国传教士李提摩太，商议通过外交途径对慈禧施加压力，不致加害光绪。当时议决，由李提摩太找英国公使，容闳找美国公使，梁启超找日本公使，谁想到这最后一招又落空了，美国公使避暑于西山，英国公使疗养去北戴河了！

没有时间了！

谭嗣同、杨锐、林旭同时被捕，刘光第闻讯，自投入狱，加上前几天已经投牢的康广仁、杨深秀，“戊戌六君子”尽在清廷的大牢之中了。

慈禧却仍然忐忑不安，她知道这六个人加起来也抵不上康梁中的一个。“务必捉获康、梁！”她密谕荣禄。

狱中，谭嗣同、康广仁等依然“神采飞扬”，谭嗣同并在壁上题诗云：

> 望门投止思张俭，忍死须臾待杜根；
> 我自横刀向天笑，去留肝胆两昆仑。

谭嗣同等六君子被杀害于北京菜市口。真是“有心杀贼，无力回天”啊！百日维新，若以光绪帝于戊戌四月二十三日（农历）颁明令国是之谕为始，农历八月十二日“六君子”被杀，百日新政，人头落地！

梁启超与谭嗣同之生离死别，及进入日本使馆等事项，《戊戌政变记》及《中国近代史资料丛刊·戊戌变法》有记：

前者为梁启超自述与谭嗣同分手情形，时在八月初六，即西历九月二十一日。

> 时余方访君寓，对坐榻上，有所擘画，而抄捕南海馆（康有为所居也）之报忽至，旋闻垂帘之谕。君从容余曰：昔欲救皇上，既无可救，今欲救先生，亦无可救，吾已无事可办，惟待死期耳。虽然，天下事知其不可而为之，足下试入日本使馆谒伊藤氏，请致电上海领事馆而救先生焉。余是夕宿于日本使馆。君竟日不出门，以待捕者，捕者既不至，则于其明日入日本使馆与余相见，劝余东游，且携所著书及诗文辞稿数册，家

书一箧托焉。曰："不有行者，无以图将来，不有死者，无以酬圣主，今南海之生死未可卜，程婴、杵臼，月照、西乡，吾与足下分任之。遂相与一抱而别。"

又：

八月十日，谭嗣同作两"绝命书"，一遗康有为，一遗梁启超。其遗梁书是：

八月六日之祸，天地反覆，呜呼痛哉！我圣上之命，悬于太后贼臣之手。嗣同死矣！嗣同之事毕矣！天下之大，臣民之众，宁无一二忠臣义士，伤心君父，痛念神州，出而为平、勃、敬业之义举乎？果尔，则中国之人心真已死尽。强邻分割，即在目前，嗣同不恨先众人而死，而恨后嗣同而死者之虚生也。啮血书此，告我中国臣民，同兴义愤，剪除国贼，保全我圣上。嗣同生不能报国，死而为厉鬼，为海内义师之助。卓如未死，以此书付之，卓如其必不负嗣同、负皇上也。八月十日，嗣同狱中绝笔。

（转引自汤志君《戊戌变法人物传稿》上册第 37 页）

吴其昌，清华国学院高才，梁启超之爱徒也，"幸得侍我先师暮年讲席"，"尝夏夜待坐庭中，先师屡述变法之役……"梁启超回忆之细节更丰富："日使林权助，饰其夫人之车，强余与壮飞离京，壮飞坚辞谢曰：'闻之西史，革命则无不流血者。中国革命之流血，请自嗣同开始！'居使馆三日，脱奔清廷自首，曰：'嗣同请以颈血洗涤中国之腐政！'遂斩于菜市。六君子成仁之日，予尚居东交民巷日使馆，悲惊晕绝，又数日，林使强纳余于其所预饰之夫人车中，外坐婢媪，卫士呵殿，扬言日本钦差大臣家眷回国，遂出京至津。"

日本使馆，梁启超的房间里。

代理公使林权助手里握着一把铿亮的剪刀，对梁启超说："必须要剪掉你的辫子。”

逃难的时候，一切都是拖累了。“剪！”梁启超毫不犹豫。

然后梁启超着西装打领带。

街上隐隐传来兵丁的吆喝声，日本大使馆门前人声嘈杂，密探与看热闹的人头攒动。坊间传言，康有为、梁启超都在日本大使馆躲着，慈禧已有严令：只要康、梁从使馆里跨出大门一步，便格杀勿论。从九月二十二日早晨起，更有挎着刀枪一脸肃杀之气的巡逻队，来回在日本使馆门前经过。因而林权助当机立断，要梁启超“化装成打猎的模样”，先离开北京到天津，然后再乘桴于海。化装的奇效连梁启超自己也认不得自己了，居然在日本友人的陪同下，出得大门而有惊无险。然后是赶往火车站，望一眼前门，那大酒缸就在不远处，别了！别了！北京。

扬旗起落，车轮滚动的时候，梁启超稍稍松了一口气，但想到去的是天津，荣禄的老窝，又不觉毛骨悚然。

天津到了。

天津车站，梁启超差点儿“落网”。

“但是不幸在天津车站月台上行走的时候，好像被梁的友人发现了似的。据说他们赶快隐藏到人多的地方去，但还是因被友人看见作了报告，捕手的手下人追跟着梁。二人（其中一个为护送梁启超的日本驻天津领事郑永昌。笔者注）马上跳进帆船，夜十二时下白河逃向塘沽。那里的上游有日本军舰碇泊，捕手乘小蒸汽船又追了来……两人搭乘的帆船靠近日本军舰，摇手帕以为信号。”这是林权助从北京给日舰发电报所约，如有手帕求助者，请即救助，送往日本。（《我的70年》，林权助）

当谭嗣同等遇难的消息传来，一切的思想便又中断了，只剩一个念头：逃！赶紧逃！慈禧扑灭维新志士的速度之快，说明了她斩尽杀绝的决心之大，不赶紧逃还能怎么样呢？

梁启超自天津出逃的情节，包括化装成猎人等，与林权助之文稍有不同的另说是，梁启超自天津车站先进日本领事馆，而领事馆前密探暗伏，实行二十四小时“蹲坑”守候。

这是到海边行猎的季节，长芦海滩野鸭成群，梁启超化装成行猎者，一身猎装，长筒靴，肩背双筒猎枪。别人既想不到梁启超会是这般模样，而实际上梁启超手里还握着自卫的武器，且一行四人也可相互壮胆。潜出天津领事馆后，梁启超被送进海河上的一只日本船中，急向塘沽驶去，那边玄海丸商船已经生火以待了。

这时候的梁启超才松了一口气，船开动了，海河两岸灯火朦胧，不料岸上有马蹄声响传来，一阵紧似一阵，几十名清廷巡警飞驰而至，在岸上一字排开挥枪舞刀喝令："停船！"

日本人问："为什么？我们是执行外交公务。"

清兵全然不顾一切，令该船回航至原先停泊的海河码头，说是"上头有令，不可违抗"。

日本人自然拒不从命，并以妨碍外交相压。

那些清兵得到的报告是船上载着康有为，日本船员便放开嗓门反问："如果船上没有康有为，你们又影响了外交公务，该当如何处置？"这一句话是有威胁性的了，那些兵丁巡警心里也知道日本人不好惹，怕弄出外交事件来，便分出一半跨马而去回天津禀报上司以请定夺，另一半骑马挎枪随船而行，严密监视。

不料这一只日本船突然加足马力，愈开愈快。二十六日清晨七点船已开进塘沽，旁边停着一艘日本军舰大岛号，日方船员挥帽联络，梁启超被前拉后推逃到了日本军舰上，置于密室。

九时许，直隶提督聂士成、亲兵营总教习王得胜、天津县知事吕宗祥三十余人赶到天津火车站，当得知"疑犯"已逃到大岛号日本军舰上时，聂士成大发雷霆之怒："上舰搜！混蛋小日本，这是中国的地方！"

聂士成的震怒是唯恐交不了差。他知道现在是慈禧、荣禄心急火燎的时候，"百日维新"扑灭了，为首的康、梁一个也没有抓住。据巡警目击以后的报告说，逃到大岛号军舰上的不是康有为便是梁启超，聂士成是奉荣禄之命亲自来抓人的，回去怎么交差？

聂士成说什么也要往大岛号上闯。王得胜、吕宗祥却在一旁苦苦相劝："督帅尚需三思，一者以直隶提督之尊和一只军舰的日兵相论相争是否合适；二者倘若闪失引发中日冲突，这个担子谁也吃不消。"

聂士成方始歇怒，但总不能眼睁睁让大岛号跑掉吧？真是左思右想，计无所出。巡警来报说，荣禄又派人带亲笔函件往日舰上交涉去了，聂士成这才松了一口气，王得胜过来附耳道："回吧？"聂士成点头，打道回府了。

荣禄派人交涉的结果是，日方一口回绝。

日本人也正是从聂士成的犹豫中确定了决不让步的策略，大岛号生火了。

二十六日午后，日舰起航。几小时后便已行驶在一望无垠的渤海中。直到此刻，梁启超如死里逃生一般，才能步出舱外，扶着船舷看惊涛骇浪。毫无疑问，军舰向着日本驶去，这是去国之路，也不是一次短期的旅行。当军舰驶离塘沽的时候，当日本友人告诉他现在已经安全的时候，梁启超分明听到那一声关门的声音，身后的国门关上了。

从此，他真个是亡命天涯客了。

梁启超从甲板上不时回首，除了浪还是浪，那些海鸥群起群落，追逐于军舰驶过的水路两侧。波浪会破碎吗？涛声会断裂吗？大海会干涸吗？梁启超问自己。他还想起了与康有为结伴北上听恩师论海的那一番话，此亦是海，彼亦是海，而今师生同难。生离死别，大概这就是命运了！

妻子、家父、兄弟，在愁肠寸断的煎熬中，泪已经流干了，夜却是无尽的。

梁启超一阵战栗。

那是海风吹的吗？在这一大片海洋之上。回首往事他怎能不想起甲午海战以及公车上书呢？

命运开了个大玩笑，此时此刻，梁启超是由日本友人一路相救，而站到了日舰的甲板上。回首是不堪了，那么以后呢？梁启超还只有二十六岁，血气方刚的年华，匡时济世的文章，难道从此尽付东流之水了吗？

一种悲怆、一阵灵感袭来，似乎是提醒：至少他手中还有一支笔。后来风靡海内外的《去国行》是梁启超逃往日本途中，于大海之中吟得的：

呜呼！济艰乏才兮，儒冠容容，佞头不斩兮，侠剑无功，君恩友仇两未报，死于贼手毋乃非英雄，割慈忍泪出国门，掉头不顾吾其东。

东方古称君子国，种族文教咸我同，尔来封狼逐逐磨齿瞰西北，唇齿患难尤相通，大陆山河若破碎，巢覆完卵难为功，我来欲作秦廷七日哭，大邦犹幸非宋聋。

却读东史说东故，三十年前事将毋同，城狐社鼠积威福，王室蠢蠢如赘痈，浮云蔽日不可扫，坐令蝼蚁食应龙，可怜志士死社稷，前仆后起形影从。一夫敢拾百决拾，水户萨长之间流血成川红。尔来明治新政耀大地，驾欧凌美气葱茏，旁人闻歌岂闻哭，此乃百千志士头颅血泪回苍穹。

吁嗟乎！男儿三十无奇功，誓把区区七尺还天公。不幸则为僧月照，幸则为南洲翁。不然高山蒲生象山松荫之间占一席，守此松筠涉严冬，坐待春回终当有东风。

吁嗟乎！古人往矣不可见，山高水深闻古踪，潇潇风雨满天地，飘然一身如转蓬，披发长啸览太空，前路蓬山一万重，掉头不顾吾其东。

后人或可把这首《去国行》看作是梁启超流亡生涯的开始，这一开始同样显示了梁启超的性格，即虽是“飘然一身如转蓬”，却仍要“披发长啸览太空”！激愤、忧患、君恩、友仇、国破家亡、民族危难，梁启超从未有一刻忘怀。在这最容易陷入消沉的亡命之际，梁启超依然是内热，乃至心灵滴血，但茫然是难免的，如这海阔天空，路在哪里？“掉头不顾吾其东”啊！

这真是：亡命桴槎一汪洋，去留肝胆两昆仑。

第六章 天以任公为木铎

六君子血溅菜市口，康梁出逃，光绪帝囚于瀛台孤岛，军警四处抓捕，乃至各省；其迅捷，其凶狠，实在不像是一个屡打败仗、割地赔款于外人的病国所为，除京师大学堂得以保全外，一切新政皆废除，举国上下，风气丕变，以康梁为大逆不道，视维新为人神共愤，“着各直省督抚一体严密查拿，极刑惩治”。（八月十四日朱谕，八月十六日《国闻报》）守旧者雀跃，革新派或杀、或囚、或革职囚禁，就连“咸与维新”的一众人等或者闭嘴噤声，甚者大骂新党：“我早知康梁不是好人”，“与西太后过招不是找死吗？”北京市井传言用过的是市井人语：“呜呼康梁，‘嗝儿屁潮凉大海棠’。”

一场以举子上书为救国图强自光绪帝而下求变法的运动，始者轰轰烈烈，终者头颅落地，为什么？为什么？梁启超便是带着这许许多多的为什么，到了日本。流亡者一旦成功出逃，首先便是庆幸从此可获自由，但这种庆幸如电光火石瞬息而逝，紧接着便是回想，六君子，那是梁启超的兄弟，谭嗣同的奋力一推，把他推向了日本。家人何在？南海何在？还有那一块菊花砚……

不妨说，梁启超波澜起伏的亡命生涯，是以苦学日语、苦读日本之书开始的。为避清廷捕探耳目，取一日本姓名，“任公因读吉田松荫之书，慕其为人，因自署吉田敬”。而康有为亦曾有榎木森之称。(《任公轶事》，罗孝高）

梁启超初抵东京，住牛込区马场下町，这里的生活也十分方便，除了维新志士、文人诗友暂时不得相见外，所遇困难便是语言了。于是他专门请日本人教日语，每天苦读，以他的聪慧，日有长进，渐渐地可以翻字典看日文书，一读之下不禁豁然，日本人翻译了这么多的好书，真是读之不尽了。

这一天，梁启超翻字典翻得很认真的时候，有人叩门，这叩门之声在日本已难得听见了，有时候叩的是隔壁人家的门，梁启超也会一跃而起，心里盼着有人叩门、有人来访，人啊是最怕孤独的一种动物，却又不时被孤独煎熬着。梁启超从榻榻米上站起来，打开门，眼前笑吟吟地站着的竟是康有为!

没有比劫后重逢更教人喜不自胜的了。

梁启超实在止不住夺眶而出的眼泪。

康有为依然固执而坚定，他的魅力在于:在任何时候、任何情况下，他都会有一套一套的方略。虽然几个月来疲于逃命，又在英国人的协助下，从香港到日本，据康有为说国内已经有了联络的秘密通道，过些日子将要有大动作以救圣上，杀慈禧、荣禄。

康有为是从北京一路南逃至香港的，因而他还带来了梁启超家里的消息。梁启超亡命日本后，新会茶坑的家便被查抄了，使梁启超稍有安慰的是老父身体还好，太太李蕙仙面对兵丁居然临危不惧，直斥其暴行，并责问道:“夫君乃一介书生，上书言事无非为了报国，何以获罪?又何以株连及家人？”兵丁无言以对。

梁启超的父亲怕再生不测，便携带全家逃至澳门暂避。

人生关键的时刻，男子汉们可别忘了女人的坚定与忍耐。梁启超常这样对自己说。

梁启超想起夫人李蕙仙，心里不由得生出感激与负疚之情。自从结婚成家，梁启超总是奔走南北、浪迹江湖，家里的一切全由夫人操持。

夫人是大户人家的闺秀，深得梁启超家人及邻里的喜爱。

梁启超在灯下给李蕙仙写信，夫妻情深、周全事孝，以及行止安排、经济生活等等，对李端棻之牵挂、愧疚，伟丈夫气息跃然纸上：

> 南海师来，得详闻家中近状，并闻卿慷慨从容，词色不变，绝无怨言，且有壮语。闻之喜慰敬服，斯真不愧为任公闺中良友矣。大人遭此变惊，必增抑郁，惟赖卿善为慰解，代我曲尽子职而已。卿素知大义，此无待余之言，惟望南天叩托而已。令四兄最为可怜，吾与南海师念及之，辄为流涕。此行性命不知如何，受余之累，恩将仇报，真不安也。
>
> 译局款二万余金存在京城百川通，吾出京时，已全交托令十五兄，想百川通不至赖账。令兄等未知吾家所在，无从通信及汇寄银两，卿可时以书告之，需用时即向令兄支取可也。闻家中尚有四百余金，目前想可敷用。吾已写信吴小村先生处，托其代筹矣。所存之银，望常以二百金存于大人处，俾随时可以使用，至要。若全存在卿处，略有不妥，因大人之性情，心中有话，口里每每不肯说出，若欲用钱时，手内无钱，又不欲向卿取，则必生烦恼矣。望切依吾言为盼。卿此时且不必归宁（令十五兄云拟迎卿之湖北），因吾远在外国，大人遭此患难，决不可少承欢之人，吾全以此事奉托矣。卿之与我，非徒如寻常人之匹偶，实算道义肝胆之交，必能不负所托也。
>
> 吾在此受彼国政府之保护，甚为优礼，饮食起居一切安便。张顺不避危难，随我东来，患难相依，亦义仆也。身边小事，有渠料理，方便如常，可告知两大人安心也。
>
> （光绪二十四年九月十五日《与蕙仙书》，
> 《梁任公先生年谱长编》78 页）

梁启超信中所说的“令四兄”即刑部侍郎李端棻，因直接参与了维新变法获流刑，是百日维新期间唯一的“二品以上大员言新政者”。后人实在不能忘记李端棻，是他在光绪二十二年（1896）奏请设立京师大学堂，凡各省、府、州县遍设学堂，建藏书楼、仪器院、译书局并选派学子去外国留学。

百日维新失败，慈禧以李端棻“滥行保荐康梁匪党”获罪，革职、发配新疆，中途得病留甘州。然而李端棻维新之志始终不衰，远在边地悼念“六君子”，有诗云：“怕闻中秋月有声，要从菜市哭忠贞。”并有《感时》诗一首流传当世，担心在顽固派的把持下，中国会走上印度与波兰的亡国之路：“学派何分旧与新，纷纷聚讼究何因？绝无思想皆顽固，略得皮毛作解人。可怜尊荣安富国，甘为奴隶马牛身。若问后来真结果，波兰印度是前尘。”

梁启超对李端棻的思念，是他一生挥之不去的情结。可又何止李端棻？谭嗣同、康广仁等“六君子”，无时不在梁启超的心中。他认真思索中国变革之要领，以及百日维新失败的教训，将之作为精神源头之一部分，正是那些或者已经牺牲或者发配受难的旧友让他不断地思考着这些。每到夜深人静之时，无奈的寂寞缠绕着他，他每感沉沦时，便会一次次地问自己：我是在为自己活着吗？死者的期待无言而厚重。

半年之后，梁启超的日语已经过关，不仅会说而且能读，梁启超在多掌握一门语言之后，自觉流亡生涯也稍稍丰富一点儿了。

因为，梁启超可以如饥似渴地读书，读那些在中国读不到的书。

其实，日本人自己并没有多少经典传世。梁启超所说的日文书，是指明治维新以来日本大量翻译出版的西方著作，有政治学、经济学、智学（哲学）、群学（社会学）等。

也许读这些书的第一个体会是书外的：中国为求维新变法富国强兵，前些年翻译的西学“偏重于兵学艺学，而政治、资生（即经济）等本源之学，几无一书焉”。

这也是两个民族的不同之处，而此种不同又交织着重重的矛盾。

一个是几千年的文明古国，不是自许而是公认的文明古国，却常常数典忘祖、急功近利，在陈陈相因中丧失了一个民族赖以激活精神的鲜活的变革之气，从而成了千疮百孔、苟且没落的老大帝国。

弹丸小国的日本，是这样一种典型：它不拒绝一切新的思想、文化和技术，这些丰富的养料经过本土文化的精细陶冶与融合，成为己有。日本人巧妙地得到了东方和西方的文化财富，再凭借着技术的特长跻身强国。

日本在漫长的封建幕府时期，几乎一切都学中国，实在学不下去了，便有了向西方学习的“明治维新”，并立即掉转枪口侵略中国。结果当年的师傅不堪一击，甲午败绩已成国耻。

梁启超避居日本，不得不把日本作为审视对象，仅仅从文化而言，梁启超惊讶了：“日本自维新三十年来，广求智识于寰宇，其所译所著有用之书，不下数千种……”

三十年，以数千种介绍先进思想、经济的译著问世，这是一个奇迹。日本的译书业之发达，其时可称世界之首。看来一个没有名著，缺少悠久文化的民族并不可怕，它可以实行拿来主义；可怕的倒是那些背着沉重的历史包袱，绝不自新图强的另一种族类。

当梁启超孜孜不倦于各种书籍，为培根、笛卡尔等等新人新名词所诱惑而深探其幽，自以为得益甚丰时，他曾这样客观地估价自己：“自居东以来，广搜日本书而读之，若行山阴道上，应接不暇，脑质为之改易，思想与言论与前者若出两人。”

一八九九年三月，迫于清廷的压力，日本政府强使康有为离开日本。六月十三日，康有为在加拿大成立中国保皇会，又称中国维新会。随后康有为到新加坡坐镇，并在华侨中筹款，通过在日本东京的梁启超指挥国内的唐才常，组织“三合会”会党，购买枪支弹药，操练兵勇，相机起事。

这就是悲壮的自立军起义。

唐才常是谭嗣同的挚友，他推动湖南的新政、变法，功不可没。百日维新失败，曾应谭嗣同之约赴京增援，行至汉口知大势已去，折返湖南。以后为寻求救国之路，曾赴上海、香港、新加坡、日本，并于一八九九年秋在日本见到了孙中山。同年冬，唐才常在上海成立正气会，后又改名为自立会、三合会，立富有山堂，发富有票，康有为、梁启超为了表示与会党合作的真诚，加入了三合会。康有为任副龙头，梁启超为总堂负责人。

这是一个多事多乱之秋。

戊戌变法的失败，使一大批中国的知识分子惶惑于改良的软弱无力，而在企图走向革命时却又力不从心，甚至摇摆不定。

唐才常的自立军到底是“勤王”还是“起义”，便颇费思索。

梁启超先已有了一种不祥之感。

在自立会内部，虽说各处会党和各路好汉暂时地统一在富有山堂门下了，但人员复杂，政见歧异，“有主张民主者，有主拥帝者，有主挟天子令诸侯者，有谓必杀南皮(即张之洞)者，也有谓拥南皮以号召者，言人人殊”。另有会党中人，仇外心理极重，有主张“灭洋”的。梁启超力主不可打出“灭洋”的旗号，“心理不可违”，“情理也不可悖”。

时间已经到了一九〇〇年。

新世纪的来临于中国的普通民众又有什么关系呢？一样苦难，一样黑暗，依然沉沦于贫穷和愚昧的深渊之中。

一九〇〇年春，山东、天津、北京出现了义和团，先是“反清灭洋”，后又提出“扶清灭洋”，饥民成了暴民，对于一无所有、不得一饱挣扎于死亡线上的人来说，生死本已无所谓了，揭竿而起以求一逞是大势所趋。

清廷举棋不定，剿抚两难。剿则怕身陷其中，也是力所不逮；抚则西方列强陈兵大沽口，一路杀将过来，取北京易如反掌。

对康有为、梁启超而言，这是一个可以利用的局势，计划中的自立军起义将使清廷首尾不顾。即使列强参与镇压，也不能不分兵南北，用兵者便有了回旋躲闪的余地。再加上其时李鸿章新任两广总督，康梁凭以往和李鸿章的交情，晓以利害，说服他实行两广独立、置身事外，这真是一幅非常美妙的蓝图了。

一九〇〇年六月，八国联军发动侵华战争。

时局大变。原先的一系列暂时的平衡被打破了，英国人从自身的在华利益着想，疏远了康梁和唐才常的自立军。李鸿章这个在戊戌变法中虽“未闻机要”，却实际上同情维新派的封疆大员会不会在这关键的时刻彻底背叛清廷呢？而或者拥兵以“广东自立”，或者与康梁结成同道？

事实很快使一切幻想破碎了。

当慈禧在万般无奈之下，命李鸿章赴北京收拾残局议和时，李鸿章虽曾犹豫，却还是遵命北上了。

康梁对李鸿章的期待，完全是子虚乌有吗？否。李鸿章不满清廷，并对康梁寄予厚望是不假的，百日维新期间的不少新政，是他想做而未曾做到，却由康梁联手通过光绪做到了。慈禧复辟，新政尽付东流，京城杀机四伏，李鸿章却不动声色，只因其时他不过是个投闲置散者，住在东安门外冰盏胡同的贤良寺中，以读书写字为乐。

光绪被关进瀛台后，慈禧对怎样处置李鸿章，竟一时无计可施，明知他同情光绪，并与维新派有来往，却又抓不住把柄，而且毕竟是曾经倚重的老臣。

慈禧又要出出这口气，至少李鸿章不如荣禄、奕劻等辈“劝其再度听政”，应是站错队的一员。

慈禧于某日召见李鸿章。

慈禧手里拿着一份奏折，长长的指甲伸出去，仿佛要戳到李鸿章的脑门。

慈禧：“有人劾尔是康党。”

李鸿章：“臣可说是康党。”

慈禧：“所劾是真？康党之罪天地不容，尔知乎？”

李鸿章：“若主张变法者即为康党，臣无可逃，实是康党。”

慈禧已经怒形于色：“尔接着说。”

李鸿章好像是要一吐为快了：“六部诚可废，旧法理应变，若旧法不变而能强国，中国之强久矣，何待今日？”

慈禧默然不语，少顷突然话题一转：“皇上在瀛台办事，你可听说了。”

李鸿章：“废立之事，臣不与闻。”

慈禧一挥手："下去吧！"

李鸿章不愧是宦海沉浮的老手，他知道与康梁的交往早在慈禧掌握之中，但百日维新期间从未以个人的名义上书言事，而且又因是甲午败军之将，且又因为《马关条约》而为光绪当面指责过，新政的大旗不是由他扛起的，李鸿章还怕什么呢？至于皇帝的废立，这是清廷亲贵的家事，却又不表态，"臣不与闻"，四两拨千斤，滑过去了。

李鸿章到底是李鸿章。

梁启超到日本不久，便决心重执教鞭了。

或者也可以说，除了时势的需要、梁启超个人对教育的重视外，也是因为原先梁氏门下弟子的呼唤！

这一天，梁启超真是喜出望外，他居然收到了蔡锷的信，信中说无论先生走到什么地方，弟子都想亦步亦趋，再听教诲云云。后来又有秦力山、范源濂、林圭等均辗转投书，无非是一来遥寄牵挂恩师之情，二来希望到日本随侍左右等等。

梁启超谈到在日本的办学初衷时说：

> 戊戌政变，时务学校解散，我亡命到日本。当时那些同学虽然受社会上极大的压迫，志气一点也不消极。其后，我接到他们的来信，凑点盘费，让他们到日本来。但是我在那个时候，正是一个亡命的人，自己一个钱都没有，不过先将他们请来，再想方法。他们来了之后，我在日本小石川久坚町租了三间房子，我们十几个人打地铺，晚上同在地板上睡，早晨卷起被窝，每人一张小桌念书。那时的生活，物质方面虽然很差，但精神方面异常快乐，觉得比在长沙时还好。
>
> （《蔡松坡遗事》，《梁任公先生年谱长编》86 页）

横滨的大同学校是华侨邝汝磐、冯镜如创办的，在日本小有名气，几乎在全世界浪迹的中国人，都希望自己的子女不要忘记母语，一切的迹象又说明，从一代人开始远离并且遗失自己祖国的母语是很容易的，因为在新的环境里，小东西们说外国话太方便了，回到家里跟父母亲说中国话反倒艰难得多。

华夏民族得以保存，几千年仍为一大族群，现时虽为病弱，总能期待强盛，此汉字之伟力丰功也。地球上不少民族的最后消失，就是从语言失传开始的。而且通常出现在这种情况下：自己的国家日益贫困衰败，它的人民，尤其是年轻人纷纷离乡到外邦谋生，流浪于全世界。失望成为一种基因流传着，而思乡的情绪却因为时间而淡薄……

每每念及此种惨况，梁启超心里便生出一阵颤抖，便在为横滨大同学校谋划之外，决心再建一所东京大同高等学校。

得华商曾卓轩、郑席儒之助，东京大同高等学校于一八九九年九月正式开学，招收学生三十多人，梁启超为校长，日本人柏原文太郎任总干事，校址在东京牛込区东五轩町。

自立军进退两难之际，梁启超一直还要操心学校的教育，总算维持下来了。使梁启超稍有安慰的是，这三十多名弟子中有十一名是湖南时务学堂的。

蔡锷的到来，尤使梁启超高兴，他对这位高足的期待实在是很大的。那一夜，东京已经没有了白日的喧嚣，弟子们都已熟睡，梁启超还在与蔡锷一边喝茶，一边聊天。

蔡锷："以弟子所见，推翻清廷尚不是这两三年间可以做到的。"

梁启超："愿闻其详。"

蔡锷："不是清廷不该亡，也不是朝政还腐败得不够，而是与清廷对立的力量太分散，文治武功均还不到火候。清廷可以苟延，而吾辈却欲速则不达。"

梁启超点点头："以尔之见呢？"

蔡锷："吾师以学堂、报馆聚合天下人才之举，乃为上策。其一从吾师者必有相当基础，传道授业可以举一反三；其二为久远之谋，可以读书、研究、得大方略。如此则水到渠成瓜熟蒂落，不愁将来大事不成。"

蔡锷并说："南海先生救圣上之心太急，无论如何，圣上在西太后的控制之下，圣上与清廷的根本利害并无冲突。今后的革命无论由谁领导，当以结束清王朝为第一要义，保皇之路岌岌乎可危哉！"

梁启超听罢蔡锷之言，忽然生出了一种感觉，这是自师从康南海以来从未有过的感觉，他说不出具体是什么感觉，或感觉到了什么，却是由蔡锷的嘴说了出来。

梁启超对蔡锷慰勉有加："读书、做学问总要有自己的想法，好的好的！"

不觉天将破晓，二人竟然睡意全无。

东京大同高等学校办得有条有理、有声有色，很快便得到了侨界的认同与支持。

梁启超就是这样一个人：一登课堂便神采飞扬，一写文章便笔下生花。

仅看梁启超所开设的课程，便略知一二了。

世界文明史：把世界文明的发展展示给学子们，知天下之大、世界之纷繁、文明之不可阻挡；西方哲学：西方文明两处源头的探讨，即希腊文化与宗教的希伯来文化。其他如人群发达史、中外时事、日本语言文字学、泰西学案、政治学、伦理学、资生学（即经济学）等等，真是耳目一新。

卢梭、培根、笛卡尔、亚当·斯密、达尔文、康德、孟德斯鸠、赫胥黎、泰戈尔，乃至亚里斯多德、柏拉图等文化、经济、思想名人，都是研究的热门。

这是一种何等的气象！

十九世纪末叶、二十世纪初年，梁启超为中国的文化、教育所作的努力，是不朽的功勋。

梁启超自己对大同高等学校归纳了四个特点：

其一，不出门可知天下大事。

其二，摒除落后及愚昧无知。

其三，用费少，收益丰。

其四，精选西洋及日人的文化精华，结合华夏文化比照、钻研。

教育的种子是必定有收获的。

梁启超依旧如湖南时务学堂一样，批卷阅卷。不同的是，时在戊戌政变以后，且是避居他国。所学的基本上都是西方文明的专著。梁启超未到三十岁，弟子们则更是青春年少。梁启超视之为希望，也常常勉励他们："这里只是一个驿站，你们都会离我而去，回到中国。今日苦读多学一点，他日即能受用一点。"

"种瓜总是会得瓜的。"梁启超常常这样想。

"未来有多种可能，"梁启超对蔡锷说，"但我总想着以后的日子，你们是中国的栋梁。"

梁启超到日本后办的第一份报纸是《清议报》，其宗旨是维持中国之清议、激发国民之正气、增长国人之学识；同时并负有沟通中国与日本的文化使命。每十天出一期，每期四十页，发行量在三千册以上，行销日本、南洋、朝鲜、欧美。清朝政府虽屡禁而不绝，《清议报》的销售量在中国本土一直高居首位。

《清议报》共出版发行一百期，梁启超自己的文章在一百篇之上。这就很清楚地说明：如同上海《时务报》一样，梁启超不仅亲领笔政，而且统筹全局。

这一百期《清议报》，也是梁启超亡命日本三年的心路历程，梁启超的思想、情感，以及广读西书所受到的震撼，都历历在目了。

梁启超以他的不可阻挡的笔底气势抨击清廷，对统治集团的腐朽、昏庸，卖国独裁的行径层层揭露、批驳。梁启超攻击最力的自然是慈禧、荣禄及袁世凯。

梁启超对光绪，仍然是歌颂圣德的。

同时，梁启超还在《清议报》上解释西方的"天赋人权"，亦即民权说，这些对当时的中国读者而言，新鲜而有吸引力。国内的不少青年读者，正是在梁启超的这些文字的影响下，开始从进化论、天赋人权论思考中国的现状，并走上了反对清朝的革命道路。有论者谓："梁启超实在是一位制造舆论的大手笔！"

梁启超的《清议报》影响最大的是那些揭露清廷的文章，但梁启超本人却把提倡民权作为办报的第一要义，认为唯有民权思想的普及人心，才有可能维新图强，“虽说种种方法，开种种门径，百变而不离其宗，海可枯，石可烂，此义不普及于我国，吾党勿措也”。

其次，梁启超追求的是“衍哲理”，他认为：“读东西诸硕学之书，务衍其学说，以输入于中国，虽不敢自谓有所得，而得寸则贡寸焉，得尺则贡尺焉。《华严经》云：未能自度，而先度人，是为菩萨发心，以是为尽国民责任于万一而已。”

得寸贡寸，得尺贡尺，这就是觉世的梁启超。

梁启程到日本后，与章太炎、孙文均有交往，其时康有为已于一八九九年六月十三日与华侨李福基等创保皇会于加拿大，孙文之兴中会亦已遍布海外。

《太炎先生自定年谱》记，五月，章太炎因“台湾气候蒸湿，少士大夫，处之半岁，意兴都尽”而往访日本，“时卓如在横滨，卓如即梁启超也”。章太炎“住候之”，“香山孙文逸仙时在横滨，余于卓如坐中遇之，未相知也”。这是太炎与孙文相知之初，很可能也是梁启超与孙文的第一次会面。

冯自由，侨商冯锦如之子，任公亡命日本后即拜门下。其后冯自由与其父“因家事发生龃龉，父乃请任师痛责之”，后又因广智书局冯自由之译“多苟且不忠实”，“转请任师戒饬，由是成仇，不复会面”，竟至“诋诬”梁启超，冯自由之书一向不足为据（《梁启超年谱长编》119 页），但其书所录任公致孙文的三封信应是可靠的。读后可知，是孙文先有信至梁启超复书也。

其一：

捧读来示，欣悉一切。弟自问前者狭隘之见，不免有之，若盈满则未有也。至于办事宗旨，弟数年来，至今未尝稍变，惟务求国之独立而已。若其方略，则随时变通，但可以救我国民者，则倾心助之，初无成心也。与君虽相见数次，究未能各倾肺腑，今约会晤，甚善甚善。惟弟现寓狭隘，家中前后左右皆学生，不便畅谈。若枉驾，祈于下礼拜三日下午三点钟到上野精养轩小酌叙谭，为盼。

其二：

前日承惠书，弟已入东京，昨晚八点始复来滨。知足下又枉驾报馆，失迎为罪。又承今日赐馔，本当趋陪，惟今日六点钟有他友之约，三日前已允之，不能不往。尊席只得恭辞，望见谅为盼。下午三点钟欲造尊寓，谈近日之事，望足下在寓少待，能并约杨君衢云同谈，尤妙。

其三，是梁启超到檀香山后十日寄给孙中山先生的：

弟于十二月三十一日抵檀，今已十日。此间同志大约皆已会见，李昌兄诚深沉，可以共大事者。黄亮、卓海、何宽、李禄、郑金皆热心人也。同人相见，皆问兄起居，备致殷勤。弟与李昌略述兄近日所布置各事，甚为欣慰。令兄在他埠，因此埠有疫症，彼此不许通往来，故至今尚未得见，然已彼此通信问候矣。弟此来不无从权办理之事，但兄须谅弟所处之境遇，望勿怪之。要之，我辈既已订交，他日共天下事，必无分歧之理，弟日夜无时不焦念此事，兄但假以时日，弟必有调停之善法也。

从信中可知，梁启超持“但可以救我国民者，则倾心助之”的态度，对孙文与兴中会，曾有“他日共天下事”之期。但，梁启超去檀香山后，侨商之兴中会人，泰半投保皇会，上录一信之后，便往来疏阔而消沉，总因两人气质迥异，又有康南海反对，道不同而不相谋也。更在两党各自之机关报上，列笔阵，打笔仗，其中有精彩者，暂且按下不表。

一八九九年十一月十七日离日本，梁启程作檀香山之游，舟行十二日，“数日来僵卧无一事，乃作诗以自遣”。梁启超好诗、爱诗，甚少作诗，于是论诗，认为：“故今日不作诗则已，若作诗，必为诗界之哥仑布”，想做诗界之哥仑布，“不可不备三长，第一要新意境，第二要新语句，第三也许更难”，又须以古人之风格入之，然后成其为诗。若新意境既创，新语句已出，又何必以古人风格入之而为诗，梁启超谓：“不然，如移木星金星之动物以实美洲，瑰伟则瑰伟矣，其如不类何！”如三者皆备，“则可以为二十世纪支那诗王矣！”论及诗歌的意境，梁启超说及宋、明二朝的诗人，往往“善以印度之意境语句入诗，有三长俱备者”。以笔者之见所谓“印度之意境语句”，即佛学，佛家之境之语也。但是，此种境界、此种语言，到了十九世纪末叶，则“又成旧世界”，倘要图变求新，只能求之于欧洲。梁启超对欧洲文学、文字的评价是，“欧洲之意境语句，甚繁富而玮异，得之可以陵轹千古，涵盖一切，今尚未有其人也”。梁启超还提到了黄遵宪“能为诗人之诗而锐意欲造新国者”，其时无出其右，新意境已有，而后二者却未加评说。“夏穗卿、谭复生皆善选新语句，其语句则经子生涩语、佛典语、欧洲语杂用，颇错落可喜”，梁启超的结论却是“然不具备诗家之资格”。

梁启超爱读什么样的诗呢？文芸阁有句云：“遥夜苦月明，它洲日方午。”“盖夜坐之作也，余甚尝之。”还有郑西乡（即藻常），“自言生平未作一诗，今见其近作一首云：‘太息神洲不陆浮，浪从星海狎盟欧。共和风月推君主，代表琴樽唱自由。物我平权皆偶国，天人团体一孤舟。此身归纳知何处，出世无机与化游。’读之不觉拍案叫绝。”便作诗，“累累成数十章”，梁启超又想起行前五日，日本友人柏原、东亩于箱根环翠楼饯行。《海国图志》问世，正是日本幕府末期，一八五一年传至日本，为当时的日本人打开了一扇窗户。梁启超感慨莫名叹道，魏源首创“师夷长技以制夷”，实为中国维新第一人也。柏原又进酒并谓：今康、梁二位，实魏源之后继者也，酒次索书，梁启超书“壮哉此别”，墨浓情浓意气亦浓。五天后上船远行岂能无声？岂能无诗？天以任公为木铎啊！舟中所得，《壮别》一首：

丈夫有壮别，不作儿女颜。
风尘孤剑在，湖海一身单。
天下正多事，年华殊未阑。
高楼一挥手，来去我何难。

（《饮冰室合集·文集》之五）

《太平洋遇雨》又一首：

一雨纵横亘二州，浪淘天地人东流。
却余人物淘难尽，又挟雷风作远游。

是时也，太平洋之夜风高浪阔，那些浪是想把这蓝宝石的星空也溅个水淋淋湿漉漉吗？

地球上所多的是水，三山六水一分田也。由水滋润由水簇拥，生命的饥渴感此时此地冲击着梁启超，那是一种怎样的饥渴呢？是的，梁启超渴望见到这个大千世界的另外一些部分。人文初祖，采集和狩猎无分东西，后来文明的进程一旦分途，便有了九曲十八弯了。梁启超想起了家人。这一瞬间心里寂寞如冰，孤独像这艘夜航的船，所有的航程都是为了驶离孤独，寻找可以停泊、可以做梦的港湾吗？

太平洋上月，寂寞梦里人。

《二十世纪太平洋歌》就写于这不眠之夜：

亚洲大陆有一士，自名任公其姓梁，尽瘁国势不得志，断发胡服走扶桑。扶桑之居读书尚友既一载，耳目神气颇发皇。少年悬孤四方志，未敢久恋蓬莱乡。……乃于西历一千八百九十九年腊月晦日之夜半，扁舟横渡太平洋。其时人静月黑夜悄悄，怒波碎打寒星芒，海底蛟龙睡初起，欲嘘未嘘欲舞未舞深潜藏。其时彼士兀然坐，澄心摄虑游窅茫，正住华严法界第三观，帝网深处无数镜影涵其旁。蓦然忽想今夕何夕地何地，乃是新旧二世纪之界线，东西两半球之中央；不自我先不自我后，置身世界第一关键之津梁。胸中万千块垒突兀起，斗酒倾尽荡气回中肠；独饮独语苦无赖，曼声浩歌我二十世纪太平洋……

（《饮冰室合集·文集》之五）

任公之号从此闻名于世。

梁启超是一个言不离政治的人，但是一次遥远的旅途中，他的诗人的天性终于被他自己发现了，缠绵、浪漫、浩歌式的追求以及被放逐者的孤独、无奈相交织，饮酒、吟诗直到次日天明：

酒罢，诗罢，但见寥天一鸟鸣朝阳。

梁启超在檀香山停留半年，没完没了的集会、演讲之外，便是各种应酬。在当地华侨，尤其是华侨青年中，梁启超几成崇拜的偶像，这自然使梁启超十分得意，再加上夏威夷如诗如画的环境，银色的海滩上，梁启超留下了并不轻松的脚印。

梁启超是次檀香山之行，有密不告人者：奉康有为之命，负责筹款、联络，而南海则坐镇新加坡。康梁二人统筹一切，准备勤王救光绪帝，发动自立军起义。是次起义的关键人物是唐才常，湖南浏阳人，梁启超常以唐浏阳称之。唐才常与谭嗣同为挚友，曾在湖南时务学堂与梁启超同任教习，对康有为执弟子礼。谭嗣同被杀，唐才常决意为其复仇。“东渡日本与梁启超、麦孟华、徐勤等日夜筹划，欲为嗣同复仇，以救中国。”又据马洪林著《康有为评传》（南京大学出版社一九九八年十二月第一版）称：“这次起义的主将是具有革命倾向的维新派健将唐才常，一方面接受康、梁的指导，从保皇会那里先后领得二三十万巨款；一方又遥戴孙中山，称之为‘极峰’，吸引了许多革命派的骨干参加起义。”

据《南海康先生年谱续编》称，其时号称“几十万众”的自立军成员主要为青红帮会中人，及部分新军。其中不乏爱国义士，但作为一支军队举凡军纪、指挥、后勤及指挥系统等，自有诸多先天不足，唯其核心、骨干，则集中了康梁门下，“皆前时务学堂高才弟子也”，如唐才常自任自立军司令，一旦起义打响，林圭主持武昌前线战事，吴禄真、徐怀礼、蔡锷、范源廉、罗昌等“往从梁启超奔走策应”。其起事之初，“先拟游说两江总督刘坤一举兵援京”，刘坤一未予拒绝，但提出“与鄂督张之洞同举，之洞故狡猾”，何种狡猾？张之洞是何态度？年谱中未有下文，然张之洞与闻自立军将欲起兵，则当可无疑，而杀机祸根也由此而伏焉！

时为一九〇〇年七月，戊戌变法、“六君子”血溅菜市口、谭嗣同“去留肝胆两昆仑”之呼告后两年。屠杀者以为得计，然康梁维新精神及思想之火光，蛰伏于人心，闪烁于长夜，鼓角于地下，岂可一朝灭尽！先是义和团之乱，八国联军攻陷北京，康有为“号召救援京师”，以抵抗外国侵略者，并“宣布载漪、荣禄、奕劻、刚毅误国罪状”，与此同时“遣门人徐勤募款海外，李福基劝会众（保皇会。笔者附识）输饷，邱菽园出力尤巨”，为何？自立军将要在长江流域起义，南海在《勤王宜直捣京师》中指出：自立军起义后，“我若长驱河朔，直捣燕京，观望之军，既听我枕席之过师，裹侠及仗义之相从，可助我声威之浩荡”，而“大功必成”。

后因失密，自立军起义惨败，镇压是次起义的是张之洞，唐才常、林圭等数十人被捕后“引颈齐呼速杀”。唐才常就义前又书二十字：“湖南丁酉拔贡唐才常救皇上复权，机事不灭，请死！”（详见拙著《先知有悲怆·追记康有为》，作家出版社）穷凶极恶的张之洞遍捕江南士子，言维新者必捕，被杀者数以千计。其惨烈远胜戊戌。康有为指张之洞“始为名臣，终为逆贼，丧心病狂”。

鲜血染红的江汉暗夜，是催人猛醒的晨光吗？

“十年以后当思我”，这是梁启超《自励》诗中的一句，写于一九〇一年。诗云：

献身甘作万矢的，著论求为百世师。
誓起民权移旧俗，更研哲理牖新知。
十年以后当思我，举国犹狂欲语谁。
世界无穷愿无尽，海天寥廓立多时。

梁启超是坦诚而自信的，岂止“十年以后当思我”的掷地有声？“世界无穷愿无尽”一句，也形象地道出了精力过人、才智超群、多欲多望的梁启超的性情。

《清议报》出满一百期后停刊。

一九〇二年元旦，《新民丛报》问世。

梁启超的思维活跃，从表面上看是因他的多变、善变；从实质而言，则是因他不停地追求，他总是企图创造些什么，也总在努力摆脱些什么。从《新民丛报》的报名到他的“新民说”，这是而立之年的梁启超的思想和学术臻于成熟的结果。

梁启超站到了一个更高的境界上，这个境界可以一字概而括之：“新”！

新知识、新思想、新工艺、新法律、新世界、新社会……为旧世界、旧体制禁锢了几千年的中国人，谁不曾想过图新？

梁启超登高一呼，把这“新”字痛快淋漓地呐喊出来了！

于是便应者云集，八方呼应。

不妨说这既是《新民丛报》的缘起，也是其成功的全部秘密，以至逃亡在海外的梁启超，竟被公认为“执中国舆论界之牛耳者”。

《新民丛报》展示了一个真实的、迷人的梁启超。

对于那些曾经迷醉于《时务报》、《清议报》的梁启超的读者来说，《新民丛报》一出现便扫去了心头的困惑——梁启超实在是以一种新的呼声奉献给读者了——而此种呼声对于刚刚进入二十世纪的中国而言，无疑是一种福音，因为新民、新的民众之说是中国所需要的“第一急务”。梁启超开宗明义地指出，《新民丛报》的“新民”取自《大学》新民之义，“以为欲维新吾国，当维新吾民”。梁启超的这一命名及所引申的内涵，实质上充满了对百日维新的反思：那是一次从上到下，由光绪皇帝亲自推行的巨大的变革。可是它失败得如此之快，有识之士都为此思索过：倘若只是慈禧及清室亲贵的一部分人反对，会是此种结局吗？倘若士大夫阶层、全国民众群起支持，慈禧能够如此轻易得逞吗？

原来芸芸众生是最不可小视的。

民风、民气、民心看似无形，其汇集而成的力量却能摧枯拉朽，真正势不可挡。

也正是在这个时候，梁启超又重新提出教育为本、教育立国的方针，以期在《新民丛报》上推动，并明确指出：“中国所以不振，由于国民公德缺乏，民智不开”之故。

梁启超还以“国民公利公益”为目的，表示“持论务极公平，不偏于一党派，不为灌夫骂坐之语。以败坏中国者，咎非专在一人也。不为危险激烈之言，以导中国进步当以渐也”。

梁启超以及他所处的时代的反抗者、叛逆者，正是因为被封建专制压迫太久的缘故，好为极端之论。戊戌政变的血的教训，广读西方以后的开阔的眼界，将使梁启超渐渐走向冷静与平实。

于是，人们看见在更广大而且深入的社会的层面上，梁启超走上了自己的新舞台。

《新民丛报》是什么？是梁启超的智慧、才情与灵魂，是一个变革时代的缩影。

一个梦，一个使人忧伤的梦，一个催人奋发的梦，有时又是万般无奈的梦，缠绕在梁启超的心头。

那是少年中国之梦。

我们要暂且回到《清议报》上，正是那一篇《少年中国说》，已经透射着梁启超《新民说》的光芒了，他又把这光芒聚合到“少年”这个焦点上，不禁使人联想耶稣的话：“把天堂的门打开，让孩子们进来。”

《少年中国说》的开头：

> 日本人之称我中国也，一则曰老大帝国，再则曰老大帝国。是语也，盖袭译欧西人之言也。呜呼！我中国其果老大矣乎？任公曰：恶！是何言！是何言！吾心目中有一少年中国在。

梁启超认为：“欲言国之老少，请先言人之老少。”以后是一连串的比喻，让读的人目不暇接、心惊肉跳，如：“老年人如夕照，少年人如朝阳；老年人如瘠牛，少年人如乳虎；老年人如僧，少年人如侠；老年人如字典，少年人如戏文；老年人如鸦片烟，少年人如白兰地酒；老年人如别行星之陨石；少年人如大洋海之珊瑚岛；老年人如埃及沙漠之金字塔，少年人如西伯利亚之铁路；老年人如秋后之柳，少年人如春前之草；老年人如死海之潴为泽，少年人如长江之初发源。此老年与少年性格不同之大略也。任公曰：人固有之，国亦宜然。”

老大帝国是可悲可伤的，“国为待死之国，一国之民为待死之民”，为何？皆因“握国权者皆老朽之人也”。人是怎么老朽的？“非哦几十年八股，非写几十年白折，非当几十年差，非捱几十年俸，非递几十年手本，非唱几十年喏，非磕几十年头，非请几十年安，则必不能得进一官，进一职。”

概而言之是做几十年奴才，拍几十年马屁，混个一官半职，谈何进取。至于那些大官，“百人之中，其五官不备者，殆九十六七人也，非眼盲，则耳聋；非手颤，则足跛，否则半身不遂也”。

此等人治国，能不亡国吗？

“呜呼！老大帝国，诚哉其老大也！”

梁启超又决然地说，老大帝国不是中国的全部，造就一个少年中国，才是仁人志士的光荣与梦想。

老朽之为老朽，说明他是不可能不朽了：“彼老朽者何足道，彼与此世界作别之日不远矣，”“制出将来之少年中国者，则中国少年之责任也。”

少年中国的希望，是寄托于中国少年的啊！

我们还有什么可以观望的呢？“故今日之责任。不在他人，而全在我少年。”

少年是国运，少年是激情，少年是梦幻。看一个国家看少年就可以了，少年是衣衫褴褛的，少年是目不识丁的，少年是沿街叫卖的，少年是捡拾破烂的，少年是未老先衰的，这个国度、这个民族除了沉沦绝无别的命运。

善鸣者也，梁启超！

《少年中国说》对中国有悲叹更有期待：

任公曰：我中国其果老大矣乎？是今日全地球之一大问题也。如其老大也，则是中国为过去之国，即地球上昔本有此国，而今渐澌灭，他日之命运殆将尽也；如其非老大也，则是中国为未来之国，即地球上昔未现此国，而今渐发达，他日之前程且方长也。欲断今日之中国为老大耶，为少年耶？则不可不先明“国”字之意义。夫国也者何物也？有土地，有人民，以居于其土地之人民，而治其所居之土地之事，自制法律而自守之；有主权，有服从，人人皆主权者，人人皆服从者。夫如是，斯谓之完全成立之国。地球上之有完全成立之国也，自百年以来也。完全成立者，壮年之事也；未能完全成立而渐进于完全成立者，少年之事也。故吾得一言以断之曰：欧洲列邦在今日为壮年国，而我中国在今日为少年国。

任公曰：造成今日之老大中国者，则中国老朽之冤业也；制出将来之少年中国者，则中国少年之责任也。彼老朽者何足道，彼与此世界作别之日不远矣，而我少年乃新来而与世界为缘。如僦屋者然，彼明日将迁居他方，而我今日始入此室处。将迁居者，不爱护其窗栊，不洁治其庭庑，俗人恒情，亦何足怪。若我少年者，前程浩浩，后顾茫茫。中国而为牛为马为奴为隶，则烹脔鞭箠之惨酷，惟我少年当之；中国如称霸宇内、主盟地球，则指挥顾盼之尊荣，惟我少年享之。于彼气息奄奄、与鬼为邻者何与焉？彼而漠然置之，犹可言也；我而漠然置之，不可言也。使举国之少年而果为少年也，则吾中国为未来之国，其进步未可量也。使举国之少年而亦为老大也，则吾中国为过去之国，其澌亡可翘足而待也。故今日之责任，不在他人，而全在我少年。少年智则国智，少年富则国富；少年强则国强，少年独立则国独立；少年自由则国自由，少年进步则国进步；少年胜于欧洲，则国胜于欧洲，少年雄于地球则国雄于地球。红日初升，其道大光；河出伏流，一泻汪洋；潜龙腾渊，鳞爪飞扬；乳虎啸谷，百兽震惶；鹰隼试翼，风尘吸张；奇花初胎，矞矞皇皇；干将发硎，有作其芒；天戴其苍，地履其黄；纵有千古，横有八荒；前途似海，来日方长。美哉我少年中国，与天不老！壮哉我中国少年，与国无疆！

（原刊一九〇〇年二月十日《清议报》第 35 册）

自亡命日本，去国离家，形单影只，梁启超常以“哀时客”为名，但从今而后却又是往昔心雄气豪的翩翩一少年了。

有论者尝称，少年中国的希望之火把，曾经照亮了几代人；几代人之后的人读梁启超激情奔涌的这篇文字，仍会为之激动，荡气回肠。笔者敢言，只要中国的汉字不灭，只要中国还有读书人，只要中国人梦想犹存，任公笔下的少年中国、智慧中国、富强中国、美丽中国，便如山岳之峃，江河之流，长存而不朽。

后来是《新民说》问世。

《新民说》的叙论载于一九〇二年二月八日《新民丛报》第一号，不能不读。

也就只相隔不到一年，较之于《清议报》上的文章，梁启超的文字显得从容多了，大概是从日人的诸多翻译中汲取了不少新的知识，由人类而环球，由环球而中国，由兴衰而民族，由民族而英雄，总之写的是属于世界的人类文明史的兴衰之别、“新民之道”。

梁启超谓：

> 自世界初有人类以迄今日，国于环球上者何啻千万，问其岿然今存，能在五大洲地图占一颜色者，几何乎？曰百十而已矣。此百十国中，其能屹然强立，有左右世界之力，将来可以战胜于天演界者，几何乎？曰四五而已矣。夫同是日月，同是山川，同是方趾，同是圆颅，而若者以兴，若者以亡，若者以弱，若者以强，则何以故？或曰：是在地利。然今之亚美利加，犹古阿美利加，而盎格鲁撒逊（英国人种之名也）民族何以享其荣？古之罗马，犹今之罗马，而拉丁民族何以坠其誉？或曰：是在英雄。然非无亚历山大，而何以马其顿今已成灰尘？非无成吉思汗，而何以蒙古几不保残喘？呜呼噫嘻！吾知其由，国也者积民而成，国之有民，犹身之有四肢、五脏、筋脉、血轮也。未有四肢已断、五脏已瘵、筋脉已伤、血轮已涸，而身犹能存者；则亦未有其民愚陋、怯弱、涣散、混浊，而国犹能立者。故欲其身之长生久视，则摄生之术不可不明；欲其国之安富尊荣，则新民之道不可不讲。

梁启超不倦以求的仍然是强国之道，戊戌之前以为变法即可去弱，政变以后的痛定思痛并证之以世界强国发展之路，可认为新吾国必先新吾民。

何以新吾民？梁启超亡命异国经营的也就是一份《新民丛报》，就在这张每半月出一期的报纸上，梁启超所设的专栏多达二十五个，一个接一个西方的名人、一种接一种新进的思潮源源不断地介绍给读者。它所带给中国知识精英者的思想震撼，实在无与伦比。

举国士子一时惊呼：“梁启超又回来了！”

梁启超自己也惊讶了：“销场之旺，不可思议，每月增加一千。”较之《时务报》、《清议报》有过之而无不及。一九〇三年发行数增到九千份，后又激增至一万四千份，中国大陆发行点有九十七个，遍布四十九个市、县，乃至偏僻的大西南、大西北均有人传阅《新民丛报》，湖广京沪更是以读《新民丛报》为荣。

梁启超以新民强国为己任，为《新民丛报》撰文可谓不遗余力，有时除了种种编务，一天竟要写五千多字。他的《论新民为今日中国第一急务》、《释新民主义》、《论公德》、《论进取冒险》、《论自由》、《论进步》等名著，喷涌而出。爱之者，不忍释卷；恨之者，无以招架。

梁启超于而立之年的独立思考，及属于他自己的思想文化体系，已初见端倪。

梁启超这一时期的著作，在中国的文化海洋里，是生动活泼的冲击浪，它冲击着陈腐，也雕塑着新中国的海岸线。

就在这世纪之交为中国的巨变而发生的改造国民、更新思想的冲击与雕塑的运动中，梁启超当之无愧地成了二十世纪初叶的中国文化巨匠。

同时，在和孙文为代表的革命党人的论战中，《新民丛报》又是力主改良的保皇派的喉舌，梁启超的一系列论著，与孙文针锋相对。面对着当时激进革命者的咄咄逼人，梁启超不得不亲自出马，以应付章太炎等一些同是饱学之士的凌厉攻势。一方面，这时梁启超仍不得不遵康有为之命；另一方面，也囿于他本人对中国时局的看法。

换一个角度看，正是这种争论显现了本世纪海外中国仁人志士思想的多样性，又何尝不是一件好事呢？

一九〇三年前后，梁启超无可争议地成了中国“言论界之骄子”。流亡生活不仅没有使他步入颓废，相反以其知识的广博、新颖，笔力的雄健，推论的严密，联想的奇妙，而使众多的年轻人倾倒。

黄遵宪，这位见多识广的外交家、蜚声晚清文坛的诗人，对梁启超一直是寄予厚望的，他比梁启超年长，却总是真诚地认为，“任公才具，当今无可比者”。戊戌政变后，黄遵宪为梁启超担惊受怕，当《清议报》及以后的《新民丛报》辗转到他手中时，黄遵宪笑了，随即又掉下了眼泪，是喜是悲，亦喜亦悲，没有比悲喜交集更摄人心魄的了。

上海《时务报》的创办，黄遵宪是发起人之一，一纸风云，全由梁启超笔下吐出。待到汪康年不容，黄遵宪刚好去湖南就任新职，遂又有湖南时务学堂，梁启超办得有声有色。后来暂别，梁启超进京会试，不料忽然风起云涌维新大业如日中天之际，又突遭变故，京城刀光剑影……

黄遵宪握笔，想给梁启超写点儿什么，一时却又不知从何说起。怀旧等等都不重要了，还是谈报纸，这就是文人，吃多少苦受多少灾，总是三句话离不开方块字。

黄遵宪写道：

> 《清议报》胜《时务报》远矣，今之《新民丛报》又胜《清议报》百倍矣！惊心动魄，一字千金，人人笔下所无，却为人人意中所有，虽铁石人亦应感动，从古至今文字之力之大，无过于此者矣。罗浮山洞中一猴，一出而逞妖作怪，东游而后，又变为《西游记》之孙行者，七十二变，愈出愈奇。吾辈猪八戒，安所容置喙乎，唯有合掌膜拜而已。
>
> （《梁启超年谱长编》181 页）

一信写毕，意犹未尽，又寄一书，谓：

> 茫茫后路，耿耿寸衷，忍泪吞声，郁郁谁语，而何意公之新民说遂陈于吾前也。罄吾心之所欲言，吾口之所不能言，公尽取而发挥之，公试代仆设身处地，其惊喜为何如也。已布之说，若公德，若自由，若自尊，若自治，若进步，若权利，若合群，既有以入吾民之脑，作吾民之气矣；未布之说，吾尚未知鼓舞奋发之何如也。

黄遵宪并告诉梁启超，中国几十家报纸，“无一非助公之舌战，拾公之牙慧”。至少，从形式到议论，中国的报章因之而“大变矣”！

黄遵宪是真正的知梁启超者。他除了告知梁启超，《新民丛报》上的文章已经打动了千万读者的心，再一次触发了社会舆论的神经，不得不、不能不争相效之之外，又叮咛梁启超山高路远，尚需继续努力：

> 嗟乎，我公努力努力，本爱国之心，绞爱国之脑，滴爱国之泪，洒爱国之血，掉爱国之舌，举西东文明大国国权民权之说，输入于中国。以为新民倡，以为中国光。此列祖列宗之所阴助，四万万人之所托命也。以公今日之学说，之政论，布之于世，有所向无前之能，有唯我独尊之概，其所以震惊一世，鼓动群伦者，力可谓雄，效可谓速矣。然正以此故，其责任更重，其关系乃更巨，举一国才智心思耳目，专注于公，举足左右，更分轻重。

晚清文坛虽然时逢乱世，却并不寂寞，而是显现出多变、争雄，富有生机。

一个苦难而多变的时代造就了梁启超，造就了梁启超与众不同的文字，或者甚至可以说一种文体，史称报章体、新文体。

那是顺应了时代需要，又以匡扶时代为崇高目标的。有评论说："至于雷鸣怒吼，恣睢淋漓。叱咤风云，震骇心魄，时或哀感曼鸣，长歌代哭，湘兰汉月，血沸神销，以饱带情感之笔，写流利畅达之文，洋洋万言，雅俗共赏，读时则摄魂忘疲，读竟或怒发冲冠，或热泪湿纸，此非阿谀，惟有梁启超之文如此耳！"

还是在《时务报》的时候，梁启超便与中国第一个介绍西方近代思想的翻译家严复发生过一场争论，卷入这场争论的还有黄遵宪。

严复多才而傲岸，他以第一个译介西方近代思想的文坛才子著称，有相当的社会影响。严复认为梁启超发论草率，太多太快，有哗众取宠之嫌，因而"劝其无易由言，致成他日之悔"。

对严复的相劝，梁启超在给康有为的信中是这样说的："严幼陵有书来，相规甚至，其所规则，皆超所知也。然此人之学实精深，彼书中言，有感动超之脑气筋者。"

显然，梁启超对严复精深的学问是佩服的，对所劝之言，亦心有所动。

也许是出于社会公众接受程度的考虑，梁启超在给严复的回信中却坚持了另一种看法："然启超常持一论，谓凡任天下事者，宜自求为陈胜、吴广，无自求为汉高，则百事可办，故创此报之意，亦不过为椎轮，为土阶，为天下驱除难，以俟继起者之发挥光大之故。以为天下古今之人之失言者多矣，吾言虽过当，亦不过居无量数失言人之一。故每妄发而不自解也，先生谓毫厘之差，流入众生识田，将成千里之谬，得无视启超过重，而视众生太轻耶？"

梁启超强调了文章"为椎轮，为土阶，为天下驱除难"的作用，这是梁启超的过人之处，他的兴奋点总是和时代的兴奋点保持一致，他已经预感到了时代的某种为广大民众所迫切需要的精神与文化的需要。细读梁启超的信，最使梁启超不能接受的大约是严复的另一观点，即"黄种之所以衰，虽千因万缘，皆可归狱于君主"。时为一八九七年，梁启超正追随康有为把中国变革的一切希望都寄托于光绪之际。

无论如何，严复与梁启超的文字之争是战端已开了，起初，两个人大致旗鼓相当。到《新民丛报》时，梁启超的文章和声望已大有秋风扫落叶之势。梁启超在《新民丛报》的创刊号上便发表了严复《原富》译本的书评，并不失时机地提出了"文界革命"的口号。

梁启超评《原富》，首先肯定其"精善"，同时也指出了译笔的不足：

> 但吾辈所犹有憾者，其文笔太务渊雅，刻意摹仿先秦文体，非多读古书之人，一翻殆难索解。

梁启超进而明确自己的观点道：

> 著译之业，将以播文明思想于国民也，非为藏山不朽之名誉也。

实质上这是觉世与传世之分，梁启超自然认为，其时中国需要的是觉世之人、觉世之文。由此出发，梁启超认为译笔艰深古奥，不能使学童受益的现状应该改变，因而呼吁“文界革命”。

严复不以为然，他认为：

> 若徒为近俗之辞，以取便市井乡僻之不学，此于文界，乃所谓凌迟，非革命也。且不佞之所从事者，学理邃赜之书也，非以饷学僮而望其受益也，吾译正以待多读中国古书之人。使其目未睹中国之古书，而欲稗贩吾译者，此其过在读者，而译者不任受责也。

其实，后人可以不去判断在梁启超与严复之间的谁对谁错，或者说任何对或错的价值判断，都是近乎武断的。梁启超和严复的争论，只是集中体现了近代中国知识分子的追求与困惑。

对于一个风起云涌的时代而言，既需要梁启超，也需要严复；既应有觉世之文，也应有传世之作，“和实生物，同则不继”。

严复没有错。梁启超获得了大成功。

梁启超的成功，是在于他拥有更多的读者。

或者，后人还可以用另一个角度去分析梁启超与严复的不同之处：自甲午败绩，改良派取代洋务派走上政治舞台，梁启超作为著名的青年思想家及宣传家，开始了长达二十余年的政治生涯，因而认为梁启超为开民智、倡民权作出了杰出贡献的诸多文字，却也多少带有宣传的色彩，实不为过。严复不是，至少在与梁启超争论“文界革命”的那一段时间，他是一个较为纯粹的学问家。

梁启超在写学术文章的同时，是从来没有忘记政治的，梁启超确确实实是想通过各种途径——首先是以“新民”为第一要义——来达到富国强民之目的。而此种设想顺应了历史潮流，再加上梁启超著作的博古通今、识贯中西、流畅锐达、至情至性，梁启超便成了一代文坛之上众多大手笔中的更大者。

志在觉世，便贯穿于梁启超这一时期的著述与思想中，于是“报章体”便应运而生。

何为报章体呢？梁启超认为著书立说需“规久远，明全义”；而报章体，因为时势变异之速而只需“救一时，明一义者也”。用今天的话说是要不断地跟上时势，“持论屡变”这一为人人诟病的毛病或者特性，对梁启超及别的报人，都是在所难免的。

时代变了，报章上的文字能不变吗？

时代当其变化之时，报人是没有时间去咀嚼品味沉思再三的，他得连夜赶社评写专栏，所以“一时”、“一义”之论也会随时变迁。回头偶一检视，不觉脸红，乃至“汗流浃背”。

脸红是脸红，却不悔少作，梁启超称：“若鄙人者，无藏山传世之志，行吾心之所安，固靡所云悔。”

那么，“沉博绝丽”，“瑰奇奥诡”之时人以为可藏之名山的传世之作，梁启超写不出来吗？非也，非不能也乃不为也。一办报纸，怎么去瑰奇奥诡？而报纸又实在是中国所需要的，介绍西方文明的这一窗口如不开启，中国的愚昧和黑暗岂不是要更深远吗？

梁启超找到了自己的位置——以觉天下为已任。

也因此，晚清文坛各路青年才子中，梁启超无可争辩地脱颖而出，为骄子、执牛耳。

在自己的位置上，梁启超无论写政论或文学作品，首先考虑的是社会效果，而不是写作艺术，借鉴西方名著也以此为标准。日本明治前期的政治小说，从艺术而言极为粗劣，为宣传政治主张的便利计，梁启超将其引进中国加以倡导。

梁启超名声大噪的日子还没有过去。“大凡物不得其平者鸣”，“其于人亦然。人声之精者为言，文辞之于言，又其精也，尤择其善鸣者而假其鸣”。“周之衰，孔子之徒鸣之，其声大而远。传曰：‘天将以夫子为木铎’，其弗信矣乎？”可是韩愈以神来之笔为孟东野序，信其善鸣，却心有恍惚，“抑不知天将和其声而使鸣国家之盛耶？抑将穷饿其身，思愁其心肠，而使自鸣其不幸耶？”

孟东野如此，梁启超亦如此。

梁启超有《铁血》诗：

> 铁血无灵龙苦战，钧天如梦帝沈酣。
> 故人新鬼北邙北，万里一身南斗南。
> 汉月有情来绝域，楚歌何意到江潭。
> 凭高着望中原气，昨夜西风已不堪。
>
> （《饮冰室合集·文集》之五）

第七章

因为他们，干柴始能燃出火光

知他国而知吾国，知他族而知吾族，梁启超感慨系之。先是亡命日本，读不尽数千种译书，“思想为之一变”，后远走夏威夷，又挟《新民丛报》创刊一年，声誉日隆之威望，以逃亡海外而遥领中国思想界巨子的身份再渡太平洋访美国，“自乡下人而成世界人”矣。

太平洋是如此的广阔。

玛丽亚娜海槽是如此的深邃。陆地上的一切高大，如珠穆朗玛峰一旦移入这海槽，将被淹没，什么也看不见。

至少，眼见的高大不是唯一的。

船泊于加拿大温哥华，这是一个美丽的海港城市，多少有点儿使梁启超想起上海。后至满地可（蒙特利尔），再往美国的纽约，这才是到了美国本土了。

梁启超此行，不是旅游观光。

他希望了解的是美国的政治、经济、社会、文化、人情以及华侨的生存与发展。他想从美国的实地考察中学到一点儿什么。自然，梁启超同千千万万初到美国的人一样，首先映入眼帘的、震动心扉的是美国的繁荣。他说：

> 从内地来者，至香港、上海，眼界一变，内地陋矣，不足道矣。至日本，眼界又一变，香港、上海陋矣，不足道矣。渡海至太平洋沿岸，眼界又一变，日本陋矣，不足道矣。更横大陆至美国东方，眼界又一变，太平洋沿岸诸都会陋矣，不足道矣。

梁启超笔下的纽约是这样的：

> 纽约当美国独立时，人口不过二万余（其时美国一万人以上之都市仅五处耳）。迨十九世纪之中叶，骤进至七十余万。至今二十世纪初，更骤进至三百五十余万，为全世界之第二大都会（英国伦敦第一）。以此增进速率之比例，不及十年，必驾伦敦而上之，此又普天下所同信也。今欲语其庞大其壮丽其繁盛，则目眩于视察，耳疲于听闻，口吃于演说，手穷于摹写，吾亦不知从何处说起。

参观华盛顿后，梁启超曾有诗记之：

> 琼楼高处寒如许，俯瞰鸿濛是帝乡。
> 十里歌声春锦绣，百年史迹血玄黄。
> 华严国土天龙静，金碧川山草树香。
> 独有行人少颜色，抚阑天末望斜阳。

梁启超确实在初到美国时，为其繁华喧闹、民主自由所吸引，礼赞之笔在《新大陆游记中》随处可见。但梁启超毕竟不是一个普通的旅游者，他所看到的美国仍然是多层次、多侧面的，真实而有趣味。如他的记纽约还有另一些文字：

> 野蛮人住地底，半开人住地面，文明人住地顶。住地面者，寻常一两层之屋宅是也，住地底者，孟子所谓下者为黄窟……穴地为屋，凿漏其上以透光，雨则溜下也。
>
> 纽约触目皆鸽笼，其房屋也。触目皆蛛网，其电线也。触目皆百足之虫，其市街电车也。

梁启超还注意到了城市公园的建设及其效用："纽约之中央公园，从第七十一街起至第一百二十三街止，其面积与上海英法租界略相埒……若改为市场，所售地价，可三四倍于中国政府之岁入。以中国人之眼光观之，必曰弃金钱于无用之地，可惜可惜！"

二十世纪初，城市生态学尚未兴起，那时楼高人多仍然是大都会的骄傲，但就城市布局而言，西方却已经注意到了留下足够的公众空间。仅此一点，梁启超所言极善，以中国人的眼光来看便是无法想象的，此种无法想象至少持续了一个世纪。

梁启超对公园绿地在都市中的作用，"吾至纽约而信"，人们太需要闹中取静的休息了，"一日不到公园，则精神昏浊、理想污下"——梁启超如是说。

梁启超到底还是不习惯纽约的喧嚣：

> 街上车、空中车、隧道车、马车、自驾电车、自由车，终日殷殷于顶上，砰砰于足下，辚辚于左，彭彭于右，隆隆于前，丁丁于后，神气为昏，魄胆为摇。

梁启超还游览了格兰德墓地，对格兰德不担任总统之后的"贫不能自存"，而且偌大一个美国对前总统"无有恤者"，甚为不解；及至格兰德辞世，临河筑墓花费达"数兆金"，以为这是"咄咄怪事"。

格兰德墓前，还有李鸿章访美时种的树，想起合肥种种，梁启超只有望木兴叹了。

纽约的自由女神像，是梁启超的瞩目之地。自由，这是一个使人能有“潇洒出尘之想”的字眼，又可惜离开中国太远、太远！

他真想走过去，在嘈杂的唐人街告诉同胞们：“站直了，跟我走！”

他也知道，如是，他将被淹没。

纽约唐人街的杂碎馆，又是一种特色。

“杂碎”——动物的内脏——而可以成为美食，在中国是有传统的。南人北人都喜欢吃羊杂碎。但纽约的杂碎馆，却已经是中国餐馆在西方最有趣的代名词了。

李鸿章访美，刀叉牛排使他不胜其烦，想吃中国饭菜，便由唐人街的酒食店选料烹制，李鸿章一见就乐一尝就笑，远隔重洋吃到中国味儿了。间或，李鸿章以中国菜请客，西人问菜名为何，李鸿章的左右一时想不起来，便以“杂碎”称之，“自此杂碎之名大噪”。“仅纽约一隅，杂碎馆三四百家。”

中土有美食，再以李鸿章之名噪之，便有了现在所说的“广告效应”，西人没有到过中国的，为了好奇要看看唐人街，吃吃杂碎馆，何况杂碎馆菜单上所列的菜名就够开胃的了：“李鸿章汤面”、“李鸿章炒饭”、“李鸿章小笼花卷”、“李鸿章海鲜一品煲”，更有“李鸿章红烧羊杂碎”，使吃的人在未吃之前，先已很开心了。

梁启超为李鸿章叹：“合肥受苦了。”

自然，游公园，吃杂碎馆，总是轻松的，想要发展维新社团就不容易了。这使梁启超清醒了不少，他曾以为凭他的名声，登高一呼就行了，哪知道面对的是比维新社团历史悠久得多，组织牢固得多的各种五花八门的团体、会馆，乃至帮会。

梁启超看见了几千年文化遗传的深厚顽固。

那些脱离了中国乡井的人，“来往于最自由之都市”，可是能够把他们维系在一起的，“仍舍家族制度外无他物”。

梁启超认为，那些海外的同胞们“有族民资格而无市民资格”。

梁启超在美国时，曾听朋友们说起罗斯福在一次演讲中说到，今日之美国国民最要紧者，是“脱去村落思想”，意在提升“各省、各市人民之爱省心、爱市心”。中国国民性的另一弱点，即是“有村落思想而无国家思想”。梁启超认为上述两点对国民性的解剖，都是精辟之论，时人与后人皆无异议。

梁启超对美国的宪法、国会及有力的精神指导，都曾有过深入的思考。这种思考在没有与华侨社会的社情结合之前，如冲击波一样具有震撼力。同时还改变了梁启超认为宗教“偏于迷信”的看法。

一个伟大的社会，必然离不开一种伟大的宗教精神。

纽约的华埠，同样使梁启超惊讶了。

中国人，无论流落在世界的哪一个角落，也无论流落多久，一般来说总是具有下述特点：其一，华人聚居一街或几街，写华文招牌，说华语，尤其以潮州语、粤语通行。其二，供财神爷，什么时候都不忘记发财。三是大体上由华人之间互相通婚，杂血而杂种是为大逆不道。久而久之，华人聚居地就改造成了中国广州的某一街区的形象，随地吐痰、乱丢垃圾、沿街骂娘、赌馆鸦片烟馆，总之是有了中国特色了，无不令当地的行政官员头疼。

法国的一位学者称：举凡一国之国民心理、素质，无论是在本土还是外域，都会有同样的表现。这一点梁启超是深深地领教了，尤其是纽约华埠层出不穷的斗殴、仇杀、秘密结社，“不禁长太息者矣”！

漫步纽约街头，梁启超有了一次静静地观察国人的机会。

首先引起他注意的是走路。

不都是用脚走路吗？

是，却有大讲究。人的行走就是生命的行走，精神饱满、行尸走肉能够等而同之吗？精神无形却附丽于人的肉身，能从目光、姿势中透露出来，此所谓彩之源于精，精之现于彩是也。

梁启超看见西人行路，“身无不直者，头无不昂者”。

中国人走路呢？那也真是一绝了，总是佝偻着，弯腰曲背，想来是几千年跪惯了，随时等着下跪吧？至于女子，缠足、金莲，细蛇腰踩着小碎步而且是盆底鞋，让好端端一个人走不得不会走。用梁启超的话说是“一命而伛，再命而偻，三命而俯。相对之下，真自惭形秽”。

走路又岂止是走路而已！

行走着的是一个族群的姿态、文化、素质。目光所向处，是昂扬奋发，或是苟且偷安，能辨出大与小，可识见强与弱。

这个时候，梁启超的心里是凄凉愁苦的。

是梁启超喜欢极而言之呢，还是中国社会的情况确实如此？关于中国国民性的缺点，梁启超认为："三曰只能受专制不能享自由。此实万物刍狗之言也，虽然，其奈实情如此，即欲掩讳，其可得耶？"

梁启超对其时旧金山华人社会的落后一面深恶痛绝："吾观全地球之社会，未有凌乱于旧金山之华人者，此何以故？曰自由耳。"

梁启超进一步分析道，中国大陆的人，性质未必优于旧金山的华人，可是有长官之治、父兄约束。南洋的华人被英、荷、法殖民者残酷统治，"十数人以上之集会，辄命解散，一切自由悉被剥夺"，因而秩序为好。在能享受自由的美洲与澳洲，则凌乱如旧金山。

以旧金山华人社会为缩影，试看整个中国能好到哪里去呢？结论是悲哀的："夫自由云，立宪云，共和云，是多数政体之总称也。而中国之多数、大多数、最大多数，如是如是，故吾今若采多数政体，是无异于自杀其国也。"

这里已经涉及了一个国家、社会的政体与制度，梁启超热衷于政治，理所当然对此有过各种构想。这时候一个矛盾缠结的梁启超便站到了我们面前：他痛斥封建腐朽，力主变法维新；尤其亡命日本后，呼吁民权，召唤新民，可谓奋勇当先；可是在游历美国之后，以梁启超的观察"泰西精神文明之发达"，有"三者为根本"，"好美心，其一也"；"社会之名誉心，其二也"；"宗教之未来观念，其三也"。此三者，"吾中国皆最缺焉"。"不徒为海外人为然也，全国皆然"。"夫自由云，立宪云，共和云，是多数政体之总称也。而中国之多数、大多数、最大多数，如是如是，故吾今若采多数政体，是无以异于自杀其国也。自由云，立宪云，共和云，如冬之葛，如夏之裘，其如于我不适何！吾今其毋眩空华，吾今其勿圆好梦，一言以蔽之，则今日中国国民，只可以受专制，不可以享自由"。（一九〇四年二月《新民丛报》增刊）

如果以平常心看待梁启超的这句话，并细密而冷静地分析中国社会情况的话，还应作一些补充。梁启超所说的专制，严格地说应是开明专制，它是相对于多数政体的共和而言的。梁启超并不是礼赞专制，也不是反对自由，而是认为在当时的国民素质普遍低下的境况中的不适宜。梁启超把希望寄托于二十年、三十年、五十年之后。

我们实不能忽略了梁启超的忧国忧民。

梁启超是深爱着多灾多难的中国，并且为自己为亿万民众而向往着自由的——“吾祝吾祷，吾讴吾思，吾惟祝祷讴思我国得如管子、商君、来喀瓦士、克林威尔其人者生于今日，雷厉风行，以铁以火，陶冶锻炼吾国民……”（《新大陆游记》）

同为一九〇四年二月，康有为写成《物质救国论》。并首发瓦特蒸汽机之“汽机力即国力说”。他认为：

> 欧洲百年来最著之效，则有国民学、物质学二者，中国数年来，亦知发明国民之义矣。但以一国之强弱论，以中国之地位，为救急之方药，则中国之病弱非有他也，在不知讲物质之学而已。
>
> （《康有为全集》中国人民大学出版社）

此论距今已一百零八年！然今日读之，仍不乏苍茫历史中的新鲜感，我们没有国民教育，羞于谈钱、说利，以举国之力批判过“物质刺激论”。一百年前说物质为基础、物质之美好、之诱惑，而对国人轻物质、独钟精神之传统的批判，并强调物质救国的，康有为也。

据称，康有为在《新民丛报》增刊上读到梁启超的“冬葛夏裘，于我不适”句时，拍案叫好，大呼：“拿酒来！”

何以故？

事缘自由一词、自由之义。一九〇〇年梁启超致康有为的信中，可以得知，南海曾致书任公，多有批评，梁启超在复书中诚惶诚恐谓：今皆自省之、愿自改之，又加括号自注：“此字除出诸自由不服罪外，余皆自知。”梁启超一者自省、服罪并“设功课日记部，一以长兴故事行之，欲每月仍寄夫子，乞教诲也”。尊师敬师之诚可见。同时，又力辩自由之义，力倡自由之说。

梁启超与康有为辩自由之义，关键是如何看待法国大革命，血腥之相伴自由。梁启超尝谓“法人自受苦难，以易全欧国民之安荣，法人诚可怜亦可敬也。泰西史学家无不以法国革命为新旧两世界之关键”，如果责疑此说，否定此说，以杀戮为法国革命之全部，梁启超发问：然则十九世纪之母何在也？任公并有自答：“法国革命即其母，路得政教其祖母也。”

梁启超论自由，其可谓大气磅礴而又淋漓尽致，对乃师之论亦丝毫不留情面，甚至以张之洞之言相类比：

若夫自由二字，夫子谓其翻译不妥或尚可，至诋其意则万万不可也。自由之界说，有最要者一语，曰人人自由，而以不侵人之自由为界是矣。而省文言之，则人人自由四字，意义亦已具足。盖若有一人侵人之自由者，则必有一人之自由被侵者，是则不可谓之人人自由；以此言自由，乃真自由，毫无流弊。要之，言自由者无他，不过使之得全其为人之资格而已。质而论之，即不受三纲之压制而已；不受古人之束缚而已。

夫子谓今日但“当言开民智，不当言兴民权”，弟子见此二语，不禁讶其与张之洞之言甚相类也。夫不兴民权则民智乌可得开哉。其脑质之思想，受数千年古学所束缚，曾不敢有一线之走开，虽尽授以外国学问，一切普通学皆充入其记性之中，终不过如机器砌成人之形，毫无发生气象。试观现时世界之奉耶稣新教之国民，皆智而富，奉天主旧教之国民，皆愚而弱（法国如路梭之辈，皆不为旧教所囿者，法人喜动，其国人之性质使然也）；无他，亦自由与不自由之分而已（法国今虽民主，然绝不能自由）。故今日而知民智之为急，则舍自由无他道矣。中国于教学之界则守一先生之言，不敢稍有异想；于政治之界则服一王之制不敢稍有异言，此实为滋愚滋弱之最大病源。此病不去，百药无效，必以万钧之力，激厉奋迅，决破罗网，热其已凉之血管，而使增热至沸度；搅其久伏之脑筋，而使大动至发狂。经此一度之沸，一度之狂，庶几可以受新益而底中和矣。然弟子敢断中国之必不能沸，必不能狂也。虽使天下有如复生（复生《仁学》下篇……荡决甚矣，惜少近今西哲之真理耳）及弟子者数十百人，亦必不能使之沸、使之狂也。弟子即尽全力以鼓吹之，而何至有法国之事乎。抑以法国革命而谤自由，尤有不可者；盖自由二字，非法国之土产也。英之弥儿，德之康得，皆近世大儒，全球所仰，其言自由，真可谓博深切明矣……

弟子欲辩论此二字，真乃罄南山之竹，不能尽其词；非有他心，实觉其为今日救时之良药，不二之法门耳。现时所见如此，或他日有进，翻然弃之，亦未可定。但今日心中所蕴，不敢自欺，故不觉其言之长。其谓涉于不敬，非对长者之体者多多，惟因文曲折，随笔应赴，不自检点，深知其罪。

（一九〇〇年四月一日《致南海夫子大人书》，
《梁启超先生年谱长编》154—155 页）

梁启超剖析十九世纪之西方文明来由，力辩自由之最要者“人人自由，而以不侵人之自由为界”，“人人自由四字，意义已具足”，不独当时，今日后学不才如我，读之亦心动，不独心动，心若沸也。

那么，康有为又是如何说自由的呢？

康有为关于自由之定义，自由之有边界，并以孩童之初生初长必得有手足舒放，鼻呼吸啼笑之自由，否则死。然听任一孩童有持棍持刀弄火之自由，“则又安得不死”？孩童之自由也，南海定义为“有听其自由之时，亦有礼法拘束之时”，孩童若此，况赳赳壮夫乎？况汹涌人群乎？况百族千类乎？

自由之另一误解，则以服从为不自由，以不服从为自由，康有为之论，亦极其精辟：

> 且人生于群中，自言语、饮食、衣服、动作，何一不服从于前人？虽极自立，然不从此则从彼，究何能免乎？且服从乃与自立为对立，不与自由为对义也。人生群中，事事须服从，亦事事须自立。不自立，则不能成一器用；不合群，则不能成一群业。此如车之有双轮，屋之有两墙，并行而立而相成者也……若无病加药，日言自由，则必中风狂走，势必士背学，吏犯法，工不职，弟逆师，子叛父，尽弃规矩、法度、教化而举国大乱，不待大敌之来而不能一朝居也。其可行乎？以此化民，此真如洪水滔天，生大祸以自溺也。吾游德国，整齐严肃之气象，迥与法国殊。呜呼！此德之所以强也，俾士麦之遗教远矣。方今中国之散漫无纪，正宜行德国之治，而欲以自由救之，所谓病渴而饮鸩也，其不至死不得矣。若夫革命、民主之说，则万里文明古印度之亡已为吾覆辙也，中国万不可再蹈印度之辙，吾已别有书矣。故自由、革命、民主、自立之说，皆毒溺中国之药者也，其万不可从，不待言也。
>
> （《康有为全集》 人民大学出版社）

康有为关于自由之相对，自由有边界，“车之有双轮，屋之有两墙，并行而立而相成”，即便孩童“有听取自由之时，亦有礼法拘束之时”，亦精彩纷呈，且高瞻远瞩也。师弟责难，机锋迭出，却各有高论。康有为诚“太有成见”，然其说倘以中国社会当时的实情言之，其审时度势，安能责之？再以服从与自立而论及“方今中国之散漫无纪”，乱象丛生，所谓自由，其可行乎？南海更明言，“故夫自由之完全义，必无可致也”。所谓“自由之完全义”即绝对自由，“虽万千年大同世后，亦无能致也”。

是次自由之辩，其实不可简单地以谁对谁错而论，视之为“公案”，视之为插曲，视之为思想碰撞，而有气象出，若电光，若火石，若波涛，若浪花，若风声，若雨声。假以时日，其熊熊烈焰，其星光灿烂可待也。康梁有歧见，不过如前文已述，梁启超走访美国后，其论一变，南海于是称善。

梁启超在《三十自述》的结尾写道：

> 此后所以报国民之恩者，未知何如？每一念及，未尝不惊心动魄，抑塞而谁语也。

梁启超瞻前顾后，似有徘徊，似有迷离，这一切也许只是源于他对政治的希望和失望。当梁启超在文化上于三十而立成了无可争议的伟人时，政治上一显身手的时机却还是渺茫的。他感慨着“共和、共和，吾与汝长别矣”之后，中国究竟又应该向何处去呢？

但，梁启超是不会远离政治舞台的，他只是在等待时机，他还会变。“不惜以今日之我，难昔日之我。”这样，当梁启超不断地审视昨日之我时，难免也就把康有为也审视进去了。

康有为和梁启超，一个“太有成见”，一个“太无成见”。一个抱定宗旨，誓死不变；一个求新善变，以变为荣。

康有为说：“吾学三十已成，此后不复有进，亦不必求进。”

梁启超说：“常自觉其学未成，且忧其不成，数十年在彷徨求索中。”

梁启超隐隐地感到，康南海的学术与理论，使自己在创造新的学术体系和思想格局时变得障碍重重。而同时他又觉得，当一个学生不能不越过自己的先生而另走一条新路时，每迈出的一步竟又是如此艰难沉重！

梁启超一次又一次在心里对自己说：

“吾爱吾师，吾更爱真理！”

二十世纪初，中国需要的是摧枯拉朽，这种思想、文化上的风暴式的力量，绝对离不开一个“新”字——新人、新事、新文化、新科技知识。梁启超的报章体又正是最适合普及此类文化的载体。

梁启超在觉世的呐喊中屹立着，并且走向愈加困惑的不惑之年。

二十世纪的潮流涌动着，企图撞开一扇又一扇关闭的门窗时，这诸多潮流的一种便是翻译大潮。系统地引进西方文明始于此时，一连串的新名词在当时的中国被视为最“摩登”者，困顿几千年的这个老大封建社会，一经呼吸到新鲜空气，便开始晕眩，但年轻人却雀跃，因为从根本而言，属于老人的只有历史，唯年轻人才享有未来。

梁启超首先是自己吮吸着这一切新的思想和文化。在日本，他的文化素养和敏锐的洞察力使他感觉到：一个塑造新民的时代到来了！

严格地说，也只有孩子和年轻人才有资格、才有可能成为新民。因为他们渴望变化、善于吸收。一般而言，思想退化的老人总是坚硬着自己的花岗岩脑袋，视改革与进步为洪水猛兽。

梁启超用自己的笔触撰文介绍的欧美、日本的思想家、经济家、政治家、文化名人有五十多位，这些人几可概括世界文化名流的佼佼者，再加上梁启超投入的情感、优美流畅的文笔，由此产生的极大的感染力，无第二人可比。

约略言之，梁启超把这样一些陌生的名字连带陌生的思想，送进了中国的千万读者的脑海中，如亚里士多德、苏格拉底、柏拉图、霍布士、斯宾诺莎、瓦特、牛顿、富兰克林等等，包括在欧美兴起的社会主义理论，梁启超也以自己的理解在《新民丛报》上作了评述。

梁启超写的《卢梭学案》为海内外的中国人拍案叫绝，梁启超对卢梭情有独钟的重要原因是卢梭的《民约论》吸引了他。

《卢梭学案》开头，梁启超便以石破天惊之笔写道：

> 呜呼！自古达识先觉，出其万斛血泪，为世界众生开无前之利益。千百年后，读其书，想其丰采，一世之人为膜拜赞叹，香花祝而神明视。而当其生也，举国欲杀，颠连困苦，乃至谋一亶一粥而不可得。僇辱横死，以终其身者，何可胜道！

梁启超于一九〇二年写作了《近世文明初祖二大家之学说》，极有见地地指出了培根认识论的研究方法在于两途，一为物观，二为心观。物以观之不足，则心以观之；心以观之不满，则物以观之；以物观心，以心观物；心物并存，有抑有扬；物心分离，水断泉枯。如是如是。

梁启超从培根那里得到的最大启发，便是：

人欲求学，只能就造化自然之迹而按验之，不能凭空自有所创造。若恃其智慧以臆度事理，则智慧即为迷谬之根源。

人生活在一个十分适合于发生错觉的地球上，而且这些错觉往往是美丽的，可惜美丽的也是错误的。为了拯救这些美丽，于是便有了神话和童话，但与严格的事物本源却风马牛不相及。

地球上的人都以为自己处在地球的中心。每当夜晚仰望星空时都以为月亮是发光的。

“戴青眼镜者，所见物一切皆青；戴黄眼镜者，所见物一切皆黄。”但这并不是物的原色，道理大致相同。

从培根那里知道，人类的启蒙是无止境的，地球上的人有多少知道，地球本应称作“水球”？又有多少人明白一根草一棵树对于人类生命的重要意义？

培根之学贵在观察、实验，谓：静观深思。

梁启超还联想到朱子理学，“其论精透圆满，不让培根”。差别在于：朱子“略言其理”，而培根“详言其法”。朱子长于心性之论，培根“自言之而自实行之”。

梁启超认为：“所以格致新学不兴于中国而兴于欧西也。”

由培根而笛卡尔，读者刚刚为之耳目一新的人物与理论，又有更新的层层深入了，梁启超说：

故实验与推测常相随，弃其一而取其一，无有是处。吾知当培根从事于实验之顷，固不能离悬测，但其不以此教人。则论理之缺点也。故原本数学以定物理之说，不能不有待于笛卡尔矣。

对梁启超来说，解释康德似乎比较困难一些，不过看来在梁启超笔下并无难事。被梁启超称为“近世第一大哲”的康德及其哲学，在梁启超从道德和智慧两个方面的生动叙述下，便气度不凡地走进了中国。

梁启超是以不能不动人的文笔，描述不能不动人的康德的：

康德之时代，实德意志国民最消沉之时代也，民族傲慢，无所统一。政权往往被压于异族之手，而大哲乃出乎其间。

这是一种极为有趣的现象：升平年代所多的是轻歌曼舞，待到曲终人散，这年代就完结了；外族入侵，支离破碎，民不聊生时，人们才有了思想的渴望，于是乃有大哲出。

德国且不说，至少在中国，直到本世纪，说起哲学仍然是陌生的，如同梁启超在一百多年前指出的那样，“以为哲学之理论，于政治上毫无关系”。可见真正意义上的文化的传播，仍然是艰难的，倘若谁要用今天的电视覆盖率或流行歌的速度来印证文化的蒸蒸日上，那就大错而特错了。

梁启超的文字还告诉我们，十八世纪末叶，世界思想潮流曾经混沌、污浊，在世纪末的心态之下，“伪维新思想者，风靡一世”。所谓直觉主义、快乐主义，滔滔于天下。终极追求的崇高与光荣，演化成了“骄奢淫逸放纵悖戾之恶德”，并且“横行泛滥”。

正是康德所处的这个年代，以及康德寄身的国度，那种污浊与消沉之下，一个大哲的思想丝丝缕缕地把暗夜撕出裂缝来，“学界光明，始放一线”，从这裂缝里望出去，那一线光明所指，却使国民“憬然自觉我族之能力精神至伟且大”，阻止了德意志民族思想与文化的进一步沉沦。

力挽狂澜的，是康德，二百年前的康德。

以梁启超之论观之，一个大时代的另一剖面，清晰地展示开了：强权统治下的一切，或衰或荣或统一或分裂，都是表象；思想的艰难爬行，精神的崇高攀升，却是维系一个民族的真正的脊梁。

一个时代应有一个时代的康德，一个民族应有一个民族的康德，而今康德安在哉？

梁启超用散淡的文笔论述康德的纯性智慧时，无法抗拒地把读者带进了一个智慧的境界，并恰到好处地与佛经相印证，使人不禁击节。

对康德的哲学而言，纯性智慧的探讨是至关重要的，当人们对智慧的各种作用不甚了然时，又怎么谈得上去深究事物的本源呢？而且任一事物的本源都由各种现象围绕着、包裹着，也就是说所有的事物都同时具有现象和本相。人耳闻目睹某一事物时，便以“看见了”、“听见了”为准；或者有人反诘：“你听见了？”“你看见了？”等等，这时候认知的危险便出现了，因为人所闻所见的无不都是现象，离开本相还很远。

智慧的要义，即是：入木三分地捕捉本相。

五官与智慧的结合而生知觉，“非我随物，乃物随我也”。

梁启超说：“佛云：譬彼病目，见空中华，空实无华，由目病故。是故云有，即其义也，其谓由我五官及我智慧两相结构而能知物。五官者所谓前五识也，智慧者所谓第六识也。”

当色、香、味、大、小、轻、重、坚、脆诸般感觉纷至沓来，智慧便迅即地实行整理、联结，或存或弃“能结此等纷杂感觉，令各就绪”，于是“有思想故，有议论故，斯有学问”。

学问是借助智慧从纷杂零乱中走出来的。

学问也是经过由表及里地层层剥离之后得来的。

有大学问的必有大智慧。

依康德之议，智慧在很大程度上是联结、分离、综合的能力，“使复杂者始得单一，使零碎者有连续性，智慧之力，如是如是”。

梁启超进而认为“是故感觉，惟对外物，有能受性。而彼思念，复能进取，总万为一，思之云者，综合而已”。

再往深处叙述，智慧之所以能变无序的感觉为有序，“其作用有三，一曰视听之作用，二曰考察之作用，三曰推理之作用”。

智慧又是言之无尽的，因为人的感觉除外物之外，还有内心感觉，而内心世界是最为奇幻莫测，妙不可言的。

视听作用作为智慧的第一作用的重要性，梁启超告诉读者，在康德看来，它是可以“主宇宙间各事物”的。如仰空见日，是由太阳的各种现象感觉于观察者的眼帘，经过智慧的综合“乃自向空中画一圆线曰：此日体也”。倘若不是智慧，没有智慧，“则诸种感觉，飞扬流离，不可捉搦，而所谓‘日’之一观念，不可得起”。

由是观之，智慧的作用“必有赖于‘空间’”。

“空间”又是作何解呢？梁启超比喻说，空间如画工的纸张，感觉如画工之材料，智慧或视听之力，“则画工之意匠也”。

对于智慧来说，它不仅面对属于外部事物的感觉，然后在一定的空间内以意贯之匠之；它还要把持、架构内心感觉的如梦如幻，因而智慧的作用又离不开时间，因着时间“而人之于永劫之中者也”。

中国的传统文化不乏时空观，梁启超解释说，空间时间为佛典通用译语，“空间以横言，时间以竖言，横尽虚空，竖尽永劫，即其义也”。再往前追溯，中国古代称空间为宇——上下四方；称时间为宙——古往今来；宇宙之名便由此得来。

康德对空间和时间之于智慧的不可或缺的重要性的强调，使无依无傍的人类的感觉有所归依了，即展示在一定的空间与时间中；而同时此种归依，仍然是思接古今，穷极八方的，“惟我之智慧，借此以为感觉力之范围而已”。

一定的范围和一定的界限，是梁启超论述康德之学的基础，在谈到智慧的第二作用即考察作用时，梁启超指出，实验或实验主义是有局限的，“学固以实验为本，而所谓实验者，自有一定之界”。“若贸然自以为能讲求庶物之本相者，非复学术之界矣。”

梁启超论康德时常常结合佛教经典，既是互为援引，又加深了读者的印象，而试图在西方哲学和东方佛教之间找出共同点，并探索内在联系方面，梁启超一样是功不可没的。

康德认为世间散乱庶物，实质是相倚相存为一体的。梁启超引《华严经》谓，众生垢我不能独净，众生苦我不能独乐，殊途同归，“一体故也”。

曾经在时空之中叱咤风云的梁启超，消失于这个时空之后，他的精神、思想及文化活动，却是真正地走向不朽了。

从图书馆里翻出九十四年前的《新民丛报》，从那些已经发黄、古旧甚至残破的纸张上，你仍然能感受到扑面而来的清新的气息，因为实际上在时隔近一个世纪后，中国人中的极大多数仍然不知道梁启超当年满腔热情地解释及评说过的一些人物，如亚里士多德、康德、孟德斯鸠等等，在那时被称为新学说、新思想、新理论的相当一部分仍不算过时，文明在中国这块土地上前进的步伐是如此艰难！

这是梁启超的悲哀呢，还是一个民族的不幸？

无论如何，梁启超是竭尽全力的了。

后人很难想象，在二十世纪初叶社会动荡不安，而自己又流亡海外的情况下，梁启超以一支笔，奉献给中国读者的是如此丰厚。举凡西方有大影响的哲学家、思想家、政治学家、经济学家、科学家、社会学家、伦理学家、文学家几乎无一遗漏。而对希腊的古典学术、美国的经济学说、法国的民主政治理论、德国的哲学流派等等，又都有生动的描绘和叙述。即便是欧美蔚然兴起的社会主义理论，梁启超也不遗余力地解说，他同样敏锐地预感到“社会主义为今日世界一最大问题”，他称马克思为“社会主义之泰斗也”，他认真研究过社会主义理论及其发展史，认为社会主义是一种“迷信”，它的出现以及为一般的平民百姓所欢迎，是因为其目的“在救自由竞争之弊”。他在“死战革命党”时，嘲笑孙文等人“未识社会主义之为何物”，而自诩为社会主义理论家。

徘徊在革命与改良之间的梁启超，夜以继日，奋笔疾书《新民说》，架构着一个欲新中国必先新民的瑰丽梦想，这一梦想在梁启超笔下渐次展开，是以解剖中国国民性之种种弱点为基础的。既然是解剖，便有锐利之切割，便有病患之显露。梁启超在《论新民为中国第一急务》的结尾处大声疾呼道："然则为中国今日计，必非持一时之贤君相而可以弭乱，亦非望草野一二英雄崛起而可以图成，必使其吾四万万人之民德、民智、民力，皆可与彼相埒，则外自不能为患，吾何为而患之！此其功虽非旦夕可求乎，然孟子有言'七年之病，求三年之艾，苟为不蓄，终身不得'。今日舍此一事，别无善图，宁复可蹉跎蹉跎，更阅数年，将有欲求如今日而不可复得者。呜呼！吾国民可不悚耶！可不勖耶！"（一九〇二年二月八日《新民丛报》第一号）

一九〇〇年以后的十五年间，是西方文化大举涌入中国并广为传播的时期，一批知识分子翻译、出版，奔走呼号，形成了对中国传统思想极为深刻的冲击与震撼。

几千年来的中华老大帝国，不得不审视自己了。

一种可以品味的现象是：在本世纪初如此汹涌浩荡的西风东渐的形势下，梁启超却始终未曾提出"全盘西化"的主张，甚而反对这一观点。他在热情地欢呼西学的同时，冷静而客观地认为中学既有必须扬弃者，也有博大精深应该继承者。

其时，在中国学界占主导地位的思想主张是"中西并重"。

究其原因，当时的提倡西学之士如梁启超、黄遵宪、严复等等，无不是精通中国旧学的饱学之士，因为精通便深知其害也深知其利。自然不会读了莎士比亚就回过头来骂李白、杜甫不会写诗；也不会若当时及现今的一些狂妄小子，到西国走了一圈便狂言大出以为世界之大除西学以外，概无别学。

学问深广，胸怀也要坦荡得多。

困惑梁启超的并不是这些理念上的问题，而是：在一个人的素质实在低劣，而官吏、政权已经腐败到不可救药的社会中，外来的西学非但不能救治，且随时会变样；而传统中的精粹自然早被权贵宰割以为己用，蒙尘以为废墟。

梁启超曾经参与了鼓动、说服皇帝自上而下"诏定变法"的全过程，并为之欣喜若狂过，后来——这后来很快，一百天而已——便是搜捕、逃亡、砍头。

梁启超终于着力于新民，不再把希望寄托于光绪皇帝，而是把目光由最上转移到最下，这一转移便转移出了无限风光：倘若大众就这样穷困、愚昧、麻木，社会如何变革？

《新民说》由此应运而生。

新民之说，也是新民之梦。这是一个好梦、美梦、大梦。它使亿万民众感到焕然一新，这个“新”不是剪掉辫子便可得到的，也不是脱下长袍就算完成的，是由表及里彻头彻尾的新，新思想、新观念、新语言，然后是新政体、新国家、新社会，谈何容易啊！

梁启超为此所作的努力，对“新民”的探讨之精深，可以说是古往今来第一人。

从中学而西学，从最上到最下，梁启超在《新民说》的《论私德》中不胜感叹道：

> 五年以来，海外之新思想，随列强侵略之势力以入中国，始为一二人倡之，继焉千百人和之。彼其倡之者，固非必尽蔑旧学也，以旧学之简单而不适应于时势也，而思所以补助之，且广陈众义，促思想自由之发达，以求学者之自择。而不意此久经腐败之社会，遂非文明学说所遽能移植。于是自由之说入，不以之增幸福，而以之破秩序；平等之说入，不以之荷义务，而以之蔑制裁；竞争之说入，不以之敌外界，而以之散内团；权利之说入，不以之图公益，而以之文私见；破坏之说入，不以之箴膏肓，而以之灭国粹。

梁启超又《论公德》，“我国民所最缺者，公德其一端也”。公德是什么？“人群之所以为家，国家之所以为国，赖此德，焉以成立者也”，从历史传统而言，“中国道德之发达，不可谓不早，虽然，偏于私德，而公德殆阙如”。为什么在我文化泱泱古国，出现此种现象呢？任公谓“要之吾中国数千年来，束身寡过主义，实为德育之中心点”，中国封建社会帝王有九五之尊，小民以升斗为务，“国民益不复知公德为何物”。梁启超痛切地指出，“我国民中无一人视国事为己事者，皆公德之大义未有发明故也”。“德也者，非一成而不变者也，非数千年前之古人能立一定格式以范围天下万世者也。然则吾辈生于此群，生于此群之今日，宜纵观宇内大势，静察吾族之所宜，以求所以固吾群、善吾群，进吾群之道，未可以前王先哲所罕言者，遂以自画而不敢进也。知有公德而新道德出焉矣，而新民出焉矣”！梁启超还告诉我们，公德为诸德之源，所谓公德，即利群者也。

梁启超关于私德与公德的定义，迄今无匹。所谓私德人人独善其身也；所谓公德人人相善以群也。

梁启超所论之痛切之鞭辟入里，不仅当时，百年而后仍可读之咏之思之再三。

这是一个东方迷海啊！

孤灯苦案，梁启超明明白白地做着一个如此诱人，又如此烦人的大梦，并且精心编织、设计，要使这梦成为现实。

这便是《新民说》的构架。

从《论新民为今日中国第一急务》和《释新民主义》到“优胜劣败”论，公德与国家思想、进取冒险，到自由、自治、进步乃至尚武、私德、民气等等，新民的形象、内涵、体魄、精神都详尽备至了。

梁启超抿一口茶，叹一口气。常常是这样，这一口气吐出便是黎明了。

窗外传来东京一天开始时的躁动，车声人声渐次消散于梦乡……

梁启超写《新民说》，先要窃得火来，照亮了自己及同道，然后再举高，照彻中国社会的大群，紫禁城的幽深仿佛是一个巨大而漫长的黑洞，任何一点亮光都会被黑暗从容吞噬。这就需要持久，火也持久人也持久，不免会灼伤了举火者，甚至连手臂也如火把一样燃烧了，谁敢做布鲁诺？

然后是造形，造出新民之形，那不是大体勾勒，而是有形、有相、有灵、有肉、有血气、有精神、有体魄、有目光。

这一切的最为至要的综合便是国民素质。

因而，梁启超的思考、撰述便为时人、后人留下了已经证明是不朽的警示及思想：

> 拿破仑，旷世之名将也，苟授以旗绿之惰兵，则不能敌黑蛮；哥仑布，航海之大家也，苟乘以朽木之胶船，则不能渡溪沚。
>
> （《新民说》）

从“变法”到“新民”，梁启超认为一个民族一个国家的改革前途，从根本上讲应取决于国民的素质，有了一代新的国民，何愁没有新制度、新政府、新国家呢？当然历史的演进往往不是坐待有了“新民”之后才会出现一系列的剧变，但无论何时以“新民”的造就为国家、社会前途之依归，当是无可怀疑的精辟见地。

对于舍本逐末的各种政见，在经历了维新运动失败所带来的深重的沮丧之后，梁启超已经把锐利的目光和笔触投向了大社会和大人群上，而不仅仅是个别当国人物的思想与作为，相比之下，甚至连治国方略也不是最为重要的了。

梁启超认为：

> 天下之论政术者多矣，动曰某甲误国，某乙殃民，某之事件，政府之失机，某之制度，官吏之溺职。若是者，吾固不敢谓为非然也。虽然，政府何自成？官吏何自出？斯岂非来自民间者耶？某甲某乙者，非国民之一体耶？久矣。夫聚群盲不能成一离娄，聚群聋不能成一师旷，聚群怯不能成一乌获。以若是之民，得若是之政府官吏，正所谓种瓜得瓜，种豆得豆，其又奚尤？

一日，梁启超约蔡锷到寓中小坐，昼夜命笔不知寒暑，可也有孤独阵阵袭来，人都是人啊！这时候，梁启超身边总有蔡锷陪伴着，得意门生在侧，加上蔡松坡又能格外领会梁启超的思想、意图，自也是融融一乐。

私下里相见时，梁启超是不拘师生之礼的，总是直呼："松坡，你看这一段文字如何？"又因蔡锷系湖南人好吃辣，虽能炒得一手好菜，只是辣得涕泪直流，不过因为时间久了，梁启超居然也能吃。梁启超认为，湖南菜下饭是一流的，但用来沽酒便不太文雅，因而便自己动手做两个下酒菜。好在日本不缺生猛海鲜，三鲜一品煲，咸鱼鸡粒豆腐煲，再加上蔡锷的水晶腊肉，便可小饮一番了。

蔡锷说，总是为《新民说》所激动，竟至夜不能寐。

梁启超点点头："舌底无英雄。"

蔡锷又问："先生之'新民'一说，是不是出于《大学》'作新民'语？"

梁启超如数家珍："《大学》所引源自《尚书·康诰》，宋大儒朱熹注释为：'鼓之舞之'、'自新之民也'。"

蔡锷："弟子以为先生的《新民说》百世而后仍将不朽。"

梁启超："一世尚且不易，何求百世。再者，古人今人论及'新民'在前，今天做学问的无非是借用他人再予发挥，断不敢贪天之功为己有也。"

蔡锷："今人尚有何人？"

梁启超不由自主地想起了严复。

这两个人，在晚清文坛上均有才子之称。相比而言，梁启超涉猎更广，也更有影响；严复博学严谨，自翻译《天演论》之后声名鹊起。两人有交往也有争论，恃才傲物恐怕也都在所难免。但私下里互相各有敬畏，并视为同道。

梁启超告诉蔡锷，严复翻译解释的"自然选择"、"优胜劣汰"，不仅被用来说明自然界物种的进化规律，并曾作为社会达尔文主义，于百日维新前后被寻求改造中国的有识之士视为圭臬。家国、民族均在天宇之下与自然界中。如果不是自强不息，便不能自立于世界民族之林，只能作为劣等民族苟延残喘。严复在推动《天演论》同时，率先提出了"开民智、鼓民力、新民德”的主张。

梁启超对蔡锷叮咛道：“尔日后应有作为，但务须记住，身与身相并而有我身，家与家相接而有我家，国与国相倚而有我国。为文为人为救国匡政千秋大业，岂是英雄好汉一人可为？”

蔡锷深深一点头：“敢问吾师，新民之义所要者为何？”

梁启超：“所谓新民，其前提是吾四万万国民尽弃恶习之旧，而图面目一新。简言之，一是淬历其所本有而新之，二是采补其所本无而新之。”

蔡锷：“民不聊生，遍地狼烟，苛政酷吏，国将不国，哪来‘本有’而可‘淬历’呢？”

梁启超：“中华民族立于世界几千载矣，因何而立？这可以‘立’者且历经千年风雨仍能‘立’者，便是‘本有’而应‘淬历’者。曰：文化、精神、古之大哲所传留的思想云云。何为‘淬历’呢？蒙尘太久太重风蚌雨蚀，或者已然变形，或者呼之不出，便以今世今日今人之思想淬历之，使其明而锐。”

稍顿，梁启超又道：“至于采补，科学、民生、三权鼎立等等，西哲所云皆是各国各民族自强自立之道，汇其长者而取之，以补我之所不及，概而括之民德、民智、民力实为政治、学术、技艺之大源。”

蔡锷治学有一股湖南人的犟劲，或是提出问题，或是追根溯源，务期明白精通。梁启超把蔡锷视为高足，谓“松坡日后可成大事者便仰仗于他的认真执著”。

在蔡锷的想象中，不久之将来，随梁启超回国，自然是别有一番重任，但《新民说》倘若精研不足，则大政方略无从可出，因此只要有机会便死钻牛角尖，把一个个问题全堆到梁启超面前，只为了做一个合格的门生。

比如新与旧，蔡锷就好生困惑。记得在湖南时务学堂时，岳麓山下橘子洲头，这些满心向往维新，却又饱读了一肚子旧学的青年人便争论过：守旧便一定是反动吗？

自追随梁启超来到日本后，这个弹丸小国给人的感觉是一种类似

“杂糅”的味道：它有传统的一切，从和服、生鱼片、寿司到语言；它有最先进的思想，从亚里士多德、笛卡尔到马克思。它固守自己，又贪婪地吸收一切于己有益的理论或科技，转眼之间便打上了日本的标签。“明治维新”之后，日本走出了幕府政治的死胡同，政治、经济都呈现出生气，但日本的教科书上却充满了忧患意识，毫无志得意满之气。日本的中小学生被告知，日本是个小国，没有资源，日本人一天不拼命干活便没有饭吃。日本的一代又一代年轻人就是在这种充斥着忧患意识的危机教育下长大的。

“我们无论革命还是改良，总得守住一点什么。”蔡锷说。

梁启超：“直言守旧又如何？中华民族自有宏大高尚完美之物，吾人当珍之惜之而万勿能丢弃。况且新与旧之间有时并非势不两立，恰恰一脉贯之。比如草木岁岁有新芽。新芽可爱也，旧根可恨乎？再比如一口井，井老矣，却息息有新泉之涌，新旧之间岂非相得益彰？夫新芽新泉岂自外来者耶？旧的也是新的，惟其日新，正所以全其旧也。濯之拭之，发其光晶；锻之炼之，成其体段；培之浚之，厚其本源；继长增高，日征月迈，国民之精神便保存、发达。吾所患不在守旧，而患无真能守旧者！”

蔡锷举杯：“弟子明白了，敬先生一杯。”

梁启超正欲举杯，却发现高谈阔论间，这一杯清酒早已冰凉了。蔡锷见状赶紧起身，把先生的酒重新倒进那一把锡壶，再用热水温好，捧到梁启超手中。

“本当满饮此杯，但话还没有说完，且浅尝之。”梁启超总是谈兴胜过酒兴。

“采补所本无以新吾民，实在至关紧要，千年以降，中国即天下，地理环境使然，意识封闭使然。知国外有国，有强国，有思想、技艺极为精美之国，方知吾国乃病国，吾民乃病民。得国民资格，有国家意识，身处列国并立、弱肉强食、优胜劣败之今日世界，墨守成规陋习，不作采补调和，岂能自立于大地？”

蔡锷:“中国人最缺少的是什么呢?”

梁启超:“公德其一端也。”

蔡锷:“倘无私德,谈何公德?”

梁启超:“人人独善其身者谓之私德,人人相善其群者谓之公德。倘无私德,尽是虚伪卑污残忍愚懦之人,无以为国。然而虽有无量数束身自好、廉谨良愿之人,却没有或鲜有为国家、民族慷慨悲歌之士,仍无以为国也。”

蔡锷:“立德之早,也许莫过吾族。德政糜烂若今,夫复何言!”

梁启超:“虽然,偏于私德,公德殆阙如。试观《论语》、《孟子》,其中所教私德居十之九,而公德不及其一焉。如《皋陶谟》之九德,《洪范》之三德,《论语》所谓‘温良恭俭让’、所谓‘克己复礼’、所谓‘忠信笃敬’……关于私德者发挥几无余韵,但这仍不足以造就完全人格,因为对社会、对群体、对国家之公德,实在不可或缺。”

蔡锷:“倘或有洁身自廉者谓吾虽无益于群却也无害于群,当作何言?”

梁启超:“人能离群乎?群有益人,而人无益于群,此即有害也。中国人多却不见力大势众,盖因不能为群之利反而为群之累,除了衰落破败,岂有他哉?”

梁启超关于公德和私德的论述,既源于他对封建社会赖以立基的道德基础的失望,也因着他在博览西方文明典籍及目睹种种情状后的深思。

一八九九年,梁启超仓皇出逃至日本后受到的第一次内心的震撼,使他暂时忘却了种种牵挂及困扰,而思考着中西伦理道德体系相比较的质量的差别。

完全是无意之间,梁启超读到了日本文部省颁发的中学伦理道德课程的一个训令,梁启超惊讶了!惊讶到心颤手抖的地步!

日本在中学生中提倡的伦理道德课程,居然比中国伦理学家所倡导的全部行为规范要宽广出许多,如何估价这“许多”的具体内涵?这就是最让梁启超惊讶之处:它不仅包括了中国传统的“五伦”,而且另辟了中国伦理学家无法想象的“对自己的伦理”——诸如生命、健康、情感等；以及“对人类的伦理”——国际、国宪、国法等；还有“对万有的伦理”——动物、植物、真、善、美等。

作为中国人，梁启超被震撼了！

自诩为礼仪之邦，中国的规范君臣、父子、兄弟、夫妇、朋友关系的“五伦”，相比之下就是残缺不全的了。

宽广的伦理道德教育，意味着生命和生命力的宽广，是与他人、他物、世界联系在一起的博大。从这宽广与博大的路上走出来的人，所具有的胸怀、眼界与见识便组成了一国之中国民的素质——也就是梁启超眼见的日本及日本教育的某一侧面。

梁启超认为，“五伦”之中较为完善的是家庭伦理部分，最为缺陷的是国家伦理思想。强调臣下忠于君王是中国传统国家伦理的几乎全部内容，君王便是国家，因而君王无正确的国家意识，子民百姓当然也不会有。在封建社会中，国家是君王的“私天下”，“彼一姓之私产”，强弱存亡，兴兴衰衰，王旗变幻而已。

从“私天下”到“公天下”，梁启超说“天下未有无人民而可称之为国家者，亦未有无政府而可称之为国家者，政府与人民，皆构造国家之要具也”。

又一日，梁启超突发奇想，有感于对国人道德水准极为悲观的判断，想起人心不古，想起夏穗卿在精通了史前人类史以后的沉默，这远古的年代一定是大荒凉、大寂寞、大智慧、大空灵，时光之箭流逝得从容而缓慢，男人女人生活得潇洒而悠闲，到处都是森林，绿色覆盖着林立的城邦，互相竞争，也互通有无。在各自的城邦里老幼无欺，夜不闭户，路不拾遗……

古时真好！经典皆古也！却又不能变之、新之，“德日新”也。

因为，人生存于现实，面向着未来，万物皆流变。

人总是希望着。

人怎么能没有希望呢？但，这希望又总是伴随着失望，人类文明是在走着一条怎样的下坡路啊！

梁启超想列出几张表格来，简明扼要地告诉国人中国历代民德的升降及其原因。

梁启超想起了古罗马的贺拉斯，他说：

“时间磨灭了世界的价值。”

多么可贵又是多么可怕的时间！

希腊神话把历史划分为五个时代，一个比一个退化、粗俗。公元前八世纪的古希腊诗人、历史学家海西奥德认为，人类是经过黄金时代、白银时代、青铜时代、英雄时代，直至走到最后的铁器时代。

海西奥德是这样描述黄金时代——这历史的顶峰，富饶与满足的时代的：

鸿蒙初辟之时，奥林匹斯山上诸神缔造了黄金般的生灵……他们像神一样生活，无忧无虑；没有悲伤，没有劳顿。等待着他们的不是可悲的衰老，而是永葆的青春。他们欢宴终日，不知罪恶之骚扰。死亡之到来一如睡眠之降临。他们拥有一切美好之物，富饶而又慷慨的大地向他们奉献源源不断的丰收，在一片莺歌燕舞中，人们和睦相处。

古希腊神话至少部分印证了梁启超关于“中国历代民德升降表”的曲线。梁启超把历代民德的水准分为六级，笔者姑且称之为“梁氏六级表”。

梁氏六级中除东汉达到最高水准的第一级外，清代中期已降至第五级，而梁启超所处的清末则为第六级——“私德之堕落，至今日之中国而极”。

道德、文明衰落之时，是什么景象呢？

海西奥德写道：

接踵而至的是铁器时代。人们日间辛苦劳作，夜间则受尽侵害，不得安宁。父亲与子女离心离德，主人与客人反目为仇，友朋之间尔虞我诈……父母迅速衰老，受尽耻辱……光明磊落、恪守信用者不得重用，骄横行恶之士反而见宠。正义为暴力所压倒，真理不复存在。

这是公元前八世纪的哲人所留下的预言，这预言在梁启超读来是多么贴切！

梁启超企图找出此种民德下降的原因来，于是便有另一表：《中国历代民德升降原因表》，从春秋、战国到清朝，以“国势”、“君主”、“战争”、“学术”、“生计”、“民德”，六个项目为考查依据，这六项中只以前五项的优劣、综合便可得出最后一项“民德”的高下了。

如春秋时，在“国势”一栏中是“列国并列，贵族专制”；“君主”则是“权不甚重，影响颇少”；“战争”乃“虽多而不烈”；“学术”为“各宗派虽萌芽而未发达，多承先王遗风”；“生计”是“交通初快，竞争不甚剧”；是时“民德”乃“淳朴忠实”。

春秋以后，梁启超对历朝历代民德的估价颇有兴味，可以三读，列次如下：

战国：其长在任侠尚气，其短在佞狡诈伪，破坏秩序。

秦：卑屈浮动。

西汉：卑屈甚于秦时。

东汉：尚气节，崇廉耻，风俗称最美。

三国：污下。

六朝：混浊柔靡。

唐：上半期柔靡，下半期混浊。

五代：最下。

宋：尚节义而稍文弱。

元：卑屈寡廉耻。

明：发扬尚名节，几比东汉。

梁启超对于清朝民德的评定分为“清”及“现今”，评语是:“庸懦、卑怯、狡诈”和“混浊达于极点，诸恶俱备”。

梁启超把民德式微之因归结为：

1. 专制政体的“陶铸”。
2. 清代统治者的“摧锄”
3. 对外战争失败的“挫沮”。
4. 困苦生活的“逼迫”。
5. 道德提倡的“无力”。

细读这表章，不得不佩服梁启超的知识渊博，同时还可以看见他的慧眼，他对一个朝代、一段历史时期的概括，或有偏颇，或有私见，却绝对简明扼要，透彻着眼力和学识的光彩。

且再以表达思想文化动向的“学术”为例，中国历史不同时期儒、墨、法、老、道家与佛学的兴衰以及同期社会、民生的关系，读来也是饶有兴味的。

战国：自由思想大发达，儒、墨、道、法纵横，诸派互角，而法家纵横家最握实权。

秦：摒弃群学，稍任法家。

西汉：儒、老并行。

东汉：儒学最盛时代，收孔教之良果。

三国：缺乏。

六朝：佛老并用，词章与清谈极盛。

唐：儒者于词章外无所事，佛学稍发达。

五代：无。

宋：道学发达最盛，朱、陆为其中的中心点。

元：摭朱学末流，而精神不存。

明：王学大兴，思想高尚。

清：士以考据词章自遁，不复知学其黠者，以腐败矫伪之朱学文其奸。

现今：旧学澌灭，新学未成，青黄不接，谬想重叠。

不难看出，学术——亦即思想、文化、知识是否兴盛，直接关系到一个时代的道德风尚。梁启超从“新民”的高度去回首遥遥历史，企图重建、振兴中华民族的道德风范，可谓用心良苦，高瞻远瞩。

新民！新民！汝在何方？

梁启超在架构中国思想史上堪称划时代的巨著《新民说》时，自然也离不开对“权利”和“自由”的阐述与思考。

梁启超以他一贯的活跃的思维付之活跃的笔端，常常有惊人之句出。他认为，权利思想是区别人与禽兽的一个重要分界，人不仅有“形而下”的生存，更重要的是还有“形而上”的生存。在形而上生存的诸多条件、要素中，“权利其最要也”。

一九〇二年，梁启超写《新民说》时，已经研究了卢梭的民权思想及社会契约的学说，并草就了《卢梭学案》、《论政府与人民之权限》等一些重要著作。以西方自由主义为内涵的个人权利思想已经在影响梁启超了，这毋庸怀疑。然而这一时期，或许是痛感到“中国今日之病”，“中国之弱，今日而极矣”，此种急迫心情下，社会达尔文主义的强权思想，成了梁启超权利观的主要理论支柱。

梁启超说：“权利何自生？曰生于强。彼狮虎之对于群兽也，酋长国王之对百姓也，贵族之对平民也，男子之对女子也，大群之对小群也，雄国之对孱国也，皆常占优等绝对之权利。非狮虎酋长等之暴恶也，人人欲伸张己之权利而无厌，天性然也。”

梁启超在《新民说》中流露出对十九世纪德国思想家伊耶陵（Jhering）《权利竞争论》的情有独钟：权利的目的在于和平，但实现这一目的之手段则只能是战斗。有相侵者必有相拒，只要存在外来势力之侵入，则抗争、拒绝，为权利而战，权利出矣，权利保矣。反而言之，“权利之生涯，竞争而已”。梁启超还形象地援引古希腊神话中正义之神的左手执衡右手执剑，衡者量度权利之轻重缓急，剑者保护权利之归属实行。有剑无衡，势将残暴；有衡无剑，犹如空言。

结论是：人要有权利思想，然后才能铸就高尚人格。

一八四〇年以来，中国已经到了土崩瓦解的边缘，外遭列强侵略，一败再败；内受封建压迫，一苛再苛，不得已把目光投向西方是为寻找富强之道，遂有洋务运动，遂有百日维新。然而在这忧患混沌之世，真正能以大智慧的眼光认识中国问题之根结并明确向世人宣示者，梁启超为极少数人之一！

如果说梁启超因为“广读西书”而不时心潮激荡的话，那么最激动人心处，则莫过于他抓住了中国只有通过民族独立以及建立议会政治，实现民主这一根本之关键。

自从涉及政治，他奔走呼号的一直是建立强大的民族国家的问题，他眼见的中国人破坏力之强大，因此他没有把个人自由的发展看作是社会自由发展的先决条件，而认为离开了国家民族的自由就谈不上个人自由。

梁启超的这种自由观，与西方近代的自由主义思想的主流无关，但是，他从中得到了启示，找到了中国问题的病根所在，与此同时熏陶他成长的儒学与佛学使他的自由思想多少又有点儿不太自由了，近乎南海之自由边界说。

为架构、创造新民之说，梁启超自然不能略去冒险、进取与尚武精神。在这辽阔无垠的新民之梦中，梁启超神游、感慨，有时激昂，有时消沉。

梁启超认为“士”的含义，早已经混淆不清了，也与中国无所不包的传统文化内涵并非完全相符。早在先秦时代，中国人的价值取向中便体现了对“力”与“武”的向往追求。顾颉刚先生也认为“士”最初指的是武士而不是文人，具有必不可缺少的强烈的“侠义精神”。到春秋战国，儒家尚柔反力、重文轻武，从此“羞言戎兵”，“惟尚外表”。汉武帝时定儒学为天下独尊，中国柔性文化高扬，尚武精神几近扑灭。然后是两千年来以文弱闻名天下，到近代则成为“东亚病夫”。

文弱便也罢了，可是酝酿这文弱的柔性文化却具有极大的同化力。梁启超感叹道：就连“强悍性成驰突无前之蛮族”也一概被同化而“筋弛力脆，尽失其强悍本性”。比如清朝八旗子弟，会吟诗对对子之后便骑不上战马了。

“受病之源”又究竟何在呢？

梁启超认为一是大一统局面之形成；二是儒教的局限；三是“霸者之摧荡”；四是“习俗之濡染”。

梁启超把“国势之一统”列为病源之首，可谓意味深长。从国家的一般意义而言，大一统的理念也许不独中国人有，外国人也一样。否则，英国为什么自称“日不落帝国”，美国为什么要打南北战争？但，大一统统到像中国封建社会那般严密如铁桶，而这一切又仅仅是为了一姓之天下的“太平歌舞，四海晏然”，那就不多见了。任公此说，后亦为南海所责，事缘梁启超等致书南海，谓“若中国各省独立，或可救陆沉鱼烂于万一”。康有为以印度分立而亡教训道：“何以出此亡国奴种之言耶？呜呼！何为吾人乃发此亡国绝种之念耶？”又告诫，万勿“自以为欧、美之书”，为“大地必然之趋势”，之所以谬，大谬，乃“不考亚洲之故事也”。南海并有长叹：“其亡！其亡！系于苞桑。”（详见拙著《先知有悲怆·追记康有为》）

秦王扫六合之后，“尚武”精神被看成是野蛮的象征，国风民气渐入心弛、气柔、骨软、力弱之境，阳刚之气不复存在。

冒险、进取及尚武精神，是心智、体魄的综合，梁启超还注意到了中国人的“婚期太早，以是传种，种已孱弱”的遗传性缺陷。

几千年来，在中国，尤其在士大夫阶层，梁启超指出“以文弱为美称，以羸怯为娇贵，翩翩少年，弱不禁风，名曰丈夫，弱于少女”的现象实在是普遍的，见于各种古典文学作品中。当然也要背书、对对子、做八股文，长大以后呢？“则又缠绵床笫以耗其精力，吸食鸦片以戕其身体。鬼躁鬼幽，跂步欹跌，血不华色，面有死容，病体奄奄，气息才

属。合四万万人，而不能得一完备之体格。呜呼！其人皆为病夫，其国安得不为病国也。”（《新民说·论尚武》）

于是，梁启超向国人大呼：“生存竞争，优胜劣败。吾望吾同胞练其筋骨，习于勇力，无奄然颓以坐废也。”

心力，胆力，体力之不足，如得不到改善，那么新民之说岂非南柯一梦？一切的一切，科技需得有人实验，体制需得有人运作，国防需得有人当兵，还有梁启超心仪的康德的纯性智慧，倘无强健的体魄，这些都是空话与废话。

梁启超惊呼道：“盖强权之世，惟能战者乃能和。”

他认为，中国舍自强自立，刚毅武勇，别无出路：“今日群盗入室，白刃环门，我不一易其文弱之旧习，以固其国防，则立羸羊于群虎之间，更何术以免其吞噬也！”

试论梁启超的新民之说，似应指出，梁启超关于新民的理论既是改良主义的，又是民族主义的，并且渗透着爱国主义的情操。在这里，笔者所称的改良主义并没有丝毫的贬义，也不仅仅是相对于革命而言的。显而易见，就人的素质的改造、进步而言，改良主义是唯一之途，中国国民性的弱点不去逐步改良，难道还能有别的一了百了的灵丹妙药？

新民之梦或可说即是重建新国家之梦。

新民之梦也是国人面目焕然一新之梦。

梁启超以每日五千字写作，知其学养深厚者，不知其思从何出？知其思如泉涌者，又不知其笔端之热情何能炽烈长久？笔下之气势何以磅礴云汉？是夜搁笔，出门，仰望，异国他乡之明月空间，仿佛有人影出，有声音出，系古今中外之先哲也，先声也，暗夜中之炬火烛照任公者也。独独今夜，梁启超没有背诵苏东坡、辛稼轩的诗词，展现于眼前的是康德的墓碑及铭文：

有两种东西当我们愈经常愈反复思想时，会给我们时时更新，有加无已的惊赞和敬畏之情：头顶之星空，内心之道德律。

第八章 『私有制，乃一切文明之源』

识梁启超者，先康有为而后黄公度。

知梁启超者，黄公度不让康有为。

黄公度遵宪在推动中国变革的维新事业中，有三点显示其地位重要而独特：旧学深厚，诗文俱佳；且屡为清廷使外大员，特采中西而又力主“和而不同”者，其一也；以他的年岁和地位，在维新中常常居间调和，又以几十之书信与康、梁协商维新事业之方针大计，并有高远之见，其二也；对梁启超的为人、才能与文章，极其赏识，极力鼓舞以为精神之后援，忘年之交而相知相得，其三也。

点燃一支烟，泡一壶茶，偷得一时闲，读黄公度的信，有时是隔一段日子重读，对梁启超来说，都是赏心乐事。一九〇五年一月十八日，黄公度曾有书达。这一封书信，一如以往，论救国之道、对康梁的看法，又直言自己“尚无治疗之方”的肺疾而谈生死，“一死者泯然澌灭耳”，又谓“然一息尚存，尚有生人应尽之义务，于此而不能自尽其职，无益于群，则顽然七尺，虽躯壳犹存，亦无异于死人”。黄公度，诗人也，佳作累累。信中“无辟死之法，而有不虚生之责”，可称千古格言！公度先生又言，“此缄初作在腊底，雷雨时行，继以积阴，凡二十日，无一日晴。此在去岁时，必阁笔枯坐矣。今犹能作数纸，可知稍愈于前矣”。读到这里，梁启超稍觉心宽，结句谓“各努力自爱，不布所怀。布袋和尚”。公度先生有多种笔名，此书却又作“布袋和尚”了。

此种书札，彬彬矣，朴茂矣，至情至性矣！愿与读者诸君共读之：

饮冰主人惠鉴：腊八日聚数友啖粥，得士果（士果姓何，前驻日公使何如璋之子——原初稿批注）函，中有公书，外有阿龙造像，又时务学堂留学诸君公赠摄影。（为我致谢。前有诗云：国方年少吾将老，青眼高歌望汝曹。为我诵之。）今腊不尽只三日矣，又得公书及秉三西京所发函。爆竹声中，屠苏酒畔，挟此展读，半年岑寂，豁然释矣。前方函告由甫讯公所以疏阔之故，得此札已喜又忧。喜则喜吾之病中纪梦诗，既入公耳，且与秉三促膝读之。（己亥杂诗，公以为成连之琴，足移我情，此数字直入吾心中，安得尽发箧中诗，博公赞辞，作我良药也。）忧则忧公意兴萧索，杂坐于秉三、哲子之间，神采乃不如人，面庞亦似差瘦也……

至见面筹商各节，弟之一身如此痼疾，不堪世用，此可无庸议。若论及吾党方针，将来大局，渠意盖颇以革命为不然者。然今日当道实既绝望，吾辈终不能视死不救，吾以为当逃其名而行其实。其宗旨曰阴谋，曰柔道；其方法曰潜移，曰缓进，曰蚕食；其权术曰得寸得寸，曰避首击尾，曰远交近攻。今之府县官所图者，一己之黜陟耳，一家之温饱耳；吾饵之饲之，牢之笼之，羁縻之，左右之，务使彼无内顾之忧，无长官之责。彼等偷安无事，受代而去，必无有沮吾事者，继任者必沿袭为例，拱手以事权让人矣。其尤不肖者，搜索其劣迹以要挟之，控诉于大吏以摘去之。总之，二百余年朝廷所以驭官之法，官长上图保位，下图省事之习，吾承其弊，探其隐迎其机而利用之。一二年间，吾人羽翼既成，彼地方官必受吾指挥，而唯命是听矣。异日相见，再倾筐倒箧而出之，公先抄此纸藏其名而密告之，何如？

近得南海落机山中所发书，嘱以寄公，今递来一阅，他日仍以还我。前岁获一书，言事事物物与吾同，无丝毫异者。所著《官制考》屡索品题，如所谓保国当中央集权，保民当地方自治，此真所见略同者（二十年来吾论政体即坚持此见，壬寅所寄缄曾略表之）。即圣贤复起，亦必不易此语。惟此函所云，中国能精物质之学即霸于大地，以之箴空谭则可，以此为定论则未敢附和也。渠谓民主革命之说，在今日为刍狗，在欧洲则然，今之中国原不必遽争民权，苟使吾民无政治思想，无国家思想，无公德，无团体，皮之不存，毛将焉附。物质之学虽精，亦奚以为哉。

所惠《中国之武士道》（杨序极精博，为吾致意）、《中国国债考》均得捧读。以公之才识，无论著何书，必能风靡一世。吾有一三十年故友，谓公之文，有大吸力，今日作此语，吾之脑丝筋随之而去，明日翻此案，吾之脑丝筋又随之而转，盖如牵傀儡之丝，左之右之，惟公言是听。吾极赞其言（吾论诗以言志为体，以感人为用，孔子所谓兴于诗，伯牙所谓移情，即吸力之说也）。此二书均救世良药，然更望公降心抑志，编定小学教科书，以惠我中国，牖我小民也。

公二年来所谋多不遂，公自疑才短，又疑于时未可，吾以为所任过重，所愿过奢也。当公往美洲时，吾屡语由甫，事未必成，但以吾离美日久，或者近年华商其见识力量，能卓然自立，则非所敢知耳。今读公《新大陆游记》，则与弟在美时无大异，所凭借者不足以有为，咎固不在公，公之咎在出言轻而视事易耳。公今年甫三十有三，年来磨折，苟深识老谋，精心毅力，随而增长，未始非福（七年来所经患难，不足以挫公，盖祸患发之自外，公所持之理足以胜之，惟年来期望不遂，则真恐损公豪气，耗公精心矣）。公学识之高，事理之明，并世无敌；若论处事，则阅历尚浅，囊助又乏人，公龄甫三十有三，欧、美名家由报馆而躐居政府者所时有，公勉之矣，公勉之矣。

弟所患为肺管微丝泡，舒缩之力，不能完全，此在今日医术中，尚无治疗之方，然诚能善于摄养，或好天时，或善地时自调停亦不至遽患伤生，惟不能任事矣。余之生死观，略异于公，谓一死则泯然澌灭耳。然一时尚存，尚有人生应尽之义务，于此而不能自尽其职，无益于群，则顽然七尺，虽躯壳犹存，亦无异于死人。无辟死之法，而有不虚生之责，孔子所谓君子息焉，死而后已，未死则无息已时也。公谓何如？此缄初作在腊底，雷雨时行，继以积阴，凡二十日，无一日晴。此在去岁时，必阁笔枯坐矣，今犹能作此数纸，可知稍愈于前矣。尤有病间时，公读此，亦可稍慰，各努力自爱，不布所怀。布袋和尚。

（《梁任公先生年谱长编》181 页）

公度先生谓《中国之武士道》之“杨序极佳”，即杨度之序，并要梁启超“为吾致意”。

就在梁启超展读前书，盼公度先生病痾渐轻，再读来书之际，得黄公度先生逝世噩耗后，痛悼异常，当即在《饮冰室诗话》里记其事说：

二月二十八日忽得噩电，嘉应黄公度先生遵宪既归道山。呜呼痛哉！今日时局，遽失去斯人，普天同恨，非特鄙人私痛云尔。吾友某君，尝论先生云：有加富尔之才，乃仅于诗界辟有新国土。天乎人乎，深知先生者，必能信此言之非阿好也。

先生治事，文理密察之才，以吾所见国人多矣，未有一能比也。天祸中国，蹉跌之数十年，抑亦甚矣，乃更于其存亡绝续之顷，遽夺斯人，呜呼！何一酷至此极耶？

先生著述百余万言，其数年来与鄙人通信，则亦十数。壬寅本报中所载师友论学笺，题东海公、法时尚、任斋主人、水苍雁红馆主人者，皆先生之文也。其他述作，或演国学，或箴时局，一皆经世大业，不朽盛事，鄙人屡请布之，先生以未编定，不之许也。呜呼！先生所以贻中国者，乃仅此区区而已耶。天道无知，夫复何言?

先生平生所为诗，不下数千首，其赠余诗仅二。畴昔以自居嫌疑之地，不欲布之，今者先生已矣，仇先生者亦可以息矣。平生风谊兼师友，不敢同君哭寝门。呜呼！吾安无安得不屑涕记之。

（同上）

先生撰《嘉应黄先生墓志铭》一篇，有一段述两先生的交谊情形说:

某以弱龄，得侍先生，惟道惟义，以诲以教，获罪而后，交亲相弃，亦惟先生咻噢振厉，拳拳恳恳，有同畴昔。先生卒前之一岁，诒书某，曰:“国中知君者无若我，知我者无若君。”

今岁公度去，昨年伯姊亡，梁启超记道其姊“以产孪子，力不胜而亡。仆少丧母，与姊相依为命。覯此大故，痛彻心骨”。

一九〇五年，还有大事可记:八月中国同盟会成立，举孙文为总理。十月，同盟会之《民报》第一号，即向梁启超宣战（《梁启超年谱长编》231 页）。

梁启超一生多变，新大陆之行后，形成了他政治及文墨生涯的又一个新的转折点。

如前所述，新大陆之行是梁启超渴望已久，而成行之后又是极富收获的一次游历。他所到之处，备受华侨的欢迎。其间他前往著名学府哈佛，拜望了已七十六高龄的容闳先生，向他请教谋国之大计方针。梁启超并与国务卿海约翰会谈了两个小时，受到了西奥多·罗斯福总统的接见。

波士顿留给梁启超的影响是最深刻的，他在那里停留了九天，有一半时间作演讲。当地新闻媒介以浓重的笔墨、大版的篇幅报道了梁启超动情动人、富有思想魅力的演讲，以及盛况空前的欢迎场面。

一九〇三年五月二十六日的《波士顿晚报》说：

> 大共和国的梦想，使全部唐人街颤抖。梁启超借助描绘未来之新中国，唤起了潜在的爱国热情，东方的马克·安东尼告诉中国人，他们怎样处在奴隶的地位。

梁启超的演说，常常是在暴风雨一般的掌声之后，听众仍不愿离去，这个时候站在讲台上频频挥手的梁启超却是百感交集的。

他刚从波士顿港口来到这个讲台上。

波士顿港口是一个平常的港口，却因为偶然地成为美国独立战争导火线所在地，而不朽于美利坚的史册。波士顿倾茶事件源于北美殖民地人民夜袭英国货船，他们将几十箱茶叶倾入海中，由此触发美国独立战争。梁启超漫步波士顿港口，看船舶来往，听汽笛嘶鸣，能不想起广州虎门炮台以及林则徐焚烧鸦片之举？在梁启超看来，发生于中美不同时期却同是针对老牌英帝国的两个事件极为“相类”，结果却天差地别：“美国以此役得十三省之独立，而我中国以此役启五口之通商。”

波士顿，你能告诉梁启超什么？

梁启超是满怀着对西方民主共和制度的憧憬与向往前往美国的，到了美国之后，他却声言他将告别共和。

一个人有什么样的信仰、政见，这是极为个人化的，但因为这个人是叱咤风云的梁启超，其骤然之变便语惊四海了。笔者已经在前文中写到过促成梁启超不主张共和的原因之一，是对美国华人社会的种种失望，由此想到中国人的素质，中国国民性的弱点，促使他对能否立即在中国实施民主共和制度作出新的思考与判断。

这一思考与判断的结果是：梁启超又重新回到改良主义的营垒中。

也就是说，百日维新失败而逃亡日本，主张实行民主共和，并对旧社会不惜破坏的梁启超，在与康有为曾经拉开很长一段距离、被革命派视为“同志”之后，又回到康门之下了。

意想不到？意料之中？

难道这是新大陆给他带来的新转变？他看到了土地广袤、河山秀丽，也看到了社会政治、思想文化、道德观念方面均与他过去所见之世界迥然不同的新大陆，则为之叹服也因之茫然。如此之后，梁启超却毫不掩饰他自己的“思想退步”，自美洲回日本，宗旨顿改，言论骤变。

但，不能就此便说是判若两人了。

因为无论自己怎样变，梁启超仍然以救国救民为第一要义。他的不少理论的重要性，则远远超出了革命与改良的分界，他丝毫也没有松懈过自己的斗志，他从来也没有放松过为“少年中国”鞠躬尽瘁的努力奋斗。

他只是惧怕革命了。

他在《政治学大家伯伦知理之学说》，以及别的一些文章中认为，中国一旦实施革命，未得其利却先遭其害：

> 中国无革命者已，苟其有之，则必百数十革命军同时并起，原野厌肉，川谷阗血，全区糜烂，靡有孑遗！

不仅如此，甚至还有引狼入室、外敌入侵、民族分裂的危险。

梁启超断然宣布“反对破坏主义”、“与共和永别”。

梁启超并不反对民主共和体制本身。

他只是认为其时中国的社会情状及国民素质，实在不适合采用这一体制。而一个国家选择什么样的社会制度，不能只根据制度本身的优劣高下，还应结合该国该民的教育状况、思想素质、国民心态加以判断。

佳酿虽美，人人可以得而饮之吗？

珠宝至珍，人人可以据为己有吗？

梁启超无奈地写道：

> 自由云，立宪云，共和云，如冬之葛，如夏之裘，美非不美，其如于我不适何？

梁启超革命回到改良的转变，也可从另一些方面予以考察，即梁启超与康有为的关系的起落及影响。自从逃亡日本，梁启超思想的激进，言论的高昂，加上《清议报》、《新民丛报》影响之广，实质上已经拉开了康梁之间的距离，康有为曾经震怒，却也奈何梁启超不得。

就在这个时候，梁启超与革命党如孙中山的关系理应紧密却并未紧密，他被兴中会人群起而攻之。于是处境就十分难堪了：既不得师门之爱，几被逐出；又与革命派分道，便处在被夹击之中而深感孤立无援。

一九〇三年前后，国内革命形势汹汹，唾弃保皇主张的人愈来愈多，保皇派对梁启超口诛笔伐，徐勤在给康有为的信中写道：

> 此事实卓如为最之魁也。……不观于今日卓如之情形乎？未革满清之命，而先革草堂（万木草堂）之命；且不独革草堂之命，而卓如已为其弟子所革矣。今日港沪之报纸大攻吾党者，全出卓如弟子之手。……且卓如不特其弟子攻之已也，其所最崇拜而重托者，一为之，一荫南，然一则阴险以害之，一则糊涂以累之。卓如若欲另立一党，弟子可决其不旬日即败矣。

徐勤此信说明了梁启超处境之不妙，同门中人已视他为“叛逆”了。

一九〇三年夏天，“苏报案”发生，被囚禁的章太炎于狱中发出的一封信，也强烈地刺激了梁启超。

章太炎在信中指责吴稚晖叛变，向清政府告密，致有“苏报案”发生，这一指控使革命党中人群情激奋，也不免为难。

梁启超读到此一信函的抄件后，感慨良多，他坚持认为从事社会改造的人，必须具有高尚的人格和道德责任感，吴稚晖卖友求荣，梁启超震惊之余问道：“似此人而可为此事，则又何人而可信耶？”

与此同时，康有为的营垒却仍然欢迎梁启超回头是岸。康梁之间的情谊本来非同寻常，尽管康有为一再怒斥梁启超，但康有为又如何忍心将这位名满天下的高徒真正逐出师门呢？在这一点上，康、梁的分寸都拿捏适度，且留下了各自退一步的余地。

从美洲归日不久，梁启超思虑再三，终于主动作出姿态，给徐勤写了一封信，其中说：

> 长者[①]处因相隔太远，而弟往书颇疏，故生出种种支离。实则弟自问一年来其对不住长者之举极多，无怪其恼怒，一切严责之语，弟皆乐受。因长者知我为可责之人，乃肯见责也。前日之事实，或有实由弟之悖谬者，亦有出于无心，而既生支离后，愈滋支离者。今弟所自认悖谬之处，悉以诚心悔改，其他出于无心者，亦断无不可解之理。惟通信少则支离多，此亦自然无可逃避；而相隔远则通信愈稀，又人之常情。即如弟今在美，惟日日与美中人通信。每极烦数，而日本则大减少矣（初到加时犹多）。此不知为弟一人之短处耶？抑人类之公例也？故请公及璧妹常将弟所寄之书顺封寄长者处，亦可令其常知其中情形，亦较亲密之一道也。……
>
> （光绪二十九年《与雪庵书》）

梁启超认错知罪表示：“诚心悔改”之日，便是他暂归康门回到改良营垒之际。

有论者认为，这是梁启超的悲剧。

以笔者看，其实无悲亦无喜。对于二十世纪初叶这样一个大时代而言，多一个激进的革命派或渐进的改良派，无关宏旨，皆无以改变历史走向。要紧的是，梁启超尖锐而深刻地指出了中国国民性的弱点，并且从理论的高度系统架构了国民性改造的方针大计，仅此一点，梁启超在中国思想史上，便具备了超越党派和政见的地位。

这是中华民族于救亡图存的年代何等宝贵的思想启蒙啊！

一九〇五年八月二十日，兴中会联合华兴会、光复会等革命团体，

---

① 指康有为。笔者注。

组成了中国近代史上的第一个资产阶级政党——中国同盟会。同盟会以孙文为首，提出了“驱除鞑虏，恢复中华，创立民国，平均地权”为内涵的三民主义政治纲领，并在东京设立了自己的机关报——《民报》。

同盟会成立后不到一个月，清政府迫于内外交困，为应付局面而派出载泽、端方等五大臣前往欧美及日本“考察政治”。次年九月，清廷根据五大臣的密奏，颁发了“预备仿行宪政”上谕，即是预备立宪。

康有为一派闻之雀跃，他们似乎看到了君主立宪政治理想的一抹曙光。梁启超在给蒋智由的一封信中天真愉快地认为：

> 今夕见号外，知立宪明诏已颁，从此政治革命问题可告一段落，以后所当研究者，即在此过渡时代之条理如何。

但，梁启超又不能不忧心忡忡了。

自同盟会成立，因为其政纲明确，对清政府不抱任何幻想，一时热潮滚滚，革命的旗帜和口号席卷东京。更多的人投奔同盟会，改良派的阵营便显得不那么富有生机了。

一九〇六年十一月，梁启超给康有为的信中写道：

> 革党现在东京占极大之势力，万余学生从之者过半……近日举国若狂矣。真腹心之大患，万不能轻视者也。……今者我党与政府死战，犹是第二义；与革党死战，乃是第一义。有彼则无我，有我则无彼。

在“死战革命党”这一点上，梁启超表现了过去从未有过的立场坚定，旗帜鲜明。

梁启超所谓的“死战”，乃笔战与舌战，火药味很浓，却是飘散于字里行间了，并无真枪实弹刀光剑影在。

早在同盟会成立之前，双方的笔墨与口舌之争便从未间断过，所取的方法大体上便是你办一报，我亦办一报；你去一地演讲鼓吹改良，我也搭台宣传革命。改良派在香港、广州有《商报》、《岭海报》，革命派便以《中国报》抗衡；改良派在旧金山有《文兴报》，革命党便发行《大同报》等等。

这一时期双方的争论不甚激烈，也不算精彩，究其原因一是改良和革命的界限尚不甚分明；其次便是言论的大将较少出场，如梁启超内心倾向过革命，有时便隔岸观火。因而争论无论规模和影响，均为有限。

同盟会既成立，康梁为之震撼，再加上清廷预备立宪，双方宗旨既定，改良派一方又因梁启超彻底回归，于是以《新民丛报》为主阵地，连连发炮。一九〇五年，新的旷日持久的论战开始了。

同盟会这边，孙文、章太炎、汪精卫为首，以《民报》为基地，并径向梁启超宣战；改良派则以梁启超为代表，据守《新民丛报》。

以笔力及文章影响论，革命党中人无人可与梁启超相匹敌。唯有章太炎国学功底极为深厚，笔下功夫也不一般，只是梁启超始终有自己的报纸作凭借，从《时务报》、《清议报》到《新民丛报》，文名早已如日中天。再加上“报章体”这一新的文体由梁启超首创，因而尽得先声，自当无疑。或许梁启超踌躇满志宣称“死战革命党”时，也考虑了这些因素，以为可操胜券的。

殊不知双方一交火便显出了总体力量的强弱，革命党中集合了一批年轻有为，文章也写得虎虎有生气的人才，如汪精卫。梁启超初读他的文章，以为是无名小辈，及至读完不得不叹道：“好生了得！”

改良这派中，真正能写大文章的仅康梁而已。康有为不时为“衣带诏”及华侨所捐款项问题困扰，于是常常由梁启超一个人实行挑灯夜战、车轮大战。夜夜著作，今日与孙文论，明日和章太炎战，后天再同汪精卫干，实在是累极。

孙文长期从事反清革命，作为政治家，在政治上的考虑又胜过梁启超一筹——比如对中国老百姓极有号召力的“平均地权”说，革命党主张在政治制度变革的同时，改变现存土地占有关系，实行社会革命，以解决民生问题，而“举政治革命与社会革命，毕其功于一役”。

如果说梁启超在这场论战的最后是处于下风的话，归结起来却是因为，进入二十世纪的中国民众对长期的封建专制统治已失去最后耐心。孙文为代表的革命党主张以暴力推翻清政府，实现平均地权、民主共和的愿望是符合当时潮流的。因而，梁启超不可能在形势显然有利于革命而不利于保守主张的情况下力挽狂澜。

但，这并不等于说梁启超对种族、政治及社会革命问题的所有理论都是错误的，相反，在时间的观照下，梁启超的不少观点已经被证明是正确的，其坚持改良是远见卓识。

历史告诉我们，有时候，处于高潮时期的、轰轰烈烈的运动，可以掩盖某些事物的本来面目。一般来说，借助着岁月流逝之后的反思，才是冷峻而富有智慧的，因为成功者的光环也已经黯淡了。

梁启超不赞成以反满清为内涵的种族革命。在他看来，以武力推翻清王朝的主张是一种简单的也是可怕的“复仇主义”。梁启超认为满人在入关之初确曾有过种种残害汉民族的暴行，但经过长期的历史发展，满汉杂处，同朝议事，已是不争之事实，“满洲人实已同化于汉人，而有构成一混同民族之资格”。

梁启超还认为实施种族革命会招致亡国之祸，“复仇则必出于暴动革命，暴动革命则必继以不完全的共和，不完全的共和必致亡国”。

梁启超在《开明专制论》一文中，详述了中国不能实施民主共和制度的理由。他认为中国人“既缺乏自治之习惯”，“又不识团体之公益”，文化素养、道德水准、政治觉悟均属“未及格”，离民主共和的前提条件还很远。在这种情况下，即便能以武力战胜旧王朝，也必然会出现军队专权的局面，又何来议会民主？梁启超还认为，退一步，就算议会成立，以中国人的素质，如何运作并实现三权分立，以达到权力的均衡与制约，均属不可想象。这时候最有可能出现的是有军队背景的行政首脑或议会首脑的专制，民主共和徒托空言而已！

既然此路不能，还不如“君主立宪”或曰“开明专制”——梁启超认为。

梁启超对革命党各项主张中最深恶痛绝的大概是“平均地权”了。也正是在这一关乎中国绝大多数老百姓权益所在的问题上，梁启超因为坚持己见而处在了一个很不利的位置上。

然而，梁启超关于土地问题的论述，无论过去或现在，都渗透着他对现代文明的洞察，以及他认为的中国必须“奖励资本”的远见。

梁启超认为革命党以土地国有作为手段来平均地权之所以荒谬，是革命党人根本不知道私有制度乃是“现代一切文明之源泉”。

进而，梁启超又说，社会经济发展的最大动力，是从人类的利己之心出发的，如果夺去一些人的土地所有权，其结果必然是使人们不去勤劳，不敢致富，社会经济的发展不再有心理动力，势必从根本上“危及政体之基础”。同样的道理，梁启超也反对革命党“节制资本”的主张，他并不否认革命党有着为劳动者谋利益的良苦用心，但他又认为假如在资本主义已经发达的欧美实行这一方针还算对症下药。问题的关键是在中国资本主义仅仅能见到一点儿萌芽，而资本主义这一阶段从社会发展的意义来说，对半殖民地半封建的中国又是何等重要！此时此地，资本在哪里尚且不明晓，谈何“节制”呢？而是应该“奖励资本”，让资本家尽其财力，国家则实施保护民族资本，使中国的资本主义发展到可以跟欧美抗衡。如是，便能够从根本上抵制帝国主义对中国的经济侵略。

梁启超并且警告说，如果过早地“节制资本”，势必削弱国家的经济实力，人民除了受穷一路别无他途，无异于自取衰竭。

关于社会革命，以及土地国有论，在这次论战中梁启超用力最深，影响最广，其意义之深远又岂能以社会舆论一时得失论之？距今百年有余，读之仍然心动，任公为彼时作亦为今时作，比如土地、比如私有制。

梁启超就财政、经济、社会问题，“正土地国有论之谬误”，在梁启超看来这一些“普通学识以吾国今日现象相印证，则亦不无小补。故不惜冒浪费笔墨之稍长言之，非徒为彼报发也”。“彼报”指《民报》，非“徒为彼报发”，国人皆可深省之也，梁启超先说彼报之“以土地国有为单税手段，而谓为财政上一良法也”。此说之由来为同盟会中人称，“中国行了社会革命之后，私人永远不用纳税，但收地租一项，已成地球上最富国云云”。人民不纳税，土地国有而收取地租税，此所谓单税制，其实此种说词乃出于对“极普通之学说，无所闻知”(《饮冰室合集·文集》之二)。梁启超从国家财政而言，谓“则凡租税制度，必以公平而普及为原则，此稍治财政学者所能知也。使全国中一切人民，无论居何阶级，执何职业者，皆自然负担租税之义务，而无所逃。且自然比例于其负担之能力以为负担，如此者谓之良税，不如此者谓之恶税”。

仅仅这一并不复杂的人民需要交税，国家方可运行的道理，因为革命党人的土地国有仅收地租，私人永不纳税而大受欢迎，人皆不欲交税，而凡为国民皆有义务纳税，革命党人其实是学了李自成，“迎闯王，不纳粮”，违背常理而哗众取宠。梁启超详述土地单税制之不可实行后，又论及“租税之与政治，更有其密切之一关系焉，即人民以负担租税之故，常感痛苦，因此联想及己身与国家之关系，而责任观念、权利观念，并随之而生。试观英国宪法史上之大部分，殆皆反抗恶税之陈迹也。美国之独立亦为租税问题也。法国之革命，亦因财政紊乱也。彼文明国所以有今日，大率以此为之媒。当国民对于国事之利害，日趋淡薄，此必非国家之福明矣”。(资料同上)

土地国有论为什么不可行，首先是自然法的破产，即“土地者，造化主之生产物也，非由人力。故无论何人，不得独占其利益。盖土地价格所以逐渐腾贵者，非个人之劳力能使然，皆社会进步之赐也。故缘价腾所有之利益，自当属于社会。土地私有制度，实流毒社会之源泉也”。亨利·佐治的这一观点，十八世纪的西方思想家“盛称自然法”，即土地乃造物之产物。及至后来，“自然法之存在，久被否认，所谓规律，所谓公正，不过社会变迁之直接结果，而非自然法家所云。别有规律公正其物者，万古不易也”。或称其在太古，土地属人类共有，此原始氏族社会也，生产力之低下，农耕时代之前，唯狩猎与采摘。与其说是土地为人类共有，还不如说各不同氏族共有，或者更可说，当人类择水草而行时，除饥渴、性冲动之外，何有土地观念？待共有、共享之共物，成为此吾物也，此吾有也，此吾享也，这一私人的、私有观念的产生，梁启超说“实有历史上之理由，非可蔑弃者也”。任公所说“历史上之理由”，实即历史行程、社会进化之必然。而从共有到私有，也即私有观念的确立，乃至进而为土地私有制，很可能经历了一个渐进的、渐变的过程。因为采集伏羲的相关资料，笔者曾踏访天水大地湾遗址，典籍称，伏羲生于成纪，古成纪，即天水。大地湾已发掘的早期居室为半地下，约六七平方米，有灶、有灶灰。一室中又辟出二平方米小间。这个小间，有考古者认为是男女同居处。在有的小间中还有陶罐，罐中尚存业已碳化的干果食物——采集之物也。此罐此物先是使发掘者不解，后来则惊喜莫名：此为距今七八千年前的私有之物也，存以陶罐，非为共享而私有，一罐一果，实为人类天性中有私心、有利己之心的考古实物之证据。（详见拙著《荒门》，作家出版社）

梁启超接下来的言论，百年以前即为平常学识，百年而后，凡吾国人却仍有远见卓识之感叹也。归纳如下：1，“就历史上观察人类之普通性质，以研究现经济社会进化之动机”；2，“人类以有欲望之故，而种种之经济行为生焉，而所谓经济上之欲望，则使财物归于自己支配之欲望是也”；3，“惟归于自己之支配，得自由消费之、使用之、转移之，然后对于种种经济行为，得以安固为”；4，“故今日一切经济行为，殆无不以所有权为基础，而活动于其上。”“盖经济之最大动机，实起于人类之利己心。”

梁启超的结论是：“私有制度，实谓为现社会一切文明之源泉可也。”

梁启超同时还指出，土地国有化的危机在于“所谓国家以大资本家而经营者，亦限于独占事业而已……其结果势必尽吸一国之游资于中央，而无复余欲以供给私人企业之需要，则一国中无复大资本家出现，诚哉然矣，但不识当时国民经济之状况，其萎敝当何若耳”！

以上所例者，皆言经济，以政治而言，土地国有化使梁启超忧心忡忡的是，“然则此制度足以令政治趋于腐败，又必至之符矣”。（以上引文均见自《饮冰室合集·文集》之二，《驳某报之土地国有论》）

善哉！斯言。今日中国之土地财政，腐败重重，莫非土地国有化为其源由之一？

对于革命派社会革命、土地国有化诸类观点，梁启超说：

> 虽以匕首揕吾胸，吾犹必大声疾呼曰：敢有言以社会革命，与他种革命并行者，其人即黄帝之逆子，中国之罪人，虽与四万万人共诛之可也！

梁启超是二十世纪初叶的中国无可争议的一大思想家，同时又是学者型、文化型的政治家。他理论中的积极与进步一面可以把他推向前进，而消极和保守的一面却不能掩饰梁启超在众多问题上的真知灼见。

后人常常评说的梁启超理念中或心灵上固有的保守与消极的一面，是以他的文化积淀为基础的，因而是具有顽强的根底。梁启超的多变，以及在某种特定的环境下的激烈言论，却又悄悄地掩盖了他的保守和消极，有时甚至给人以完全相反的感觉。比如他一度深信并认为“中国之万不能革命”，与之呼应，梁启超也鼓吹“破坏”之说。

从根本上说，梁启超所受的中国传统文化的教育，到了海外汲取的西方文明的影响，决定了梁启超在政治道路上的走向。他真正顶礼膜拜、心向往之的是“平和的自由，秩序的平等，无血的破坏”，此种演革的理想是美好的，世上也不能说绝无仅有，可惜在中国行不通，或者说变革时期的中国历史无可奈何地已经选择了革命与破坏。再者，梁启超无法回答革命党的反诘：百日维新平和而有秩序，皇帝诏令变法绝对谈不上破坏，可是谭嗣同被砍头了，你说不流血行吗？

改良时代过去了，无论如何。

梁启超是目送这个时代过去的，却心有不甘，仍然编织着改良的蓝图，惧怕革命与破坏的到来。正如他对康有为所言：“先生惧破坏，弟子亦未始不惧。”梁启超畏惧破坏和暴力，认为“非有不忍破坏之仁贤者，不可以言破坏之计；非有能回破坏之手段者，不可以事破坏之事”。这是梁启超的仁爱与智慧，而别人攻其为抱残守缺的借口。倘若此时梁启超不是与革命党对立着死战，而是革命党中一个理论权威的诤言者，则革命与梁启超都将大放异彩。

对温文尔雅的变革的向往，是和梁启超温文尔雅的气质性格相一致的；同时他又不能不受到康有为、黄遵宪等人的制约。康梁是一段历史，曾蜚声世界，至于黄遵宪对梁启超的影响，可说是举足轻重的，这是两个人的互爱及友谊使然。他告诫梁启超只有“奉王权以开民智，分官权以保民生”，才能够“君权民权两得其平”，而不应“率之以冒险进取，耸之以破坏主义”。

革命党中汪精卫等发表的《民族的国家》、《论中国宜改创民主政体》等文章，也让梁启超大伤脑筋。革命党中人抓住清政权已成为卖国政权的立论，并注意划清统治者和普通满人的界限，这就破了梁启超的“种族复仇”论，在政治革命问题上，《民报》认为没有革命的剧变，就不可能真正开启民智，此论一出拥护者甚为众多，大家都盼着革命了。梁启超的追随者，《新民丛报》的读者群，纷纷倒戈，投向孙文及《民报》。

双方死战正酣时，正在中国大陆求学的高一涵后来回忆说：“我在先总喜欢读梁启超主办的《新民丛报》及《中国魂》之类的刊物。看到《民报》后才认识到国家不强是‘政府恶劣’而不是‘国民恶劣’，应该建立共和，不应该维持专制，种族与政治革命必须同时进行，种族革命绝不会妨害政治革命。”

显而易见，论战双方思想理论的传播已经影响了一代青年学子，一江春水向东流矣！

是役笔下死战，革命与改良两派在国内外二十多种报刊上先后交锋，历时两年余，论战文字超过百万言，针锋相对，寸步不让。虽说其结果是梁启超不支而落败，人们也有足够的理由批评梁启超反对民族民主革命的立场，但这绝不是说他的所有观点都是不足取的，他的学识与才情、见解，远胜其对手，历久而熠熠生辉。

同盟会言“驱除鞑虏”，梁启超认定中国是一个多民族国家，中华民族是由诸多民族共同组成的理念，在其时是超前而英明的，他认为：

我中国现在之领土，则黄帝以来继长增高之领土也；其国民则黄帝以来继续吸纳之国民也；其主权则黄帝以来继之主权也。

死战的结果，却是梁启超始所未料的。

后人能不能这样说呢？正是这两派论战的一胜一败，正是革命党有了梁启超这样一个“言论界之骄子”的对手，才使这场论争的影响扩大至极限，并且为以后的中国的变革实行了一场世纪舆论总动员，并留下诸多悬念。

一时之论非一世之论，一世之论亦非百世之论也。

一九〇六年十一月，梁启超通过徐佛苏向革命党人发出了停止论战的建议，宋教仁的日记记下了徐佛苏的一席谈话，可以印证当时：

四时，至徐应奎寓，坐良久。谈及梁卓如。应奎言：“梁卓如于《民报》上见君文，欲一见君，且向与《民报》辩驳之事，亦出于不得已。苟可以调和，则愿不如是也。《民报》动辄斥其保皇，实则卓如已改变方针，其保皇会已改为国民宪政会矣。君可与《民报》社相商，以后和平发言，不互相攻击可也。”余答以将与《民报》社诸人商之，改日将有复也。

日记中所记的徐应奎即徐佛苏，梁卓如即梁启超。

同年，《新民丛报》第十一期发表了徐佛苏的《劝告停止驳论意见书》，正式呼吁停止论战。但，革命党方面，孙文、胡汉民等均不以为然，未加理会。梁启超只好自己收兵，结束死战。一九〇七年三月，《新民丛报》报馆及上海支店接连遭受火灾，加上书局营业不振，难以为继，七月，《新民丛报》停刊。

一个阶段结束了。

永存于人间的是它的过程，是万众争阅《新民说》的前天，也是死战革命党的昨天，梁启超抚着最后一期《新民丛报》不忍开卷。告别读者，这对他来说才是最痛苦的，可是他实在太累了，已经力不能支了。以梁启超的敏锐，他怎能看不到当时在中国的潮流所向？他可以坚持自己的不少观点，他仍可为自己的某些立论及学说自豪，他自问：改良就是落伍吗？土地不得私有、血肉横飞便是进步吗？

这总是在撩拨他心绪，又使他不得安宁的政治啊，梁启超想，我何苦来着？写文章办报不是挺好吗？可是，若土地沉沦，家国何在？

是年隆冬，梁启超蛰居横滨乡下。

横滨乡间小路，梁启超独自漫步，那风刺骨也刺心，万里投荒不觉又是一年了，三十初度，百事茫然，天上彤云，脚下旷野，却都是陌生的，异乡哀时客也。

梁启超难得有此时的寂寞。

梁启超是不甘寂寞的。

那不是一个寂寞的年代。

“土地之荣枯，我民族之荣枯也。”

第九章 宪政波澜

横滨寒冷的冬夜，梁启超有诗记道：

泪眼看云又一年，
倚楼何事不凄然。
独无兄弟将谁慰，
长负君亲只自怜。
天远一身成老大，
酒醒满目是山川。
伤离念远何时已，
捧土区区塞逝川。

黯然神伤的梁启超不会就此罢休，悄然兴起的立宪运动，给了他一次不仅是理论上，而且是有可能进行实际操作的、尝试宪政的机会。

国事真有未可料者。一九〇五年日俄战争结束后，清朝亲贵中也附会维新，以端方为最。当梁启超与革命派笔战犹酣、势同水火时，与端方“频以书札往还”（《梁启超年谱长编》230 页）是有清政府派五大臣出洋考察事。拟于八月成行，遇炸于火车站，十一月再行。张季直有记："八月，政府遣五大臣考察欧洲各国宪法，临行炸弹发于车站，伤毙送行者十余人。是时革命之说甚盛，事变亦屡见。余以为革命有圣贤、权奸、盗贼之异，圣贤旷世不可得，权奸今亦无其人，盗贼为之，则六朝五代可鉴。而今世犹有外交之关系，与昔不同，不若立宪可以安上全下，国犹可国，然革命者仇视立宪甚，此殆种族之说为之也。……十一月，宗室载泽、端方、戴鸿慈、尚其亨、李盛铎等复出洋考察宪法。先是铁良、徐世昌辈于宪法亦粗有讨论，端方入朝召见时，又反覆言之，载振又为之助，太后意颇觉悟，故有五大臣之命。既盛宣怀倡异议，袁世凯觇候风色不决，故延宕至三月之久，重有是事也。"（《啬翁自订年谱》卷下第十八页）

清廷五大臣联袂出洋考察宪政，在欧、美、日转了一圈，历时九个月。五大臣到日本后，由于对宪政一无所知，便找梁启超暗地里出谋划策。梁启超大喜，代草考察宪政、奏请立宪、赦免党人、请定国是之类奏章二十万言。梁启超在给徐佛苏的信中曾谈及此事：

> 近所代人作之文，凡二十万言内外，因抄誊不便，今仅抄得两篇，呈上一阅，阅后望即掷返。此事不知能小有影响否，望如云霓也。诸文中除此两文外，尚有请定国是一折亦为最要者，现副本未抄成，迟日当以请教。……此文请万勿示一人。
>
> （《梁启超年谱长编》231 页）

一九〇六年八月，五大臣考察返回国内后，载泽上书慈禧提出实行君主立宪的三大好处，一曰："立宪之国君主，神圣不可侵犯"；二曰："一旦改行宪政，列国之鄙我者，转而敬我，将变其侵略之政策，为平和之邦交"；三曰："施行宪政，则世界所称公平之正理，文明之极轨，彼虽欲造言，而无词可藉，欲倡乱，而人不肯从，无事缉捕搜拿，自然冰消瓦解"，以达到"内乱可弥"。

慈禧太后七次召见出洋大臣，反复密议后预备立宪，慈禧一刻也没有忘记大权独揽的重要性，因而强调立宪宗旨为“大权统于朝廷，庶政公诸舆论，以立国家万年有道之基”。

一九〇六年九月一日，清廷下诏预备立宪，称数年后察看民智，再定实行年限。诏文云：

> 光绪三十二年七月十三日奉上谕：朕钦奉慈禧皇太后懿旨，我朝自开国以来，列圣相承，谟烈昭垂，无不因时损益，著为宪典。现在各国交通政治法度，皆有彼此相因之势，而我国政令积久相仍，日处阽危，受患迫切，非广求智识，更订法制，上无以承祖宗缔造之心，下无以慰臣庶治平之望，是以前简派大臣分赴各国，考查政治。现载泽等回国陈奏，深以国势不振，实由于上下相睽，内外隔阂，官不知所以保民，民不知所以卫国，而各国之所以富强者，实由于行宪法，取决公论，军民一体，呼吸相通，博采众长，明定政体，以及筹备财政，经画政务，无不公之于黎庶。又在各国相师，变通尽利，政通民和，有由来矣。时处今日，惟有及时详晰甄核，仿行宪政，大权统于朝廷，庶政公诸舆论，以立国家万年有道之基。但目前规制未备，民智未开，若操切从事，徒饰空文，何以对国民，而昭大信。故廓清积弊，明定责成，必从官制入手，亟应先将官制分别议定，次第更张，并将各项法律，详慎厘订，而又广兴教育，清理财政，整顿武备，普设巡警，使绅民明悉国政，以预备立宪基础。着内外臣工，切实振兴，以求成效。俟数年后，规模粗具，查看情形，参用各国成法，妥议立宪实行期限，再行宣布天下。视进步之迟速，定期限之远近。著各省将军、督抚晓谕士庶人等，发愤为学，各明忠君爱国之义，合群进化之理；勿以私见害公益，勿以小忿败大谋；尊崇秩序，保守和平，以预储立宪国民之资格，有厚望焉。将此通谕知之，钦此。
>
> **（光绪三十二年七月十五日《申报》）**

宪政运动也由此展开。

梁启超立即着手组织政党，拟名为“宪政会”，以期在宪政运动中捷足先登，至少不在人后。这个想法得到康有为的首肯后，梁启超联合杨度、熊希龄共同谋划，并拟在北京创办一份报刊，作为“宪政会”的喉舌。对于“宪政会”的主旨，康梁可谓用心良苦，立足于统一并集合立宪派的力量，既与革命党对垒，也可敦促清廷从预备立宪迅即过渡到实施立宪，从而使本派势力成为立宪党人的核心，与革命党争夺国内地盘。梁启超在论及“宪政会”的作用时表示：

> 今日局面，革命当鸱张蔓延，殆遍全国，我今日比寻竭尽全力与之争，大举以谋进取；不然，将无吾党立足之地。故拟在上海开设本部后，即派员到各省州县演说开会，占得一县，即有一县之势力；占得一府，即有一府之势力；不然者，我先荆天棘地矣。

酝酿“宪政会”同时，康梁还变换了“保皇会”的招牌。一九〇六年十二月九日，康有为在纽约《中国维新报》上发表公告，宣布“保皇会”更名为“国民宪政会”，一九〇七年又改称“帝国宪政会”。

“宪政会”的牌子终究没有能够正式面世，原因是在立宪尚未正式开张时，流亡诸公派系权力斗争便已经开始。

一九〇六年十二月，张謇组织“预备立宪公会”，抢先把国内的立宪派集合到了自己的旗下。一九〇七年春夏之交，杨度又与梁启超失和，梁启超愤而指责杨度“欲以其所支配之一部分人为主体，而吾辈皆为客体而已。吾辈固非不能下人者，苟有一真能救国之党魁，则投集其旗下为一小卒，固所不辞，但某君果为适当之人物否，能以彼之故而得党势之扩张否，则不可不熟审耳”。

康梁和杨度只能分道扬镳。

为对付杨度的“着着先行”，康梁决定争取抢得先着，“速设一机关”，由梁启超、蒋智由、陈景仁、徐佛苏按照“宪政会”的筹划，另成组织，并设机关刊物。总而言之，立宪事大，立宪过程及以后事态倘无康梁参与，岂非一切落空了吗？

一九〇七年十月十七日上午，政闻社在东京神田区锦辉馆宣告成立。机关刊物为《政论》，创刊号上发表了梁启超执笔的《政闻社宣言书》。在这篇长达数千言的宣言书中，梁启超开宗明义地指出“今日之中国，殆哉岌岌乎”，因而他提出当务之急应该是“改造政府”，使之由专制为立宪。梁启超还认为“立宪政治非他，即国民政治之谓也”。

梁启超依然用大气恢宏的笔墨谈及世界各国的发展历史，“未闻无国民的运动，而国民的政府能成立者”。其最深层的原因，是推动这个社会的最广大的力量毕竟在于民众，“枢机全不在君主而在国民”。正是基于上述种种，必须义不容辞地和国民一起组织运动，形成冲击，成为力量，“知舍改造政府外，别无救国之图，又知政府万不能自改造矣，又知改造之业，非可以望于君主矣”，立宪党人才“认此责任而共勉焉，此政闻社之所以发生也”。

梁启超的这些论点，其精要处都没有超过《新民说》，但“政府万不能自改造”，同时“改造之业”不能寄望于君主之言，却一时成为名言，并屡屡言中，这是后话。文化人中遇有持某一观点固执己见、冥顽不化的，便有人开玩笑道：“政府能自动改造吗？”

政闻社由梁启超笔下宣布的政纲为：

> 实行国会制度，建设责任政府；
> 厘订法律，巩固司法权之独立；
> 确立地方自治，正中央地方之权限；
> 慎重外交，保持对等权利。
>
> （《政闻社宣言书》，《饮冰室合集·文集》之三）

读了政闻社宣言之后，包括革命党中人，无不惊讶了：政闻社谋求的立宪与清政府作出的立宪显然有着质的区别，这既是作为改良主义政治家的梁启超的理念表现，也是促使政闻社从群众社团迈向宪政党的重要一步。

这也正是梁启超此时的雄心所在了。

箭在弦上不得不发，梁启超已经没有退路了。就在政闻社成立当天，梁启超从横滨乡下赶到东京锦辉馆，并发表演讲。他正在滔滔不绝时，同盟会的张继、陶成章率数百人冲进会场，大骂梁启超为“马鹿”！

梁启超大惊，他曾在别的场合见过陶成章，是个刚烈之人。不料今日冲进会场，进而还要冲到讲台上，口中高喊：“痛打梁卓如！”斯文如梁启超怎么受得了？他想规劝几句，诸如“你们有话也可到台上来讲”或“君子动口不动手”之类，话还没有出口，台下已开始撕扭在一起。“革命与改良固真水火不相容吗？”梁启超突发此念，心想这是可以在《政论》上做一篇文章的，突然几只草鞋朝他袭来，躲闪不及，或者说梁启超根本不会躲闪，竟被击中脸颊，着实吃了一个“草鞋巴掌”。

政闻社不得不向日本警方求援，日警赶到，陶成章等人才退出会场。

东京警视厅又派干员调查，考虑是否用法律手段解决此次纠纷，梁启超当即派人告知日本警方：“会场之稍稍纷扰，纯系本会中人偶起争论之故，请贵厅勿介意此事。”如此才算平息。

政闻社创办及同盟会中人闯入会场，几至互殴，徐佛苏有记：

> 前清乙巳丙午年间，吾国留日学生达二千余人，对于祖国救亡之主义，分“种族革命”与“政治革命”两派。
>
> 所谓种族革命者，欲以激烈手段推翻满清君主也。所谓政治革命者，欲以和平手段运动政府实行宪政也。梁先生者，久在日本横滨主办《新民丛报》，鼓吹革命者也。此时见留日学界主张立宪之人渐多，又恸心于国内历次革命牺牲爱国志士过多，而仍未能实行革命，乃亦偏重于政治之说，发挥立宪可以救国之理，于是于丙午年间与马良、徐佛苏、麦孟华、蒋智由、张嘉森及留日学界三百余人创设政治团体于日京，名为政闻社。当时除吸收社员刊行《政论》杂志外，并派员归国，劝

告清室，速颁立宪之诏，迨社员增多，立宪主义倡明之时，曾在日京锦辉馆开大会，发表主张，并柬邀日本维新元勋大隈重信、板垣退助两伯爵及犬养毅、矢野文雄、尾崎行雄诸君与会演说。会事甫毕，突有激烈党学生数十人，入场狂呼，几至互殴，经日本警士劝阻无事。此为吾国立宪党成立团体之始期，亦即革命党与立宪党交哄之始期也。丙午冬间，政闻社迁居上海，会员更增，旋因联络各省志士，发起“国会期成会”，警告政府速颁宪法，并电劾亲贵权奸丧权辱国，致大触当时所谓南、北两洋大臣张之洞、袁世凯之愤忌，竟奏恳清主下令解散政闻社。于是社中同志秘议分赴各省，劝导各省谘议局联合呈请政府限期召集国会，而民众参政之思想由此勃兴，致有辛亥年各省谘议局反抗铁路国有而酿成革命之结果，此政闻社之源流也。

（徐佛苏《创办政闻社之主义及其源流》）

章太炎在《民报》撰文，可见当时革命与立宪改良之争一侧影：

阳历十月十七日，政闻社员大会于锦辉馆，谋立宪也。社以蒋智由为魁，而拥护梁启超。启超往，徒党几二百人，赴会者亦千余人，又召日本名士八辈为光宠，犬养毅者，其气类相同者也。革命党员张继、金刚、陶成章等亦往视之。梁启超登，力士在后，与会者以次坐，政闻社员在前，革命党员在政闻社员后，他留学生在革命党员后。启超说国会议院等事，且曰：“今朝廷下诏刻期立宪，诸君子宜欢喜踊跃。”语未卒，张继以日本语厉声叱之曰：“马鹿”起立，又呼曰：“打”。四百余人奔而前，启超跳，自曲楼旋转而坠，或以草履掷之，中颊。张继驰诣坛上，政闻社员持几格之，金明自后搤其肩，格者僵，继得上。众拊掌欢呼，声殷天地。政闻社员去赤带徽章以自明，稍稍引去。

继遂言曰："吾不应参政闻社员事，然所以不能默者，将有所诘问于犬养毅。毅前在早稻田，语支那学生曰：中国当速行革命。吾亲闻之。今何故附会立宪，猥鄙至是？"毅俯首谢，则登台作酬应立宪语，既卒，徐曰："支那或革命，或立宪，任人为之，在速行耳。"当是时，蒋智由先知有变，不至，会亦遂散。继本意欲痛驳立宪，以塞莠言，会事急至用武，亦未竟其说也。

（《民报》第十七号时评一九〇七年十月廿五日）

政闻社成立会上乱象，也惊动了梁启超的父亲莲涧先生，有书致任公：

立宪之议，似未必真，太过强逼，仍恐遭忌，盖姑听之；若与革党辩驳，似亦不必过为已甚，各行其志便是。锦辉馆一闹，幸不伤人，然未免贻笑邻邦矣。

康有为亦致书梁启超，谆谆嘱以"谨卫保身"及"不能自保，何以报天下"。可知，康梁在革命与改良，乃至对自由之义的解释上，虽屡有歧见，亦向为好事者津津而道。然康梁师弟情谊之深厚，康对梁之关爱，读来心为之动也。摘录如下：

悉开会一切事，览之欣喜。条理规模，皆颇佳，气象壮伟，汝力辟革说，至中其忌，乃欲暗害，诚可忧危。汝生平甚大胆，然此等事实，不能恃胆。孙策、来歙（即星亨胆气才调亦大壮）之才气，林肯、麦坚尼之功德，岂有所畏，无如即中奇祸，昔孙某频欲害吾，汝颇不信此事，然此等事一误，岂有悔哉。举国变法，如盲人骑瞎马，夜半临深池，汝自问安得几人意志阅历才望若汝者，而恃一夫之勇，自矜大胆，以自弃乎。吾于此事而甚忧汝之无戒心（所未戒者，以为汝向持此说，彼辈或不深忌，今则不然）。不意今果有此变，百万战场轰然而死，犹值也，若死于一小丑之手，而当今国变未定之时，轻于鸿毛，是真同自弃，直可谓之死而不吊。汝讲道有年，亦知道无一偏，非一味恃胆壮之谓乎。君子既爱天下，亦爱其身（吾最言命，然自投水吞金，不可谓之命也），苟非宜死者，岂可轻天下所系之身，身不能自保，何有天下，不智不仁，亦未得谓为勇也。汝等向来似以我谨卫或类怯者，此非怯也，自重其死，自保其天下所系之身，乃将以有所济也。今同人亦以此劝汝，汝必当自慎，其语意周恳可听也。即“谨卫保身”四字，就是汝第一事矣……

（康有为《与任弟书》，《梁启超年谱长编》277 页）

有政闻社中同道问梁启超：“公何以如此宽宥？”

梁启超：“有比宪政事更大者乎？”

梁启超的退让基于多种方面的因素，首先它是中国人之间的内斗，家丑何必外扬？其次他不想与革命党人结怨更深，梁启超实在不习惯或不屑于看见种种粗暴，但他也知道革命党中不乏忠心赤胆、爱国爱民之士，何忍拔拳相向？更何忍让日本警方拘传同在天涯的流亡者？

革命党人却并不领情，自马相伯到东京出任政闻社总务员之后，陶成章等又“遍发传单”甚至放言“杀立宪党”，这都让政闻社中人坐卧不安。

清政府的态度又如何呢？按理，梁启超是在鼓吹推动立宪，并不是呼吁革命、推翻清廷，他为了取得合法资格，还曾向社会公开宣示：“政闻社所持之方法，常以秩序的行动，为正当之要求。其对于皇室，绝无干犯尊严之心；其对于国家，绝无扰紊治安之举。此今世立宪国国民所常履之迹，匪有异也。”

梁启超的这几句话说来不易，写来心痛。

梁启超与清廷结怨太深了，只要慈禧还在，岂能容得康梁？动辄以“朝廷通缉要犯”相胁，对政闻社非欲除之而后快。

这就是梁启超的天真。

他总以为他的词章、学说、文采总有一天能打动上方。

而梁启超对清政府“绝无干犯尊严之心”，“绝无扰紊治安之举”的表示，又明确无误地被革命党人当作靶子狠批猛斗，“焦头烂额矣”！

好在这种种不愉快，因为马相伯的到来而得以冲淡了。

马相伯，时年七十岁，著名学者马建忠的兄弟。早年毕业于法国大学，精通哲理、法政诸学，并熟悉拉丁、罗马、美、德诸国文学，天主教徒，在国内文化教育界深得众望。百日维新期间，他与梁启超交往密切，一起策划成立编译学堂，后来又创办震旦大学。马相伯到东京就任总务员后，政闻社便有好转的迹象，马相伯的德行加上他富有宗教情怀的演说，为各界所欢迎。立宪派的声势走向壮大。

一九〇八年初，政闻社本部由东京迁往上海，并立即派员赴各地活动，签名请愿速开国会，并致电宪政编查馆云：“开设国会一事，天下观瞻所系，即中国存亡所关。非宣布最近年限，无以消弭祸乱，维系人心。”

政闻社的举动大有康梁卷土重来之势，这使得被梁启超在《清议报》骂作“牝鸡司晨”的慈禧大为不安。为防意外，北京的气氛又紧张起来了，增派兵丁，明察暗访，防止康梁潜回，并明令学生不得干预政治，禁止在京师开会请愿。

总部迁回上海后的政闻社，虽然吸引了不少立宪党人及青年学子，但处境仍然艰难。为改变这种状况，梁启超想用釜底抽薪计，运动两广总督岑春煊，挑明他与奕劻的矛盾，告奕劻倒袁世凯，以趁机扩大生存空间。

一九〇八年七月二十五日，清廷下令将政闻社成员、法部主事陈景仁革职，交地方官严加管束。陈景仁是梁启超的挚友，清廷中可以通声气者。为配合政闻社在社会上的活动，陈景仁曾电奏清廷，“请定三年内开国会，革于式枚谢天下”。于式枚为清廷考察宪政大臣、吏部侍郎，上书痛斥立宪派，反对召开国会，因而为立宪党人所恨。

革陈景仁职不过是小试牛刀，借题发挥而已。不日清廷便下旨查禁政闻社，“内多悖逆要犯，广敛资财，纠结党类，托名研究时务，阴图煽乱，扰害治安”，并严令各地官员“严密查访，认真禁止，遇有此项社伙，即行严拿查办，勿稍疏纵，致酿巨患”（《梁任公先生年谱长编》306页）。

政闻社成立不到一年便消失，立宪，或推动立宪，又谈何容易！

中国的改革之路总是难上加难，雪上加霜。

梁启超从政闻社的查禁中得到了什么启示呢？立宪派对宪政运动的满腔热忱，至少部分是得到了清廷预备立宪姿态的鼓励，然而梁启超不得不承认企望封建顽固派的幡然醒悟是一厢情愿。

由是观之，至少革命党在这一点上的判断是正确的，梁启超不能不服。

政闻社的结束却并不是宪政运动的尾声，梁启超恰恰看到一切只是刚刚开始，诚然，死战革命党一役他是败下阵来了，然而因为梁启超系统的宪政思想得以发挥，并为后来的宪政运动奠定了理论基础，梁启超便也成了宪政专家，更有称其为宪政灵魂，真是“塞翁失马，焉知非福”。

梁启超虽然一直为“康梁”相偕相连而脱不得干系，但梁启超总有不同于康有为者，即便清廷中的某些要员，也视梁启超为学问家还多几分敬意，对康有为便是敬而远之了。

朝廷中昏昏然的大官实在太多了。一辈子就是三跪九叩首，起承转合那几句文章，懂得什么宪政呢？五大臣请梁启超代写考察报告之后，又有清朝法部尚书戴鸿慈为法部与大理院权限纠纷事，亲自致书梁启超讨教宪政学理，希望“开其鄙塞”。梁启超自然何乐而不为呢？借清朝大吏之口宣传了自己的立宪主张且不说，以自己的宪政学识，“中国前途非我归而执政，莫能振救”，梁启超不仅自信于自己的文章，也自信于政治家的最高夙愿——执政理想了。

戴鸿慈致书求教，可以说明当时清廷政府官员亦并非一律昏庸，而“预备立宪”实乃一纸空文。戴鸿慈说的是真话：“惟枢密诸员，未明新学，故颁谕之始，即已含混不分疆界”，并“攘窃法权”。总之，事关司法、律法、修法等等立宪大事，朝中一概糊涂，“窃恐宣布之后，译之报章，为环球立宪国所指笑”，戴鸿慈一书，虽为请益立法，而清廷朝中无人的窘况，一览无余。

梁启超决心走宪政一路之后，一方面关注着国内局势的变化，以待时机；一方面潜心著述，韬光养晦，遥控国内宪政运动。梁启超为自己确立的置身宪政前列的目标鼓舞着，并告诉徐佛苏：“此身惟有奉献之于政治界耳！”

梁启超等待的机会终于来了。

一九〇八年十一月，光绪皇帝与慈禧太后相隔一天先后辞世，溥仪继承皇位，改元宣统，载沣为摄政王统揽朝政。

光绪之死，康有为悲从中来，使其依靠“旷代圣主”再度维新的美梦化为泡影。但梁启超却悲者悲矣，也看到了中国政治有可能出现的新局面，宪政宏图或许能得以实现的天赐良机。概而言之，光绪之死无损于宪政大业，因为“枢机不在君主而在国民也”；而慈禧之死却绝对有利于社会的进步，因为这个专权残暴者象征着一个顽固的堡垒。

梁启超把握舆论的导向，在二十世纪初叶，可以说无人可与之匹敌；但在对政治大局的判断上往往失之文人气，不过这一次却是例外。光绪之后，梁启超敏锐地意识到军权在握而又野心勃勃的袁世凯，势必会与摄政王载沣发生冲突，而摄政王尚有能力将袁世凯除掉。

一九〇八年十二月，梁启超给蒋智由的信上说，因为大丧所以载沣“虑失国体”而不曾动手，“大约在百日服满后必有异动”。不出梁启超所料，信发出不到一个月，载沣便以袁世凯足疾为由将其开缺回河南老家了。

梁启超得悉袁世凯终被开缺后，不胜喜悦，顿时觉得满目光明，立即给肃亲王善耆写信，希望他转达摄政王，公布袁世凯的种种罪状，并广招贤才，以不负“天下之望”。

一九〇九年初，梁启超拟就《上摄政王书》，请求立宪，陈述宪政之利国利民。

宪政大潮，在慈禧死去、袁世凯开缺后，又一次汹涌而起了。

一九〇九年十二月，各省咨议局代表在上海成立“国会请愿同志会”，梁启超立即派徐佛苏加入并常驻上海。不久徐佛苏北上京师，主持“国会请愿同志会”的机关刊物《国民公报》，梁启超在该报开办的数月内，“每三四日平均寄文一篇，畅论国民应急谋政治革命之理由”。实质上，梁启超又以自己的思想统领了《国民公报》的言论，精心指导又一波宪政风潮。

其时，清廷中的有识之士已经感到政权土崩瓦解的不可避免，摄政王载沣维持朝政也日趋艰难，浑然不觉的大概只有小皇帝溥仪了。

行将没落的也是一个庞然大物啊！然而这并不意味着这个封建政权已经没有任何力量，相反，它必然要以更大的努力作垂死挣扎，因为它与皇室宗亲官员大吏的既得利益有着千丝万缕的联系。

对声势浩大的立宪运动，清政府一手仍施以高压，而另一手则是拖延。清廷曾许诺宣统八年“立宪”，在一片抗议声中又改为宣统五年。梁启超则断然宣布：“将来世界字典上决无复以‘宣统五年’连属成一名词者。”

这是梁启超作出的清王朝即将寿终正寝的预言。

一九一〇年三月，梁启超等人又在上海创办《国风报》，梁启超为总撰稿人，为国会请愿活动、立宪政治推波助澜。一九一〇年夏天，两次大规模的请愿活动均因清政府的无理拒绝而告失败。八月三十一日，梁启超在《国风报》上发表长文《论政府阻挠国会之非》，指出清政府的“所谓筹备者，乃无一事不出于欺罔”，梁启超用激烈的语言警告当局：“使政治现象一如今日，则全国之兵变与全国之民变必起于此一二年间。此绝非革命党煽动之力所能致也，政府迫之使然也。”

顺应潮流，梁启超完全站到了清政府的对立面，“无日不与政府宣战”。

一九一〇至一九一一年两年间，梁启超发表了八十七篇文章，其中直接论述或详尽解释宪政的就有二十九篇。文中梁启超结合中国的实际情况权衡利弊，可谓超越时人，功在后世。

明治维新之后，日本日益嚣张地侵略中国，并连连得手。作为一种悖论，中国人恨日本、怕日本，却又以日本为榜样，企图找到一条富强之路。梁启超也不例外，在他流亡日本后一度为之影响，主张“以日本宪政为规”。而随着他对宪政政治的深入了解，梁启超修正了自己的宪政观，主张学英国式的虚君制，而不是日本式的二元制。他告诫国人，走日本之路，是“假立宪之名以行专制之实”。中国要想真正实施立宪政治，“则将来政权所趋，其必成英国式之政党政治，而非复德国日本式之官僚政治焉矣”。

梁启超的此一主张或许早被历史淹没了，但钩沉者却不能忘记告诉后人，清朝末年的立宪政治有真有假，梁启超的观点成了真假之间的分水岭，并成为后来民国初期曾尝试实行过的议会政治的模式。也就是说，梁启超是中国真正的推行政党政治、力主三权分立的第一人。

对于几千年习惯于封建统治而其时又正处在半封建半殖民地统治下的中国人民而言，立宪、议会、政党云云都是陌生的。梁启超不厌其烦地著文论述这一切，此一时期如称之为中国历史上唯一的宪政启蒙时期，当不为过。

梁启超认为，立宪政治的实质是政府对国会负责，“有国会谓之宪政，无国会谓之非宪政，筹办国会谓之筹办宪政，不筹办国会不谓之筹办宪政”。

梁启超构想中的国会是什么样的呢？

一、国会的法律性质“为制限机关与主动机关相对峙”；

二、国会的政治性质为“代表全国人民各方面之势力”；

三、国会的功用为“以奖励竞争之形成，行调和竞争之精神”；

四、国会的最终构想乃“国民全体之意思，为国家之意思”。

五、国会的组织以“两院制为宜”。

梁启超构想下的国会其职权受到高度强调，具体而言，国会应拥有如下权力：

参与改正宪法之权；提出法律、议决法律之权；议决预算、审查决算之权；事后承诺之权；质问政府之权；上奏弹劾之权；受理请愿之权。这些权力“苟其缺一，即不成为国会”。

国会的组织，梁启超力主实行英国式的两院制，对右院即相当于英国的下议院，梁启超特别强调了“平等以代表全国国民，故必以人民选举之议员组织而成”。他反对有限选举制，尤其反对选举人的财产限制，认为人民既已向政府纳税，也就有了参政议政的“当然之权利”。他主张右院议员由普遍选举产生，倘若不是这样，“则将流于少数政治，其反于立宪之本意甚明”。

梁启超大体按照西方的模式来构想中国国会，同时他又突出了国会的普遍性与人民性。国会既成之后，梁启超的进一步设想是正式组党、发动舆论、公平竞争，取得国会的多数席位，以控制或自己组织政府，从而建立起立宪派，也就是梁启超理想中的宪政国家。

梁启超的眼前真是一派大好风光。

国会召开后，“堂堂正正之政党”应能出现，“揭健全之政纲以号召天下，而整齐步伐以从事运动，则国会势力必为所占。以之与无主义、无统一的官僚内阁相遇，其犹以千钧之砮溃痈也，进焉者取而代之，退焉者使官僚内阁唯唯服众也必矣”。

梁启超的目的是要通过组党来争取国会中的多数席位，以便以政党的资格组阁，使资产阶级多党制政党政治得以取代封建独裁的专制官僚政治。

梁启超的这一构想无疑是中国二十世纪初叶的最伟大的构想，倘若近代中国贫乏的资产阶级政治理论库中没有了梁启超这一时期关于宪政、国会的多种宝典，势将空空如也。

梁启超不仅是大构想家，而且也是大实践家；不仅以知识和文章去探求资本主义内核，而且身体力行谋求立宪政治在中国的实行。

虽有英雄动时势，总是时势造英雄。读者将会看到梁启超这一切努力的结果，在这之前，我们却先要回溯过程的辉煌。

杨度留学日本时与梁启超过从甚密，后来虽为立宪组织事失和，却并没有影响到两个人之间的根本友谊。

或者可以说，梁启超以后的关于宪政的一系列有系统、有理论、有中国实情的文章，使杨度深感到未来宪政大业，舍梁启超其谁？

国会请愿活动屡兴屡败，一九一〇年夏秋间，梁启超同时谋求开放党禁，如是可以省却遥控，在国内直接从事政治活动。梁启超的同学好友为此奔走于载涛、载洵、善耆等王公大臣之门，说情疏通；徐佛苏则在国会请愿代表中鼓动；罗杰提议于资政院。他们希望通过多途径活动能使清政府识得形势，摒弃前嫌，开放党禁，同时赦免戊戌以后获罪流亡的“逋臣”。清廷中的顽固势力自然要阻挠，载沣名为摄政王却为多方掣肘，有碍先朝钦犯，一时不好撤销通缉令，所有活动再一次无功而返。

正是在这关键时刻，杨度挺身而出，不是活动于幕后，而是白纸黑字明文上奏，只一个晚上，写好了《奏请赦用梁启超折》。

其时，杨度正在清廷宪政编查馆任上，官为四品京堂。

一九一一年新年伊始，杨度的这一奏折一时传遍京师，引为佳话。究其原因当是戊戌以后敢为康梁“要犯”公然上书请赦请用的，只有杨度了。其次便是杨度的文笔，所谓奏折皆是文章，文章做得好便能打动“天听”，但这做得好却是大有学问的，要拿捏时机与所奏事由的分寸，语言不能唐突，却又须一针见血，且要在娓娓道来中陈述利弊，击中要害。至于旁征博引，用典精当就更是基本功了，康熙、雍正以来，不少臣下因为奏章中用错典故或偶有文字生涩，一生仕途便告完结。雍正曾有言，连文章都做不好还能做官？

杨度做的自然是一篇大好文章了。

杨度奏赦梁启超而不是康有为，这也见他的选择和拿捏的分寸，梁启超人脉、口碑皆胜康有为，且于宪政有精辟的见解，正与朝廷用人相谋合。

杨度此折，不能不录：

> 奏为恳恩赦用逋臣，以裨宪政，恭折仰祈圣鉴事：臣闻人情穷极则呼天，劳苦疾病则呼父母。天地之大犹有一物之不容，父母之慈犹有一子之所失。以臣所见，逋臣梁启超者，殆其人也。启超自戊戌去国，至今十余年矣，流转于欧、亚之间，究心于政学之事，困心衡虑，增益所能，周知四海之情，折衷人我之际，著书立论数十万言，审论国情，开通民智，为力之大，莫与伦比。此士夫所能谈，中外所共睹也。

杨度京中文友夏寿田等论及杨度一折时道，这开场白中“周知四海之情，折衷人我之际”实在是大家手笔，令读过的人不能不再思三思，与奏折开头的“天地之大犹有一物之不容，父母之慈犹有一子之所失”互为呼应，给人平和通达之感。这就是杨度的本事，摄政王一看奏折的题目定会大吃一惊，但读下去却能心平气和。

继而，杨度又写道：

> 惟臣所欲言者，则以启超爱国之心久而愈挚，忠君之念在远不渝。数年以前，海外乱党孙文之流，倡民生之说，持满汉之词，煽动浮言，期成大乱。寡识之士，从而风靡。启超独持君主立宪主义，以日本宪政为规，力辟其非，垂涕而道，冒白刃之危，矢靡他之志，卒使邪说渐息，正义以倡。近年海内外谈革命者，改言立宪，固由先皇帝预备立宪，与民更始，有以安反侧而靖人心。然天地不以覆载为功，圣人不以成功为烈，则启超言论微劳，不无足录。

夏寿田谓，自此开始，妙文出焉，轰动海内外的梁启超死战革命党一役，在杨度笔下反败为胜了，但奏折中所列各项，如“倡民生之说，持满汉之词”，梁启超确曾竭力反对并一一批驳过。“力辟其非，垂涕而道”是清皇室喜欢看的，盖其时风雨大作需有力挽狂澜之士。

夏寿田并当面问过杨度，写此一折不少推敲吧？杨度答：一挥而就。夏寿田更惊讶了，如“天地不以覆载为功，圣人不以成功为烈”，能一挥而就乎？

杨度奏折的第三段仅八十字，为梁启超请赦，不能不写戊戌之变，又不能多写，用的是四两拨千斤法：

> 且启超之获罪，以戊戌倡言仿行各国宪政故耳。十余年中，宗旨如一，不为异说所摇。不以负咎之身，忍死须臾，悲号奔走，卒致皇上为立宪之神圣，国人为立宪之臣民。孤孽之心，亦云苦矣。

这八十字可谓了得！那是在给康梁平反，倡言仿行各国宪政而获罪，何罪之有？接下来杨度所言却是动之以情了，据野史笔记称，摄政王载沣读到这里时连声叹息，且看杨度如何写来：

> 今朝廷立宪之期已定，海内延颈以望太平。而当日违众建议负罪效命之人，使独窜伏海隅，憔悴枯槁，睹故国之旌旗，恸生还之无日，抱孤忠而莫白，将槁死于殊乡。是则庶女之怨，不达于彼苍；文王之仁，不及于枯骨。此臣所为欷歔而不能自已者也。

杨度明确指出朝廷已定立宪之期，而梁启超则只不过是当年建议立宪之人，何至于“睹故国之旌旗，恸生还之无日，抱孤忠而莫白”呢？“文王之仁，不及于枯骨”，这是专门说给载沣听的，宣统皇帝还只是个顽童，到时候一切都来不及了。

杨度的奏本写到这里已入佳境，哪知道杨度又添一笔，论人君、臣子、朋友之道，如诉如泣，至情至理，并以自己性命作担保。夏寿田有言：读到这里如不为所动者，铁石之人也。杨度谓：

臣闻处事不以恩怨，用人不以亲疏者，人君之德也。穷达不变其通，荣辱不易其心者，臣子之义也。别嫌明微，表不白之忠以告君父者，朋友之责也。臣自戊戌以来即与启超相识，因学术各分门户，政见亦有参差。其后游学日本，相处数年，文字往返于焉日密，亲见其身屡濒危，矢志不变。每与臣谈往事，皆忠爱悱恻，无几微怨诽之词。是以深识其人性行忠纯，始终无二。倘蒙朝廷赦用，必能肝脑涂地，以报再生之恩。此臣之愚，所能深信。倘启超被赦之后，或有不利于国之为，惟乞皇上诛臣，以为臣子不忠之诫。

杨度奏折的结尾一节，仍然从容不迫，说古论今，“与其赦罪于后，何若用材于先？”是最为精彩处，且预期党禁之必开，赦宥之必至：

臣固知朝廷宽大，必不容党禁之长存，宣统五年颁布宪法之时，凡在逋亡，必蒙赦宥。惟以启超学识渊邃，冠绝等伦，方今筹备宪政之初，正为起用人材之日，与其赦罪于后，何若用材于先？昔晋襄求士会于秦，齐桓赦管仲于鲁，以今拟古，事或不伦，然片壤寸流，宜亦不为圣朝所弃。臣以为人才难得，幽抑宜伸，用敢冒昧，具折上陈，伏乞皇上圣鉴训示。

（《奏请赦用梁启超折》宣统二年十二月十五日《申报》）

摄政王载沣读罢，闭目沉思良久。他深知即便自己同意杨度之请，今日一批王公亲贵必然会遏阻。但，眼见得风云四起，危机跳跃，民生衰败，国运凋敝，几年之后必有大变，天下不知归谁手，奈何！奈何！

因为得罪先朝“碍难赦用，留中不发”，倒也没有申斥杨度，这便罢了。哪知出来一个御史胡思敬，上了一本《劾四品京堂杨度折》，“夫康、梁之罪，定自先朝，已成铁案”。胡思敬以为先朝铁案是翻不得的，其实这并非胡思敬不晓历史，而是在朝之人为己之想，哪有今朝不翻先朝案的？

胡思敬的奏折也着实将了载沣一军："陛下如以叛逆为当用，满洲为当排，祖宗为可辱，内外传播逆书，一切均应置之度外，臣亦何敢哓哓置喙，以一身遏众流之冲？若犹上念九庙，下顾万民，该逆杨度，实今日罪魁祸首，宜必有以处之。"

载沣不赦梁启超，也不以胡思敬之劾而追究杨度，说载沣糊涂也罢，和事佬也罢，恰恰这不是载沣的无能，而是清廷实在没落而无力了，谁也得罪不起了，混吧，混一天算两个半天。

杨度是王闿运门下高足。

杨度奏赦梁启超的折子传到王闿运处时，王闿运喜极而呼："妙哉！晳子可成大事！"

梁启超在日本得悉后，感动莫名。

其时，梁启超正写《中国改革财政私案》。一旦宪政既行之后，国家可以走上轨道，国计民生一刻也离不开财政。梁启超便在系统地论述国会、政党的形成与运作同时，撰写了研究财政学和清末财政的文章。这也正是梁启超的惊人惊世之处：他几乎没有不精通的，研究任一问题必有建树。他虽然在政治上屡屡受挫，但谁也不能怀疑当时之世真有经国之才的，梁启超当是少有的最杰出者之一。

他著述的《中国古代币材考》、《中国改革财政私案》、《币制条议》、《节省政费问题》、《外债平议》、《论国民宜亟求财政常识》、《各省滥制铜元小史》等，使他成为中国近代财政学创始人之一，也极大地丰富了他的宪政理论体系。

在写了各种文章之后，梁启超的目标是：以西方近代财政制度，来改造取代中国传统的理财术。

他的财政改革方案包括：整顿税赋，整顿币制，开源节流，举办公债。

梁启超论述财政问题时，正是清政府国库空虚、入不敷出之际，他尖锐批评这一依靠外债度日的腐败政权，是饮鸩止渴、剜肉饲虎之举。背着一屁股债，却又贪污成风，腐败横行，观之达官贵人无不富得流油，举目荒乡僻壤饥者十之六七，除了政息人亡，岂有他哉？

梁启超反复强调财政及改革币制，对于政治、经济、外交的影响，可说眼光独到。在他所处的这个乱世、浊世，梁启超潜心研究的这一切，更多的是为了未来，为了他所梦想的少年中国。有梁启超的研究者认为梁启超的宪政理想无从实现，“财政改革主张当然也只能流于空想”，此论谬矣！梁启超无从实践者，自他之后得益于他财政理论的有多少？况且我们又怎么能要求一个思想家同时必须是成功之实践家呢？

是夜，令娴索句，梁启超稍加思索，为其题《艺衡馆日记》一首。梁启超视大大小小子女均为“小宝贝”，“我的一堆小宝贝”，皆爱也，而以长女令娴为最爱。梁启超对儿女的教育方式之一，就是记日记，日记读何书，日记何教益，日记何疑惑，日记见何人、何物。要之积累学问，练习叙述文字。倘有特美、特精辟之文字，梁启超要鼓励子女们抄书，抄书亦可成一家也。除了教诲，还有自责：“吾学病学博，是用浅且芜。尤病在无恒，有获旋失诸。凡百可效我，此二毋我如。”令娴却说：“爸爸不是这样的。”

全诗如后，为学者可一读再读：

古人于为学，终身与之俱。
日计虽不足，月计必有余。
业终及行成，匪系聪与愚。
偶锲旋复舍，不能摧朽株。
盈科进无息，溟涬成尾闾。
程功固要终，辨志良在初。
汝于百家学，乃今涉其涂。
日记肇庚戌，籍用知所无。
卒岁得千纸，古毕亦云劬。
吾惟爱汝深，责难与凡殊。
文章所固有，相期在道腴。

简编我手答，戢戢蝇头书。
发蒙通德艺，陈义杂精粗。
当学岂只此，为汝举一隅。
吾学病爱博，是用浅且芜。
尤病在无恒，有获旋失诸。
凡百可效我，此二毋我如。
灯火自亲人，忽忽岁已除。
言念圣路遐，益感日月徂。
作诗诰小子，敬哉志弗渝。

（《饮冰室合集·文集》之五）

第十章 归去来兮

一九一一年的到来，并无丝毫特别处，梁启超的《责任内阁论》“尚未赓续”，而“《银行政策私议》、《政党论》等皆亟欲成之者”。但，梁启超要暂别他的书斋，作台湾之游，二月二十四日成行，同游者有汤觉顿与长女令娴。梁启超往访台湾的心愿已非一日，“兹游蓄志五年，今始克践”，此行动机何在？实缘于在日本频年读台湾的新闻杂志，“咸称其治台成绩，未尝不愀然有所动于中。谓同是日月，同是山川，而在人之所得，乃如是也”。梁启超想亲眼目睹，并列出“调查之事项如下”：

一、台湾隶我版图二百年，岁人不过六十余万，自刘壮肃（即刘铭传，笔者注）以后乃渐加至二百余万，日人得之仅十余年，而频年岁入三千八百余万，本年预算且四千二百万矣。是果何道以致此？吾内地各省若能效之，则尚何贫之足为忧者。

二、台湾自六年以来，已不复受中央政府之补助金，此四千余万者皆台湾本岛之所自负担也。岛民负担能力何以能骤进至是？

三、台湾政府前此受其中央政府补助数千万金，又借入公债数千万金。就财政系统言之，则台湾前此之对于其母国，纯然为一独立之债务国，今则渐脱离此债务国之地位矣，此可谓利用外债之明效大验也。吾国外债可否论，方喧于国中，吾兹行将于兹事大有所究索。

四、台湾为特种之行政组织，盖沿袭吾之行省制度，而运用之极其妙也。吾国今者改革外官制之议……求之于彼，或可得师资一二。

五、吾国今后言殖产兴业，要不能不以农政为始基。闻台湾农政之修，冠绝全球，且其农事习惯，多因我国，他山之石，宜莫良于斯。

六、台湾为我领土时，币制紊乱，不可纪极，日人得之初改为银本位，未几遂为金本位。其改革之次第如何，过渡时代之状态如何，改革后之影响如何，于我国今日币制事业必有所参考。

七、日本本国人移植于台湾者，日见繁荣。今日我国欲行内地殖民于东三省、蒙古、新疆诸地，其可资取法者必多。

八、台湾之警察行政，闻与日本内地系统不同，不审亦有可以适用于我国者否？我国旧行之保甲法，闻台湾采之而著成效，欲观其办法如何。

九、台湾之鸦片专卖事业自诩为禁烟之一妙法，当有可供我研究者。

十、台湾前此举行土地调查，备极周密，租税之整理，其根本皆在于此，何以能行而民不扰？又，其所行之户口调查，系适用最新技术，日人自夸办理极善。今者日本本国将行国势调查，即以为法，欲观其实际详情如何。

吾兹游所调查之目的，略如右，其他则俟临时当更有所触发也。首涂以来入夜为游记，归后当更布之，或亦吾国政治闻者所急欲睹乎。

（《梁任公先生年谱长编》281 页）

台湾之行的开始是令人怅然的，“舟入鸡笼（今之基隆也），警吏来盘诘，几为所窘，幸首途前先至东京，乞取介绍书，否则将临河而返矣。台湾乃禁止我国人上陆，其苛不让美、澳，吾居日十年，而无所知，真梦梦也”。祖国之地，割于日本，几为临河而返，情何以堪！“舟次，遗老欢迎者十数”，“迎于驿者又数十”，“林痴仙、林献堂、林幼春、陈槐庭等夜宴于雾峰之莱园”，“遗民之恋恋于故国，乃如是耶，对之惟有增恋”！（《饮冰室合集·专集》之七）

游台归，满载感慨而还，国内时局有变。

这一年，清廷在玩弄立宪骗局的同时，继续压制各种抗议力量，一个垂死的政权摆出了一副依然狰狞的面目，作最后挣扎。

是年五月，清廷为加紧控制预防不测，成立了以奕劻为首、超过一半皇族成员组成的“责任内阁”，其实是“皇族内阁”，立宪派大失所望，梁启超为形势所迫，思想再一次趋于激进。孙文及革命党发动黄花岗起义失败后，梁启超以《粤事感言》为题表示不赞同革命党人的某些具体做法，但他也明确指出人民的铤而走险，是因“政府之罪”造成的。

梁启超不得不承认：“在今日之中国而持革命论，诚不能自圆其说；在今日之中国而持非革命论，其不能自圆其说亦更甚。政府日日以制造革命党为事，日日供给革命党以发芽滋长之资料，则导全国人心理尽趋于革命亦宜。”

而在《中国前途之希望与国民责任》中，梁启超明确了推翻清政府的政治主张：

> 我国民不并力以图推翻这一恶政府而改造一良政府，则无论建何政府立何法制，徒以益其敝而自取荼毒。诚能并力以推翻此恶政府而改造一良政府，则一切迎刃而解……似此社会，非秉以炎火不足以易其形；似此人类，非投诸浊流不足以涤其秽……以今日中国之人心风俗，其遭一浩劫，殆终不可得免。

较之立宪运动初起时的梁启超，他又从“落伍”走到了时代大潮的前头，这也正是梁启超被诘难的“多变”之又一证据。同时代人的苛求且不论，后人翻检旧史，不能不替梁启超作一辩白：天地之间风云忽起，一年四季冷暖交替，人间万象，思丝伏波，梁启超岂能不变？

所谓变与不变都是相对的。时局变，应对的策略也变；目光变，对事物的看法也变；你不想变，时势变了也不得不变。从另外一些角度看梁启超，也有不变的，奋笔疾书潜心著述几曾变过？匡扶社稷忧国忧民几曾变过？

变与不变都是一个梁启超。

一九一一年的开头无论如何是忧郁而寒冷的。

梁启超读罢自己新写的又一篇文稿，放下笔，横滨早春的深夜黑到像墨，但有淅淅沥沥的雨声，会使人想起广东的雨打芭蕉、雨雾蒙蒙中北京的四合院会馆、大酒缸……梁启超换一杯茶，日本的清茶，味苦而香，浓浓的，他实在没有睡意，想和这暗夜、细雨做伴，感觉暗夜中细雨的流动落地，看那一只只看不见的手拽着新芽把柳丝拉长。

想起了庄子：“日月出矣，而爝火不息，其于光也，不亦难乎？时雨降矣，而犹浸灌，其于泽也，不亦劳乎？”

想起了孔子：“天何言哉？四时行焉，百物生焉，天何言哉！”

梁启超忽然有了诗兴，因为悲从中来：

> 觚棱回首是河梁，十二年中各逊荒。
> 难以焦头完火宅，枉将奇梦发明王。
> 出生入死行何畏，转绿回黄究可伤。
> 青史恐随弓箭尽，鼎湖西望最凄凉。

一个搏击于大时代的智者，一个学富五车而又不断地开拓进取的勇者，他内心深处的悲凉只是因为根植太深而较少显露而已，他怎能没有悲凉呢？梁启超在更多的时候是著述，各个方面无不精心研究，也不时有惊世骇俗之笔。那是为使命感所驱策，偶然也有人在江湖身不由己的感叹。他倡导“政治小说”，他的那一篇小说《新中国未来记》终未完成，但梁启超却很倾心于小说的开头，“于发端处，刻意求工”。

《新中国未来记》一开篇便是一九六二年正月初一，中国举行“维新五十年大祝典”，并于上海开设盛大博览会，请出孔觉民老先生演讲“中国近六十年史”为开端，倒叙六十年前，黄克强、李去病游学欧洲，回国后联络志士等。待写到一九〇三年，黄克强、李去病自西伯利亚归国，即搁笔，终未进入未来世界。

作者的小说便是作者的心影，当梁启超游历新大陆归来，由革命转向立宪后，小说的主人公便茫然不知所向了。

梁启超苦笑着。

他在想：一九六二年的中国是什么样的呢？

五月开始，国内的消息日益使人振奋，川、鄂、湘、粤四省人民因清政府宣布铁路干线“国有”化，将铁路利权出卖给列强而掀起了“保路运动”。梁启超当即奋笔投入其中，在《为川汉铁路事敬告全蜀父老》一文中，梁启超动情地写道：

> 吾侪千言万语，危词苦口以哓哓于我父老之前者，惟有一事，曰：求我父老速谋以蜀人之力办蜀中之路而已。吾蜀之铁路办亦办，不办亦办！办而办者，其权在我，而蒙大利于无穷；不办而办者，其权在人，而受大害至不可思议。

蜀中闻梁任公之言后，一时奔走相告。

同时，梁启超又写了《论政府违法借债之罪》，这是用愤怒之笔刻画的一篇声讨清政府的愤怒檄文：

> 今者妖孽之政府乃至无业坐食之官吏社会全体，曷尝有尊重法律之观念，稍稍芥于其胸中者？……孟子所谓“上无道揆，下无法守，朝不信道，工不信度，君子犯义，小人犯刑”者，今一一俱之。

对卖国求生的清政府，梁启超已经完全看透了它的真面目，不再有任何一星半点的希望可言。但如何推翻现政权，实现立宪政治，却一时计无所出。六月，康有为赶赴日本，议定利用满族亲贵间的矛盾，以宫廷政变计除掉奕劻等人，逼使载沣实行立宪。其时，中国各省驰电反对铁路国有政策，川督赵尔丰枪杀请愿民众，全国舆论鼎沸，民怨高涨，风雨飘摇中，武昌起义的枪声响了！

一九一一年十月十日，革命党人在武昌打响第一枪，三天内光复武汉三镇，辛亥革命的风暴终因蓄之既久其发必速而席卷大江南北。诸多省市的新军、会党纷纷起义，因清政府推行假立宪而受骗的立宪党人也竞相策应，清朝的末日真正地到来了。

梁启超对风暴之将临一直有预感，但，当这一风暴真的以摧枯拉朽之势卷过中国大地时，梁启超还是为之震动，并且马上想到就在自己的立宪派著书立说、坐而论道、签名请愿的同时，革命党人正以自己的行动、鲜血及果断的魄力强行登上了历史舞台，一着先机，雷霆万钧。

梁启超现在面对的可谓是真正两难境地了：他不可能投身革命党，但他又不能反对这一革命；他仍然坚信中国应走立宪政治之路，然他的活动空间已经微乎其微。

密切注视国内局势的梁启超一则静观其变，同时又与康有为一起制定了“用北军倒政府，立开国会，挟以抚革党”的行动计划。

具体而言，梁启超派员运动吴禄贞、蓝天蔚、张绍曾统领的新军和载涛、良弼统领的禁卫军，拟发动兵变，控制北京，推翻皇族内阁，立即召开国会。同时发起“各省督抚暂倡独立”，得到张鸣岐、岑春煊等地方大吏的响应。

武昌起义十九天后，即十月二十九日，新军第二十镇统领张绍曾与第二混成旅协统蓝天蔚发动“滦州兵谏”，通电清廷，提出十二条政纲，要求在年内召开国会，重新组织责任内阁，特赦、消除皇室特权等。声称如不应允，便攻打北京。清廷资政院中的立宪派也趁机呼应，历言上奏。迫使清廷终于农历九月初九下诏罪已，并谕令改组内阁，起草宪法，开放党禁。那道开放党禁的上谕说：

> 九月初九日，内阁奉上谕：资政院奏请速开党禁，以示宽大，而固人心一折。党禁之祸，自古垂为炯戒，不独戕贼人才，抑且消沮之气。况时事日有变迁，政治随之递嬗，往往所持政见，在昔日为罪言，而在今日则为谠论者。虽或逋亡海外，放言肆论，不无微瑕，究因热心政治，以致逾越范围，其情不无可原。兹特明白宣示，特沛恩纶，与民更始。所有戊戌以来因政变获咎与先后因犯政治革命嫌疑惧罪逃匿，以及此次乱事被胁，自拔来归者，悉皆赦其既往，俾齿齐民。嗣后大清帝国臣民，苟不越法律范围，均享有国家保护之权利，非据法律不得擅以嫌疑逮捕。至此次被赦人等，尤当深自拔濯，抒发忠爱，同观宪政之成，以示朝廷咸与维新之至意。钦此。
>
> **（宣统三年九月二十日《申报》）**

与此同时清政府同意袁世凯的出山条件，委以内阁总理之职，并全权指挥水陆各军。

形势的瞬息之变把梁启超推到了袁世凯前面，真是不是冤家不聚首，梁启超恨袁世凯入骨，戊戌以后被康有为、梁启超骂得最凶的，慈禧之下便是袁世凯了。曾经不共戴天，现在怎么办？梁启超不得不三思而后行了。

梁启超横滨住所，清廷于“滦州兵谏”后的上谕就在梁启超的案头，其中“所有戊戌以来因政变获咎与先后因犯政治革命嫌疑惧罪逃匿，以及此次乱事被胁，自拔来归者，悉皆赦其既往，俾齿齐民”等语，梁启超读来心酸！

不再是梦里家山了！可以回国了！清王朝也“咸与维新”了！

这一天终于到来时，却又远非是丽日晴空，国内错综复杂的形势因为袁世凯的出山，并集内阁、兵权于一身而更加经纬万端。

一个最想除掉的人又出现了。

一个最不想碰面的人又要碰面了。

这个时候更需要梁启超的大智慧和大勇气。他不能反对革命，这一点梁启超非常明白；他也不可能并且没有力量再去“倒袁”，尽管心有芥蒂却也无可奈何。倘若衡量全局，则革命党以浴血之举，为改变中国政局已经先拔头筹；而袁世凯重集北洋三镇旧部之后可挟天子以令天下，也万不能小看。相比之下，立宪党人要想成气候是最难的了，因为在这实力较量的非常时期，它显得有理论而无力量，有运动而无组织。

梁启超客观地估价时局后，第一判断是立宪党人在目前阶段万不能轻易树敌，首先应寻找合作对象，站稳脚跟后使以后的政局走上立宪政治，到那时立宪党人的理论特色将会发挥作用，然后是组党、竞争，伺机执政。

一切都是迅雷不及掩耳！

海内外的仁人志士、维新旧雨，均催促梁启超归国。然以何路线归？归国之目的为何？如何联络军中人物？以何种姿态对待袁世凯及满族亲贵？此等方针大计，梁启超需与朋友们协商，并与康有为多番密议。除此军国大事外，斯时康梁最为窘迫的是“此间不名一钱矣”，没有银子到何种程度，“借贷之路，亦殆绝，数月以来，节衣缩食，绝粮且时时而有”。孙文先鸣一枪，康梁步步被动。其实，打这一枪的，不是孙文，是黄兴。

梁启超给徐勤的信中有详述：

> 天祸中国，糜烂遂至今日，夫复何言。使革党而可以奠国于治安，则吾党袖手以听其所为，亦复何恤，无奈其必不能也。彼先有割据之心，不能先机直捣北京，令彼有从容请外兵之余地，已为失计。今各国虽号称中立，然以吾所知者，则既磨刀霍霍以俟矣。就令目前幸免此难，及其成功之后，而所忧正有大者。
>
> 此次发难，黄兴稍有运动之力，然非由彼主动，事权已不能出黄手，黄、黎龃龉，破裂之势也。孙、黄不睦久矣，黄剽

悍实行，而孙巧滑卷望，黄党极恨之。去年曾决议除孙名，赖有刘揆一者，谓方当患难之时，不宜内讧，授人口实，仅乃无事。今日彼此互相利用，而实有相仇之心，破裂之势二也。各省响应者皆煽动军队，而军队各有所拥戴，不能相下，破裂之势三也。要之，秩序一破之后，无论何人莫能统一之，全国鼎沸，非数年不能戡定。今各国环伺，安容有数年之骚扰，其究也，卒归外国享渔人之利已耳。此吾党所当认知甚真，万不可缘彼辈一时之声势，而遽为所眩者也。夫不见墨西哥乎，马的罗之革爹亚，曾几何时而沙巴打又革马的罗矣。中国革命军亦若是已耳。故革命军杀尽满人之时，即中国瓜分之时也。夫痛恨满人之心，吾辈又岂让革党？而无如此附骨之疽，骤去之而身且不保，故不能不暂借为过渡，但使立宪实行，政权全归国会，则皇帝不过坐支乾修之废物耳。国势既定，存之废之，无关大计，岂虑其长能为虐哉？吾党所坚持立宪主义者，凡以此也。

今兹武汉之战，为祸为福，盖未可知，吾党实欲乘此而建奇功焉。今事机既迫，不得不举年来所经画者，为吾兄倾筐倒箧一言之。

（宣统三年九月八日《致雪公书》）

梁启超回国之行的策划与设想中颇有“风萧萧兮易水寒，壮士一去兮不复还”的悲壮气概，虽“期于必成”，而“以身殉之”，亦在意料之中。“则全家二十余口，尽以托诸吾兄。”老父有弟弟“仲策可料理”，其余人等妻子儿女，“吾弱息则惟吾兄抚之。天下方乱，无国可归，不能不令其暂住日本，但使之无冻馁以死，则所感多矣”！读信至此，能不浩叹！百年前贤，康梁诸公，以一介书生，欲造一新中国，不惜奔走，不惜呼号，不惜捐躯，谭嗣同之后，前仆者众多，后继者汹涌，中国之不亡，中国之必有美好将来，可期可望矣！

云翻雨覆，计将安出？梁启超“八字方针”已定：“和袁、慰革、逼满、服汉”。

“和袁”，乃万不得已，也有梁启超认为资政院立宪党人占多数可以制约袁世凯的估计在。其二，也是更重要的，有消息说孙文那边，黄兴、汪精卫也在策划与袁世凯联手，你不与他和，这不是被动挨打吗?

“慰革”也不仅是一种姿态，东京死战两年多，现在缓和敌对情绪，携手对清廷，这是梁启超的高明之处。

这时候，中国近代史上有趣的一页便开始出现了:在戊戌政变后几乎人人皆曰可杀的袁世凯，竟然成为他的对手们——从梁启超到孙文等等立宪党人、革命党人争相联合的众望所归者。

这里有荒谬的成分，却也并非完全荒谬。说到底，袁世凯不仅有力量而且有手段，当他还在彰德洹水钓鱼养足疾时，便审时度势地提出了重新出山的六个条件，这六条实际上已为自己留下了足够与革命党、立宪党回旋的余地，从而使自己站到了一个有利的位置上，即既能代表清廷，又可以面对革命党人;既有力量打仗，也有权柄言和。

袁世凯的六条为:明年召开国会;组织责任内阁;宽容起义诸人;解除党禁;委以军队指挥全权;给予充足军费。

以后的事态将会证明:无论是革命党人还是立宪党人，都失去了问鼎政权的最宝贵的时机，至少部分的原因在于革命党与立宪党人自身的轻信，历史只是证实了政治斗争中的另一种可悲:人格与理论敌不过刺刀和枪炮。

梁启超经过一系列策划布置后，心里存着“前所布画，今收功将半”的期待，准备乘长风破巨浪扬帆归国，并将亲赴北京完成“拨乱反治之大业”。这时候，他不能不想起袁世凯，“项城坐镇于上，理财治兵，此其所长也。鄙人行以言论，转移国民心理……分途赴功，交相为用”。

一九一一年十一月六日，梁启超搭乘“天草丸”号离开日本，驶向大连港。

海上冷夜，月下寒风，梁启超想起十三年流亡的家国之梦，如今尽管胸有韬略自信能为一番事业，然而这海洋的渺茫却启示着:人生啊，也许只有风浪只有艰难才是永恒的。

从渤海出逃。
由黄海归国。
来去都是海啊！

梁启超有诗道：

其一

冷冷黄海风，入夜吹我裳。
西指烟九点，见我神明乡。
昔为锦绣区，今为血腥场。
嗷鸿与封豕，杂侧纷相望。
兹栝安可触，驰恐难复张。
仰视云飞浮，俯瞰海汪洋。
天远亮可知，回向恻中肠。

其二

亭亭须磨月，穆穆双涛园。
地偏适我愿，栖仰费盛年。
我有所爱女，晨夕依我肩。
念我行劳役，送我忍汛澜。

其三

我已身许国，安所逃险遭。
成毁事不期，行我心所安。
天若佑中国，我行岂徒然。
待我拂衣还，理我旧桃园。

十一月九日，“天草丸”号轮抵达大连港。
汽笛带着海上归来的疲惫，声声鸣响，梁启超久别之后乍见故国山河，不禁黯然泪下。真是无法形容重新踏上这块土地时的心境，萧条也，肃杀也，一时难以细说，而收拾旧山河的种种设想一旦身临其境后，却又变得扑朔迷离，无从做起了。

也许仅仅是巧合吧？梁启超动身回中国的当天，袁世凯派人在石家庄刺杀了吴禄贞，不久蓝天蔚也被免职，这是两个握有军队、梁启超回国后倚重的人物，如今一切落空了。

"君看愚叟志，太行曾可移"，梁启超还是想有所作为。

梁启超得知，京中方寸已失，但禁卫军等要害部门均为袁世凯的亲信所控制。其时"都中虚无人焉，旧内阁已辞职，不管事；新内阁未成立，资政院议员遁逃过半，不能开会，亲贵互阋"。总之是人心惶惶。

按照原先的设想，梁启超此次归国是想挟兵勇入京都以定大局的，他在轮船将抵大连港时写给女儿梁令娴的信上说："吾无论如何险难，必入都。都中若忽有他变，无论何国使馆皆可暂住，决无他虑，可极放心。入都后若冢骨（即袁世凯。笔者注）尚有人心，当与共戡大乱，否则取而代之，取否惟我所欲耳。"（《与娴儿书》，《梁任公先生年谱长编》364 页）

可以想见，梁启超确曾以为，他一旦回国便有万众来归势不可挡的局面，甚至可以"取否惟我所欲"，所以才决心"躬赴前敌"的，书生如梁启超真以为从此"更无险象"了。

当军队的凭借失去之后，梁启超考虑到清廷内部值此纷乱之际，会有不利于立宪党人的变化发生，又怕革命党人乘机占领京师再得先机，便仍想冒险入都。时任奉天督练公所总参议的蒋方震对梁启超"终身敬之如师"，再三与梁启超晤谈，"似有运动军队之接洽"。梁启超既然入都之决心已下，总不能单刀赴会，至少也得"挟百数十军士往"，以壮声威，危急时也好可供驱策。

正是抱着这一线希望，梁启超准备直赴京师。

这时候，在北京活动的亲信汤觉顿匆匆赶来，报告说京师已有布置万不可前往，当即返日本为上策。熊希龄也给梁启超发电报打电话，说情势大变，急催东渡，"半日不许逗留"。其间尚有一事不可不记，袁世凯于十一月十六日组成新内阁，以梁启超为法律副大臣，《申报》有专电：

> 袁世凯内阁组织成立，二十六日由清廷批准。总理大臣袁世凯，外务大臣梁敦彦，副大臣胡维德；度支大臣陈锦添；法律大臣沈家本，副大臣梁启超；邮传大臣杨士琦，副大臣梁如浩；农工商大臣张謇，副大臣熙彦；陆军大臣王士珍，副大臣田文烈；海军大臣萨镇冰，副大臣谭学恒；理藩大臣达寿，副大臣荣勋；学务大臣唐景崇，副大臣杨度；民政大臣赵秉钧，副大臣乌珍。
>
> （《任梁启超为法律副大臣》，宣统三年九月二十八日《申报》专电）

梁启超坚辞不就。

梁启超又一次感到了造化弄人！

返国只十天，身在关外，遥望京师，千百往事，涌上心头。

又是汪洋大海。

那涛声日日夜夜地呼叫着，归去来兮，胡不归？

渐行渐远的是中国的海岸线，地球由水浸泡着，内心由风浪撕裂着。

回到日本后，梁启超继续通过各种渠道与国内保持联系，以便把握时机；同时埋头著述《新中国建设问题》。

这篇著名长文，在纵论世界大势、中国未来发展的可能性时，也比较了各种共和政体的优劣得失，提出了与康有为相仿的“虚君共和”论，实质是君主立宪的代名词。

梁启超显然已经看到了清王朝之必然灭亡的各种迹象，君主立宪已到了很快就要无君主可言的状况，退一步到“虚君立宪”，从哪儿去找君主呢？康有为的异想天开是推举孔子后人为虚君，这大约是孔子始所未料的。梁启超也说“吾民族中有孔子之裔衍圣公者，举国世泽之延未有其比也，若不得已，而熏丹穴以求君，则将公爵加二级，即为皇帝”。

梁启超千方百计与康有为一起，要为中国的老百姓找个皇帝，且于光绪辞世、辛亥革命发生之后，实在是大不得人心。也反映了梁启超在革命大变动时期的彷徨犹豫、进退失据。

进退失据的日子也过得很快，一九一二年开始，“虚君共和”之想又彻底化为幻影，人民不会接受，且清帝逊位，已在旦夕。

一九一二年元旦，一元复始之际。孙文坐沪宁线专列花车起程，由沪赴京，就任中华民国临时大总统。上海各界相送者万余人，下午五时抵达南京下关车站，礼炮轰鸣，军乐齐奏，长江江面的军舰上也传来了二十一声隆隆巨响。

晚十一时，大总统授任典礼。

孙文誓词说：

> 颠覆满洲专制政府，巩固中华民国，图谋民生幸福，此国民之公意，文实遵之，以忠于国，为众服务。至专制政府既倒，国内无变乱，民国卓立于世界，为列邦公认，斯时文当解临时大总统之职，谨以此誓于国民。

孙文随即下令改国号为中华民国，并用公元纪历，一九一二年亦为民国元年。

当这些消息，连同孙文的就职誓词传到日本梁启超案头时，梁启超惊呆了：“时不我待也！”

孙文做临时大总统后，汪精卫的一封信使梁启超有所感慨，叹其笔下之诚，文辞之雅：

> 任公先生执事：兆铭前此为反对君主立宪甚力之人，以此之故，致唇舌笔墨之际，往往开罪于先生，其实于先生之为人，未尝不心焉向往也。今者以国民之力，使中华民国立于大地之上，兆铭敢决先生必不以其与夙昔宗旨相歧之故，而不愿

其有成。此其取证，盖有在语言文字之外者，想先生必不以为谬也。方今共和之治，毕露萌芽，中国前途，悲观乐观，交萦于爱国者之胸中。以积学养望，夙以指导国民为念如先生者，其可无以教之乎？吾党之士，于此常有含意未申之苦，兆铭冒昧为一言。如先生不以为不可教，乞赐复书，是所深祷。此上即请道安。后学汪兆铭顿首。

（民国元年一月十七日汪兆铭《致任公先生书》）

梁启超无法深究汪精卫的信，是否孙文之托，而只是痛感何谓机不可失。他甚至后悔不该返国十天又匆匆回到日本，如果不是这样，即便一个人毅然入京，又能怎么样？或者既然知道革命已是势不可挡，何妨联络黄兴、章太炎诸公？如今已是一切落后了。

梁启超有一种被时势抛弃的感觉。

梁启超只有一条路可走：回国。

当武昌起义发动，其时孙文也不在国内，然而同盟会中人前仆后继不畏死难，以行动、实践打响了第一枪，遂有南北对峙的局面，南北议和的形势，进而有中华民国之成立。

历史，总是艰难地跨出了一步。

梁启超也预料到，中国的政局变数仍然太多，袁世凯如何动作将是关键。自“和袁”之策既定，袁世凯对梁启超也有种种不同寻常的表示，先是组阁时，名单中有张謇、杨度、梁启超，给梁启超派了个法律副大臣，算是延揽入阁；梁启超坚辞不就，因为对袁世凯不放心，“项城之心，千疮百孔”。其时，同道中人纷纷来书，劝梁启超出山，“先生才略盖世，尤富于政治思想，古今中外，无与比伦，方天下多事之秋，正赖先生出而谋苍生幸福……现今中国风云四起，正豪杰有为之时，先生不尝云乎，英雄造时势，时势亦造英雄……时乎不再……大局幸甚。”（《梁任公先生年谱长编》385—386 页）

梁启超再次归国前，即一九一二年的四五月间，因海内外对保皇派攻击太甚，且大多直指康有为，梁启超为回国之后组党、立宪与革命党抗争之策略，“有请南海宣布退隐之议”，“麦孺博反对最烈”，兹事体大，保皇党以康梁为首而康为第一。十多年流亡海外康有为自比“耐苦不死之神农”，采万国之华实，遍尝百草，而后神方火药可成，中国之沉疴可起。因而南海把自己的流亡视为“乃天纵之远游者，天责之大任”。（详见拙著《先知有悲怆·追记康有为》，作家出版社）洋洋大著以救国为己任，与梁启超相呼应。其间或稍有争执，康有为批评指出之后，除个别问题外“皆服罪”，前文有记，梁启超决非淡忘师恩之人，也毫无僭越之意，只是为当时国内形势计，以为策略。

但是，近代史上教人扼腕的康梁歧途实由此而始，麦孺博致梁启超书节录如下：

> 北江（即康有为，笔者注）转示大教，论皆正当，惟所云欲北江宣布退隐不预政界一事，弟谓不可。北江以救国号于天下，人谁不知，今危急存亡之秋，而忽欲有此宣布，岂不尽失天下人之望，且海外党人，期望尤切，苟有此宣布，则不特立时溃散，且将衔我刺骨。盖今日所余而未变者，皆至热诚之人，倘宣布则彼辈无所附声，进退狼狈，必极切齿。况今党势虽衰，然苟有事可为，则他日亦一大基础，岂可令之散溃乎。公云至北后，亦将如是，事同一理，必不可也，公但与北江分道而行，目前不作张皇之举动，则忌者不久自消矣，何可出此下策耶？
>
> （《梁启超年谱长编》403—404 页）

先是，梁启超书致麦孺博，转达康有为的指示，并议及南海退隐以为策略，而麦孺博反责之“何可出此下策耶？”

麦孺博，万木草堂弟子，康有为又一臂膀，与梁启超情同手足者也。

历史有大变局，缘于此，师友兄弟或将分途，悲也夫！然合而分，分而合，造化弄人谁可预知？

袁世凯是求贤若渴，不计前嫌了。

这时海外立宪党人中主张“迅赴北都”、“尽早入阁”，而担心坐失再一次良机的是绝大多数，梁启超却还是在观察、等待。

一九一二年二月十二日，清帝退位；十五日，袁世凯从孙中山手里接过民国临时大总统之职，权倾一时。梁启超知道，除了联合袁世凯以外，已经是山重水复疑无路了。

梁启超当即致电袁世凯，贺其就任。

继而，又写一长信，献安邦定国之策，并最终发出了归国合作的信号。对梁启超来说，这封信写得并不轻松，他有很多理由作为解释，但总觉于心不安。

梁启超一番字斟句酌之开篇：

> 欧阳公有言，不动声色，而厝天下于泰山之安，公之谓矣。三月以前，举国含生，汲汲顾影。自公之出，指挥若定，起其死而肉骨之，功在社稷，名在天壤，岂俟鲰生揄扬盛美者哉？今者率土归仁，群生托命，我公之所以造福于国家者，实仅发端。而我国民所为责望于我公者，益将严重。
>
> （《梁启超年谱长编》400 页）

袁世凯做大总统以后面临的一大问题便是财政，梁启超认为只有“合租税政策、银行政策、公债政策冶为一炉，消息于国民生计之微，而善导之，利用之”。

梁启超在给袁世凯的信中，最大限度地发挥了自己知识渊博、深悉舆情、广知民意的特长，替袁世凯作分析、陈利害。他认为活跃于今日中国政治舞台上的不外乎三派，旧官僚、旧立宪、旧革命派也。他希望袁世凯以旧官僚派的熟悉行政之长而为“行政部中坚”；以旧立宪派和革命派中“有政治思想者”组成“健全之大党”。梁启超还不失时机建议袁世凯“今后之中国，非参用开明专制之意，不足以奏整齐严肃之治”。

也许，梁启超这封信的最后部分应是最难落笔的，既要发出归国合作的信息，又不能降低了自己的身份，文字之妙，尽可观来：

数月以来，承我公不以常人相待，国士之报未尝或忘。既辱明问，用竭区区。交本非浅，自不觉言之深也。犹憾所怀万千，非楮墨能罄其一二耳。客冬事变之方殷，无日不欲奋飞内渡，以宣力于左右。徒以方处嫌疑之地，为众矢之的，恐进不以时，为知己累。又审我公大计既定，凡鄙见所怀欲陈者，早已次第实行。枵俎旁午之时，绵力亦未由自效。是以屡次方命，良用增惭。今感情之时代既去，建设之大业方始，谣诼之集，当不如前。驱策之劳，略堪自贡。亦拟俟冰泮前后，一整归鞭，尽效绵薄，以赞高深，想亦为大君子所不弃耶？

（资料来源同上）

从仇袁、倒袁、和袁一变而为与袁世凯合作联手，梁启超走出了他政治生涯中最为艰难也最为矛盾的一步。

梁启超从此始，与袁世凯函电往来便日见频繁，同时还派汤觉顿到北京面见袁世凯，详述梁启超对时局的看法和建议。尚须指出，袁世凯也曾几次电邀康有为，而南海不为所动。

和袁联袁，到了实际运作的阶段。

应该指出，梁启超尽管对袁世凯有交结有献策，但决非委身于袁，权宜而已。张君劢给梁启超的信充分说明了这一点——“然长处超然之地，又势所不能，惟有择其比较适于建设者，则不如联袁。数年之后，我们可以造成一大党，为建设事业之中坚，袁亦将听命于我。”

同时代人中，谁能责备梁启超呢？革命党中人不也在纷纷联袁，把个临时大总统都让出来了吗？

袁世凯催促梁启超早早归国，各方人士也函电敦请，亡命天涯的日子真正可以结束了。

公元一九一二年十一月中旬，梁启超启程归国。

十一月十六日，船抵天津港，当年被清兵追着从天津出逃，如今北洋系军政大员张锡銮、唐绍仪等隆重迎候。及至到达下榻处，三天之中，登门拜访者达二百人。与此同时，“各省欢迎电报亦络绎不绝”，梁启超兴奋地说：“此次声光之壮，真始料不及也。”

十一月二十八日，梁启超离津赴京师，各界欢迎，盛况空前。到京四天后梁启超给女儿梁令娴写信说：

> 都人士之欢迎，几于举国若狂，每日所赴集会，平均三处，来访之客，平均每日百人……国务院自赵总理以下至各总长，旧官吏如徐世昌、陆徵祥、孙宝琦、沈秉垄之流，皆已至。吾亦只能以二十分钟谈话为约……
>
> （《梁启超年谱长编》425 页）

梁启超在北京小住十二天，既有“极人生之至快”的荣耀感，也有“极人生之至苦”的受罪感。食不甘味，卧不安枕，“每日不得饱食”，因为所有请客吃饭都以为梁启超久居海外，已习惯于刀叉牛排了，“日日望得一京菜，而不可得也”。至于会客，“每夜非两点钟，客不散，每晨七点钟客已云集，在被窝中强拉起来，循例应酬，转瞬又不能记其姓名，不知得罪几许人矣”。

梁启超归国抵京后热烈、隆重的欢迎场面，实在出于诸多原因，也是社会众生相的一次大演示。首先是梁启超自戊戌以后的威望及学术、文化成就，一个在国外艰难流亡十多年的人，没有颓废没有沉沦，而且几度成为“中国言论界之骄子”，归国时可说名满天下，著作等身，由此而言，这一切梁启超当之无愧。

其次，当总统府专为梁启超举行欢迎会之后，各部门、各团体轮番请客，则不仅是只为梁启超一个人了，也捎带着趋奉大总统袁世凯的意思在。而由同盟会改组为国民党的旧友，也“日日来邀”，并为他举行欢迎会，希望他加入国民党，这里却有宋教仁与梁启超私交不错的因素，也有共组统一战线的味道。梁启超在北京时，正值北大学生闹学潮，罢课的学生一听梁启超回来了，便连忙提出请愿，要求梁启超到北大当校长。

在京的商会、团体，包括佛教协会、八旗生计会都来上门请客，这且不说，就连“向不请人”、抠门传代的山西钱庄也把梁启超请去着实吃了一顿，一时北京人“咸以为奇闻”——为梁启超，山西人居然也花票子了！

梁启超所受到的礼遇，从他被安排在贤良寺下榻即可想而知了。贤良寺，岂是等闲之地，那是当年曾国藩、李鸿章做封疆大吏入京时住的地方。据说为此项安排，北洋政要还颇费思量，最后请袁世凯定夺，袁世凯捻动胡子说：“任公够格，住贤良寺！”

汤觉顿便把这句话传给了梁启超，并问：“贤良寺小住感慨如何？”

梁启超一笑：“房间典雅舒适，惜乎钥匙在别人手里。”

演讲自然是少不了的。梁启超擅长于写，一口广东话，曾经让光绪皇帝听得莫名其妙。后来跟夫人学国语，流亡十多年也没少登台一呼，北京的旧友都说：“卓如出洋归来，嘴上功夫有大长进。”

其实，归国之后的每一次公开讲话，每一篇发表的文章，对梁启超来说都不轻松，他必须有所解释和交待，他不能不面对如何评价辛亥革命及共和政体的问题，他也无法回避改良与革命这两种不同主张的存在。他不能像康有为一样死硬，也不能一变之下就完全成了袁世凯的北洋门下或国民党的新党员。于是当检索历史从故纸堆里重新聆听梁启超的声音时，便能感觉到这是一个既识时务不甘人后，同时又巧妙地左右周旋，并适时埋下伏笔，随时准备东山再起的人物。

梁启超慷慨陈词，拥护辛亥革命，并且对自己过去的君主立宪主张巧妙地一笔带过了：不是“不慊于共和”，只是考虑到君主专制的难以改变，不得已而图权宜，“岂有对神圣高尚的共和国体而反挟异议者？”“故在今日，拥护共和国体，实行立宪政体，此自理论上必然之结果。”

梁启超还指出要推翻一个政权，离不开“报馆鼓吹之功”，这固然是意在提醒人们对言论界进而也是对他自己的不可小视，却也道出了不少真谛，舆论之作用实在非同小可。“去秋武汉起义，不数月而国体丕变。成功之速，殆为中外古今所未有。南方尚稍烦战事，若北方更不劳一兵不折一矢矣。问其何以能如是？则报纸鼓吹之功最高。”

他对革命派与改良派在辛亥革命前后十余年间的功过评价，显然打上了自己这一派的烙印，但也不能说毫无见地，“所用手段虽有不同，然何尝不相辅相成。去年起义至今，无事不资两派人士之协力，此其明证也。……平心论之，现在之国势政局，为十余年来激烈温和两派人士之心力所协同构成。以云有功，则两俱有功，以云有罪，则两俱有罪”。

梁启超开始小心翼翼地重返中国政治舞台了。

梁启超在北京天天应酬，不仅是体面而且是荣耀之极了。袁世凯不时派人送菜来，这大约是前清遗风，皇帝一高兴就把饭桌上吃不完的菜装上盒子，赏给某个心腹大员，以示恩宠有加。

这一天傍晚，梁启超离京在即，无论如何屏退了所有的餐会，与夏穗卿、杨度约在前门外大栅栏致美斋小酌。这才是梁启超渴望的，谈政治，难免畏首畏尾，客套和应酬也更是千篇一律，只有和旧时文友把酒临风，才能稍得心安。

夏穗卿先到，还是落魄的样子，更加瘦骨嶙峋，梁启超由致美斋老板陪着在门口迎候，两个人一拱手，不觉相依在一起了。夏穗卿平时不说话，这一见面却说了一句热得火烫的活：

“国人盼君归，盼南海归，如梦之长。”

梁启超心头一热，眼眶里却是湿漉漉的了。

“穗卿，想你想得好苦啊！”

“能饮酒便好。”

“佛经还在读吗？”

“无聊就读书，有酒即开怀。”

“常与皙子和文友们聚聚？”

夏穗卿摇摇头：“常去菜市口，想谭嗣同的那一双眼睛，砍头而不瞑目。”

梁启超：“复生寄望于我辈，兄当珍重。”

夏穗卿摇摇头：“世界之不可救，乃人心之不可救也，兄亡命十数年体面荣归之日，即已陷落政治之泥潭，而无分派别，从今往后弟只有一言相告，‘毋忘谭嗣同’，如是则尚可保得良知清白，余皆身外之物惜它何用？”

梁启超：“弟当铭记。”

夏穗卿还正想接着说话时，杨度翩然而至，满面春风地打招呼，到雅间落座，侍者端上“一品大夫八珍香片”茶，并轻声说：“这是老板特意配制的，老板说三位先生不日就是当朝一品了！”

杨度朗声一笑。

夏穗卿把盖碗一推：“温酒来。”

梁启超知道夏穗卿的脾气，好喝江南绿茶，最好是龙井、碧螺春，而且总是讨厌官场和政治。如今夜这样的聚会，要是没完没了地说立宪论共和，他就会只顾自个儿喝闷酒，差不多了，踉跄着扭头便走，连个招呼也不打的。于是便一边招呼侍者换茶，一边把话题引开：“皙子兄近来写什么文章？”

杨度叫苦连天，说是大总统那边时有“垂询”，国体初变，宪章典制，无不待建，累死人了，“哪还有时间写文章？”

杨度的话音刚落，夏穗卿便道：“皙子兄，致美斋也不是总统府，袁世凯便袁世凯，什么大总统小总统的？”

梁启超知道夏穗卿还有大不敬的话在后头，赶紧插上，说实在想吃几个家常菜，比如木樨肉、锅塌豆腐之类，最好再加一碟王致和的臭豆腐。

话犹未了，老板引着大厨把菜单交给了梁启超，引见之后介绍说大厨刘九蛇是粤邦菜系的祖师爷之后，所以称为九蛇，是料理一蛇九吃炒爆烹烧羹汤外加蛇血豆腐、蛇胆泡酒、蛇皮春卷，冠绝京城，从雍正爷吃起一直吃到光绪爷，没有不是吃了还想吃的。

夏穗卿看着老板问：“慈禧吃不吃？”

“不吃，老佛爷说一想蛇的样子便害怕，吃不得。”

夏穗卿开怀大笑，对梁启超说：“任公，当初你们造反，往颐和园仁寿殿弄一万条蛇就好了，想不到她也有可怕的。”

最后的菜单算是定下来了，一蛇九吃之外，加木樨肉、锅塌豆腐，王致和的臭豆腐还得临时上街去买，好在致美斋对面就有杂货店。

夏穗卿举杯："我满饮三杯，一杯为任公归来，一杯为复生等六君子，一杯为皙子兄的一篇好文章。"

夏穗卿喝酒能喝出声音来，"嗞溜嗞溜"的，"从舌尖上淌下成一条线，可以牵动你的心"，这是他亲口对梁启超、谭嗣同说的经验之谈。梁启超估摸着这一条线差不多已淌下了，便也一饮而尽："穗卿，谢谢你！"

杨度却茫然地问："还有我的一杯？"

夏穗卿："你那折子。"指的当然是《奏请赦用梁启超折》。"你写了好文章自己反而忘了，什么狗屁垂询却记得清清楚楚的。"接着，夏穗卿闭目吟哦："臣闻处事不以恩怨，用人不以亲疏者，人君之德也。穷达不变其通，荣辱不易其心者，臣子之义也。别嫌明微，表不白之忠以告君父者，朋友之责也。"稍顿，这雅室里却是满目悲凉之气，杨度从侍者手中接过酒壶，默默地替夏穗卿又斟满一杯。

静极了。

梁启超入京后天天热闹，唯有此刻，是真的静极，静到像一片黑色的云一团白色的雾一片秋霜之后的黄叶子。

享受这静便是享受生命。

静静地呼吸，静静地回想，静静地默视旧友，如同静静地面对历史。

这静却又总得打破，声音像雨滴穿过云穿过雾让黄叶子发出秋声。

梁启超："总是前程渺茫！"

夏穗卿："好文章都写完了！"

杨度："天下谁人不识君？"

夏穗卿一挥手："那有什么用？誉满天下必定谤满天下，任公才具举世无匹敌者，一旦从政则文坛少一主帅，政坛多一政客而已。"

杨度："何出此言？"

梁启超："此言不谬。然政治于我，总还是诱惑较大。"

夏穗卿："六根未净也。"

杨度："总得有人做事吧？"

夏穗卿："总得有人饮酒吧？"

梁启超："穗卿兄，今晚只是叙旧，不谈这些如何？"

夏穗卿："怕皙子兄不允。"

杨度："倒是真的，袁世凯问起多次，任公何日离京，是否前往告别一下？"

夏穗卿："不去！不去！有这时间还不如跟我喝酒。"

杨度："怕有要事相商。"

夏穗卿："无非是给派个次官，任公几曾作过次笔却只能当个次官？"

梁启超："烦皙子兄转告一言，说我以后再去拜访。目下政事起伏，险象环生，说话亦多有不便。"

杨度："任公如何看目下政情时局？"

梁启超："与前清末年相比较，不惟不进步，甚至有退步之象。"

杨度："共和其实就是一块招牌，任公先前所提之开明专制实在是符合中国国情的。"

夏穗卿已经按捺不住："今晚的酒喝完了，好文章已经没有了，共和、专制我均不感兴趣，就此告辞。"梁启超知道夏穗卿的独往独来，便执手送出门外，叫了一辆人力车，付好车钱，扶着夏穗卿上车坐稳当，一握手，互道保重，夏穗卿抹一把眼泪却不回头径自去了。

重新落座，杨度小声地："大总统于你恐有重托。"

梁启超略一思索："毕竟归国不久，北京圈内圈外的人物俱皆浮躁，容我想想再作判断。"

杨度："倘若社会一切皆为美妙，何苦流亡何苦著书立说呢？"

梁启超："回国后袁世凯待我不薄，若投身政治，则组党为一途，可以聚集同道磨砺思想，中国社会最易消磨人物，此种污浊空气今犹胜昔，如不抵抗，仍是病国病民。"

夜茫茫，路茫茫。

梁启超不会止步，梁启超要走出他的精彩来——任尔黑暗，我自烂漫。

第十一章 身为党魁

梁启超在北京逗留十二天后将返天津，又到了一次琉璃厂，为令娴等儿女购古玩、文具。他在北京得到的是矛盾的信息与感受，于己，欢迎者近乎狂热，宴会不断，虽有志得意满之感，却也倦极，热闹之后怎么办？于国，潮流汹涌，泥沙俱下，党争已现。一个王朝结束了，听杨度说那个什么也不明白的隆裕皇太后宣布退位时，“几至泪下”，小皇帝更是大瞪着眼睛，心里想这帮老头今天怎么不下跪？是时北京冰封雪冻，一个从冰雪中走来的王朝也在冰雪中轰毁，这个轰毁不同于之前任何一个朝代的结束，从此开始，中国几千年的封建历史打上了句号。

无论你高兴还是不高兴，无论你心里多少有点儿恻隐或者惆怅，一切都已经成为历史了。

有好几次梁启超从长安街走过，或者于北海桥上望着瀛台，拂不去光绪的影子，他的忧郁、焦虑，他确曾有过的维新强国之梦，他在召对时的认真以及目光里流露出来的英气与无奈。真是：莫道前朝似流水，落花几曾上枝头！

“做皇帝也难！”岂止是难，简直是受罪，受大罪，以往总是把一切归罪于慈禧、荣禄、袁世凯等，梁启超现在自然会想得更多了：国体、制度、民情倘若不适于慈禧专权，又会怎么样呢？反之，便不断有慈禧生出来，或男或女，或老或少，绵绵续续，香火不断。

一九一二年除夕，梁启超归国后的第一个除夕，爆竹声中，梁启超伏案疾书《宪法之三大精神》。后人或者可以把此文看作是他在日本写的《中国立国大方针》的姊妹篇。梁启超强调了“国权”，而“国权”之能否得以强大，关键是有“尧舜之君”，有好善之民。实质上这些观点仍然是梁启超“新民说”与“开明专制”的结合和延伸。

究竟是否符合中国的实情呢？

梁启超写道：

> 政治无绝对之美，政在一人者，遇尧舜则治，遇桀纣则乱；政在民众者，遇好善之民则治，遇好暴之民则乱，其理正同。若必谓以众为政，斯长治久安即可操券，则天下岂复有乱危之国哉？

形成于十九世纪末年、二十世纪初年的梁启超的国家主权观，断不能离开当时的国际国内环境，尤其是中国的落后及其时清王朝的腐败，几乎到了亡国亡种的边缘，倘无国权，谈何民权？

梁启超把国家利益和国民全体利益放在他的国家学说的首位，同时他又大声疾呼想方设法“造就新民”，并以立宪、国会、三权分立等制度加以稳固，此种理念与架构在相当程度上是符合中国国情的真实面貌的。

梁启超游历北美之后，对中西的历史、现实、文化、经济更有了切实的比较，梁启超所主张的，简而言之就是建设有中国特色的资本主义社会。

与国家学说相辅相成的，是梁启超的政党政治思想：

> 政党政治，凡国必有两党以上，其一在朝，其他在野。在野欲倾在朝党而代之也，于是自布其政策，以抨击在朝党之政策，曰：使我党得政，则吾所施设者如是如是；某事为民除公害，某事为民增公益。民悦之也，而得占多数于议院。而果与

前此之在朝党易位，则不得不实行其所布之政策，以孚民望而保大权，而群治进一级矣。

理论是有了，在纸上架构也很详尽了，但现实的政治运作却往往有更多枝节，其复杂性岂是书生论道可以比拟！正如眼下之中国，共和是共和了，革命也革过一回了，但倘要把国家引上政党政治的轨道，能离得了袁世凯吗？尽管，梁启超认为袁世凯“其头脑与今世之国家观念绝对不能相容”，但因为袁世凯有大势力，而且不乏政治才能，“确为中国现时一大人物”。非但离不开，还要依靠他。梁启超据此判断后的决策便是：通过袁世凯这个权倾天下的大总统，在共和的名义下，把中国引上宪政的轨道，然后再限制袁世凯。

梁启超并且认为自己可以改变袁世凯，“将现今大势、政治公理灌输其脑中”，“带着袁世凯上政治轨道，替国家做些建设事业”，实现资产阶级政党政治之梦，梁启超把这一切都看得易如反掌，“风行草偃，势最顺而效最捷”。

同道有说梁启超太过理想主义的，梁启超谓：“任公倘无理想，谁还有理想？”或者告诫说对袁世凯不能太天真，梁启超又谓：“任公倘不天真，谁还会天真？”

理想而又天真的梁启超啊！

辛亥革命以后，共和确立，党禁大开，《中华民国临时约法》规定：“人民有言论、著作、刊行及集会、结社之自由。”这是中国历史上第一次把“结社自由”用至高无上的法律形式给予认定，从而使政党的存在成为合法。《临时约法》中有关国家实施议会民主制，政府须由国会中占多数票的政党组建的规定，使社会各阶层组党的激情不断升温，这也是中国历史上人民大众参政意识的一次大觉醒。据当时的学者张玉法在《民初政党的调查与分析》中统计，从武昌起义到一九一三年底，国内新成立的公开团体共有682个，其中政治团体为312个，集中在北京、天津、上海、南京、广州等大城市，京沪两地占了一半以上。这些政治团体表现了中国历史上过去绝无仅有的民主生活的新鲜空气，各阶级、各阶层的代表人物都有政见，对社会也都有建言。政纲、宣言层出不穷；党派、社团林林总总。经过民国初年政治舞台上的角逐、较量、分化、组合，到第一届国会选举前，基本上形成四党争雄的局面，即由同盟会改组的国民党，以及统一党、共和党、民主党。

四党并雄的斗争中，阵线很快明朗，两个阵营互相对垒。一方是孙文、宋教仁为首的激进派政党国民党，另一方是以旧立宪派为主，同时包括了旧官僚、地方士绅及部分革命党人的保守派政党。一方强调民权，反对专制；一方强调国权，力主渐进的、温和的改良。以党派斗争观之，是国民党一党与其他三党的直接对抗。

从政党领袖而言，国民党为孙文、宋教仁，而三个保守派政党的一个共同的灵魂，便是梁启超。再以和袁世凯的关系看，国民党始终对袁保持戒备和批判，而梁启超的党派则得到了袁的支持和资助。

梁启超不仅是民主党的幕后主持人，而且正式加入共和党。梁启超从加入共和党开始，便已陷入政党泥潭，又况身为党魁！其不得已而“躬临前敌”之心情，有书为证：

> 吾顷为事势所迫，今日已正式加入共和党，此后真躬临前敌也。计议员以二百八十八人为半数，吾党顷得二百五十人，民主党约三十人，统一党约五十人，其余则国民党也。三党提携已决，总算多数，惟吾断不欲组织第一次内阁，或推西林亦未定耳。借款各路俱绝，政局危险不可言状，此时投身其中，自谋实拙，惟终不能袖手奈何？
>
> （《梁启超年谱长编》430页，《与娴儿书》）

一九一三年四月，共和党理事长黎元洪公宴该党参众两院议员，席间梁启超慷慨陈词三个小时，提出了以“乱暴派”为“第一敌”，“暂主维持政府”的著名方针，梁启超实际上已站到了共和党指导者的位置上。

梁启超非常清楚，在当时的政局中，如果没有一个强大的党，其余的一切都无从说起。这一想法得到证实的时候，共和、民主、统一三党已经人心惶惶了。

一九一二年十二月，国会初选，宋教仁主持的国民党胜出，次年三月复选，仍获得压倒多数票，从而成为国会第一大党，拥有392席。

共和、民主、统一三党获得的席位之和，不及国民党的三分之二。

首先感到威胁的是袁世凯，把国民党视为“乱暴派”的梁启超一样如坐针毡，他们很快达成的共识是必须联合起来，否则无法在国会中抑制国民党的势头。

袁世凯出资二十万，梁启超牵头奔走、筹备，一九一三年五月二十九日，共和、民主、统一三个保守派政党合并组成进步党，推举梁启超为理事，成为该党事实上的党魁。从此，国会中便出现了国民党与进步党的对峙局面，简言之，梁启超面对着宋教仁。

当年在日本死战革命党，革命党人中，是章太炎和宋教仁力主笔战不应谩骂，平心而论，虽然派别各异，这两位对梁启超还是不想也没有绝情的。

宋教仁，字遯初，号渔父，湖南桃源人。当袁世凯把同情同盟会的总理唐绍仪逼走，这个犟脾气的湖南人面见袁世凯，愤然辞去农林总长一职。

袁世凯右手捻着胡须，左手把辞呈还给宋教仁：“我代表四万万同胞挽留你。”

宋教仁不为所动：“我代表四万万同胞请辞。”

袁世凯：“你我究竟谁代表四万万同胞？”

宋教仁：“谁背叛《临时约法》，谁就不能代表四万万同胞！”

袁世凯：“我背叛乎？”

宋教仁：“当拭目以待。”

袁世凯知道宋教仁挟国民党为国会第一大党之势，准备组阁与之抗衡了。

一九一三年一月，宋教仁离京到南方各地演说，断言袁世凯必走独裁之路，国人务须警惕，言论风采，震惊朝野。

宋教仁与梁启超，可说是中国近代史上不可多得的两个“议会迷”。从政治的实际运作而言，宋教仁略胜梁启超一筹；从对政党政治的内涵及宪政的理论而言，梁启超的理解要更为深刻，并且有颇多的著作及理论建树。也不能说他们追求的目标是完全各异的，更多的是党派之见把这两位同样杰出的议会政治家隔开了。

农林总长之职既辞，宋教仁且已被选为议员，又是国会第一大党国民党的负全权者，一九一三年四月八日国会开幕，宋教仁组阁出任总理，应是情理之中的。

袁世凯深知：若是国民党执政、宋教仁上台，便足可以把他的独裁梦搅得昏天黑地。那么，宋教仁是一定要除掉的了。

一九一三年三月二十日晚上，上海车站。

江南雨季，细雨像一张网把上海的灯红酒绿罩上了一层轻纱似的帘幔。这时，从车站候车室内走出了于右任、宋教仁、黄兴、廖仲恺。宋教仁居中，个头不高，双目有神，薄薄的嘴唇和棱角分明的下巴。

宋教仁还是穿着那身在日本留学时穿的旧西装。这一次到江南各地演说，于右任执意要他做一身新的、体面一点儿的西服，宋教仁说，本来是可以的，现在却换不得了。

于右任问何故。

宋教仁告诉他，在北京未辞农林总长之前，袁世凯一日召见宋教仁，也是要他去做一身西装，递过一个厚厚的信封。宋教仁拒绝了并告诉袁世凯："这个月的薪水已经领过。"

于右任大笑："你老兄'呆'得可爱。"

宋教仁："开完国会再换衣服如何？"

车站大针指向十点四十分。

一行人向检票口走去，边走边谈，说到梁任公，于右任对宋教仁说，梁启超是国会中最可与之竞争的，也是最有学问才具的。

宋教仁点头，时针指向十点四十五分。

已经走到检票口，宋教仁正要把车票递过去，骤然从背后传来一声枪响，接着又是两响，宋教仁当即扑倒在一张椅子上，于右任、黄兴扶住宋教仁，黄兴、廖仲恺回头寻找枪手时，车站内已经大乱，惊慌的人们如潮水一般狂奔，凶手已不知去向。

铁路医院，宋教仁大汗淋漓。

一九一三年三月二十二日凌晨四点四十八分，宋教仁辞世，时年三十二岁。黄兴俯下身去，双手轻轻地把宋教仁的眼皮合拢，顿时大上海一片悲声……

黄兴以为宋教仁从此可以瞑目了，哪知道自己的手一离开，宋便依旧双目大睁，直视前方，目光里还是生前的神韵。只是当陈其美赶到，一边拍着宋教仁的床沿大哭，一边呼喊着“此仇不报，誓不为人”时，宋教仁才闭上了眼睛。[①]

梁启超得到这一消息时，当即拍案失色：“宋教仁，中国一流政治家也。歼此良人，实贻国家不可规复之损失！”并且著文斥责暗杀者“如驯狐如鬼蜮，乘人不备而逞其凶，壮夫耻之”。

南方的国民党当然不会善罢甘休，黑白两道同时探案。其时，全国人心沸腾，上海各报连续发表宋教仁案消息的同时，还指出这一大案的政治背景，杀手而外后台是谁……

凶手为谁？梁启超在给令娴的信中写：“刺宋之人胪列多人，我即其第二候补者。”任公又写《暗杀之罪恶》，寄哀也：

> 旬日以来，最耸动天下耳目者，为宋君教仁遇刺一事。吾与宋君所持政见时有异同，然固确信宋君为我国现代第一流政治家。歼此良人，实贻国家以不可规复之损失，匪直为宋君衰，实为国家前途衰也。比闻元凶就获，国法所在，当难逃刑，然虽磔蚩剸莽，曾何足以偿国家之所丧于万一者。诗曰：“作此好歌，以极反侧。”辄为此篇，以寄哀愤。
>
> （《梁启超年谱长编》431页）

宋教仁挚友，时为《民立报》社长于右任，率报社全体同仁路祭哭送宋教仁时的一番话，数日内传遍全国：

---

① 详见拙著《民国大江湖·话说袁世凯》，作家出版社。

朗朗乾坤，偌大民国，却容不得一个敢为百姓争民主、为国家争宪政者，公理何在？今天，我不敢为私交哭，不敢为《民立报》哭，实在是为中华民族的前途而痛哭啊！

宋教仁的灵堂里有两副挽联引人瞩目。

一联是孙文的：

作民权保障，谁非后死者。
为宪法流血，公真第一人。

一联是黄兴的：

前年杀吴禄贞，去年杀张振武，今年又杀宋教仁！
你说是应桂馨，他说是洪述祖，我说就是袁世凯！

宋教仁案尚未审理完毕，又有“善后借款”发生。一九一三年四月二十六日深夜，袁世凯不顾国会议员、全国人民的抗议，派出总理赵秉钧、外交总长陆徵祥、财政总长周学熙三人，去五国银行团密商签约事宜，走的是汇丰银行后门，偷偷摸摸而且鬼鬼祟祟。最后获得二千五百万镑借款，付出的代价则是：四十七年借款期间，不得向五国银行团以外进行政治借款；借款用途由银行团代表监督；借款以盐税、关税、直鲁豫苏四省中央税为抵押。总而言之，袁世凯把主权卖出去了！

梁启超深谙国家财政之道，对“善后借款”也深以为耻。

可是，梁启超还不能对袁世凯大肆挞伐，这是政治的泥淖所决定了的，“隐忍不言”，徒叹奈何！

袁世凯为什么借款？是为了国计民生吗？非也，是为了发动内战以充兵饷消灭南方的革命力量。这就是“二次革命”，北洋军大举南下进逼九江时，讨袁军仓促应战，最后不敌而败，袁世凯趁机把北洋势力扩充到江南一带，孙文等再度逃命。

军阀之下，安有共和？

寡头手中，何来宪政？

但梁启超仍然沉溺于政党政治的理想中，并且对袁世凯继续抱着幻想，为此付出的代价是：梁启超不自觉地成了此一时期之袁世凯的同路人，在客观上为袁世凯的独裁创造了条件。

梁启超对宋教仁被谋杀后的国民党及南方的二次革命之惨败，也都站到了袁世凯的立场上，认为“吾党之维持政府，绝非欲因以为利，徒以现在大局，决不能再容破坏，而暴民政治之祸更甚于洪水猛兽，不可不思患而预防之”。

梁启超不可能、也从未想过把自己彻底捆绑在袁世凯的马车上，无论如何梁启超是一个有良知的优秀的思想家，或可说他是怕议会民主制流产而不得不委曲求全的，但梁启超总是在走着一段何其难堪的路了。

宋教仁一案的真相被接连披露。其中有赵秉钧的密电，赵内阁无法维持了，赵秉钧的替罪羊也做定了，袁世凯不得不同意改组内阁。梁启超四出活动，认为国民党势力大衰，进步党组阁正其时矣。

袁世凯在政治上的精明超出很多人的意料，他对总理一职的思考，从未逾越过北洋集团的界线。先是打算请徐世昌组阁，认为“舍徐菊人殆无第二人足以相属”，徐世昌老于世故，轻易不出山，加上国民党和进步党的反对，只好作罢。

此时，考虑到正式大总统选举尚未进行，袁世凯便使出了一个高招，用进步党打国民党，让熊希龄组阁，熊是进步党人，却也是袁世凯的老关系。

时任热河都统的熊希龄得到这一消息时，为一九一三年七月，天气正热，却出了一身冷汗，他知道这个总理当不得，远不如在热河做都统守着避暑山庄舒服，便于七月中旬递呈告辞：“自揣能力，与现在之暴烈分子、腐败官僚绝不相容”，所以组阁当总理“万难从命”。

与此同时，熊希龄急速入京，与梁启超筹商进退事宜。

梁启超喜不自胜，正是推行宪政、扩大党势的极好时机，劝熊希龄“泰然赴任”。

熊希龄曾经是唐绍仪当总理时的财政总长，唐绍仪被逼走，熊希龄心惊肉跳地等候袁世凯发落，结果派了个热河都统，做闲官享闲福去了，只是忘不掉袁世凯的手段。

熊希龄：“我怕是唐绍仪第二。”

梁启超：“什么都怕，何事可为呢？我与兄共进退，如何？”

熊希龄敬重梁启超，有此一言，不妨一试了，便在袁世凯坚持熊希龄组阁不准所辞时，答应出任内阁总理，雄心勃勃地想组织一个“第一流人才和第一流经验的内阁”，实行议会政治，振兴中华民族。

熊希龄与袁世凯面商各部总长名单时，却气得差点儿背过气去。

熊希龄还没有开口，袁世凯先已拿出了一份内阁总长人选名单：外交，孙宝琦；财政，周自齐；交通，杨士琦；内务，朱启钤；陆军，段祺瑞；海军，刘冠雄。

北洋系占据了所有重要各部，让熊希龄支配的只有农商、司法、教育三个闲差。

熊希龄真是无话可说了，大半天只吐出一句：“恐怕需商量一下。”

袁世凯：“为什么不跟我商量呢？”

熊希龄：“财政总长可否换梁启超？其余悉由大总统安排。”

袁世凯：“不可，梁启超能提笔作文，国家重任怕有所不胜。不过，做个教育总长还是可以的，我读过他的《新民说》，理论正好联系实际了。”

熊希龄：“听听梁启超的意见，再向大总统禀报，如何？”

袁世凯一挥手：“去吧！”

熊希龄直奔旧帘子胡同梁启超住处，坐下，还来不及端起盖碗茶，梁启超便问与袁世凯商洽的情况，熊希龄如实道来后，梁启超坚辞不就。非常清楚，不是已改初衷，而是要么做财政总长，要么干脆闲着，教育总长是没法做的。

梁启超拒绝，张謇、杨度等亦效尤不出，内阁难产。

熊希龄:“做法务总长如何呢?兄一样擅长,况且于国于民可为之事太多。”

梁启超:“北洋必须把财政让出来,否则你也难当总理,弟则只好在国会为兄摇旗呐喊。”

熊希龄只好再去找袁世凯:“请让财政。”

袁世凯:“我说了梁启超做不好的,书生会说会写会饮酒会骂人,如此而已,明白了吗?”

熊希龄:“不明白,梁启超著作等身,尚未一试怎能就判以万万做不好呢?”

袁世凯:“他文章写得越多,就越是做不好。比如去五国银行团借款,他是反对的,因为以理论观之实属大不该之举。可是我只要钱,没有钱怎么派兵到南方去打仗呢?一个财政总长,我要他去借钱,他不去,跟我论理,写文章,甲乙丙丁如何不该借,我要他何用?”

熊希龄知道,真个是秀才遇着兵了。回头又找梁启超,梁启超依然不就,熊希龄便也把心中的怨愤都倒出来了:“兄力促我组阁,要我牺牲,我从兄之言便牺牲,兄却洁身自为,足见熊希龄三字何如梁启超三字之万一!”熊希龄好脾气,一向对梁启超言听计从,这下好人发火居然也势不可挡。

梁启超沉思无言。

熊希龄还有话要说:“兄不出山,则张謇汪伯棠都牵连不出,内阁流产,进步党脸上有光乎?国民党不会起而责之乎?再者,兄等皆不出山,内阁纯以官僚组成,舆论大哗,骂我,无所谓,兄让我牺牲,你呢?进步党呢?故为进步党计,兄不可不出。”

梁启超只得退让了,反复折中之后,袁世凯也让一步,财政总长由熊希龄兼任。九月十一日,北洋系和进步党的混合内阁产生:总理,熊希龄;内务,朱启钤;外交,孙宝琦;陆军,段祺瑞;海军,刘冠雄;交通,周自齐;司法,梁启超;教育,汪大燮;农商,张謇。财政总长一职由熊希龄兼任。

这届内阁,因为延揽了梁启超、汪大燮、张謇等人,而被称为“第一流人才内阁”。

北京旧帘子胡同宾客盈门，正是金秋时节，心情也舒坦，天气也晴朗。这一天已是深夜，梁启超把最后一批宾客送出大门，拱手作别时，却又摇摇晃晃地走过来一位，梁启超赶紧迎过去，搀扶住：“穗卿，又喝多了？”

“任公出山，一则以喜一则以忧，岂能不醉？”

“进屋，喝一杯茶吧。”

“不，要酒。”

“好！好！喝酒，我陪你喝。”

进屋落座，梁启超吩咐用人：“温酒，有什么菜，只管拿来。”

举杯，夏穗卿一饮而尽：“为你喜。”

再举杯，又是一饮而尽：“为你忧。”

何必问孰喜孰忧呢？梁启超心里明白，而且在夏穗卿的超脱、真挚面前，他时有愧疚之感。

又有谁能知道夏穗卿终日饮酒，读佛经，心里却对风云变幻的时世了如指掌的呢？他问梁启超：“袁世凯当真可以共图国是？”

梁启超摇摇头：“唯当今之时，除袁世凯之外还有谁可以暂稳大局？”

夏穗卿也摇摇头：“宋教仁一案当真就此作罢？”

梁启超不语，有苦难言。

夏穗卿：“我等都曾读史治史，且生活在历史之中，然多少人只会说未来如何如何，可为三叹！”

梁启超：“熊内阁既成，建法制国家，当是政府施政方针之一端，对宋教仁案也会有利。”

夏穗卿：“北洋系统之下，只有兵权才是至尊至高，此袁世凯所坚信不疑者，国权、民权、政党、议会统统只是花瓶摆设，一棍子横扫便是狼藉满地，内阁最后便是花瓶碎片。”

梁启超的朋辈中，黄遵宪若兄长，谭嗣同是密友，而夏穗卿最难定位，他的奇谈怪论甚至他的默不作声，梁启超都觉得可爱，虽然自己做不到。回国至今，又是组党又是国会又是宋教仁之死又是五国银行团借款，南方生灵还在涂炭，“真不如书斋之清静”。

夏穗卿：“可惜做不到，书斋近矣，举步可得，你不去；宪政远矣，望眼欲穿，你要去。这就是你，任公，可敬可惜。”

梁启超：“我知道自己的毛病，总是脱不开对政治的兴趣，其实，何尝不知自己倘若办报、做文章会更有成就呢？如今事已至此，熊希龄已经焦头烂额，只有一试深浅了。”

夏穗卿把杯中酒一饮而尽，告辞道：“兄急流勇退时，弟在斗室扫榻以待！”

更夫正在敲三更，夏穗卿摇摇晃晃地走了。

梁启超走进书房，夫人李蕙仙便把新泡的铁观音茶端来了。

社会寄望于熊希龄的第一流人才内阁，梁启超漏夜起草的正是《政府大政方针宣言书》。

宣言书主张全面的责任内阁制，划清总统与国务院的权限，强调司法独立，废省改道，整饬吏治，实施军民分治并发展教育。

宣言书并在叙论中宣告：“破坏之时告终，建设之时方始。”

梁启超作为“第一流人才内阁”的灵魂，还是雄心勃勃的，多少年的理论、想法，现在可以变作蓝图，努力实施，把中国引向和平与建设，这一切怎能不激动人心呢？

熊希龄告诉他，大胆放开去写“宣言书”，“兄所言，乃弟所想”。

建设一个什么样的中国呢？梁启超强调了法治精神下的法治国家：

“今稍知治体者，咸以养成法治国家为要途。”

其途径，不外乎：确立责任内阁，希望通过制度保护议会民主；司法独立则以分权对原有的封建军阀权力体制实行瓦解；重视教育是为国家、社会人才计，创造新民，提高国民素质；整顿吏治，实行考试制度，重点在于改造并淘汰旧官僚。梁启超在运筹谋划这一系列方针大计时，显而易见的目标，是要建设一个资产阶级共和国。

梁启超的苦心孤诣在经济目标上更为详尽，宣言书提出了一整套发展资本主义、改善财政、节约开支、繁荣经济的计划，分为治标治本两策，治标即节约、开源、增加税收、发行公债、量入为出；治本即整顿金融、改正税制，对内奖励资本主义实业，对外取保护与开放相结合的方针等等。

中国近代史上这样一个出于梁启超笔下的生动饱满的资本主义纲领，集中体现了梁启超、进步党人长期追寻的政治理想，是不可多得的宝贵财富。中国曾经有过自己的建设资本主义社会的宣言，并且也有一批矢志为此宣言而奋斗的饱学之士。他们最后的失败只是因为理论敌不过刀枪，知识挡不住炮火，这是后话了。录其叙论一节如下：

> 凡为治者，必先慎察国家所处之地位，所遇之时势，乃就国民能力所及标准之以施政，然后其政策乃非托诸空言，今之言治者，动曰我国破坏之时告终，建设之时方始，斯固然也。然希龄等今日不敢语于建设，但有竭其绵薄以立建设之基础，为愿已足。譬诸筑室，必须得有一室所占之地面，此地面可以任我自由处置，次乃拔除其草莱，平治其瓦砾，次乃庀材木瓦石，鸠工匠，然后从事于构建也。又如病夫，气息仅属，必求良汤为之续命，命既续始可以语于治病，旧积之病即深且多，则治愈费时日，待诸病既去，荣养乃得施也。希龄等以为今后一年间实中国生死存亡之关键，苟治具不张，则过此以往，吾国人决无复能力，无复机会，无复资格，以自行处理此国，而遑论平治，遑论富强。故今兹政策，殊未敢命之曰建设，但以救亡而已。诸君商榷政策，望深谅此意，勿以已治已安之国之陈迹相绳，则深幸也。
>
> （《饮冰室合集·文集》之四）

袁世凯就任临时大总统之后，便从铁狮子胡同陆军部搬进了帝皇禁苑的中南海，住在居仁堂楼上。

居仁堂楼下东头的一个大房间是他的办公室，西边房间则是他会客、吃饭的地方。居仁堂前院为“大圆镜中”，也是袁世凯会客、议事之地。对袁世凯来说，见何种人于何处见都大有讲究，亲信部属或有重托者，便在办公室里谈话，以示至诚；一般的应酬则在“大圆镜中”，又体面又威严，让对方有一种距离感。安排此等活动，及时判断轻重缓急的一个人物便是总统府秘书长梁士诒。

袁世凯清晨六时必起床，洗漱毕，便拄着那根下端包着铁皮的藤手杖“笃、笃”地下楼，楼下跑上房的仆役便会轻轻地传呼一声“下来了”，于是厨子便开始有条有理地上茶上菜。

袁世凯刚刚下来，梁士诒便禀报说“杨度到了”。袁世凯：“一起用早饭。”末了又叮嘱一句：“跟厨房说一声，加一碗鸡丝汤面。”

袁世凯好吃鸡丝汤面，他便以为天下人都爱吃。

饭桌上坐定，袁世凯直言相向：“那个施政宣言你看了？”

杨度：“昨天晚上读到的。”

袁世凯：“梁启超一出山就身手不凡。”

杨度：“事关宪政、金融，任公确实有高深研究。”

袁世凯：“我说你们都是书生吧？责任内阁把责任都抢走，还要大总统何用？”

杨度：“就共和体制而言，总统与内阁各负责任是为惯例。”

袁世凯：“这体制要亡国！”此言一出，杨度吃惊不小，袁世凯自然察觉出来了，“吃面吃面。”呼噜几下把一海碗鸡丝汤面吃光，话题转到了熊希龄身上：“熊凤凰开两院议员茶话会，威风得很，‘首以责任为前提’，总统不是前提？国家不是前提？还要‘拒绝副署’，你给传个话，让熊凤凰来做大总统，我去换他那个总理，如何？”

杨度：“大总统不妨与熊希龄谈谈。”

袁世凯还只能等待时机，对他来说，熊希龄、梁启超或者国会等等，还有的一点儿用处便是正式总统的选举，“临时”两个字“实在不吉利”——袁世凯如是想。在这之前，镇压二次革命，暗杀宋教仁挫败国民党，袁世凯均已连连得手，而在这些事变中，梁启超实际上已有助纣之嫌了，他总是不无歉疚地自慰：“无非是为了共和宪政大局，无一己之私利可言。”

共和宪政大局能够维持得下去吗？

梁启超身为司法总长，为造就近代中国最早具有资产阶级模式的法制体系，可谓费尽心机，功不可没。他坚持的“司法独立”的概念来自西方，为针对中世纪司法弊端而采用的一项改革措施，其进步与公正一直沿袭到近代。对于这一些，梁启超为了开导袁世凯不得不再三呈文，说明“司法独立之真精神，惟在使审判之际，专凭法律为准绳，不受他力之牵制”。

自古以来，中国哪曾有过这样的司法？人们已经习惯于这样的现实：以权代法，权大于法，朝朝如此，代代皆然。梁启超并特意为袁世凯拟了一道整顿司法的大总统令，宣称：

> 外观世运，内审国情，谓司法独立之大义，既始终必当坚持，而法曹现在之弊端，尤顷刻不容忽视。

为推行司法独立的理念，梁启超提出四项改革措施，一曰慎重任官，以考试择优去劣；二曰严汰不职，利用舆论监督，责成有关方面对不职之徒举而劾之：三曰回避本籍，不许本地人士在审判辖区任职，“绝其瞻徇，俾能奉法”；四曰编纂法典，使法官有所依据，百姓有所遵从。此外，梁启超还提出了考核现有律师，严定律师资格等一系列法规。

后人实在不能忘记梁启超建立一个法制国家的美好愿望，后人更应记住梁启超为此一美好愿望而付出的实践和心血。

不少论家述及这一段历史时认为，这是梁启超的资产阶级的幻想，笔者想要补正的是：资产阶级的幻想曾经也是辉煌、美丽的——较之于封建独裁而言，而且梁启超不仅幻想着还行动着，哪怕总是失败着。

袁世凯怎么能容忍任何意义上的司法独立呢？当梁启超拟大总统令力图推行司法改革时，袁世凯我行我素，派出梁士诒到国会中拉山头组小党，为即将举行的总统选举法的表决及总统选举拉票，同时又让京师特务头子陆建章亲自动手抓捕国民党议员八人，让国民党知道厉害，时为一九一三年八月二十七日早晨。

这是一个黑暗的早晨。

熊希龄风闻这一消息后，顿时惊呆了；梁启超更是脸面无光，身为司法总长连擅自抓捕议员都管不了，谈何法制社会、法制国家?

这是惨痛的理念的毁灭，同时梁启超仍然面对着一再委曲求全希望得以维持的袁世凯一统天下的局面。直到一九一三年十月四日，梁启超早就宣布的“先定宪法，后选总统”的主张落空，国会投票赞成“先选总统，再由总统颁布宪法”案通过，梁启超似乎还没有彻底绝望。

一九一三年十月六日，国会进行总统选举。

这是极有中国特色的一天：国会的创立是学西方的，选举应是民主的，然而一切都在军警与刺刀的包围下进行。

民主可以是刺刀尖上的红玫瑰?

选举可以是枪口之下的和平鸽?

这一天，宣武门一带突然加了双岗，军警荷枪怒目梭巡，注视着议员们走进会场，如同监视一批囚犯刚刚放风或做完苦役回到监室一样。选举会场设在众议院，会场外是几千人的“公民请愿团”。说是“公民请愿”，对开的短上衣故意撩开，腰间皮带上一律插着机头大开的匣子枪，或是明晃晃的尖刀。议员们坐而论道惯了，哪见过此等阵势，便有腿发软不停地想小便的，洗手间一时人满为患，还有岁数大的无可奈何便尿裤裆。

有大胆的议员问“匣子枪”：“请问来此何事？”

便衣拍拍匣子枪，啐一口痰，那痰正好从议员的耳边飞过，“问这个？”

议员气不过，再问：“知道国会重地吗？”

“重地你妈蛋！好好选袁大总统，否则就横着出去！”

议员们——尤其是国民党的议员拍桌子大叫：“这是票选吗？”

另一批议员应道：“这是刀选！”

“司法总长在哪儿？”

“在这儿！”

“这是什么法制？

“袁世凯军阀专制！”

“司法总长为什么不说话？”

挖苦、嘲笑、攻击，梁启超默默而坐，始终一言不发，他能说什么？真是夫复何言！

众议院院长汤化龙主持选举会。

投票刚要开始，门外窗外有震耳欲聋之声传来：“选袁大总统！”“谁不选袁大总统谁没有好下场！”原来那些冒充“公民”的军警已翻上墙头，居高临下，呼喊口号，叼着烟卷，露出刀枪，虎视眈眈也！

梁启超偶尔也往窗外一望，不觉无地自容，可那些便衣警察破口大骂：“嗨，你他妈瞧什么？爷们盯着哪，看你投谁的票！”

第一次投票结果，袁世凯得471票，黎元洪得154票。袁世凯离当选票数差99票。

其时已值中午，汤化龙宣告暂时休息后继续投票。选举会场管票不管饭，门口有“公民团”把住许进不许出，便只好一边挨饿一边骂娘。不一会儿，进步党本部送来面包点心，把门的听说进步党投袁大总统的票便放行了，却把国民党本部送干粮的堵住，说什么也不让进，“饿死活该！谁让国民党不投袁大总统票的？”

议员中有张汉、廖宗北等不少人嗜吸烟卷，半天下来口袋里的烟抽光了，瘾发而无烟，便涕泪满面，登上桌子齐发怒吼：

“袁世凯绑架议员不给饭吃不给烟抽，是可忍孰不可忍！”

第二次投票，袁世凯得497票，仍未通过。时已薄暮，窗外“公民团”呼声愈烈，汤化龙便援引选举法第三条“两次投票无人当选时，以第二次投票较多者两名决选之，以得票过投票人数之半者当选之”。[①]

就这样，袁世凯做了正式大总统。

经历了中国历史上这样一次“刀选”历程的议员们，终于走出会场

---

① 详见拙著《民国大江湖·话说袁世凯》，作家出版社。

时，无不长长地叹了一口气，恍若从地狱中放回来了，又回到人间了，夜幕沉沉，凉意重重。

梁启超的步子迈得特别快，不仅羞于见议员同道，也羞于见不相干的路人。是次总统选举，梁启超和进步党人都做了一回十足不光彩的角色，但私心仍以为袁世凯做了正式大总统之后，国事能走上轨道，国会可以一心制定宪法，约束袁世凯，走上宪政之路。

袁世凯是怎样回应梁启超的？

一九一三年十月十日，中华民国首任大总统就职典礼。典礼的场所如何选择？熊希龄、梁启超认为按惯例应在国会宣誓就职。袁世凯的亲信幕僚则坚持放到紫禁城太和殿，公开的理由是来宾太多，且有不少外国使者，为场面隆重，彰显中华民族的历史渊源，太和殿为最佳。

谁能忘记呢，太和殿对于一个封建王朝来说意味着什么？它是紫禁城中最高的殿堂，从地面到屋脊高达 35.5 米，从建筑设计上看，匠心独具，长廊楼阁匍匐于四周，再经太和门前一系列建筑及炉、鼎、龟、鹤、日晷、嘉量的陈设渲染，三台的衬托，使之成为禁宫中令人望而生畏的巅峰。

太和殿的间数为横九纵五，取“九五之尊”意。极尽豪华与高贵的太和殿，在清一代却是使用率非常之少的一个宫殿，这就更加突出了太和殿的重要。开太和殿便意味着：新皇帝登基、皇帝生日、元旦以及冬至这天坐朝后去天坛祭天。

袁世凯当然不会忘记一年难得两三次的太和殿上朝时的情景：全副武装的禁军，全部銮仪、卤簿，庭院四周各色飘扬的旗帜。官员按铜铸的品级山标志，文官在东，武官在西，排列成行，三跪九叩。殿下设中和韶乐，大朝门设丹陛大乐，钟鼓齐鸣，香烟缭绕，从八米多高的三重台基下，仰视三十五米高的大殿，至尊至上也。

“袁大总统万岁！”

太和殿里喜气洋洋，面南而坐的袁世凯感觉好极了。

熊希龄、梁启超对坐在旧帘子胡同梁启超的客厅里。

梁启超:“坊间传言甚多。”

熊希龄:“挨骂，也该骂，是不是?”

“太和殿一幕，司马昭之心也。”

“真的还想做皇帝?”

“拭目以待吧。”

“那是承继大清，抑或袁氏开朝另立国号?”

“一场梦啊，噩梦。”

“我等大约无事可做了。”

“还记得他接见上海《大陆报》记者弥勒时所言吗?”

“当然难忘，‘自以共和政体为主张！盖共和既已告成，而又欲用他种政体，其愚孰甚！’”

“还是黄远庸说得好:‘民国乎?帝国乎?’”

“这黄远庸是好生了得，我刚从热河为组阁事到北京，他就穷追不舍:‘他日一旦总统变皇帝，你是何态度?’”

“‘政治之暗潮，将发生莫大变化者也！’也是黄远庸说的。”

就在旧帘子胡同两个人东一句西一句闲聊的同时，袁世凯正在对梁士诒面授机宜:

“告诉陆建章，国民党是乱党。”

“明白了。”

“笑话，民国不能一日无国会，就这么吵闹?还不如干脆放屁有点儿味儿。”

“凡国人皆知，民国不能一日无总统。”

“乱党一取缔，国会就开不成了，发路费走人，成立‘中央政治会议’，李经羲做议长，张国淦副之。”

袁世凯已经毫不掩饰他对国会、宪政的仇视了，他要的是完全的独裁与专制，他采取的步骤是扎实而坚定的。

一九一三年十一月三日，军警包围并搜查了国民党总部，次日即宣布取缔乱党国民党，收缴议员证书，同时又追缴曾经加入过国民党的八十多名议员的证书，两院顿时鸦雀，开不成会也吵不成架了。

一九一四年一月十日，袁世凯下令停止全体国会议员职务，每人发给旅费四百大洋，着即离开京师重地，回原籍，该干吗干吗去。

熊希龄自己也知道，这将是他签署的最后一个文本了——袁世凯发出的解散国会案——按规定须由总理副署。不是慷慨激昂地宣布过“拒绝副署权”吗？终于无法拒绝，不敢说出那一个“不”字来。

熊希龄写得一手好字，研好墨提起羊毫小楷之后，今天这个副署的签名却是沉重到难以落笔。

袁世凯的种种倒行逆施，激起了社会舆论的反抗，除了对民国的失望，又颇多指向梁启超，原因在于梁启超归国后对政治、政府的言论规划，尽皆破灭，且与袁世凯有扯不清的关系，寄望之多厚，责之便多重，真乃“众怨既归，百口难辩”。

创建之难记忆犹新，而撕碎之易即在眼前。

副署毕。真的无事可做了。

熊希龄开始写辞呈。不日，梁启超也愤然表示：“大政方针本出自予一人之手，前之不忍去者，实待政策之实行，今已绝望，理应辞职。”

一九一四年二月十二日，袁世凯在熊希龄的辞呈上用大字结结实实地批道：照准。袁世凯宣布停止两院议员职务，二月十九日命梁启超为币制局总裁，准予辞司法总长职。“第一流人才内阁”仅仅五个月，如婴儿之不足半岁而夭折。

梁启超苦苦追求十多年的议会民主制理想也同时宣告破灭。

梁启超回想这五个月的多少不眠之夜，纸上规划的种种设想，实行法制、整顿财政、军民分制、划清总统和内阁权限、倡导教育、鼓励资本和节约，等等等等，有哪一件不是利国利民的呢？又有哪一桩不是一张空头支票呢？

封建的皇帝推翻了，共和的皇帝又坐上龙廷了。

根深蒂固的东方专制主义，一如东方的海洋，可以让所有来自西方的文明或者触礁，或者沉没，或者转向。总之不知是什么玩意儿。

黄远庸感叹道：

民主、共和消失如此之快，沉渣余孽泛起如此之速，惜哉民国，恍若隔世！

北洋系倡立总统制的电报以冯国璋之言最具典型：

中国应于世界上总统总理之外别创一格，总统有权则取美国，解散国会则取法国。使大总统以无限权能展其抱负。

袁世凯专制的总统制确立。一九一四年五月一日，袁氏新约法公布，北京的春天风沙好大。

第十二章 再造辉煌

近代财政思想史上梁启超的贡献是巨大而独特的，这表现在袁世凯当国、共和宪政已被破坏殆尽之际，梁启超从国计民生着想，把金融币制改革放到至关重要的位置上，并据此提出了详尽的实施方案。而最后无法实行，则不是梁启超之故。读者或梁启超的研究者的扼腕叹息是深长而复杂的，但至少包括了对梁启超博学多才的敬佩之情，甚至会发出感慨：这个世界上林林总总的学问门类中，哪一门哪一类是梁启超不曾有过研究的呢？

一九一四年三月十日，币制局开局，梁启超就职。随后即撰写、草拟了一系列金融改革的文章、条例，计有：三月撰《整理滥发纸币与利用公债》；四月拟《银行制度之建议》；七月草写《拟参采国民银行以整顿商票维持金融办法》、《拟整顿东三省纸币办法大纲》；八月《拟铸造镍币大纲》、《拟处分旧币施行新币办法》；九月《拟推行国币简易办法》；十月《整顿造币厂计划纲要》、《拟发行国币汇兑券说帖》。

如果再加上梁启超于币制局总裁任上前后著作的《币制条例理由书》、《余之币制金融政策》，便构成了梁启超完整的金融理论及改革思路。

可是梁启超依旧不能有所作为，当国者没有人对真正意义上的改革有任何兴趣，他们想的、护卫的只是手中的权力，有权便有一切，改革币制干什么？

袁世凯给一个闲差，首先是为了面子，其次这个老谋深算的大总统对杨度说过："梁任公爱文章不太爱钱，让他印钞票去吧。"袁世凯也担心这个总裁给了北洋系的人，会把新印的钞票用大汽车拉到兵营里挥霍掉的。

梁启超在币制局总裁的任上还是无所作为，他最后不得不承认："吾之政策适成为纸上政策而已。"关于币制金融，梁启超自认："夫以吾之摇笔弄舌，以论此项政策者垂十年，今亦终于笔舌而已。"

梁启超坚辞，币制局形同虚设，袁世凯志不在此，无一事可行，而任公至千思百虑如同其欲改良法制以惠吾国吾民一样，无不落空，尽付东流。待至他写《余之币制金融政策》时，已极悲怆，真是"笔底明珠无处卖，闲抛闲掷青藤中"。

梁启超殚精竭虑为币制及银行之乱象谋划整顿其中有深意：

> 今日国家财政国民生计，均有岌岌不可终日之势，究其原因，虽甚复杂，而币制之紊乱与夫银行之制度之不良，实为其中二大原因。政府苟能以全副精神，就此两事力图改良，则一二年后，国家危险必可去其大半。
>
> （《饮冰室合集·文集》之八）

一九一四年底，梁启超辞币制局总裁，在清华园里度过岁末，接着将北京旧帘子胡同的家搬到天津三马路。

一九一五年一月，梁启超发表《吾今后所以报国者》于《大中华》杂志创刊号上，宣布脱离政界退回言论界，言辞恳切自省，又有意犹未尽者，读来却是满篇对于政治的失望和伤感。

梁启超承认自己在政治上"吾之败绩失据又明甚也"。梁启超还回顾入第一流人才内阁之际，“重以友谊之敦劝，乃勉起以承其乏。其间不自揣，亦颇尝有所规画，思效铅刀之一割……稍入其中，而知吾之所主张，在今日万难贯彻”。而企图带着袁世凯走上政治轨道则实在是“痴心妄想”。

脱离政治，实质上就是脱离袁世凯，梁启超已经感到“袁世凯的举动越看越不对了”，却又怯于反袁会助长革命而沉默着，在天津主持《庸言》报，并出任中华书局创办的《大中华》杂志主任撰述。袁世凯不想让梁启超做一点儿实事，却又不愿梁启超真的离他而去，还缠着梁启超要给他办报的经费。梁启超一回清华园，便会有夏寿田派出的人手持大总统请柬到访，无非是请客吃饭之类，梁启超只能谢绝，从联袁拥袁到脱离袁世凯，梁启超已经看见“举国沉沉，悉含鬼气”，因而告知社会：

> 自今以往，除学问上或与二三朋辈结合讨论外，一切政治团体之关系，皆当中止。乃至生平最敬仰之师长，最亲习之友生，亦惟以道义相切劘，学义相商榷。至其政治上之言论行动，吾决不愿有所与闻，更不能负丝毫之连带责任。
>
> （一九一五年一月二十日《大中华》）

蛰居的时光，却也过得很快，无论是清华园或天津三马路饮冰室，梁启超几乎谢绝宾客，不谈现实政治，只是埋头著述。

不谈又谈何容易？不谈并非不想，这京津两地，历史铺陈着昨日的呐喊、朋辈的血迹、逃命的仓皇，岂能一忘了之？至于欣然归国，轰动朝野，京津人士之欢迎，接连不断之宴会，组织进步党，选袁世凯做大总统，跟着熊希龄一起辞职，一样难忘！多少救国救民的宏愿，曾于深夜、黎明，怀抱希望而见之于笔端的大政方针付之云烟了。宋教仁就能轻易忘记吗？否，这个精悍而又坚毅的湖南人，对民主宪政之热情追求，是与梁启超齐名的，虽然党派不同，政见有异，却于今日更明白惺惺相惜之理。

然而梁启超所寄身的国度也罢，地球也罢，都是不平静的，第一次世界大战的硝烟正在远离中国的欧罗巴弥漫，人类分成对垒的两个部分，以各自的血肉之躯武装着枪炮、装甲和飞机在厮杀。

梁启超以极大的兴趣每天阅读从欧洲传来的战讯，并通过自己渊博的知识，对各个参战国历史、文化、地理等综合国力及民情的分析，作出了是次战争一些战役的大致无误的判断，但梁启超预测一次大战将会以德国的胜利告终，却和最后的事实大相径庭。不到一个月，梁启超假馆清华园写出了洋洋六万余言的《欧洲战役史论》，使中国读者大开眼界。

《欧洲战役史论》还使后之读者，窥见了多变、多面之梁启超甚难发现的一面，即“余非性好战而独乐闻战事也”。在《自序》中任公谓“从幼读春秋、左氏传”乃至“巨鹿、赤壁、淝水之战”，“辄肉跃色舞”。当时欧战，“为有史以来所未尝睹闻”，梁启超自言“非好战”，并指出所以开战“其构衅之所由千端万绪，错综纷纠……而莫不各有其所不得已者存”，于此等事由，梁启超有专章叙述。但梁启超论战所以不同于他人论战者，是如下言论：

“两军之帷幄者，皆一时之彦，旷世之才”。唯其如此，“史家能曲传诸国之情势，群众之器识……吁可谓极文章之能事也已”。

“交战者，十数国，皆泱泱当代之雄也，其在前敌者都数千万人，一日战费，当小国政府一岁之所出入，大小阵地，恒十数处所，其广长者至亘千里。”

“盖天地间瑰伟绝特之观，未或过是也。”以瑰伟绝特言欧战，唯任公一人也。

梁启超仅仅为“独乐闻战事”而写吗？非也，其中或可见任公之战争观，不敢妄加议论，而其最终目的梁启超有明言：“若吾书能为国人所不弃，而藉此战役以洞明世运变迁之所由，更进而审吾国之所以自处，则区区之荣幸何以加兹。”（《饮冰室合集·专集》之八）

欧洲的军事观察家们惊讶地注意到了梁启超的文章：“这是那个维

新造反的梁启超吗？”

“正是。”

“当初变法失败，他何不统兵而起呢？他很懂军事，不要说慈禧，就是袁世凯也打不过他。”

“他没有一兵一卒。”

“可惜！可惜！”

这番话传到梁启超那里，梁启超自蛰居以来第一次开怀大笑，连站在他身旁的夫人也笑了，更使朋友们惊讶的是梁启超笑罢道：“我且作狂语，笔下能有千万言的，也可带千军万马！”众人愕然，只有蔡锷会心一笑。

梁启超的关于第一次世界大战的另外一个预言却是极有见地的，即无论战局如何变化，均会对中国产生积极影响，它将刺激中国注意世界形势、大国格局之变化，对比自己，以图进取。

清朝已经结束的中国，依旧是弱不禁风的病民病国。

战争，从来就有它的另一面：骁勇驰骋、宁死不屈，体验残酷与死亡中的奋起。自有人类以来，战争便相随相伴着，一部战史往往也是一部英雄史，一个在战争上屡屡败退的民族，将要无可奈何地从一切方面败退下去。

“我们还敢言战吗？”梁启超自言自语。

继已经写成的《欧洲战役史论》之后，梁启超还拟写作的有《世界大战役之中坚人物》、《大战前后欧洲之国际关系》、《战争哲理》等十本丛书，当时的读者或舆论界以极大的兴趣期待着梁启超的新作新论，尤其是《战争哲理》，人们无法想象梁启超将如何去写战争的哲理或战争的哲学思考，但人们却知道梁启超笔下总有不一般的风采，总是不同凡响。

可是，眼前的中国时局的变化，使梁启超独坐书斋研究世界战争的可能又成为遥远了，亡国的危险再一次呼唤他站到了舆论界的最前列，他不能不重新谈政治了。因为对时势骤变惊涛骇浪的挑战，他保持着一种极为强烈的兴奋点，更何况中国的民众也在期望着他。

“我要暂且离开书房了！”他对夫人李蕙仙说。

“官可是做不得的。”李蕙仙只说了这么一句。

“袁世凯要做皇帝了，吾当击碎之。”

夫人深以为是，赞许地一点头。

袁世凯总统独裁既定，种种复辟迹象表明，再往前一步就要做皇帝了。而日本看透袁世凯无心于国事，趁欧洲列强火拼之机，侵入山东半岛夺取了德国在山东的侵略权益。一九一五年一月十八日，日本驻华公使日置益面见袁世凯递交了旨在灭亡中国的“二十一条”。

梁启超走出书斋，梁启超不能再沉默了。

“我不入地狱谁入地狱？”梁启超仰天长叹。

中国不得不面对日本，中国人不得不面对日本人。在长达一个世纪的时间中，日本对中国的侵略，其中包括野蛮的占领、灭绝人性的屠杀可谓罄竹难书；而在这一反抗与斗争的过程中，也生动地显现了中国人的众生相。

日本趁欧洲列强忙于战事无暇东顾之际提出的“二十一条”，包括中国政府承认日本享有德国在山东的一切权利；旅大租界期限及南满、安奉两铁路期限延长为九十九年；中日合办汉冶萍公司；中国沿海港湾及岛屿不得租借或割让给其他国家；中国中央政府需聘用日本人为财政、军事、政治顾问；中国警政及兵工厂与日本联手合办等。

日置益为了诱使袁世凯接受“二十一条”，曾表示：“如果总统现在接受这些要求，日本人民将深信总统的感情是友好的，而且日本政府以后可能对袁总统提供帮助。”

日本人已经通过自己的情报管道，在综合分析后得出结论：袁世凯正处在恢复帝制的初期构想阶段，在这一点上袁世凯当然极想得到世界强国的外交支持，因而，当日置益和外交次长曹汝霖会见时便直言不讳了：“中国如改换国体，日本将支持。”

现在，袁世凯面对的是沦中国为日本附属国的二十一条，是由经济利益发端进而灭亡中国的二十一条。

袁世凯本想秘密地私下让给日本一些权利，以换取日本对复辟帝制的支持，哪想到小日本竟然要鲸吞一切！

袁世凯不能不有所考虑，并命令夏寿田“所有帝制之论一概停止”。经过再三权衡之后，袁世凯还是想在老百姓面前有所表示，便暗中策划冯国璋联合十九省将军通电全国，声称：“拒绝二十一条，不惜一战！”

袁世凯早已为日本人摸透了，知道他这一手是做样子的，日本政府电告日置益：

> 各省将军通电一事，此为袁氏权诈老套，对我帝国进行，毫无影响。

袁世凯犹豫过，最后却还是重开秘密谈判。

袁世凯毕竟是西太后的宠儿，他要把已经残缺的主权继续出卖，对内独裁、专制，对外献媚、投降，对他来说十万火急的是赶紧登上皇帝宝座。

一九一五年四月，当中日双方在极为秘密的情况下进行最后阶段谈判时，伦敦《泰晤士报》率先披露了条约的全部内容。日本妄图灭亡中国的野心以及袁世凯的卖国行径激起了中国社会各阶层的愤慨与反抗。反日浪潮席卷全国，游行示威、抗议演说、抵制日货遍及海内。中国人民不甘当亡国奴的呼声震撼着中华大地的各个角落。

蛰居天津的梁启超在得悉“二十一条”的内容后，怒不可遏，毫不犹豫地中止了《战争哲理》的写作，而漏夜命笔连续发表了《中日最近交涉评议》、《中日时局与鄙人之言论》、《解决悬案耶新要求耶》、《外交轨道外之外交》、《中国地位之动摇与外交当局之责任》等一系列文章，维护国家、民族利益，批驳日本侵华的种种谬论。

日本强加于中国“二十一条”的最荒谬的理由，是为了“维持东亚全局之和平”。梁启超指出，如果日本不去侵略别国，东亚和平本无所忧。其时，美国无意扰乱和平，德国在东方已成强弩之末，且欧战正烈。梁启超写道：“日本人宁不知德国在东方之战斗力已扫荡无余，难道德人在欧战期间能有力以复攻青岛、有力以复夺胶济铁路？五尺之童，知其不然矣！”

梁启超一针见血地指出，日本的目的不过是想趁欧洲列强拼杀之际，把不平等条约强加于中国人，强占中国的利益，“攫取优越之权，使彼等立于他日不能竞争之地”，进而“谋蹙我于死地”。

生活在今天的年轻一代总是无法理解日本人对侵略战争的态度、顽固以及狡辩，置铁一般的南京大屠杀的事实不顾，反而口出妄论等等。其实这是一部分日本人的传统，这些蛮横的侵略者早在抛出“二十一条”的二十世纪初叶，便对着被他们屡屡宰割的中国制造再一次侵略的借口说：“中国侮慢日本。”

梁启超反问道：“我国今日所处何时何处何地，而敢侮人耶？推捍之言，良不敢当。若云无诚意耶，则客观的论评，吾侪亦何能以主观的自为强辩。抑吾闻之，惟以诚感人者始以诚应。假膺惩之手段以致人之诚，吾未之闻也。”

中国人中的不忘国耻者始终不敢轻信日本人，那是因为中国血泪斑斑的近代史的相当一部分是被日本侵略，是当国者的怯懦退让，是子民百姓的奋起反抗。日本人出兵攻占青岛，理由是为“保全中国领土”，这不能不使梁启超正告日本当局：

国中多数人民观日本近日举动，恒窃窃私议曰：日本人果欲友助我中国耶？抑欲翦灭我中国耶？

梁启超并且指出，如果日本一意孤行，“若必逼吾国使出于铤而走险之一途乎，则吾国必为玉碎，而无复丝毫瓦全之希冀，自无论矣”。

梁启超的言论戳穿了日本人的谎言，揭露了日本侵略者的真面目。在这“二十一条”秘密谈判的关键时刻，日本当局及舆论所怕的不是袁世凯手中的枪，而是梁启超手中的笔。

《中日最近交涉评议》一发表，日本的官员、文人接踵前往天津拜访梁启超，说是叙旧其实是企图收买。

梁启超对日本人说：“尔等视大和民族为大和魂，我视中华民族为中华魂，其理相同，梁启超何等人哉？或毁或誉均是等闲，惟中国人耳，惟珍我惜我中华魂耳，果有直言且还将直言，请谅之。”

日本人悻悻而退，走到书房门口又转身道：“君不知朝鲜乎？”

梁启超一笑：“日本侵略朝鲜，始有吾国甲午之耻，始有康梁‘公车上书’，始有百日维新，尔知否？日本视中国为朝鲜，可与日本合邦，错矣。中国固积弱日久，中国人不甘心亡国并有惊人之举，尔等似应读读中国的历史。”

日本人的造访反而给了梁启超更大的刺激，中国舆论界为梁启超欢呼：梁启超还是梁启超！

这个时候，梁启超显出了爱国的猛士本色；这个时候，也是中华民族在危急关头最需要梁启超挺身而出的时候；这个时候，梁启超联袁拥袁当司法总长时的无奈甚至略显猥琐，已经一扫而光了。

袁世凯自然是不高兴的，他召来杨度：

“梁任公能有一日清静可以不说话吗？”

杨度：“任公本已宣言不问政事埋头著述了，蛰居之后，我都很难见他。”

“近日谈锋甚健。”

“‘二十一条’之下，想让任公沉默，乃异想天开。”

“那么你作何想法？”

“我深知大总统之为难，然各项条款却惨不忍睹。”

“倘跟日本再开战端，是其时乎？有其力乎？得胜算乎？不求和睦，大事将一筹莫展，国体如能定下徐图进取尚有后日，否则什么都谈不上。”

袁世凯所说的“大事”、“国体”，指的就是帝制自为，这是杨度极力主张、拥戴的，如此说来杨度觉得袁世凯之言不无道理，便默然也算是默认。

“你去跟梁任公说说，吹吹风，今后还有多所依仗之处，你就说我想跟他谋一面。”

杨度奉命赶到前门火车站坐夜车去天津时，梁启超正在浏览日本报章，开骂梁启超的同时，并称梁启超为德国人所收买，摘取梁启超文章中的片言只语译成英文、法文、俄文分送驻东京的各国使馆，请他们注意梁启超“袒德之实证”。

梁启超一笑，对夫人李蕙仙说：“小鬼含沙之射，吾固不能禁其不射，彼亦终不能禁吾不言也。”梁启超其时所写文章，多半发表于《京报》、《亚细亚报》，任公与蕙仙夫人之语，先见于致张仲仁的信中，事关“二十一条”及先生之昂然正气，录如下：

> 顷都中一友人（某人在东交民巷，交际极广）有电话来，言得确实消息，谓小鬼曾以要求条件二十一款通告英、俄等国，而所通告者与其所要求我者大不同，英国洞悉其奸，正有所以待之，小鬼着急，顷极力运动我政府，抽换原条件云云，不审果有此事否。若有之则主座当必有以处之，决不等候其播弄也。既有所闻，故以走告。主座批陆使电呈语诵悉。爱护之深，感激岂可言罄，当遵慈谕，益自矜慎，惟愤所迫，遂不能夺所瞻顾，昨又寄一文去矣。英文《京报》初约弟作文时，弟与严订契约，谓言论须完全独立。若有他人授意彼报，强我作者，我即立刻与彼报断关系，且窃诘其资本所自来，彼言绝无外资，弟乃应其聘。小鬼含沙射影，吾固不能禁其不射，彼亦终不能禁吾不言也。群鬼日来对于我种种运动，可笑可愤，弟之避地，颇亦避彼之相嬲耳。草草奉复，得间能一回主座，至盼。敬上张仲仁先生
>
> （民国四年《致仲仁先生书》）

李蕙仙当然理解夫君，也只是在与梁启超对坐时偶尔有所建言：“外交国事自是立根之本，马虎不得的。”

夫人替梁启超泡好茶，又提来一壶开水，方始离去。梁启超此刻静

思默想的是一个他无法回避的问题：当局在此次交涉中应负何责？

梁启超断然写道："吾以为我政府承诺日本此次之要求，则当承诺之日，即为我国国际上地位动摇之时，此最不可不猛省也。"

梁启超不得不几度搁笔，深思良久，政府向何处去？袁世凯向何处去？辛亥以后的种种表现，其脉络已经明明白白，袁世凯复辟帝制或者说帝制自为，当在"二十一条"之后进行。主张此事最力的，朋友中首推杨度，谓其"君子立宪"之志始终不渝，中国民智未开，共和既难共也不和，唯得皇帝"定于一"而再推行宪政。

梁启超知道杨度此论，无非是自己曾力主的"开明专制"论，然而时光已经不再，历史已经前进，共和已经确立，怎么能再违时而动逆潮而流呢？就在这一瞬间，梁启超明确了自己的位置，内心里的震颤却是因为悲哀莫名：本当推进和平建设，使积弱之国渐渐复醒，却又横生出如此粗重的枝节，多难之国啊！

梁启超在《中国地位之动摇与外交当局之责任》一文的末尾问当局："试问我中国有几个南满？有几个山东？有几个福建？有几个警察权？有几个顾问席？指顾之间，全躯糜碎耳。夫此岂亡我祖国亦且祸延世界。愿我外交当局慎思之，勿为祖国罪人且为全世界罪人也。"

"勿为祖国罪人"，梁启超抿一口茶，却是凉的，一个不眠之夜又过去了。

杨度的到访，在梁启超意料之中，为谁所命、为何事而来，是不言自明的。但，总是老友了，离多聚少，已是难得一见了。

杨度毕竟文人本色，说话很少绕弯子："大总统让我转告，兄于中日交涉事言论尚须注意平和。"

梁启超："然日本之'二十一条'平和乎？"

杨度："大总统也确有难处。"

梁启超："国家民族之生死存亡，匹夫有责。弟尽匹夫之责为匹夫之言而已。袁世凯做了大总统便解散国会驱逐议员，总统一人负责之总统制由他而定，总统之责为何？百万之兵不求一战；国土主权拱手相让，此为难乎？”

杨度：“战亦难。”

梁启超：“投降当然容易。”

杨度换了个话题，征询梁启超的意见：“关于国体问题，兄有考虑否？”

梁启超：“共和国体，宪法所定，何虑之有？”

杨度：“共和实不合国情，兄以前也曾持有此论。”

梁启超：“不错，弟与南海师向持‘君主立宪’论，然辛亥一役，清帝退位，国体变，此大势也潮流也，复辟的事情做不得也做不成，皙子兄，你当三思而后行。”

杨度：“大总统之意似已确定，我当助之。”

梁启超：“我亦有言在先，倘若总统变皇帝，我必反对，兄弟阋于墙非我之故也。”

杨度：“何忍分道扬镳？”

梁启超：“何忍山河破碎？”

杨度：“大总统对兄之才情、学识、人望，是时时想借重的。”

梁启超：“弟退让过、谋划过，凡财政、司法均有几万字的建言。所图者国家不再积弱，人民可以脱离水深火热，结果如何兄也知道。退让亦有限度，如退临大海、深崖，还能退到哪儿去？”

杨度：“袁大公子克定一直想和兄一聚。”

梁启超：“不忙。我倒想见见袁克文，此公放浪形骸，其实精神独具。”

梁启超送杨度出门时，两个人都是心事重重，该说的话已经说完了，以后再说些什么谁也不知道，或许就这样分手了。

日本人对梁启超的攻击还在升温中，当梁启超堂而皇之地就日本出兵侵占山东半岛向参政院提出质问案后，日本的报章开始大骂梁启超忘恩负义，梁启超反驳说：

吾侪立于国家最高立法机关，当国家遇此大变，是否有发言质问当局之权利及责任？若谓我曾受日本保护十余年，即当放弃其对于国家之责任耶？试问日本保护鄙人之初心，岂非以鄙人为一爱国者，循国际法上保护国事犯之大义耶？使鄙人而非爱国者，则日本昔时保护不当也；使鄙人而为爱国者，则日本今日之责备不当也。

也有人为条约的签订而庆幸，说是“和平解决了”。如同中国实在没有力量而不得不委曲求全的论调一样，梁启超始终没有作出让步，他说：

今举国之兵且数百万矣，国家岁出用于军事费者十而七八矣，曷为而等于无一兵？曷为而实际无一械？且以中国土宇之广、物力之厚，而财政曷为日以窘闻？此极浅显之事理，人民不问责于政府而谁问者？

一个专制总统、腐败政府之下，便是丧权的土地、缩头缩脑的官僚，中国人永远在问永远也找不到答案——中国向何处去？

那时候，梁启超的声音便如同烛光炬火了：“我国虽积弱已甚，而国民常自觉其必能岿然立于大地，历劫不磨，此殆成为一种信仰，深铭刻于人人心目中，而未由拔。”

梁启超并严正警告日本人：

凡以无礼加我者，无论何国，吾皆敌之。

梁启超的声音重新又成了中国舆论界的骄傲，因为在关键的时刻，他站在国家和民族的立场上，成了大众的代言人。

而学生、民众的呼声，梁启超自然听见了，不甘亡国的大群的声音啊，那几天，每读报章，梁启超便兴奋，“学子，吾国之希望也”。他的心和那些奔走呼号的学生紧贴着。

袁世凯拄着他的那一根拐杖，在中南海里来回踱步，从丰泽园后走到景福门前。读者万勿真以为袁世凯足疾严重，其实这根拐杖是某种装饰，也可以看作象征性的权杖，可以给他威风，而且“笃笃”有声，杖尖上包着亮闪闪的铁皮，他喜欢弄权，在通常情况下，袁世凯以自己的一定之规不达目的决不罢休。他不是一个软弱无能者。

辛亥以后，袁世凯走了几大步。

一是与孙中山为首的革命党联手，逼清帝退位，结束了大清朝从而也是中国封建帝国的历史。接着又以武力摧垮了在国会中占绝对优势的国民党；然后废国会、踢开“第一流人才内阁”做终身总统，并重写《约法》，揽大权于一己，踏上了专制权力的顶峰。

正在走的最后一步，是制造舆论，准备悍然称帝。

袁世凯废国务院设政事堂，政事堂就在总统府内，为听候差遣方便。政事堂设国务卿，由绝对可以放心的亲信徐世昌担任。各部总长除例行公事外，一切事务需经国务卿核阅，再转呈袁世凯定夺。

对于这样的设置，袁世凯自己便极为欣赏，对夏寿田得意地说：“凡事都需大胆改革，军机重要都由相国过一下手，我这里办起来就顺畅了，光是开会吵架顶什么用？”

所谓政事堂就是前清的军机处，相国徐世昌做起来自然熟门熟路了，他的做官格言倒也简单只是两句话，他一当国务卿便谆谆以告左右：“大事不要问我，小事不要问总统。”

政事堂设在丰泽园遐瞩楼、总统府勤政殿旁，“政事堂”匾额左右为徐世昌手书的一对楹联：

天视民视天听民听，
人溺己溺人饥己饥。

这一楹联传到外界后，便有人代袁世凯拟了一则总统府的楹联：

我总我统我行我素，

人脉人缘人散人消。

袁世凯设政事堂由徐世昌当“军机首辅”之后的另一举措是尽撤陆军部、海军部，成立“陆海军大元帅统率办事处”，王士珍、段祺瑞等是大办事员，蔡锷则是小办事员兼经界局督办。

蔡锷，从日本陆军士官学校毕业后，遵梁启超嘱回到广西创练新军，为云贵总督李经羲赏识调至云南担任新军第三十七协协统。武昌起义后，蔡锷即在云南举兵响应并被推为都督。

北京政局风云迭变，梁启超归国后联袁拥袁，蔡锷便开始在军界崭露头角，梁启超告以四字诀：“不动声色。”因而以后的府院之争、国会取消等等，蔡锷只是埋头做自己的事情，对外界乃至个人升迁似乎一概淡漠。

蔡锷有了参与袁世凯核心军机的机会，并留意着北洋军的实力、布置、指挥及后勤系统，使其了然于胸。

天津梁宅，蔡锷突然到访。

蔡锷告诉梁启超：“袁世凯称帝，已无可挽回。”

梁启超：“不到最后时刻，你还是不动声色，且要多加提防。”

蔡锷：“谨遵师命。”

梁启超：“袁克定约我一见，看来也是称帝一事了。”

蔡锷：“应该是。袁克定见人，一般在北海团城，如更重要的客人则在京郊汤山别墅，由北洋军守卫，要不要一二随从照拂吾师？”

梁启超：“不用，谅他奈何我不得。”

蔡锷正要告辞，梁启超按一下右手示意稍待片刻：“杨度近况如何？”

蔡锷：“死心塌地了，与袁克定过从甚密。”

梁启超：“静观其变，心有戒惧，你不妨带头劝进，以为障眼之法，一应大事之策划，随时告我，勿写信，坐夜车为宜。”

蔡锷匆匆告辞。

京郊汤山之夜，晚空寂寥而广大，新月冷冰冰地照着。等候在门口的袁克定面有焦虑之色，一旁站着杨度。

梁启超如约赶到，寒暄毕，宾主落座。

袁克定："今夜小饮，来一点儿日本清酒如何，卓如兄？"

梁启超："不，绍兴花雕。"

杨度嘱咐侍者："用热水烫温。"

袁克定倒是开门见山："有一事家父想托我征询兄之意见。"

梁启超："请只管说。"

袁克定："共和病体，诚如兄之预见实不合中国国情。"

杨度："更换国体事，外国人也多所建言，以为帝制最宜。眼下亟须卓如兄一言九鼎之助，以明国体之变非大总统私心，而是为国家民族久远计。"

梁启超："助大总统变皇帝，我实不能助。盖选举大总统时，反对之声盈耳，我投了大总统一票，大总统就职宣誓'谨遵宪法'，其人其声均在光天化日之下。"

杨度："当初'公车上书'、'戊戌起事'，兄乃为光绪也，设若变法既成，兄与康南海辅助光绪帝与今有别乎？"

梁启超："大有别，昨日之日不可留。否则大总统又何必在辛亥后使清帝退位？彼时取而代之可也。立国于今世，必有今世生存之道，逆世界潮流而自封，终将淘汰。风云际会大势所趋也。"

袁克定不好再说帝制一事了，只说袁世凯如何借重梁启超等等。梁启超却不接这些话题竟说起了袁克文："令弟颇有诗才，近来可好？"

袁克定惨然一笑："整天不务正业，家父爱其才又惜其不成才。"

梁启超："杭州的友人寄我一副楹联，令弟所作，读来荡气回肠，'右通岳墓，左接苏坟，忠骨香魂都咫尺；后倚孤山，前临西子，潭光塔影共徘徊。'"

杨度知道梁启超的脾气，汤山小宴到此为止了，客客气气，不欢而散。

一九一五年的春天和夏天，因为中日"二十一条"交涉的言论，以及对帝制自为的态度，梁启超又成为中国舆论界的焦点人物，就连坊间市井都常常有传诵梁启超文章的。“梁启超这样说的”，一时成为标准；“梁启超说话了没有？”却是含着期待。

梁启超自己也觉得较之于周旋官场要自在得多而且充实。二、三月，袁世凯接连抛出两次绣球，先是任命为“政治顾问”，后来又派了个“考察沿江各省司法教育事宜”。梁启超拒不受命，却于四月之末，返粤省亲，为父亲莲涧公寿，“老人康豫欢悦”，“乡中演剧三日”，乡人若狂，但“热不可支，蚊患尤盛”。梁启超书告令娴：“此间木棉已开罢，群芳俱歇，都中海棠时节，又轻辜负。”

梁启超是满怀心事南下的，心里最大的忧患莫过于袁世凯要做皇帝，大祸在即，大乱在前。一种现实几难回避：与袁世凯对垒，作你死我活之争。这是梁启超最不愿为之，却极可能不得不为之的。遂于返归故里前，给袁世凯写了一封长信，情真意切，苦口婆心，可谓仁至义尽矣！

茶坑村依旧，西江水依旧，听涛声掠过风帆，如诉如说：“中国极南之一岛民也。”漂泊东洋，浪迹天涯，是碎心割肉的日日夜夜。旧房子多么可爱，它永远包装着昨天，珍藏着理想放逐之前的童真与稚嫩，却为人生之开始之最不可多得。大路小路歪路正路都是路都是属于明天的，明天总是那么虚幻、杂乱、荆棘丛生……

梁启超写道：“且启超所欲言者，事等于忧天，而义存于补阙”，于公，则国体变更、国本动摇；于私，则梁启超对袁世凯又不能不“缅怀平生知遇之感”。于是，不能不言，不得不书。倘若袁世凯总统变皇帝，任公谓“默察前途，愈思愈危，不寒而慄”。何以故？袁世凯以大总统之尊，“明誓数四，口血未干”失信于民也，又怎能号令天下？梁启超并告袁世凯，所谓“全国一致拥戴之言”，实为虚妄且举国上下惶恐不安，其所作所为即“持威力而可以祚国”也。梁启超并告之，虽筹安已久，而一旦中止帝制自为，仍不为晚，还可得“践高洁之自言，谢非义之劝进，益彰盛德，何嫌何疑？”可以说，梁启超为制止这一场称帝的灾难，既有为国家人民者，也为救袁世凯之末路，而为其条分缕析，面面俱到者。梁启超肝胆肺腑之言满篇皆是，仅摘数行：

昔人有言，凡举事无为亲厚者所痛，而为见仇者所快。今也水旱频仍，殃灾洊至，天心示警，亦已昭然，重以吏治未澄，盗贼未息，刑罚失中，税敛繁重，祁寒暑雨，民怨沸腾，内则敌党蓄力待时，外则强邻狡焉思启。我大总统何苦以千金之躯，为众矢之鹄，舍磐石之安，就虎尾之危，灰葵藿之心，长萑苻之志。启超诚愿我大总统以一身开中国将来新英雄之纪元，不愿我大总统以一身作中国过去旧奸雄之结局，愿我大总统之荣誉与中国以俱长，不愿中国之历数随我大总统而斩。是用椎心泣血，进此最后之忠言，明知未必有当高深，然心所谓危而不以闻。则其负大总统也滋甚。见知见罪，惟所命之。

抑启超犹有数言欲效忠告于我大总统者：立国于今世，自有今世所以生存之道，逆世界潮流以自封，其究必归于淘汰，愿大总统稍捐复古之念，力为作新之谋。法者，上下所共信守，而后能相维于不敝者也，法令一失效力，则民无所措手足，而政府之威信亦隳。愿大总统常以法自绳，毋导吏民以舞文之路。参政权与爱国心关系之密切，国民不能容喙于政治，而欲其与国家同体休戚，其道无由。愿大总统建设真实之民意机关，涵养自由发抒之雕悴，本干岂能独荣，愿大总统一面顾念中央威权，一面仍留地方发展之余地。礼义廉耻，是为四维，四维不张，国乃灭亡。使举国尽由妾妇之道，威逼利诱，靡然趋炎，则国家将何以兴立……

（《梁启超年谱长编》463 页）

梁启超信中明言：“进最后之忠告”。

信末有两句八字：“临书恻怆，墨与泪俱”。

梁启超辞别父老乡亲后，到上海，再游杭州、南京，而“在杭意作十日淹留”，归国以来少有之山川形胜之游也。时在六月，杭州天气已热，住刘庄，精舍也，舟楫来往，虎跑龙井，柳浪闻莺，花木扶疏，任公初拟信宿即行，继者不忍归去，并谓：“昔人诗云：一半勾留是西湖，信不虚矣！”然北京时有函电催返，西湖虽妙，不可久留了。但南京还得去，为帝制事要和冯国璋相商。

六月到南京，正是江南草长莺飞的时节，秦淮河畔夜饮，鸡鸣寺中听雨，与时为江苏都督的冯国璋几番切磋后相约：梁启超与冯国璋相偕进京，力阻袁世凯称帝。

到京后，袁世凯已经等候在居仁堂门口了，状极亲切，这一天是六月二十二日。

袁世凯：“二位用茶。”

冯国璋旁敲侧击：“帝制运动，南方传言颇盛。”

袁世凯：“华甫，你我患难与共，当知道我的心事。我现在的地位与皇帝有何差别？贵为帝王者，无非为子孙计耳，我的大儿子克定六根不全骑马摔断了一条腿；二儿克文倒有才具却成天与清客票友鬼混，假名士也；三儿子从小不谙事理，是个混混。余皆年幼，岂可负天下之重？”

客厅里的气氛顿时变得随和而不那么沉重了。袁世凯如诉家常言辞恳切，梁启超、冯国璋不仅堕入五里雾中，而且连往下的话也没法再说了。

冯国璋想得更多，追随多年，鞍前马后，大总统今天这一番话可谓知己之言了。激动之下便也把心里话和盘托出了：“国体骤变，百废待兴，今日再匆匆而为帝制，诚不可取，大总统心迹，真是可昭日月。不过将来国家富强了，天与人归，大总统却是不能谦让了。”

袁世凯一听冯国璋所言，正色道：“华甫，此话不可讲。我有一个孩子在伦敦求学，即或今后再有人逼我做皇帝，我便浮槎于海，我走还不行？”

冯国璋先回下榻的六国饭店休息，晚上徐世昌招饮，言及帝制事，徐世昌顾左右而问:“金陵夫子庙前，还是盛况空前吗？”

冯国璋再问:“请相国告知帝制真相。”

徐世昌继续打哈哈:“南唐遗址小虹桥可在？”

冯国璋只是莫名其妙:“小虹桥？”

徐世昌:“李后主被俘北上挥泪对宫娥，便是从这小虹桥上走过的，‘雕栏玉砌应犹在，只是朱颜改’啊！”

冯国璋:“相国，今天你唱的什么戏？”

徐世昌:“空城计……”

袁世凯的宪法顾问、美国人古德诺发表《共和与君子论》一文称，辛亥革命后，中国“由专制一变而为共和，此诚太骤之举动，难望有良好结果”，明确宣扬“中国如用君主制，较共和制为宜”。古德诺之后，袁世凯的法律顾问，日本人有贺长雄撰文《共和宪法持久策》，说中国只有走日本君宪一路，才不致分裂云云。

梁启超读罢这些文字拍案道:“此乃真无耻也！”

与此同时，袁世凯授意杨度拼凑的“筹安会”成立，何谓筹安？“筹一国之安也。”杨度如是说。再看“筹安会”中人，杨度、孙毓筠、严复、刘师培、李燮和、胡瑛六人，自称学术团体，挂出招牌于北京石驸马大街，“研究君主、民主国体二者以何适于中国”为宗旨，但已经研究出“君主实较民主为优，而中国则尤不能不用君主国体”。

这是公开的伴随着锣鼓声的、有板有眼的粉墨登场了。

一九一五年八月二十二日，梁启超给爱女令娴写信，愤然表示:“吾实不能坐视此辈鬼蜮出没，除非天夺吾笔，使不复能属文耳！”梁启超告诉令娴，因为“不能忍”，他已经写了几篇批驳谬论的文章。

这些文章中就有轰然震响传诵一时的《异哉所谓国体问题者》。

其时，杨度仍然在作争取梁启超的最后的努力，他知道凭自已及“筹安会”中人的笔杆子可以对付任何反对者而绰绰有余，却绝对架不住梁启超一个人的口诛笔伐。杨度委托汤觉顿专程赴天津与梁启超协调商讨，汤觉顿从天津带回北京的却是一封致杨度的断交信，梁启超说:“吾人政见不同，今后不妨各行其是，既不敢以私废公，但亦不必以公害私。”同时带回的便是墨迹未干的梁启超的文章。

杨度顿时惊呼：“大事不好！”

杨度读完梁启超的信，先已后脊背发凉了，他实在不想失去这位曾经患难与共的朋友。再读梁启超的文章，浩然之气直逼杨度乃至袁世凯：

> 自国体问题发生以来，所谓讨论者，皆袁氏自讨自论；所谓赞成者，皆袁氏自赞自成；所谓请愿者，皆袁氏自请自愿；所谓表决者，皆袁氏自表自决；所谓推戴者，皆袁氏自推自戴；举凡国内国外明眼人，其谁不知者。
>
> 此次皇帝之出产，不外右手挟利刃，左手持金钱，啸聚国中最下贱无耻之少数人；如演傀儡戏者然，由一人在幕内牵线，而其左右十数嬖人蠕蠕而动；此十数嬖人者复牵第二线，而各省长官乃至参政院亦蠕蠕而动；彼长官复牵第三线，而千七百余不识廉耻之辈冒称国民代表者蠕蠕而动。
>
> 蠕蠕而动，皇帝出矣！

杨度等不及读完，兹事体大，赶紧奔往中南海报告袁世凯。

袁世凯默然良久，只说了一句话：“我待梁启超不薄。”

袁世凯希望梁启超此文不公开发表，便以给梁太公祝寿为名，派人专程送去二十万元寿仪，梁启超婉言谢绝了：“家父寿辰已过，谢谢大总统关爱。”退回二十万元同时又抄录一份《异哉所谓国体问题者》寄给袁世凯，以示光明正大。

袁世凯紧接着又派梁士诒拜访梁启超，这是来者不善了，称兄道弟，落座看茶后，梁士诒眉头紧锁道：“我奉大总统之命来，有一句话不好说。”

梁启超：“但说无妨。”

梁士诒：“说出来不好听。”

梁启超：“是人派你来说，非我派人去听。”

梁士诒:“兄已亡命十余年，此种况味，既曾饱尝，今日何必更自苦？”

梁启超:“余诚老于亡命之经验家也，宁可亡命，也不愿苟活于浊恶之空气中。”(《饮冰室合集·专集》之八)

梁士诒:“这不是我的话。”

梁启超:“你可以复命去了，启超无所惧亦无所求。”

一九一五年九月三日，北京英文《京报》汉文版刊登《异哉所谓国体问题者》。当天,《京报》被抢售一空，“而凡茶馆、旅馆因无可买得只可向人辗转抄读。又有多人接踵至该报馆请求再版”。后来报价涨到“每份三角”，而求购者仍以“不能普及为憾”。次日,《国民公报》转载，但限于篇幅，不能一次登完。因而四日、五日两天北京公共场所的不相识的人们互相急切地询问:“君有三号之《京报》否？今天或昨天之《国民公报》亦可。”

《国民公报》销售量大增，“为向来北京报纸所未有”。直到九月六日，求购者仍络绎不绝，报社方面只好在七号将梁启超的大作印成单行本发行。

这真是:任公大笔一挥，京都民情腾沸。

梁启超的文章所以能如此强烈地震动了社会的各个阶层，是因为他袒露了自己的良心，毫不犹豫地公开举起了保卫共和体制、反对复辟封建的大旗。这是真正激动人心的时刻，在这几乎已经麻木很难有什么能激动人心的时候，一切关心国家命运的人们聚合到了梁启超的大旗下，语气中有了急迫感，眼睛里开始发出光来，有人传诵，有人落泪，有人呼号……梁启超说:“天不亡我中华也！”

梁启超文笔的特殊魅力更使他的文章传诵一时，令年轻人觉得新鲜生动，使同辈人想起《时务报》和《新民丛报》。反复的排比句若波涛涌来，逼人的设问丝丝入扣，行云流水一往无前——

> 自辛亥八月迄今未盈四年，忽而满洲立宪，忽而五族共和；忽而临时总统，忽而正式总统；忽而制定约法，忽而修改

约法；忽而召集国会，忽而解散国会；忽而内阁制，忽而总统制；忽而任期总统，忽而终身总统；忽而以约法暂代宪法，忽而催促制定宪法。大抵一制度之颁，行之平均不盈半年，旋即有反对之新制度起而推翻之，使国民彷徨迷惑，莫知所从，政府威信扫地尽矣。今日对内对外之要图，其可以论列者不知凡几……何苦无风鼓浪，兴妖作怪，徒淆民视听，而诒国家以无穷之戚也！

梁启超的这一番话，是对辛亥以来中国政局动荡、袁世凯弄权的鲜活写照，针对其时袁世凯一心想做皇帝而又表白无意恢复帝制的欺骗性，梁启超的笔锋直指袁世凯欺瞒天下。他说若改行帝制，谁做皇帝呢？“若欲求诸今大总统以外耶？则今大总统朝甫息肩，中国国家暮即属纩”，对得起袁大总统吗？“若即欲求诸今大总统耶？今大总统即位宣誓之语，上以告皇天后土，下则中外含生之俦实共闻之。年来浮议渐兴，而大总统偶有所闻，辄义形色，谓无论若何敦迫，终不肯以夺志。此凡百僚从容瞻觐者所常习闻，即鄙人固亦历历在耳，而冯华甫上将且为余述其所受诰语，谓已备数椽之室于英伦，若国民终不见舍，行将以彼土作洹上。由此以谈，则今大总统之决心可共见也。”

梁启超极尽揶揄和挖苦，紧接着写道：以上种种“公等岂其漫无所闻，乃无端而议此非常之举耶？”什么样的非常之举呢？即推戴袁世凯做皇帝，梁启超说：“设念及此，则侮辱大总统之罪，又岂擢发可数？此亦四万万人所宜共诛也。”

梁启超当然不会放过古德诺，他直言道古德诺的文章其内容与十年前《新民丛报》上他的著作相类似，唯独其水准，古德诺不及梁启超百分之一。古德诺把墨西哥“五总统争立”以及“中南美葡萄牙之丧乱”视为共和之病，是犯了一个常识性的错误。墨西哥之乱，根本原因恰恰是统治者“假共和之名，行专制之实，其教训是专制的教训，不足引为中国不能实施共和的根据”。梁启超认为，奇怪的倒是“政客如林，学者如鲫”的中国，为什么对如此浅显的理论与事实“无所觉识”，非得

“借一外国人之口为重”呢？偏偏这外国人又是歪曲事实的，但从袁世凯到“筹安会”中人却都说外国著名学者古德诺如何如何。

古德诺又怎么样？他举着西洋镜说他就是光明的指路者，可是很快就被梁启超戳穿了。古德诺不是不知道梁启超，经过这一回合的交手后，不知他是否明白中国还有脊梁在？

摘《异哉所谓国体问题者》(《饮冰室合集·专集》之八）最后一节，与读者诸君共享：

> 孟子曰：“予岂好辩哉，予不得已也。”以生平只问政体不问国体如鄙人者，曷为当前此公等第一次主张变更国体时而哓哓取厌，当今日公等第二次主张变更国体时而复哓哓取厌？夫变更政体，则进化的现象也，而变更国体，则革命的现象也。进化之轨道恒继之以进化，而革命之轨道恒继之以革命，此征诸学理有然，征诸各国前事亦什九皆然也。是故凡谋国者必惮言革命，而鄙人则无论何时皆反对革命。今日反对公等之君主革命论，与前此反对公等之共和革命论，同斯职志也。良以中国今日当元气凋敝汲汲顾影之时，竭力栽之犹惧不培，并日理之犹惧不给，岂可复将人才日力耗诸无用之地，日扰扰于无足重轻之国体，而阻滞政体改革之进行？徒阻滞进行，犹可言也；乃使举国人心皇皇，共疑骇于此种翻云覆雨之局，不知何时焉而始能税驾，则其无形中之斲丧，所损失云何能量？诗曰：“嗟我兄弟，邦人诸友，莫肯念乱，谁无父母！”呜呼！论者其念之哉，其念之哉！或曰：革命者，事实之不得已也。天下惟已成之事实为不可抗。吾子畴昔抗之不已以自取僇辱，今何必复尔尔者？惟然，吾固知之。然使吾捐弃吾良心之所主张，吾之受性实有所不能，故明知其无益焉，而不能以自已也。屈原沓志于汨罗，而贾生损年于堕马，问其何以然，恐非惟不能喻于人，抑亦不自喻也。吾昔曾有诗云：十年以后当思我，举国犹狂欲语谁？吾生平之言亦多矣，大抵言之经十年之后，

未有不系人怀思者。然非至十年以后，则终无道以获国人之倾听。其为吾之不幸耶？其为国家之不幸耶？呜呼！吾愿自今十年之后，国人毋复思吾今日之言，则国家无疆之休焉耳。

梁启超又一次挺身于国家兴亡的风口浪尖上。

第十三章 护国双帅

梁启超从未如此焦虑，秋风起矣！秋风过矣！第一场大雪刚刚落过，京津一带山峦田野全在银装素裹中。

蔡锷才来过，他说袁世凯不日登基就要接受百官朝贺了。

蔡锷一直没有暴露，而且隐蔽得自然、妥帖，竟然连袁世凯也被蒙在鼓里。

梁启超与蔡锷、汤觉顿策划在必要时武装反袁的密计，时在一九一五年夏秋之交。

其时国民党的重要人物如孙文等尚在海外流亡，国内的许多军人文人"都被袁世凯收买得干干净净"，反袁讨袁可谓艰难之至。梁启超告诉蔡锷："我的责任在言论，故必须立刻作文，堂堂正正以反对之。"

蔡锷说："京城里不少人在写劝进表了！"

梁启超："你也写，在军界要深自韬晦，万不可为袁世凯所忌，才能密图匡复。"

两人商定，梁启超秘密南下，先至上海筹划一应军中文案，为避袁世凯及一直在暗中监视的便衣特务，上表袁世凯一书，为赴美国养病而辞行，并有洪宪元年一月十日发放之护照，又有《申报》要闻称：

梁任公在津养疴日久，昨忽闻呈请赴美调摄，不俟批出就束装首途。任公于赴美途次，犹有一书寄上总统，其惓惓不忘故国之情，盖犹“庶几改之，予日望之”之微意焉。

梁启超于十二月十六日由天津塔乘新济轮，十八日抵沪。是次蛰居上海七十天有余。在给令娴的信中称：“此间之危险，又过于天津”，“惟有一步不出，一杂客不见，免使亲爱之人多增愚念而已”。更麻烦的是饮食，吃“西餐旬余，苦不可状”，只好吃小馆子，上海小馆子多，阳春面、大排面、南翔小笼包、大馄饨，福州路还有广东餐馆，皆美食也，但各色人等进进出出，至为不安全。“身边事无人料理，深觉不便，可即命来喜前来”，来喜即王来喜、王桂荃，任公秘而不宣之如夫人也，自幼随李蕙仙夫人为丫鬟，及至成人，不离梁家，夫人多病，照拂全家，端赖之也。梁启超此行最牵挂痛切者，是夫人李蕙仙的病，似可推断为乳癌，“汝母之乳，似非割不可，汝宜力劝。”这时候最应陪侍夫人，却又不得不远离，为军国大事，天津宅中一切全交给令娴了。（《梁任公先生年谱长编》469页）

任公在上海，一步不下楼，其居室实为后来护国战争之策源地、司令部，无一兵一卒而运动千军万马。光是策动、筹谋滇、黔、桂三省举义起兵各事外，则以运动南京冯国璋赞助起义事为最重要。冯乃袁世凯亲信，手握重兵，而反对总统变皇帝，如能利用，至为重要，至少一旦开战，冯国璋不听袁世凯号令作壁上观，于未来大局亦为紧要者。个中关节，黄溯初有亲历回忆：

任公自四年十二月十八日到沪，至五年三月初四日乘日轮横滨丸赴香港止，计留沪七十余日之内，除与滇、黔、桂三省互通函电，共筹义军进行外，莫如运动南京冯华甫赞助起义之举为最重要矣。当时在冯幕者，以胡晴初、潘若海两君为反对项城最力之人，故任公曾先后三次托溯初赴宁，介晴初而见冯，面述义军情形，并交任公手书，及托冯代发致松坡之电。任公谓此事曾致溯初涵云；晴初（爱而近路永源里一五六号），与若海比邻，闻大树（即冯国璋，笔者注）之馆甥已此（北）归秣陵，更不可问。又云李君伯至自夜郎，并有书带呈大树，乞介见晴老等语。任公第一次托冯代致松坡之电，在四年十二月二十四日，该电于云南起义大有关系，因滇中接到任公由南京所发一等印电，松坡即当众宣布，而大众以为任公已经到宁，冯已同情起义可以响应故也。

（《记民国五年任公先生留沪运动冯华甫事》）

八大胡同陕西巷云吉班妓女小凤仙处，蔡锷走动得更勤了，这也是袁世凯喜欢的，吃喝玩乐，贪污腐化，抽鸦片，逛妓院，倒军火，一概不管，只要听话不反对他做皇帝就行。在外界看来，蔡锷是消沉了，与小凤仙的风流韵事也不时在军界流传，说这小凤仙床上功夫了得，把蔡锷颠得轻飘飘的了。

即便如此，袁世凯仍然没有放松对蔡锷的监视，“登基”在即，梁启超骂几声乱不了大事，倘有带兵的造反，那才是袁世凯最害怕的。

蔡锷每一次去小凤仙处后约半小时光景，总会有几个人跟踪而来，到班子里打“茶围”，出手很是大方。蔡锷一走便问这问那，小凤仙与蔡锷交往久了，深知蔡锷的为人便据实相告，并问：“你是革命党吗？”

八仙桌上是几碟花生瓜子，蔡锷一边摆弄着《今古奇观》一边对小凤仙说：“我要离开北京，从你这儿走。袁世凯的人一直在盯着我，你要小心。”

小凤仙：“后天是掌班的生日，院子里来往客人多，你在这里摆酒，我替你布置房间，这是个机会。”商量完，小凤仙又不放心地问：“你走得远吗？”

蔡锷：“先到天津。以后你会听到我的消息的，袁世凯要做皇帝，我得让他做不成。从此生死未卜，你自己多保重。”

小凤仙给蔡锷找了一间北屋，背窗而坐，面对穿衣镜，院子里的动静看得清清楚楚。大衣、皮帽挂在衣架上，八仙桌上放着他的怀表。这些都是蔡锷的老习惯，总之一切显得毫无异常。

蔡锷一瞥穿衣镜，院子里走动的几个便衣刚好走进房间去了，便不穿衣不戴帽好像是上厕所的样子，出得大门直奔火车站而去。到得天津，面见梁启超，又与汤觉顿、王伯群、戴勘等最后确定了武装倒袁的计划。梁启超神情肃穆，询问蔡锷军事上的把握之后说："袁世凯一旦正式称帝，云南迅即独立，贵州过一个月后响应，广西再迟一个月。然后以云贵的军队打四川，以广西的兵力攻广东，三四个月后，可望会师湖北，底定中原。"

蔡锷等人都认为梁启超的估计与大致安排是可以行得通的，并商定由汤觉顿、王伯群先赶赴云南、广西作准备。随后，蔡锷为避开军警绕道日本远赴云南，梁启超先离开天津到上海匿居再去广西。反袁首脑人物先后奔赴前线，避开北洋军的实力，以大西南为护国大本营。

梁启超动情地告诉蔡锷："松坡，攻城夺地打响第一枪全靠你了！"

蔡锷避居天津，有时与梁启超协商至通宵达旦。时光紧迫，北国的朔风怒号着卷起彤云的日子，便表示着寒流到了。梁启超蓦然感到，此刻，真的不是纸上谈兵了，要举兵、用兵，而且志在必得。自然，军事上的行军布阵战略部署由蔡锷潜心安排，梁启超仍然是文案上的功夫，以及云南、两广、四川、贵州的军情、民情、舆情的分析，以定护国讨袁的方针大计。

首先起草的是《云南致北京警告电》、《云南致北京最后通牒电》。

梁启超对蔡锷说："我本书生耳！现草写此类文字，实是平生所未料。"

梁启超凝视蔡锷片刻，这个他心中最爱的得意门生马上就要奔赴第一线了，那是可以想见的枪林弹雨，冲锋陷阵。爱怜之心，油然而生："松坡，山高水远，务必保重。军情紧迫不及与我通声气时，务必果断，视下属为兄弟，护国军起后万勿扰乱百姓！"

蔡锷不觉有热泪要涌出："本应随侍左右，万不得已，我只能先走了。先生之嘱我当铭记。大局宏旨随时电告，天佑中华，天佑先生！"

一九一五年十二月二日，蔡锷在梁启超的精心安排下改名换姓穿上和服，坐日本轮“山东丸号”东渡日本。随后即在石陶钧陪同下，再坐船南下上海、香港、河内，十二月十九日到达昆明。

蔡锷长长地吐了一口气，真是“定策于恶网密布之中，冒险于海天万里以外”。

从北京而天津，梁启超、蔡锷都处在监视和跟踪之下，靠着租界的保护及行动的诡秘而没有败露。袁世凯最担心的是在北京突然失踪的蔡锷回到云南，云南军中有蔡锷的老上司老部下，易于发动。如今蔡锷真的已置身在南国的土地上了。

接风、招饮自是少不了。但蔡锷却无意贪杯，他必须马上了解北京袁世凯称帝的最后动向，也担心着梁启超的安危。

其时，梁启超已写成了对袁世凯最后进言的《上总统书》，勿谓言之不予也。然后密切注视袁世凯的动向，对蔡锷实行遥控指挥。

梁启超获悉，袁世凯决定派周自齐为特使赴日本，以向日本天皇授勋为名，换取日本对袁世凯称帝的正式支持。

梁启超为了争取战略上的主动，同时牵制日本政府，立即起草致蔡锷电文，由冯国璋的顾问潘若海带至南京。潘若海携电文及密码回到南京冯国璋宣武上将军署发出，十二月二十二日深夜，蔡锷接到电报后立即与唐继尧等三十九名将领齐集昆明，通宵会商起义大计。蔡锷宣读梁启超的电报后慷慨演说：

> 诸位，当此袁世凯窃国，我中华民族即将沉入黑暗倒退万劫不复之际，我们与其屈膝而生，勿宁断头而死。我们所争者、所为之战斗者、所为之流血者，不是个人权力地位，而是今日四万万同胞的人格，而是明日四万万同胞子孙后代的立足生存之地、新民富国之道。
>
> 鄙人还可以负责地通报各位，反袁反帝制，吾道不孤。吾师梁启超坐镇上海，联络各方。不日将亲赴两广与云南成掎角之势，同道中人团结奋斗。则民必助我，天必佑我！

蔡锷并建议三十九名将领歃血为盟，以共同之誓言，负共同之责任，盟词如下：

拥护共和，吾辈之责。兴师起义，誓灭国贼。成败利钝，与同休戚。万苦千难，舍命不渝。凡我同人，坚持定力。有渝此盟，神明共殛！

一九一五年十二月二十三日云南方面发出敦促袁世凯撤销帝制之《云南致北京警告电》(《饮冰室合集·专集》之八)：

窃惟大总统两次即位宣誓，皆言恪遵约法，拥护共和。皇天后土，实闻斯言。亿兆铭心，万邦倾耳。记曰：与国人交止于信。又曰：民无信不立。食言背誓，何以御民。纪纲毁弃，国体既拨，以此图治，非敢所闻……

又有《云南致北京最后通牒电》令袁世凯立将杨度、孙毓筠、严复、刘师培等十三人“明正典刑，以谢天下”。电文并警告袁世凯：“此间军民痛愤久积，非得有中央永除帝制之实据，万难镇劝。”(同上)

袁世凯在限定的二十四小时没有答复，蔡锷、唐继尧、任可澄、李烈钧、戴戡五人联名通电全国宣告组织护国军讨伐袁世凯，云南独立。一九一六年元旦，护国军在昆明大校场誓师讨袁，昆明万人空巷一片反袁护国的热血之声。

袁世凯在北京居仁堂拍案：“谁把蔡锷放走了的？”

震怒与慌乱的片刻后，袁世凯恢复了镇定，口授电文：通缉梁启超、蔡锷，捕获之后，就地枪决。接着又密令驻扎岳阳的曹锟部进入紧急战备状态，赶往云南镇压兵变。与此同时，袁世凯在丰泽园设立临时军务处，由他自己坐镇指挥，前线所有战报“立送大总统阅览”。

做完这一切，袁世凯透了口气往沙发上落座，一边捻动胡须一边唤来夏寿田:“把《最后通牒》拿来。”

夏寿田嘴里答应着，却垂手而立不见动静。

袁世凯一挥手，自言自语:“写文章我写不过梁启超，打仗我还打不过蔡松坡？”

袁世凯浏览了一遍檄文后，又从头仔细读着，夏寿田有点儿纳闷：这檄文好看吗？

袁世凯却对夏寿田说:“什么样的人都要见识，什么样的文章都要看。尤其是梁启超的，这些东西都是他替蔡松坡写的，你得抓紧看，不看就看不着了。”

夏寿田似懂非懂。

袁世凯:“抓住梁启超就地正法，你还看什么？”

一九一六年新年伊始，“护国军神”蔡锷率护国军主力，按照他与梁启超商定的部署，开赴四川前线。与护国军对垒的是曹锟部十万精锐北洋军，蔡锷的护国军不足一万，但士气高昂，行动神速，于一月二十一日攻克川南重镇叙府，蜀中震骇。一月二十七日，贵州宣布独立，继而护国军攻入湘西;一月三十一日川军刘存厚所部阵前反戈倒袁，配合蔡锷攻打泸州。

西南战局大出袁世凯意料，四川将军陈宧、湖南将军汤芗铭发来的“火急”、“十万火急”告急电接踵而来，袁世凯怒不可遏:“混蛋！混蛋加三级！都不会打仗了？”但，袁世凯还有兵可调，他一个人屏退左右冥思默想，决定以绝对优势兵力在泸州与蔡锷决战，并获取胜利，然后大局一举可定。

运筹帷幄于上海的梁启超，在密室中研究战局，指阵方略，前方将领的重大进退决策均以电报请示梁启超后定夺。梁启超不得不冒生命危险暂留上海，是为了利用上海这中国唯一国际港口城市的便利筹措财政，策划舆论。

云南素来贫瘠，护国军跨省远征，财政开支逐渐一筹莫展，梁启超为此“渐汗焦灼，不可言喻”，梁启超致书蔡锷，先将地方政府所收盐税全部充作军费，他认为这是“目前财政救急第一策”，要蔡锷“断行勿疑”。同时又派女婿周希哲前往南洋募捐，以解燃眉之急。

在军事上，他指令蔡锷毫不犹豫地坚持“全力光复三川”的主攻目标，蜀中历来兵家重地，他提醒护国军将领：“盖必能奠蜀，然后才能奠西南；必能奠西南，然后能奠中国。”梁启超尤其告诫蔡锷：在八方人士云集昆明之后，团结的问题“不可不深自警惕”。他断言，并要求护国军将领务必做到——“凡事若不从一身或一党派之利害上打算，则天下断无不可调和之意见。”梁启超英明地预见到护国之役以后的政局，“勿以一毫将来权力思想杂于其间”。

梁启超的高瞻远瞩，使护国军在一开始便有了较之中国旧军队从未有过的精神风貌。

蔡锷的军队在泸州一带与曹锟所率北洋军的战斗极为激烈而艰难，袁世凯源源不断地派出援兵和运出军饷银元之后，北洋军从实力、装备到后勤补给的所有方面都处于优势，凭着护国的正义之气战斗的蔡锷频发急电给梁启超，务期广西迅即独立以为后援，鼓舞前线将士的士气，以期最终克敌制胜。

梁启超当即致函广西都督陆荣廷，劝其勿再观望，共同护国，值此危难之际，为国家、民族立一大功。陆荣廷一直在坐山观虎斗，他面对袁世凯促其出兵贵州，在云贵之间开辟一个新的战场，使陈宧得以减轻压力、使护国军腹背受敌之令一直拖延着。

袁世凯为陆荣廷早日领军开拔，又拨给陆荣廷饷银一百万元、枪五千支，殷殷期待，发电说：“前线将士翘首以盼，聚歼蔡锷非兄莫属。蔡锷既除，余皆不足虑。”袁世凯并提醒陆荣廷，“梁启超或有可能潜入广西，是此变乱，梁乃首恶，务必严加防范”云云。

陆荣廷读罢梁启超的信，内心震撼之下想到：不能不有所选择了。“民国之大都督岂能为袁皇帝之马前卒？”即命心腹陈祖虞赴上海面见梁启超，共商大计。

陈祖虞旋昼夜兼程赶赴上海，同时陆荣廷发电请梁启超到广西共商大计，表示“朝至，桂夕发”。“夕发”即发兵助蔡锷也。

梁启超自然大喜，又觉得陆荣廷出兵之事办得太容易，如同陈祖虞的到来相当突然一样。而且，“发兵便发兵，何必非要我先到广西呢？”

几天后，陆荣廷又派唐绍慧面见梁启超方疑团尽释。唐绍慧告知梁启超：“陆荣廷颇有自知之明，他对我说，‘我在广西保境安民则可以，替蔡松坡打一阵子也可以，然号令全省百姓，许以反袁以后安民建设等等，没有任公前来施展长才，能行吗？’”

梁启超一听，当即昂起头来，面现红光，兴奋地答应了：“好！我便到广西走一趟！”

一九一六年三月四日，江南春寒料峭，黄浦江上的风依然是冰冷而尖厉，只是那些稀疏的树木已经可见泛青的迹象，谁能阻挡得了春天的到来呢？梁启超偕同汤觉顿、黄溯初、唐绍慧等一行七人，悄悄地潜入日本邮船会社的“横滨丸”号轮离沪南下，到香港换船至海防。

从上海到广西何必绕这么大的弯子？原来追捕梁启超的探子一直防备着他的广西之行，陆路上的主要关卡如广州、梧州、南宁车站早已暗探密布，一手提着匣子枪一手捏着梁启超的照片，穿梭巡防。

梁启超不得不坐船，如同戊戌以后偷渡至日本一样，白天不敢露面藏在锅炉旁的斗室里，夜间，待“群动尽息”，他才能“窃蹑船栏，一享凭眺”，那是并不陌生的夜幕中的大海，视野所及是巨大的混沌，感觉特别活跃，感觉海风感觉海浪感觉湿润感觉一往无前的流动。

三月七日，“横滨丸”号抵香港。香港巡捕立即登船严加搜查。所幸的是梁启超起草的《广西独立宣言》、《广西讨袁檄文》及康有为致陆荣廷书密藏于一个小包中未被搜走，然后兵分两路，汤觉顿等五人由香港经梧州先期赴广西，并带去梁启超起草的一系列通电文件。

梁启超由黄溯初陪同，偷渡海防再去广西。

梁启超谓黄溯初：“我这一辈子，几时可不作偷渡客？”

黄溯初笑答：“弟跟着梁先生也算是偷渡一回了。”

载着这两个偷渡客的是一只运煤船“妙义山丸”号，满船都是煤，梁启超与黄溯初相对无言时，眼睛里却都要冒出火来。蔡锷在前线军情火急，陆荣廷枯坐而待，因为是偷渡，又急不得，越南的法国当局在接到袁世凯的通报后，正严密捉拿梁启超，实在无奈时梁启超便自言自语："听天由命吧。"

黄溯初是乐天派，因为责任不一样，他自然没有梁启超的焦虑与沉重："天亡袁世凯，才是天理。任公，咱们到海防喝椰汁去。"

渴！梁启超想着高高的椰子树。

一九一六年三月十六日晚八时，梁启超在海防附近白龙湾登陆，十七日清晨，梁启超又到帽溪山下的帽溪牧场。

白龙湾，水碧沙白，各种形状的石岛峙立海水间，怪石上有奇花开放，嶙峋中有异草生根，直到在帽溪牧场的一间小屋里安顿下来，梁启超仍然为白龙湾感叹："生平从未见过如此美景。"但，帽溪牧场的十天却也是梁启超一生之中最为艰辛的。被褥污秽，跳蚤横行，不敢躺下又不能不躺下，提心吊胆，昼夜难眠。如此景况，那就在一灯如豆下读书写字吧，又偏偏碰上烟吸尽、纸写尽、书读尽。在几十张信笺上写极小的字完成了《国民浅训》一文，然后在小屋里四处寻找自己扔下的烟屁股，再吸，味极佳，连烟屁股也吸尽了，终于茫然若失。

帽溪山下烈日如炙。主人曾一再告诫梁启超，出门时务必以一块黑布裹头，梁启超忽略了，被烈日灼脑，当时便得了当地一种可怕的热病，多亏当地人以草药救治，两天后退热，如再拖延一天，"亦无救矣"！

"身在荒山中，不特无一家人且无一国人，灯火尽熄，茶水俱绝。"

梁启超写给令娴信中有记：

吾居此山陬四日矣。今夕乃忽烦闷不自聊（主人殷勤乃愈增吾闷），盖桂使尚须八九日乃至也，最苦者烟亦吸尽（无可买，夜间无茶饮，饭亦几不能入口，饥极则时亦觉甘）书亦读尽，一灯如豆，虽有书亦不能读也。前此三日中作文数篇（有日记寄去，已收否？不见日记则不知吾此书何语也），文兴发则忘诸苦，今文既成，而心乃无所寄，怅怅不复能为怀。此间距云南仅三日程，吾悔不于初到时即以往彼，稍淹信宿（吾深负云南人，彼中定怨我矣），更折而回，犹未晚也。呜呼，吾此时深望吾爱女，安得飞侍我旁耶？吾欲更作文或著书以振我精神，今晚已瞢瞢不能属思，明日誓当抖擞一番也。吾欲写字，则又无纸，箧中有笺数十幅，珍如拱璧，不敢浪费也。离沪迄今虽仅半月，而所历乃诡异，亦不能名其苦乐，但吾报责任心以赴之，究竟乐胜于苦也。约二十七八乃能行，行半月乃能至梧州，此后所历更不知若何诡异，今亦不复预计。极闷中写此告家人。

（民国五年三月二十日自帽溪山庄《与娴儿书》

《梁启超年谱长编》494 页）

以下又一书：

吾至今仍滞此，计明后日可以成行，仍须半月乃可渐进故乡也。曾发热病两日，及狼狈（此间脑不能受日炙，吾病乃如昨年蹇家公子之病，甚危险也），以为且将客死此间，乃真不值矣。旋复豁然矣。病起后即捉捉著成《国民浅训》一书，约二万言，此书真我生绝好纪念也。吾一切自能自卫，切勿远念，此告家人。

（民国五年三月廿五日《与娴儿书》）

第三书：

娴儿读：吾今成行矣。在此山中恰已十日，而期间却有一极危险之纪念。盖此间有一种病，由烈日炙脑而生者，故土人必以黑布裹头（印度人之红布亦为此）。吾初至之日，主人本已相告，而我不检，乃竟罹之。记一夕曾作书与汝，谓𤺥闷

> 思家，不能成寐，不知为此病之发也。明晨起来稍觉清明，及下午而热大起，一夜之苦痛，真非言语所能形容。孑身在荒山中，不特无一家人且无一国人（实则终日室中并人而无之，若其夕死者，明日乃能发见）。灯火尽熄，茶水俱绝，此时殆惟求死，并思家人之念亦不暇起矣。明晨人来省视，急以一种草药（专治此病之药）治之。

一九一六年三月二十六日，广西陆荣廷的专使抵达海防，梁启超方始离开帽溪牧场，跋涉两天一夜，进镇南关。梁启超仰天长叹：“此乃国门也！”关上彩旗猎猎，兵士列队欢迎簇拥梁启超入关，离沪南下一个月风餐露宿、贫病交加、衣冠不整，梁启超此时此刻倍觉精神抖擞，山川、树木、太阳和风还有期待的目光，那都是中国啊！水深火热之中的当地百姓、士绅等待梁启超多日了，知道梁启超冒死南下，为之鼓舞，“悬旗燃爆，父老相携，迎送十里外”。抵达龙州时，“全城爆竹声，喧天沸地，父老儿童皆感极而泣”。“我怎能不爱国，怎能不护国？”梁启超在当地的演讲会上说。

黄溯初为梁启超感叹说：“只身孤行，奔走万里，任公之大勇，于此可见矣。”人问：任公何以如此辗转？黄答：任公万全，家国安危所系者也。

万里奔波，或蛰伏、或偷渡、或昼夜兼程，只要稍得空闲，梁启超便握笔为文，云南、两广之独立，护国军重大决策的宣布等等，无不出自梁启超的手笔，除此之外，仍有回顾与指导反袁斗争的多种著作问世。

这一特殊的时期，使书生的梁启超、使多变的梁启超、使激情洋溢的梁启超得以沉淀自己，当命运把他推上护国战争首要人物的位置时，他不畏强权，运筹自如，号令三军，游刃有余，显示了作为政治家梁启超从未有过的旷达、高远、成熟的风采。

香港至海防的“妙义山丸”号上，梁启超写了《在军中敬告国人》（《饮冰室合集·专集》之八）。这是一个很有意思的题目，文人梁启超已经把自己置于“军中”了，行伍之一员了。蔡锷兵起之前，梁启超决策于先；蔡锷兵起之后，梁启超遥执军政。可以想见，对于护国一役，梁启超是九死而无悔的。《在军中敬告国人》则恰恰是此种心迹的披露，表明了与袁世凯联手而后不得不“相见于疆场”的心路历程。他追记说：

> 当元二年之交，国论纷拏，启超惧邦本之屡摇，忧民力之徒耗，颇思竭其驽验，翼赞前大总统袁公，亟图建设，以为以袁公之才而居其位，风行草偃，势最顺而效最捷。

梁启超为此付出的代价是迁就、退让，甚至一度被指为“帮凶”，但袁世凯愈走愈远，梁启超也终于看出了此一时期袁氏的真正面目：

> 夫处今日文明之世，而行中古权谲残刻之政，外袭众建之名，内蹈专欲之实，黜全国之智，箝全国之力，涸全国之资财，摧全国之廉耻，而以资一时便安之计，成一姓篡窃之谋。生于其心，害于其政，取子毁室，率兽食人。循此迁流，更阅年载，则人道且将灭绝于中国，而中国更何自由存于世界者？

梁启超对袁世凯的揭露可谓一针见血，然而梁启超之不同于其他痛恨袁世凯称帝的人，却是暂罢书生论道，纸上谈兵，发动并参与指挥了护国之役。

梁启超袒露心迹道：虽然“夙耽溺于平和之梦”，因而“几经踌躇审顾，瞻前虑后，不得毅然决然，挥泪沥血，从诸贤之后，以与袁公相见于疆场”。

为什么“挥泪沥血”呢？梁启超毕生惧怕革命，不主张暴力，何况曾与袁世凯相知？决然奋起，谈何容易！而这非同寻常的时刻，却又与梁启超对自己的检讨密切不可分割：“痛念频年以来，颇不免缘党派偏见，误断事理，间接以酿国家隐患。中间又尝以悲观弛惰，自荒匹夫之责，致国民活力，生一部分之损耗。今以国脉安危，迫于眉睫，不敢不沉痛忏恨，请献此身，以图自赎。微诚所贯，舍命不渝。功不敢承，罪不敢避。”

光明磊落的胸怀，在这些文字中历历可见。而“功不敢承，罪不敢避”这样的金石之言，无论岁月怎样流转，都不会淹没其真正的稀声大音的。

梁启超策动的广西独立对整个战局产生了重大影响，四川前线，蔡锷统率的护国军重新发起攻击，重创张敬尧所部北洋军。从此，川、滇、黔、桂联成一气，北洋军已溃不成军，在这胜败立判的时刻，早已受梁启超影响的冯国璋联合江西将军李纯、浙江将军朱瑞、山东将军靳云鹏、湖南将军汤芗铭致电袁世凯要求取消帝制，惩办元凶。

袁世凯看着冯国璋的电报，长叹一声，跌坐在沙发上:“大势已去！”

一九一六年三月二十二日，袁世凯发布申令：取消帝制，取消洪宪年号。护国战争在艰难困苦中取得了胜利。消息传来，蔡锷、李烈钧等护国军将领及前线将士无不雀跃，枪炮一阵阵对空鸣放，欢呼声响彻云天。谁愿意打仗？谁不希望安居乐业？与之对垒的北洋军的战士也从战壕里爬出来，把帽子把步枪抛向空中。

不再厮杀的时候，面对面一瞧不都是中国人吗？“袁皇帝下台了！我们不打仗了！”双方士卒齐声呼喊，曾经同流血，现在共流泪。

相传，一九一六年的春天，云贵川十万大山中杜鹃开得火一样鲜红，那是血染的土地，所有掩埋于黄土中的尸骨相与拥抱祷祝中国和平。

一九一六年五月一日，两广护国军都司令部在广东肇庆宣告成立，这是梁启超关于护国战争的第二步计划，统一军政，组织临时政府，拥戴黎元洪为总统。

护国军都司令部由岑春煊任都司令，梁启超任都参谋，章士钊为秘书长。其时，广东都督龙济光虽已宣布独立，其部下大都拥护袁世凯，经常与护国军发生冲突。五月五日，梁启超亲赴广州，在观音山与龙济光商谈十多个小时。次日晚，龙济光设宴，梁启超走进宴会厅，只见龙的几十名部将佩枪端坐，这是鸿门宴无疑了。

酒过三巡，龙济光的部将胡令萱先是出言不逊继之破口大骂护国军，还不时手摸枪柄凶相毕露。

梁启超是有备而来的，半个多月前，为商讨两广独立善后事宜，各方代表在广州海珠岛水上警署举行联席会议时，龙济光的部将颜启汉突然开枪，当场击毙了梁启超的代表汤觉顿等多人，史称“海珠惨案”。

梁启超痛失好友，拍案而起手指龙济光道：龙都督，我昨夜和你讲的什么话，你到底跟他们说过没有？我所为何来？我在海珠事变发生过后来，并不是不知道你这里会杀人。我单枪匹马手无寸铁跑到你千军万马里头，我并不打算带命回去。我一来为中华民国前途来求你们的帮忙，二来也因为我是广东人，不愿意广东糜烂，所以我拼着命来换广州城里几十万人的安宁，来争全国四万万人的人格。既已到这里，自然是随你们要怎样便怎样。“我诚畏死者，岂有来此？”梁启超后密电蔡锷：“鸿门恶会，仅乃生还”。（吴贯因《丙辰从军日记》,《梁任公先生年谱长编》505 页）

梁启超一边说一边拍桌子，玻璃杯东倒西歪叮当乱响，浩然正气镇住了龙部悍将的凶焰。回到住所又是另一番景象，几百士兵团团包围，喧嚣叫骂，声言要杀梁启超。半夜里溜出广州城，同行者说：“羊城虎狼地也。”梁启超虽然吃惊不小，但成立军务院的想法已为龙济光接受，也算不虚此行。

一九一六年五月八日，军务院在肇庆宣告成立，唐继尧任抚军长，岑春煊副之，梁启超为政务委员长，蔡锷、李烈钧、陆荣廷、龙济光等任抚军。

军务院成立后，发布了梁启超起草的一系列宣言。第一号宣言宣布：袁世凯“紊乱国宪，公然倡乱，自居皇帝”，应受弹劾裁判。因裁判机关不能行使职权，故由军政府督率大军，围捕该犯，待日后召集国会，实行判决。宣言尤其指出，袁世凯称帝后，其大总统资格已不复存在。

第二号宣言宣布：前大总统袁世凯犯罪缺位，照宪法应由副总统黎元洪补缺。

第三号宣言宣布：军务院直接隶属大总统，代行国务院职权，指挥全国军事，筹办善后庶政。

梁启超还起草了一系列布告致各国公使，争取外交上的主动。

与此同时，军务院督率大军，分湘、赣、闽三路，对袁世凯进行北伐。

梁启超在这一时期的作用仍然是举足轻重的，他是实际上的军务院的首脑或核心，他的政治、外交的才干，使得军务院有理有利、生机勃勃、步步主动；在政治上，以《约法》为依据，否定了袁世凯统治的合法性；军事上，统率西南，始终保持了对北洋军的压力；外交上则因为梁启超通晓国际各项惯例，再加上笔下有事实有条理之分析、综论，争取了一些国家对护国战争的理解，以至迟迟不承认袁世凯的洪宪帝制，这一切都使袁世凯不得不得出一个结论：完了！

军务院的成立，使护国战争达到了一个新的高潮，即这一功垂青史的运动，在梁启超、蔡锷的直接领导下，在军事的对抗取得初步胜利后，适时地转化成了根据《约法》的政治较量，从而使中国坚持进步反对倒退的力量有了可以凭借的舞台，所谓挽狂澜于既倒，舍梁启超其谁？

梁启超个人的力量当然有限，但梁启超投入护国战争的是以他一生的政治资本、斗争经历，并且以不怕死的无所畏惧使南方将领无不心服。正是梁启超的远见卓识、政治韬略，才使那些身为一方霸主的都督们围绕在他的周围，而没有使这一战争成为攻城略地的军阀混战。

“功莫大焉！梁任公！”时人纷纷感叹。

军政院成立之后南北对峙的焦点是：袁世凯是否下台？梁启超力主“国事至今日舍项城退外，更无弭兵之望”。对袁世凯自称不做洪宪皇帝退下来仍是大总统的说法，梁启超讥讽道：“再醮之妇，更求归奉宗祧，不徒悖于大礼，且亦难以为情。”同时梁启超又推重段祺瑞、冯国璋，但前提是袁世凯必须下台，“项城不退，虽公不能挽今日之局”——梁启超在致段祺瑞的电报中说。

一九一六年六月六日，袁世凯在众叛亲离的举国声讨中忧惧而死，直到最后一刻自知回生乏术之后，袁世凯长叹一声道：“总统应该就是黎元洪的，我就是好了，也要回洹上养老了。”

袁世凯死后，护国战争的军事活动完全停止。可中国又会怎么样呢？

梁启超是五月底得到父亲不幸病逝的消息的，多少年漂泊流亡，近年又忙于军中护国，几与家人断绝音信，不能侍奉老父病榻之前，心中悲苦顿时成为两行热泪。

梁启超不假思索，辞去军务院本兼各职，闭门居丧，声称不复与闻国事。

袁世凯去世的消息传来，梁启超先是一惊，实在出乎意料，这些日子从两广跑到上海反复动员冯国璋，为的就是逼袁退位，哪知道袁世凯生不退死退，一退到底了。

“项城已故？”梁启超环顾左右。

“死了！”梁启超的左右告诉他。

梁启超稍一闭目，多少感慨不复于目光中流露，沉思而已，默想而已，他甚至想到了袁克文劝喻袁世凯不可称帝的那首诗：

乍着微棉强自胜，阴晴向晚未分明。
南回寒雁掩孤月，东去骄风动九城。
驹隙留身争一瞬，蛩声催梦欲三更。
绝怜高处多风雨，莫到琼楼最上层。

好诗！

何苦来着？

何苦来着！

一九一六年六月七日，梁启超无法再闭门居丧了。政治，像海里的浪涛一样永远消失不掉的政治，或者推着你向前运动，或者把你淹没，有时使你直上巅峰，有时却又将你扔向谷底，若生若灭、若进若退、若高若低、若毁若成的政治冲浪，再一次把梁启超卷入其中。

虽然，那不是刀枪相对的战争，可是就其复杂的程度而言，又岂是战场可比？南北对峙、派系纷争依然激烈，南方要求北洋军北撤，并恢复孙文先生的《临时约法》；而以段祺瑞为总理的北京政府却坚持武装统一，主张恢复袁世凯的民国三年的约法，段祺瑞居国务卿的有利地位，得陇望蜀已经觊觎大总统的宝座了。北洋系的另一实力人物便是坐镇东南扼守长江之险的冯国璋，他拥兵自重，因为和梁启超的私谊，因而主张对护国军多作一点儿让步。

而当时的副总统黎元洪，则比较倾向于南方的护国军，因为只要恢复《临时约法》，那么大总统的位置便非他莫属。

梁启超面对的是真正的错综复杂，纵横交错。但，从指导思想而言，梁启超主张尽早罢息干戈，南北统一，稳定全局，恢复国会，实行资产阶级立宪政治。

无论如何，护国之役是结束了。

你方唱罢他登场，社会大舞台不就是梨园小戏台的加宽放大吗？

作为护国战争的主帅、是次南北统一的力倡者，梁启超自然声誉日隆，并为黎元洪总统电邀进京，做总统府秘书长，称梁启超为“泰山北斗”、“模楷人伦”。梁启超婉辞了：“自审才器所宜，觉今后报国之途，与其用所短以劳形于政治，毋宁用所长以献身于教育。”

护国双帅之另一帅蔡锷处传来消息：蔡将军的喉病益发严重了，几致无声。

历时六个月的护国战争，蔡锷以抱病之躯决策于军中，驰骋于前线，在数量、装备上都占有绝对优势的北洋军前，指挥若定，为最后迫使袁世凯取消帝制立下了卓越功勋，人称为“护国英雄”、“护国军魂”。

只有蔡锷自己知道，他的喉痛一日甚于一日。两军胶着，你死我活之际，蔡锷哪有片刻空闲照顾一下自己呢？前线军情时常变化莫测，张敬尧部的北洋军也实在不是豆腐兵，举凡军情、士气、粮饷、军械乃至行军转移，每一个环节都联结着护国战争的全局，蔡锷的责任之重，若非一个真正的军中男子汉早就被压垮了！

这时候，蔡锷最希望的是什么？“吾师任公的电报。”当护国战争结束，北京政府授蔡锷为益武将军、督理四川军务后，中外记者云集泸州，问蔡锷何以能使护国军所向无敌？蔡锷用嘶哑的声音回答道：“若无授业恩师梁启超先生的策划、运筹，则不会有护国战争；若松坡或别人以匹夫之勇发起战端，则也断然不会有今日之胜利。”

记者问：“梁启超会打仗吗？”

蔡锷：“洞察风云变幻，把握政潮脉搏，战争自古就是政治之延续，凡大政治家必是大军略家，吾师亦然。”

记者：“一般以为，护国之役蔡将军身在前线，卓著功勋无人可比。”

蔡锷：“前线将领非我一人，死去的士卒更难以计数，松坡乃一人一枪耳。”

记者：“袁世凯待将军不薄，何忍起事？”

蔡锷：“然，项城待我不薄。惜乎项城视国家民族为儿戏，倒行逆施，何忍苟安？”

记者：“将军今后之打算如何？”

蔡锷指指喉咙：“治病，然后解甲，随侍吾师梁启超左右。”

众记者一阵感叹，为梁启超与蔡锷的师生情谊。

记者散去时，门口停着一辆救护车，蔡锷挥手与众记者告辞，救护车疾驰而去。

一九一六年七月二十九日，蔡锷接到梁启超电报嘱其务以治病为第一要务，即从泸州赶到成都。消息走漏之后，成都百姓倾城而出欢迎蔡锷的到来，蔡锷病势沉重，他多么想登高一呼：“蜀中的父老乡亲们，蔡锷向你们叩头了！”可是他说不出话来，喉结核正在恶化中，蔡锷只有流泪。

时人叹曰：巴山夜雨潇潇，将军有泪无声。

在成都十天，蔡锷整顿四川军政，夜以继日，副官哽咽着请他休息，蔡锷在纸上写了八个大字：

“来日无多，更待何时？”

北京政府得悉蔡锷的病情后，准假两个月。蔡锷于八月九日离开成都，八月二十八日到上海梁启超寓所，生死之别八个月，师徒重逢之时，梁启超扶着蔡锷的双肩目瞪口呆，实在不相信这是爱徒蔡锷，何以如此苍老，何以嘶哑到无声。连忙托人请医生，中医西医各路名医都请来了，一切生活起居均由梁启超及家人亲自照顾。

诊断之后，医生们建议蔡锷到日本治病。

蔡锷却不忙远渡日本，他爱师恋师，心里一直希望能多陪陪梁启超，同时他又力主把护国战争中所有梁启超起草的文件、电报、讲演编纂成集公开出版，以为历史之佐证。

梁启超说："你先去治病，我这里便着手整理文稿。"

蔡锷："不。容弟子此生有一回敢抗师命，待编纂完成，我即东渡。"

梁启超不能再往下说了，师徒两人便立即动手剪剪贴贴，书名为《盾鼻集》，(《饮冰室合集·专集》之八）蔡锷在序文中写道：

> 秋九月，锷东渡养病，道出沪上，谒先生于礼庐，既欷歔相对相劳苦，追念此数月中前尘影事，忽忽如梦。锷请先生裒集兹役所为文，布之于世，俾后之论史者，有所考镜，亦以著吾侪之不得已以从事兹役者。此中挟几许血泪也。

然后蔡锷东渡日本治病。一九一六年十一月八日，与世长辞于福冈大学医院，英年三十四岁。

蔡锷辞世，任公心碎。

梁启超的脑子里几乎一片空白，只是哭喊着："松坡、松坡啊！"

蔡锷怎么会死呢？护国之役于四川前线，他始终视生死于度外而身先士卒，他没有死；如今战事既停正是奋发可为的青春年华，蔡锷怎么会死呢？梁启超也只是长蔡锷十岁，近二十年情谊曰师生曰挚友曰兄弟，相互间呵护备至。蔡锷少年时即从梁启超学，以后毕生追随梁启超，乃至统军反袁震动中外，回想起来，蔡锷匆匆的一生除却少不更事的十来年外，便是听梁启超话，跟梁启超走，乃至于战阵厮杀中"不解甲不亲榻者数十昼夜”，积劳成疾，不得疗理。对人生无怨无悔的梁启超，于蔡锷却是歉疚莫名了。

蔡锷其实也是个书生，文章诗词都写得很漂亮。如果不是遵梁启超之嘱，也许他不会学军事；如果不是袁世凯称帝亡国在即，他也不会去统兵打仗。可是人生又哪有如果？

总是时势造英雄，造得英雄也埋葬英雄。

上海各界人士公祭蔡锷，梁启超挥泪写公祭悼文，读的人听的人无不心如刀割：

> ……若夫滇人之哀庄跻，蜀士之哭诸葛，斯又各怀切肤之痛，其曷能以言传？又况沅湘亲知，招魂无所，山阻故旧，闻笛潸焉。万方一哭，声闻于天，眼枯流尽，齐以入泉。公其有知耶？其无知耶？胡宁忍予而羌不少延，呜呼哀哉！先民有训，所尚不朽，曷为而能，然有所立以永于厥后，薪尽传火，石穿积溜，是故仁人君子心力之所为，虽百世之下犹食其报。公今形解，吾民号眺，公永神留，吾民临照……

一夜之间，梁启超苍老了许多。痛失爱徒的苦楚是语言所无法形容的，弟弟梁启勋，儿女梁思顺、梁思成只是陪着落泪，却也无言劝解，说什么好？说什么也是松坡已走！忽然间，沉思的梁启超对启勋说：“松坡之魂尚在云中停立，不肯去。”

梁启勋以为哥哥悲伤过度，不知何以对。

梁启超仍然自言自语：“就在我头顶上。”

忽然间一阵冷风刮过，下雨了。

梁启超闭目喃喃：“松坡死，天地泣……”

公祭蔡锷之后，梁启超率弟启勋，子女思顺、思成又举行了私祭。

没有史料记载梁启超撰写这一篇私祭悼文的细节，从文字中可以感觉到的除了师生情谊之外，又更多人生的苍凉感，而这一切又都发自梁启超的内心肺腑，因而使读过的人不能不随之感叹！

蔡公松坡之丧，归自日本，止于上海，反葬乎湖南。友生梁启超既与于旅祭，更率厥弟启勋，厥子思顺、思成等，敬挈清酒庶羞，奠君之灵而哭之以其私曰：呜呼！自吾松坡之死，国中有井水饮处皆哭，宁更待吾之费辞。吾松坡宁哭我者，而我今哭焉，将何以塞余悲？君之从我甫总角耳，一弹指而二十余年兹。长沙讲舍隅坐之问难，东京久坚町接席之笑语，吾一闭目而暧然如见之……

祭文开始，梁启超自称为蔡锷的“友生”——朋友及先生——亦师亦友之谓也。如泣如诉的是私交，却率兄弟及儿女为家祭，此种私交之重可想而知了。最使梁启超痛心的是“松坡宁哭我者”；但，“而我今哭焉”。先生送学生，且是一去不归，自然是“将何以塞余悲”了！

蔡锷一生中为国捐躯之志是早已明了的，梁启超说“死国之心已决于彼日”。彼日是何日？有论家撰文说：“定策天津之时，梁、蔡即相约曰，事成决不做官，事败者死，决不逃入租界。”

为护国之役，准备一死报国的不仅有蔡锷还有梁启超。但，那是战死疆场的死，或事败之后如戊戌六君子一样的死。而蔡锷不是马革裹尸，却是胜利之后一病不起，梁启超不能不叹道：“吾知君终不瞑于泉窟。”

接下来的悼文中，梁启超谈到死，乃至生不如死，任公前所未有者矣！有论者谓：就死生观念言，对梁启超影响最大的是谭嗣同及蔡锷。这两个人的影子或生或死，始终相伴相随梁启超，直到反袁护国，蔡锷到天津与梁启超商定大计时相约：失败了，宁死也不逃进租界，壮哉！

后之读者倘若真能沉浸于梁启超其时其地的悲凉中，那么就会得出这样的结论：即便在一篇完全可以成为制式文章的祭文中，梁启超却更是性情毕露的，思维之活跃，想象之悲壮，透彻着人生悲苦的真谛：

君生平若有隐痛，我不敢以告人。要之，今日万恶社会，百方殛君于死，吾复何语以叩苍旻。嗟乎，松坡乎，汝生而靡乐，诚不如死焉而反其真。而翁枯守泉壤者十有五载，待君而语苦辛。君之师友在彼者亦已泰半，各豁冤抱迓君而相亲……弃我去者……未四十而摧折于中途。嗟乎！嗟乎！天不欲使我复有所建树，曷为降罚不于吾躬而于吾徒？况乃蓼义罔极，脊令毕逋，血随泪尽，魂共岁徂。吾松坡乎！吾松坡乎！汝胡忍自洁而不我俱？呜呼！吾有一弟，君之所习以知；吾有群雏，君之所乐与嬉；今率以拜君，既以佑君之灵，亦以永若辈之思，心香一瓣，泪酒一卮，微阳丽幕，灵风满旗，魂兮归来，鉴此凄其。呜呼哀哉；尚飨。

梁启超为蔡锷之死痛心疾首，但想到蔡锷的生平隐痛，社会之万恶，生而靡乐，却放纵笔墨道：“诚不如死焉而反其真。”梁启超说蔡锷的父亲在地底下枯守已经十五年了，蔡锷的师友“在彼者亦已泰半”，泉壤之下的相聚远离尘嚣与争斗，何尝不是一件乐事呢？梁启超祭蔡锷，却分明是在写自己了，几多“弃我去者，皆未四十而摧折于中途”，“为什么此种命运不降临我而偏偏属于我的爱徒呢”？

怎能不“血随泪尽，魂共岁徂”呢？

梁启超对蔡锷之死颇有点儿心向往之了：“汝胡忍自洁而不我俱？”

吾松坡乎，你何忍独行而不让我与你同去？

从此而后的岁月里，梁启超为了缅怀蔡锷，又先后写了《邵阳蔡公略传》、《护国之役回顾谈》、《蔡松坡遗事》，并创办“松社”、“松坡图书馆”于北海公园快雪亭，以志其念念不忘，并传之后世。

第十四章

沉浮依旧且远游

梁启超拒绝了黎元洪邀其为总统府秘书长的邀请，又正式向报界发表谈话，宣布脱离政治。不过，时人因为梁启超屡次有过类似宣言，并不认为梁任公从此真的息影政坛，一般来说政坛热闹的时候，总是离不开梁启超，更何况一个长期为宪政理想奔走亡命的政治活动家，要想真的弃政从教又谈何容易！正如梁启超自己所说："鄙人之政治生涯已二十年，骤然完全脱离，原属不可能之事。但立宪国之政治事业，原不限于政府当局，在野之政治家，亦万不可少。"考虑到"国中多数人们政治知识之缺乏，政治能力之薄弱，实无庸为讳，非亟从社会教育上痛下功夫，则宪政基础终无由确立。此着虽似迂远，然孟子所谓'七年之病，求三年之艾，苟为不蓄，终身不得'"，因此故"决当献身社会教育"（《梁任公先生年谱长编》513 页）。

梁启超便以在野政治家的身份，再一次卷入了重建国会、修改宪法的政潮之中。

一九一六年八月一日，国会在北京重新开会，段祺瑞为新内阁的国务总理，史家都曾再三指出梁启超从此开始拥段，其景况也类似当年拥袁。公平地说，梁启超确实拥段，想借段祺瑞的力量实现其最关心的修改宪法、确立政体之理想。

他在顽强地圆他的宪政之梦。

八月十六日，梁启超对记者发表谈话时指出：

> 此次国会之恢复，实以无量数人之血换来。国人曷为甘出此极重之代价？凡欲求产出善良之宪法，为国命民命永远保障耳！苟宪法终不能产生，则议员将何以谢天下？

制宪伊始，梁启超与汤化龙、林长民等人组成了“宪法研究会”，国民党人张继、丁世铎、孙洪伊等人成立了“宪政商榷会”。从此两系开始争斗，集中在梁启超主张省长由中央任命，“商榷会”则力主省长民选、地方自治。其他如国会设一院制还是两院制等，两派均互不相让，激烈吵闹。

真正的关键在于：“商榷会”的目的想通过扩大国会权力，加强地方自治来限制北洋军阀的势头，从而为国民党求得生存与发展空间。而梁启超为首的“研究系”战略恰恰背道而驰，即缩小国会权力，限制国民党发展，迎合段祺瑞的专制独裁。

舆论对护国之帅梁启超开始又有了微词，人说：“即便一个伟人，只要卷入党派之争，就会立即显出‘小’来。”

当国会中制宪的争论尚未了结，应否对德国宣战，又成了时局的中心和舆论的焦点。

在弱不禁风的半殖民地半封建的中国，任何一次政局矛盾的背后总能看见外国势力的牵制和影响。视国家利益为至高无上的世界强国，从来都把掠夺弱小国家、分割势力范围、寻找代理人作为外交的支点。当日本表示中国如果对德宣战，日本将提供参战军费后，美国当即提出：在对德宣战问题上，中国政府在与美国协商之前，不要采取任何进一步的行动。美国非常清楚，日本鼓动段祺瑞对德宣战，是为了保住已经得手的德国在中国山东的全部权益，美国岂甘人后？

大国之间矛盾的态度，也直接影响到了中国政局的冲突。黎元洪不主张对德宣战，是因为担心段祺瑞趁机扩大权力；段祺瑞力主参战，为了加强北洋系中皖系的实力，并趁机扩充军队的装备及财源，以左右中国政局的走向。

一九一七年三月初，段祺瑞在国务会议上匆匆通过了对德绝交咨文。送请黎元洪盖印，被拒绝。段祺瑞当即宣布辞职，并离开北京到了天津。黎元洪担心造成事变，不得不妥协。三月十日、十一日，国会参众两院通过对德绝交案。

段祺瑞力主与德国断交对德国宣战一案，梁启超是全力支持的。梁启超曾经是极为自信的德国必胜论者，但战局发展到后来，德国是必败无疑的了，梁启超看到了这一点，认为立即参加对德战争，有利于增强中国在国际上的地位，“当时尽一分义务，即将来享一分权力”。从这个意义上说，梁启超认为这一机会是千载难逢的。

段祺瑞以亲日为前提，企图扩大皖系军阀实力而主战，同梁启超谋求在国际社会中提高中国的地位而力主与德断交，出发点自然是不一样的。梁启超所说的他主张参战的目的“乃在因应世界大势，而为我国家熟筹将来”一语，并非空言。

但，主张对德战争的各种人物，却都受到了中国舆论的激烈批评。

国会议员马君武等三百多人发表了反对对德绝交、参战的通电，指梁启超为首的研究系人“滋生事端，耸情政府”而将遗祸无穷。外交总长伍廷芳致信梁启超，说自梁主张从速与德国宣战以来，“国中人心汹汹，皆反对此事”。梁启超为此“二十年来之名誉今遂顿减”。伍廷芳忧心忡忡地问梁启超：国内政局极为纷乱，府院之争日趋恶劣，政府与国会交恶，中央和地方不和，如此国情之下“岂能战德”？伍廷芳认为对德开战的唯一结局是内乱突起、内战爆发，而内战将导致中国灭亡。

伍廷芳诘难道：“兄数十年惓惓爱国之心，其结果则中国乃亡于兄手，兄纵不爱惜其名誉，独不爱惜国家乎？”

对舆论及反对者的批评，梁启超表示说：“我国曷为忽然有参战之议耶？吾侪曷为锐意赞成此议耶？请质言之，所谓公法，所谓人道，普通议耳，所谓条件，抑附属之后起义耳，其根本义乃在因应世界大势而为我国家熟筹将来，所以自处之途。第一，从积极进取方面言之，非乘此时有所表现，不足奋进，以求厕身于国际团体之林。第二，从消极维持现状言之，非与周遭关系密切之国同其利害，不复能蒙均势之庇。必深明乎此两义，然后问题之价值乃得而讨论也。”（《饮冰室合集·文集》之四）“将来兹事如误国也，余不敢辞罪；苟其利国，吾不敢贪功。然吾之所信，吾固始终守之弗渝也。”（同上）

段祺瑞愈来愈像乃师袁世凯了。军阀就是军阀，他总是把刀枪和权力捆绑在一起，文人的悲哀却在于当军阀闲来无事偶然邀他饮酒赋诗之后，便以为诗文是可以征服一切的，及至见到枪管里伏着子弹、刀尖上冒着杀气，才又重新感叹，痛苦地失落，想起往事。

一九一七年四月，段祺瑞把各省督军召集到北京，然后是“公民请愿团”包围正在开会的国会，要求立即通过对德宣战案。倘不，“一个议员也别想出去”。

上一次是“刀选”总统，这一次“刀选”战争。

段祺瑞真的敢跟德国打仗？一切只是为了以宣战的名义向日本大举借款，然后更新装备扩充兵员，为武力统一夺取中国最高权力作准备。宪政与民主就这样被宰割被强暴，所有的抗争都面临着流血牺牲的命运。

为抗议“公民请愿团”包围国会，内阁中的商榷系官员相继辞职，国会决定“缓议”对德宣战案，并通过改组内阁决议。段祺瑞解散国会，黎元洪则以罢段祺瑞国务总理、陆军总长作为回答。段祺瑞通电煽动军方反对黎元洪，一时北京政府瘫痪，黎元洪无计可施之下想到了张勋。

张勋，江西奉新人，行伍出身，曾参与袁世凯小站练兵，官至提督、江防大臣。辛亥革命时，张勋在南京与起义的新军激战，后败退徐州，被清政府任命为江苏巡抚，兼署两江总督、南洋大臣。民国以后，张勋所部改称武卫前军，驻兖州，做民国的官，做复辟的梦，此公脑后仍留着一根又粗又长的大辫子，他的军队自然也被禁止剪发，张勋部时称“辫子军”，张勋本人也被称为“辫帅”。

六月十四日，张勋“进京调停国事”，率领四千三百辫子军，号称一万，杀进北京。

张勋此举，断不是为黎元洪做什么调停，他是要到紫禁城把废帝溥仪请出来，再坐龙廷恢复大清年号。为使是次复辟做得有声有色，张勋又牵率康有为、沈子培等名宿，接踵而往。

六月十四日当天，张勋威逼黎元洪解散国会。北京的老百姓突然看见那么多的辫子晃荡，惊骇莫名，紫禁城里的“小朝廷”却是欢欣鼓舞，复辟之日终于到了。六月十五日，张勋着前清朝服，以跪拜大礼在养心殿谒见溥仪，奏称“国本动摇，人心思旧”，溥仪表示择日恢复宣统年号，“临朝听政，收回大权，与民更始”。复辟序幕拉开之后，王公贵族、遗老遗少纷至沓来，一时云集京城。

这时候康有为乔装成一个老农民，正在北上途中。六月二十七日，康有为抵京，张勋手舞足蹈，如此之后，复辟的步骤抓紧推行，康有为轻车熟路地密定计划，通电各省，封官授爵等等，一应上谕中，其实质为君主立宪，君为“虚君”。

一九一七年七月一日，张勋、康有为及清室亲贵遗老遗少把溥仪拥上皇位，宣布恢复大清国，张勋拥戴有功，封为内阁议政大臣，康有为被任命为弼德院副院长。紫禁城头，龙旗飘扬，一个死去的王朝真的还魂了吗？

短暂的震惊之后，中国人民义无反顾地选择了反对复辟——尽管苦难的民国并没有给老百姓带来多少好处。男人不留辫子女人不裹脚，总也是个进步吧？

国中人士，又争相传读梁启超的《反复辟电》：

南京冯副总统、武鸣陆巡阅使、各省督军省长、护军使、镇守使、师长、旅长、各报馆鉴：昊天不吊，国生酏孽，复辟逆谋，竟实现于光天化日之下，夫以民国之官吏臣民，而公然叛国顺逆，所在无俟鞠讯，但今既逆焰熏天，簧鼓牢笼，恫胁之术无所不用其极，妖氛所播，群听或淆，启超不敢自荒言责，谨就其利害成败之数，为我国民痛陈之。倡帝政者，首借口于共和政治成绩之不良，夫近年政治之不良，何容为讳，然其造因多端，尸咎者实在人而不在法，苟非各界各派之人，咸有觉悟，洗心革面，则虽岁更其国体，而于政治之改良何与者。若曰建帝号，则政自肃，则清季政象何若，我国民应未健忘，今日蔽罪共和，过去罪将焉蔽？况前此承守成余荫，虽委裘犹可苟安，今则悍帅士狡，挟天子以令诸侯，谓此而可以善政，则莽、卓之朝，应成郅治，似斯持论，毋乃欺天！帝政论者又动以现今之党派轧轹为口实，夫党争之剧，吾侪亦曷尝不疾首痛心，然须知既以宪政号国中，则党别实无可逃避，容之则渐纳于轨，蹙之则反扬其波，今之定策，拥立者岂能举全国青年才智之士而尽阬之，阬之不尽，党固在也，阬而尽，又焉知来者之不如今也。今之主动者，以浅薄之凭借，而谬师操，懿之故智，处文明之世运，而梦想雍、乾之操术，叩以立宪之义，盖举朝莫之能解，使其政府幸而有一年数月之寿命，则其征象吾敢为预卜曰，桓玄、朱温时代之专制而已。夫专制结果，必产革命，桓玄、朱温宁有令终，所难堪者，则国家之元气与人民之微命也。然使果能得一年数月之苟安，则吾民或且姑为容忍，殊不知立国于今世，非闭关所能自存，苟不获自厕于国际团体之林，则国实不成为国。今我民国各友邦所承认也，当思前此易帝而民，此承认果几经艰辛而始得之者，今易民而帝，其得承认也，艰辛当益倍于前。当此国交中断之期间，国将谁与立于大地者？且此次首造逆谋之人，非贪黩无厌之武夫，即大言不惭之书生，于政局甘苦毫无所知，他勿具论，即如中央政费，每月七百余万，向仰给于盐课余款及各省解款，不足则借债以补之，试问现在北京至滑稽内阁，对于此三项收入，有何把握？颇闻此次之恶作剧，有某国牵线于幕内，许出其银行存款供挥霍。兹事信否诚不敢知，借曰信也，为数几何？一两月涸可立待耳。又彼董卓、朱温者，在今日气盖一世，志得意满，纵其逆军，横行辇毂，饷糈视诸军独厚，而必索现银，气焰视诸君独高。而动肆陵轹，以有教育有纪律之军队与彼共处一城，而谓可相安无事，以历旬月，其谁信之？是故就外交论，就财政论，就军事论，此滑稽政府皆绝无可以苟延性命之理。虽举国之士，噤若寒蝉，南北群帅袖手壁上，而彼之稔恶自毙，吾敢决其不逾两月。最可痛者，则天下万国将谓我国无复一人，其绾军符膺疆寄者，乃如犬马，凡能豢养我而鞭箠我者，即慴伏而乞怜于其下，则此耻其不可洗涤矣。最可忧者，迨董卓、朱温自毙之时，小之喋血都门，大之流寇数省，而群帅中曾无一人有戡乱之力，势必重劳邻封，越俎而代，则此国其真永劫不复矣。启超一介书生，手无寸铁，舍口诛笔伐外，何能为役，且明知樊笼之下，言出祸随，徒以义之所在，不能有所惮而安于缄默。抑天下固多风骨之士，又安见不有闻吾言而兴者也。

抑启超犹有欲赘陈者：一年以来，党派主奴之见，其诡谲变幻，出人意表，启超深痛极恸，向两方要人苦口忠告，劝其各自觉悟，勿驰极端，以生反动。在吾则既竭吾才，声嘶力尽，曾不蒙省察，而急进派之策士，惟日从事于挑拨构煽，引甲抵乙，谓可以操纵利用，以遂其排挤之私，而结果乃造成今日之局。今有董卓，谁实何进？今有朱温，谁实崔允？启超前此曲突徙薪之论，适以供若曹含沙喋血之资，亦既痛愤积中，暂将缄结终古。今睹濒覆之巢，复吐在喉之鲠，知我罪我，固所不辞，来轸往车，愿质明哲。梁启超，东。

（民国六年七月三日天津《大公报》
《梁任公反对复辟之通电》）

北京不少商号及老百姓拒绝挂出龙旗，在上海除了《国是报》之外，各报纷纷声讨复辟。上海商界“一体悬挂国旗三日，以表拥护共和，尊重民国之决心”。广东的士人百姓发起“国民哭灵大会”，誓与复辟派不共戴天。孙文得悉复辟消息后，发表了《讨逆宣言》，声讨张勋复辟。维持民国国体，在又一个历史的关键时刻，成了中华民族的共识。

反对张勋复辟，梁启超再一次成为举足轻重的人物。七月二日，梁启超和段祺瑞一起，从天津赶往河北马厂，召开了紧急军事会议。七月三日，梁启超代段祺瑞起草的讨伐张勋通电发往全国。七月五日，段祺瑞在马厂誓师挥师直上北京，梁启超为讨逆军总司令部参赞，是此役的首席幕僚。

勇敢地承担起再次护国重任的梁启超，以他对外交、财政的分析，断言：“就外交论就财政论就军事论，此滑稽政府皆绝无可以苟延性命之理。虽举国人士噤若寒蝉，南北群帅袖手壁上，而彼之稔恶自毙，吾敢决其不逾两月。”

梁启超认为宣统复辟不过两个月，但这不等于说当时的形势是不险恶的，复辟已经出现，观望者不少，尤其是掌兵的“南北群帅”。民国以来的种种弊端，又很容易成为被攻击的理由。梁启超认为，政治不良，不容讳言，但复辟倒退是绝对不行的，并且把批判的矛头直指其师康有为：“此次首造逆谋之人，非贪黩无厌之武夫，即大言不惭之书生，于政局甘苦毫无所知。”

这两句话使梁启超最难落笔的，是“大言不惭之书生”一语，直指康有为。康梁的分途，由此达到冰点。

张勋的辫子军不敌段祺瑞之后，段祺瑞所部分三路攻入北京，甚嚣尘上的复辟势力顿时土崩瓦解，张勋逃入荷兰使馆，康有为则在四天前先已逃进美国使馆，后又离开北京。

康梁歧途，简言之，康有为认为，当今中国只能行君主立宪；而梁启超则先如乃师持“君宪”，后持共和，反对倒退，竭尽全力想在中国建设一个平和的、有秩序的资产阶级民主政体。

护国战争爆发，梁启超潜入广西前出于礼节派汤觉顿前往康有为处辞行。反袁讨袁，这是康有为所力主的，但为何而反，康有为的目的还是君主立宪。梁启超在《从军日记》中写道：

（南下讨袁）最费踌躇者，则告南海先生与否也……仍使觉顿往谒将意，南海深嘉许，固在意中，然有意外者，则正色大声疾呼以主张其平昔之复辟论也。且谓吾辈若不相从，从此恐成敌国。其言甚长而厉，觉顿咋舌，唯唯而已。

护国战争胜利，袁世凯被迫取消帝制，康有为公开君宪主张，梁启超忍无可忍，写《辟复辟论》，对康有为有所批判，其中有“而逍遥河上之耆旧，乃忽仰首伸眉，论列是非，与众为仇，助贼张目。吾既惊其颜之厚，而转不测其居心何等也”。

自此，“逍遥河上耆旧，仰首伸眉”，几成为康有为的专用语，形象而生动。

尚须说明者，复辟事败，康有为有致冯国璋电，详列各路军阀策动复辟于前，牵率康有为在后，而南海明言“吾素主复辟”，“吾所拟之上谕，主照英制为虚君共和，为中华帝国”，并“除满汉，免跪拜……合用新旧历，开国民大会以议宪法等，谕数十纸”，张勋等一概弃而不用。后人只言张勋复辟，南海助之，个中细节，于当时，不可能得而知；于后人，几成历史之吊诡也。（详见拙著《先知有悲怆·追记康有为》，作家出版社）

张勋复辟失败，民国得以保存，梁启超是又一次功不可没。陈寅恪先生曾戏为梁启超一联云：

旧时龙髯六品臣，
新路马厂元勋列。

张勋复辟失败，黎元洪所托非人引狼入室被迫下台，副总统冯国璋就任代理大总统。一九一七年七月十四日，段祺瑞进京，重任国务总理，梁启超是随同段祺瑞凯旋的，段祺瑞新内阁当然要借重梁启超及研究系，国民党则被完全排斥。

内阁九部大员为——

内务：汤化龙；财政：梁启超；司法：林长民；外交：汪大燮；农商：张国淦；教育：范源濂；交通：曹汝霖；海军：刘冠雄；陆军：段祺瑞。

九名阁员，研究系占六席，达到了研究系从政参政的鼎盛时期，梁启超也坐上了向往已久的财政总长的显赫位置。

梁启超任财政总长，与其说是官位的诱惑，还不如说源于他对财政大业的浓厚兴趣。自流亡海外以后梁启超便倾心尽力研究金融，多有著述，尤其可贵的是他对中国封建的财政制度改革有一整套切实可行的方案，这在当时中国既堪称一流思想家，又居于中国近代财政学开创者地位的，衮衮诸公之中，唯梁启超一人而已。

雄心勃勃的梁启超接到任职令后第三天，即一九一七年七月十九日致电冯国璋，宣布就职。

梁启超入阁，明眼人一看便知这是“险招”，凭梁启超护国及再造共和的功勋，倘能退居书斋，专心著述，实在是保全自己的万全之策，又何必应付于军阀官场而呕心沥血呢？

是年七月三十日，梁启超在研究系的一次会议上说，他自己及研究系同仁的入阁，是为了“树政党政治模范，实现吾辈政策，故为国家计，为团体计，不得不牺牲个人，冒险奋斗，允宜引他党于轨道，不可摧残演成一党专制恶果”（民国六年七月三十日《申报》北京电）。

梁启超是一个孜孜不倦的追求者，他喜欢参与，历尽周折却九死而无悔。这一切的最大的推动力，首先是他的根深蒂固的爱国主义，其次则是建立资本社会的宪政理想。

在他的理想还没有最后毁灭之前，他还会走下去，生死沉浮，潮涨潮落，梁启超看来都已平常，对他来说最痛苦的不是失败而是失去机会，有时候则是明知不可为而为之。好在梁启超还没有感到疲倦，二十多年来生命的付出，那是可以汇成血泪长河的，波澜壮阔之下的悲凉便成涛声依旧了。

任财政总长之后，梁启超的头脑中只有八个字：改革币制，整顿金融。这一大计方针如能贯彻实行，那么国家的财政情况、日益凋敝的民生便可得到舒缓。

梁启超面对的是一堆烂账，一个债台高筑的烂摊子，北洋政府的财政部历来就是北洋军阀的金库，想怎么报销就怎么报销，想怎么贪就怎么贪。梁启超不是不知道这一切，便首先让王克敏做他的次长。此公善于交际，与外国各大银行熟识，且是北洋军阀几个显要的座上客，由他去周旋，梁启超的负担可以减轻不少。

政府、国会乃至普通老百姓都寄望于梁启超，而梁启超除了确实懂得财政，想为战乱之后经济濒于崩溃的中国作一番贡献之外，他的运气也是不错的。

一九一七年八月十四日，段祺瑞政府公告世界对德、奥宣战，成为协约国之一员。协约国一致决议：将中国每年偿付的庚子赔款暂缓五年。也就是说，在五年中间，中国可以每年减少1300万银元的支出，也就等于每年增加了1300万银元的收入。

熊希龄建议梁启超，以缓付的庚子赔款发行5000万元公债，为改革币制打下基础。更使梁启超喜出望外的，是他在日本时结识的好友犬养毅已出任日本国外相，当即修书一封要犬养毅“考量”善后借款，并极言币制改革对于中日两国都有好处。八月二十八日，第一笔1000万日元借款签约，两个月后又借得450万元。

有了这几笔钱作底子后，梁启超亲自拟定了《整理中、交两行钞票暂行法》，规定政府发行3000万元公债，以还中国银行和交通银行的“旧欠”陈债，而以后这两个银行则不得滥印钞票，“所发钞票皆须十足现金准备”。

梁启超知道中国极为混乱、脆弱的金融现状，仅仅靠中央财政部门的宏观控制还是得不到磐石之安的，因而他又制定了《整理币制办法大纲》，分两步走，以结束混乱及货币贬值的态势。

第一步，先以银为本位，统一硬通货；铸造新的主币与辅币，划一种类、重量、成色；同时严定主辅币交换规则，整顿造币厂。

第二步，统一纸币。梁启超建立了近代中国金融史上第一个币制委员会，以加强监控，还设立了战时财政金融审议会。为使财政部的官员换换脑筋多一点儿现代气息，梁启超还派出了七人财务行政视察团赴日考察学习。

梁启超的种种改革措施，是切合实际而且触及到了中国财政金融根本弊端的，梁启超在财政总长任上，比任何时候都忙，漏夜不眠，事必躬亲，他对夫人说："较写文章累，较流亡逃命累，甚至比在广西护国反袁也累！"

李蕙仙总是劝他："哪怕少做一件事，多睡两小时也好。"

梁启超："民不聊生，情何以堪？积重难返，来日无多！"

李蕙仙知道劝也是白劝，便退出，刚到任上，却又怎的来日无多呢？

梁启超即使面对夫人，也是有口难言，何况他是一向不主张夫人干涉政治的，想要埋头筹划、算账，却怎么也算不下去了。

一九一七年九月至一九一八年六月，国家财政总收入为7000余万元，支出高达9300万元，财政赤字2300万元。这2300万元从何来？怎样才能达到收支平衡？梁启超束手无策之际，段祺瑞的讨逆军总司令部又送来讨逆军费清单185万元，段祺瑞白纸黑字写着"请即予报销"，梁启超敢不报销吗？然后是各种账单涌来，如果全部给予报销，财政赤字将高达6000万元！梁启超只得将账本带到国务会议上，以吐苦经并求对策。

就在这一次的国务会议上，段祺瑞根本不顾财政艰难，强令财政部再提600万元，供陆军部随时支用。

梁启超说："我已经无事可做了。"

总是想做一番事业，总是做不成任何事情，这就是中国政坛的怪圈。

梁启超改革财政举步维艰，政治上的处境也在不断恶化。段祺瑞的军阀本色，在是否恢复国会的问题上暴露无遗时，梁启超却站到了段祺瑞一边，一时成为众矢之的。

辛亥革命和中华民国的建立，国会是一个多难而仍不失其进步意义的象征，在这国会里毕竟开始了政党政治，毕竟抵制过袁世凯、段祺瑞，毕竟有过宋教仁这样的为宪政流血的政治家。

段祺瑞重掌权柄之后，始终想踢开碍手碍脚的国会，而不予恢复，便托辞先召集“临时参议院”。梁启超可以说是当时中国不可多得的宪政大师，自然知道国会意义之所在，他对旧国会恢复的担心是相对于建立一个更加完善的新国会而言的，却被段祺瑞利用，成为违背《约法》解散国会的理论依据。再从当时梁启超身为内阁重要阁员处处对段祺瑞让步观之，也是难辞其咎了。

是年七月二十四日，国务院通电各省，就召集临时参议院一事征求意见，各方强烈反对。第二天梁启超对记者发表谈话，为段祺瑞说话。

梁启超已经处在进退维谷中了。

直言者如姚雨平指梁启超以召集临时参议院取代国会是“徇一部分之利益与感情，置国家根本法于不顾”。姚雨平进而问梁启超：“前筹安会发生时，执事曾以贤者不得逾法律而为善，责问杨皙子，今如报载，执事意在改良约法与国会组织法、议员选举法种种，故有此举，岂今日贤者可逾法律而为善乎？”

曾琦执弟子礼致函梁启超，认为梁启超爱国之心人所共知，然“九关虎豹，终不能使公挟国家以入坦途”，袁世凯、段祺瑞这样的独夫军阀可以一时“暂合而共谋”，却不可能“久处而无间”，劝梁启超急流勇退。

中国没有人才吗？非也！

中国历来的统治者只需庸才、奴才，而不要治国之才。

因为庸才听话，奴才乖巧，使唤起来顺手、舒服，可以看家护院。

几千年的奴才效应之下，就连人才中的一部分也不得不向庸才和奴才看齐，大家一起诺诺，天下太平。

梁启超痛定思痛，只能引退了，他在给代总统冯国璋的辞呈中说：“此次入阁，竭智殚诚，以谋整理，不幸事与愿违”，只能“负疚引退”。

梁启超坚辞，冯国璋坚留，只好暂时维持。这时国内政局因为北洋直皖两系的冲突公开化，而更形艰难。

孙文及国民党人举起了“护法”的旗帜，海军总长程璧光脱离北京政府，率第一舰队南下广州投奔孙文参与护法。孙文召开“非常国会”，组织军政府，“为戡定叛乱，恢复《临时约法》”，孙文任大元帅，举兵北伐，宣判段祺瑞为民国叛逆。

南北重新对敌，又是金戈铁马，中国人民什么时候才能休养生息？

段祺瑞自恃北洋军能征善战，决心以武力统一南方，发动第二次南北战争。为此，扩编军队，增购军械，陆军部辖下的部队已从袁世凯时代的13个师32个混成旅，增至17个师43个混成旅，总兵力为43万人。段祺瑞所取的战略是师出湖南以制两广，兵临四川而镇黔滇，然后双拳出击，置孙文的护法军政府于死地。

段祺瑞还不是袁世凯那一套？

有京中文士往访梁启超，谓：“任公兄，拥段之后几时讨段？”

梁启超愕然。

任公何处去？

梁启超辞去财政总长回到自己的书斋里，品一口乌龙茶，再点燃一支纸烟，真是悠然自得，神仙过的日子啊！

这是一九一七年的十二月。

又要贴春联了。梁启超从碑刻的拓片中抬起头来，心里涌动的是时光不再的叹息，梁启超又想到，此种叹息总是由古及今延续到将来，其实它与时光无关，只是“我的岁月快完了”、“我的岁月已完了”，如此而已。“我们的孩子正青春年少，不是刚刚开始吗？”

长女令娴就坐在梁启超对面，温顺地微笑着，她正在听父亲讲国学源流。

梁启超难得有这样的时刻，在女儿眼里，这个时候的父亲梁启超是那样地亲近和广博，他无所不通无所不晓，他的博闻强记更使令娴吃惊，还有他的精力，梁启超似乎永远是不知疲倦的，不知疲倦地读书，不知疲倦地著述，不知疲倦地奔跑，不知疲倦地聊天，也不知疲倦地做官。

入夏，梁启超焚膏继晷续写《中国通史》，这是他的一个毕生之愿，想留给后人关于治学的某种参照。与其说是梁启超笔下史学的本身的价值，还不如说是他对史学的慧眼独具——早在《新民丛报》上，梁启超就写过“史学者，学问之最博大而最切要者也，国民之明镜也，爱国心之源泉也”。

为着铸造一面宝镜，为着掘通一处源泉，梁启超夜以继日地写作，竟日渐消瘦而毫无察觉，后来又有胸闷胸痛，一想爬格子的人终日伏案，难免有类似的职业病，便忽略了。夏秋之交，已完成战国前各卷十多万言，梁启超心里稍有安慰的同时，却开始发烧咯血。梁宅为之惊动，求医问药之下诊断为肋膜炎和肺炎，需静养一段时间，不得已中止写作。

一九一八年十月，有记者来访。病中的梁启超侃侃而谈：“一年以来，闭户自精，略成十余万言，但所就仅十分之一二。自审心思才力不能两用。涉足政治，势必荒著述。吾自觉欲效忠于国家社会，毋宁以全力尽瘁于著述，方能尽吾天职。”

梁启超养病时一般都住在天津，因为检查、就诊也在启勋家住，由李蕙仙夫人或王姨、女儿令娴陪着。因为到访的朋友多，倒也不显得寂寞，为了大家都别太激动，好像是有约在先一样，闲谈的题目也就是历史、掌故、轶闻，间或还能哈哈一笑。这使令娴特别开心，一来可以学到不少知识，二来父亲还能放松一下。笑一笑，十年少，令娴多么希望自己的父亲总是年轻的，与病榻无缘。这一次梁启超咯血，一家人都惊吓得面如土色，仿佛那血是从自己的心肺里吐出来的，令娴还偷偷地哭，她告诉母亲她什么都不怕，父亲再去护国打仗她便跟着，她就怕父亲死了。

李蕙仙夫人也揪心，还得安慰女儿：“傻丫头，父亲怎么会死呢？”

女儿在爹妈面前总是长不大的，便抹去眼泪，相信父亲不会死，听他们聊天，一帮朋友在，他们在说《四库全书》。

蹇季常：“中国的史学上自太史公、班孟坚，下至毕秋帆、赵瓯北，有两千多年传统。可怜的是文学，唐诗宋词之外一部《红楼梦》而已。”

梁启超：“《二十四史》非史也，二十四姓之家谱也。从来中国史家，以为天下者皇上一人之天下，没有一书是为国民而作的，这叫有朝廷而不知有国家，中国相传的历史便被局限着了，倒是那些传说、神话、野史反而虎虎有生气。”“吾中国国家思想，至今不能兴起者，数千年之史家，岂能辞其咎耶？”（《新史学》。下同）

张君劢：“读史也危险，不读则耳目失聪，人越活越单薄。读，如任公所言，世世代代的读书人读到最后便是只知皇帝不知百姓，只知朝廷不知国家。总之是愈读愈糊涂，吾辈之中读明白了的，康梁、章太炎几人而已。”

蹇季常：“康南海可惜，论学无可比肩者，后来糊涂到弼德院里去了。”

梁启超仍然维护乃师：“善为史者，以人物为历史之材料，不闻以历史为人物之画像；以人物为时代之代表，不闻以时代为人物之附属。如是观之，当下之史学家无可与吾师南海比。张勋复辟，南海似有苦衷，其念念德宗光绪帝之知遇之恩，而初衷不改，国人中有讥其愚忠者，然此种愚者，善也夫，美也夫。忆昔万木草堂南海口说历史之鲜活，有‘海以蚧为先’、‘苔生人’语，此洪荒年代史前史也，苍茫一片却因蚧因苔而精灵活跃。而浩繁之中国古史，简而言之是无数墓志铭之大成，而无数墓志铭又以同一格调和程式完成，歌功颂德而已。”

令娴：“知古不知今，谓之陆沉。”

梁启超：“然，陆沉我国民之罪，史家实尸之矣！大千世界贵乎史者，贵在叙一群人相交涉、相竞争、相团结之道；述一群人所以修生养息、同体进化之状；使后人爱其善其群之心油然而生。然后有群体、有民族之延续，辉煌灿烂之吸引，群智群策群德群力之发生。史贵乎此种种也。”

张君劢：“《时务报》及《新民丛报》而后，中国于史学观上受任公影响的日渐多起来了，不过总因乱世茫然，收获甚微，殊为可惜。”

梁启超：“非一朝一夕可以改变两千年之习惯的，从来历史为朝廷专有物，大清既亡，民国已立，民国是谁？孙逸仙？袁世凯？非也，民国非个人、非个别党派，民国四万万民众之国。民国之历史应是四万万民众之历史，四万万逐一写来当然不可能，杰出者、推动历史前进者便是这四万万人代表，此其一。其二，要写出精神来，史之精神为何？理想是已。”

蹇季常半日不语了，慨叹道：“任公，你不做财政总长实在太好了，就这么聊聊天，胜读十年书啊！”

梁启超一笑，对令娴说：“告诉王姨，备饭，要有好酒。”

张君劢：“且慢，任公，你病中示教，吃饭的事别操心了，我请客，会仙居如何？”

好啊！“稠浓汁里煮肥肠，一声过市炒肝香”。不过令娴更知道梁启超的口味，说还是吃南味菜清淡些，到天然居吧。

梁启超：“我第一次到北京就去过天然居，并读了那副对联，‘客上天然居，居然天上客’，至今仍然想起便惊心。这坊间对子却有绝妙的哲学意味：‘正反都一样’，‘正反皆可能’。”

众人愕然。

梁启超：“走！前门外观音寺街，天然居可是有年头了，道光年间开的吧？”末了，梁启超又对张君劢道：“只是想过，却不得要领，天假以年的话，除了史学我还想再写点哲学。”

张君劢：“眼下先做一回天上客吧。”

天然居夜宴，话题却转到了第一次世界大战的结束，三杯绍兴老酒下肚，张君劢借着酒兴开了梁启超一个玩笑：“任公，你少有走眼的时候，‘一战’刚开始，你却是告诉我德国必胜的。”

梁启超爽快地点头称是：“惭愧！惭愧！”

张君劢：“不过，你力主对德宣战乃是高瞻远瞩。”

梁启超：“其时德、奥败局已定，谈不上多少眼光了。不过接下来的‘巴黎和会’至关重要，徐世昌总统可能要我去一趟欧洲，作为非官方的舆论鼓吹，争一点中国的权益，到时要借助二位。”

张君劢又推荐了蒋百里、徐新六、刘崇杰、杨维新、丁文江，就算是一言为定了。

漫游欧洲，是梁启超早已心向往之的，但还没有迈出国门便觉得十分沉重了，按照徐世昌的意思，梁启超此行要弥补中国正式代表团人数少力量弱的不足，通过民间外交利用梁启超的声望为国家效力。国内舆论也大声疾呼，希望梁启超“化私为公”，梁启超说：“我责无旁贷。”

北京政府为表示诚意，特拨六万元经费，朋友故旧筹资四万元以壮行色。梁启超称此次出游“第一件是想自己求一点学问，而且看看这空前绝后的历史剧怎样收场，拓一拓眼界。第二件也因为正在做正义人道的外交梦，以为这次和会真是要把全世界不合理的国际关系根本改造，立个永久和平的基础，想拿私人资格将我们的冤苦向国际舆论申诉申诉，也算尽一二分国民责任”。

一九一八年十二月初，梁启超从天津赶到北京，向当局请示外交方针，当局对他提出的不承认日本继承德国在华特权的主张，不置可否，其实中国政府与日本早有密约把山东与满铁的特权拱手给了日本，梁启超自然蒙在鼓里。会见日本代理公使芳泽时，谈到胶州问题，梁启超说：“我国自对德宣战后，中德条约废止，日本在山东继承德国权利之说，当然没有了依据。”

芳泽冷冷地回答说：“我们日本人却不是这样解释。”

日本人的这种态度是一个预兆，芳泽说完这句话以后就不再有下文，冷淡而傲慢，就像一个强盗劫了你的家产，还板着面孔，那意思是说，我高兴了还要来劫掠，你怎么着？

这就是日本强盗！这就是中国人几百年来一直念叨着同文同祖、一衣带水，却全无人性地侵略中国、劫财占地、杀人无数的日本强盗。

梁启超起而反驳道：“中日亲善的口头禅已讲了好些年，我以为要亲善今日就是个机会，我很盼日本当局要了解中国国民心理，不然，恐怕往后连这点口头禅也拉倒了。”

是年十一月，胡适之求见并请教墨子之学于津门，信中有言：“作二十分钟之谈话，不知能许之否？”（民国七年十一月二十日胡适之《致任公先生书》）梁胡之交，于此为始。

一九一八年十二月二十四日晚，梁启超一行离开天津，二十六日上午到南京，随即赶到上海。二十七日晚上与张东荪、黄溯初宴聚，吃过饭后都不想离去，梁启超说：“咱们秉烛夜饮吧！”

张东荪击掌：“妙，难得今宵。”

张东荪治哲学，主张要有清明的社会风气，然后才谈得上改革云云，这一点颇为梁启超欣赏。谈了一通学问后，张东荪忽发感慨说：“任公，做学问的人实在不能再往政治这火坑里跳了，否则多少年以后，我们早已命归九泉，后来人偶然翻检故纸，会问：‘梁启超是谁？张东荪是谁？’”

黄溯初：“日前与任公兄谈历史，史为镜也，这一面镜子里可以留几言对后人发出声音。可以使之比照现实的，真是非智者非学问莫属了。”

梁启超：“我是真应该忏悔一番的。今夜这烛光下我有一言：舍弃政治！请各位监督，互相勉励，在思想界尽些微力。”

黄溯初、张东荪等无不赞许有加。

梁启超不由得心潮难平：“看这蜡炬，烛照之辉是以生命为代价的。”

张东荪：“正是，正是。”

梁启超：“少小时，我祖父摇头晃脑念陶渊明的《杂诗十二首》，只觉得好笑，这几年却常常想起陶渊明的‘采菊东篱下’。”

梁启超稍稍沉默片刻，这片刻却又显得沉重，空气里仿佛有一片一片乌云压到了各自的心头。座中人张东荪、黄溯初等都是才情过人、心雄气豪之辈，更何况对梁启超？

弹指一挥间，青春不再了。

会想到死，要谈到死，能面对死。

梁启超：“魏晋风度，论家常常忽略的是当时的‘杂诗’，杂也者其实是另一种单纯的别称，表现自己的情怀，直写胸中块垒，色彩愈是忧怨，思想愈是自由，不隐锋芒，不避异端，不趋时，不附势，是为杂，源于建安遗风，境界却稍有不如曹植的‘高台多悲风’。”

梁启超说毕，朋友们却都在期待，很久很久没有听梁启超谈诗说文论古道今了，总是被政治激动，在政潮中穷于应付，人和文章都会走样。梁启超于这静默中体察到了这一点，便高兴地说：“我给你们念几行吧，《古诗源》中句。”

日月不肯迟，四时紧相迫。
寒风拂枯条，落叶掩长陌。
弱质与运颓，玄鬓早已白。
素标插人头，前途渐就窄。
家如逆旅舍，我如当去客。
去去欲何之，南山有旧宅。

“日月不肯迟，四时紧相迫。”张东荪闭目吟哦罢，却是一番妙论：“诗的最高境界便是哲学，自古以来诗人目空一切、傲岸千古实在是有道理的。”

黄溯初：“不过，那得是真正的大诗人，世间有一真物长物便有千百附庸风雅的，最后连那一点真也落得可悲可叹。”

梁启超：“或可这样说，唯其如此，真的善的美的方能于艰难险恶中葆其生命之美丽，如曹孟德‘譬如朝露，去日苦多’的‘人生几何’之慨，悲凉入骨。而庄子的‘生也死之徒，死也生之始’，‘天下莫大于秋毫之末，而泰山为小’，则是一孔明古今，其潇洒飘逸可谓出于生入于死。”

十二月二十八日早晨，梁启超登上了日本邮船会社的“横滨丸”号，开始了一年的欧游历程。

“横滨丸”号，又是“横滨丸”号！

两年前，护国军起，梁启超为了策动广西独立，亲赴第一线，离开上海潜赴广西时，坐的也是“横滨丸”号，梁启超躲藏的那间储煤间还在，而使梁启超不胜惆怅的是，当年一同登舟南下始终追随梁启超左右的汤觉顿已经作古，生命何其轻乎而无奈！

梁启超伤感地在甲板上踱步，蒋百里、张君劢连忙过来陪着说话，说是到伦敦需航行四十五天，得有一个打发日子的计划，请梁启超定夺。梁启超惯于亡命在海上熬日子的经验多，便不假思索地说：“每天早起看日出，之后早餐，学外语，各读自己精通的一门，丁文江教我英文，到十二点止。下午彼此当教习，学另一门外语。傍晚打麻将，晚饭后吹牛或者各自写作，也可喝一杯，如何？”

众人皆说甚好。

日出，海上日出是一种何等的壮观啊！

梁启超对张君劢说：“简直无法形容。”

张君劢：“只有自然博大，人生渺小的感觉。”

梁启超：“这个世界倘没有海的滋润、日的照耀，便不可思议了。”

张君劢：“人又算什么呢？”

梁启超：“人还是万物之灵，只是人心太坏，社会便日见肮脏。如有这样一种机制似海一样涨落有律，生生不息，能吐纳，能自净，世界将会美好许多。”

忽然间一个巨浪打来，溅出的水花一直涌上甲板，湿了梁启超和张君劢的一身衣衫，两人却只是开怀大笑，那种放松，倘不是身处这样的环境，又能向何处去求得？

然后是大声地在甲板上读外语，英文、法文、日文皆有，像小学生一样放开嗓门念，天之下海之上的这条船，船上的这几个特殊乘客，一个个都显得年轻了。

晚饭后吹牛，便是以梁启超为核心了，他读的书多，且见识又广，从光绪到袁世凯，从日本到美利坚，真个是海阔天空。

梁启超的一生与大海有缘，生于西江入海之冲七个小岛的中央，从小便感受着南海的涛声；然后于戊戌出逃经渤海而漂往日本；由日本出访新大陆，饱览太平洋上风光；归国后反袁护国经东海又绕道香港，潜赴海防、广西……

蒋百里见梁启超痴痴地望着大海，便悄悄地也靠在船舷上抬头看天。其时，夕阳由波涛所托，仿佛一团火球不甘于沉没水中，或者竟是那冰凉的海水怕被火球烫着而缩了回去，最后却终归是落水了。大海若吞若吐似封似闭，一点儿一点儿地终于把夕阳吞没，但这时候夜还远未深沉，星月像由海水洗濯过一样的清爽明亮，远处的暮云却是踏着海浪渐渐地沉重并且向着横滨丸号合围了。

梁启超“在舟中日日和那无垠的空际相对”，“惟与天光海色相对”，最使人感慨莫名的便是“几片白云，自由舒展”了，梁启超认真地想过，也尽目力所及，从早到晚地观察过，却实在“找不出它的来由和去处”。

人世间多少事物是不能以从哪里来到哪里去判断的，因而便苦苦地寻觅起始和终极，所谓终极关怀，大约想象与心灵的成分居多了。

“天上太安静。”

“生命无声地对视着。”

“太阳寻找过月亮吗？”

“陨石是为最后的闪光而自毁的。”

“静极。”

“最美的音乐是天风海韵。”

“唱给白云听。”

“唱给日月听。”

“唱给时光听。”

梁启超的心里不断涌出这样的思绪，仿佛是与海浪与云絮与涛声对话。

民国八年（1919）一月十三日舟中《与娴儿书》云：“明抵哥伦波，泊舟两日，其地为佛说《楞伽经》处，当恣意揽胜耳。”（《梁任公先生年谱长编》457 页）

当蒋百里催着梁启超到码头上走一走时，船已经停靠在锡兰了。喝椰汁，看满山的槟榔树，跟土著少女合影留念。

“椰子槟榔，满山遍谷，那叶子就像无数的绿凤，迎风振翼。还有许多大树，都是蟠着龙蛇偃蹇的怪藤，上面有些琐碎的高花，红如猩血。”

锡兰，梁启超还这样写道：“哥伦波在楞伽岛，岛上人叫他做锡兰，我佛世尊，曾经三次来这岛度人。”

梁启超和他同时代的文人一样，对佛经都有研究，因而在锡兰短暂停留，便更添了一层绵绵佛意。相传，佛祖第三次到楞伽岛，在岛的最高峰顶说了一部楞伽大经，人、神、鬼、龙、虎、夜叉、阿修罗都跟着菩萨、罗汉围绕静听，大慧菩萨问偈一百零八句，“世尊句句都把一个‘非’字答了，然后阐发识流性海的真理，后来这部经入中国，便成了禅宗宝典”。

梁启超一行上岸游山，望见对面有一峰，好像四方城子，朝拜者“都是四更天拿着火把爬上去礼拜，那就是世尊说经处了”。

山里有一处名胜叫坎弟，海拔三千尺，有一大湖，湖边是从前锡兰土酋的宫殿，宫外便是卧佛寺，黄遵宪有名的锡兰岛卧佛诗，写的就是这处。梁启超游湖多矣，唯独这坎弟湖着实让人难忘。一则，这里是“热带里头的清凉世界”，在山下挥汗如雨，到湖畔却是春秋佳日了。其次便是“那古貌古心的荒殿丛祠”，能在人的意识中催生出神秘感，“像是到了灵境”。

梁启超、张君劢一行实在流连忘返，便在湖畔小住一夜。那天正是旧历腊月十四，梁启超在《欧游心影录》中记道：“差一两分未圆的月浸在湖心，天上水底两面镜子对照，越显出湖水的莹澈。我们绕湖一周，蒋百里说道，今晚的境界是永远不能忘记的。……中间有一个笑话，我、张君劢碰着一个土人，就和他攀谈，谈什么呢？他问那人你们为什么不革命，闹得那人瞠目不知所对。”

是夜三更，别人都归寝了，梁启超一个人倚栏对月，把记得的《楞伽经》默诵几段，感觉着心境的渐次开阔，真是未曾有过。天亮了，但见雪白的云盖满一湖，太阳出来之后，白云又变成一条组合的彩练，其美丽、飘逸，真个是“只可自怡悦，不堪持寄君”。

船期匆促，赶到码头时汽笛大鸣，离拔锚只有五分钟了。

“横滨丸”号继续着它的航程。

印度洋是最平静的，就像在长江里坐船一样。红海的落日“着实没有法子把它形容出来”——梁启超如是说——“那云想是从沙漠里倒蒸上来，红得诡怪。”红云满天倒映在海里，“就像几千万尾赤色鲤鱼在那里游泳，海，整个儿是鲜红的了，红海真是名副其实的红海洋”。然后进苏伊士运河，驶入地中海的狂风巨浪之中后，“那船竟像劣马，踉跄跳起来”，横穿地中海之后再西行，过直布罗陀海峡，四十五天后，船泊伦敦。

“正月十二日，居然到伦敦了。泰姆两岸，葱葱郁郁，烟雨楼台，隐约可辨。前面若断若连的一块大陆，我一生几十年光阴，就要划出一小部分在那里栖息，准备上去罢。”——梁启超远航既毕初见伦敦时这样写道。

伦敦，当时的世界名城，如同巴黎一样也是梁启超心仪已久的，可是满目所见，都是战后的凄凉，住在上等旅馆里，吃不饱饭，煤、电极缺，室内苦寒，屋外雾冷。火柴与糖是稀世之宝，梁启超好吸纸烟，但是“没有钻燧取火的本领”，只好不吸。偶尔能借火，便大吸。

一日饮茶，隔座有一贵妇人从项圈下取出一个金盒子来，梁启超心想这里头是什么东西呢？蒋百里与梁启超耳语道：“西人饮茶莫不还有什么讲究？”只见这贵妇人从金盒子里取出一小方块白糖，劈一半放进自家茶杯里，连客也不让，另一半“仍旧交给她的项圈”。

梁启超和蒋百里相对愕然。

这是他们踏上欧洲土地之后的第一课，梁启超说：“世人总以为只要有钱何求不得，今日也知道钱的功用是有限度的。”

蒋百里：“战争之后人民的痛苦，看来是无分胜败的。”

梁启超：“在物质的组织之下，全社会像个大机器，一个轮子出了毛病，全副机器停摆，那苦痛真说不尽。从今以后，崇拜物质文明的观念总有些变动罢。”

蒋百里：“走，出门瞧瞧那雾去。”

“苍天已破黄天立”，这是黄遵宪《伦敦苦雾行》中的第一句，这一回梁启超是实实在在看见了，坐在马车上，坑坑洼洼的路面，“咯吱咯吱”的声音且不说，天上的那一团雾濛的光要判定它是日是月，却要“几个人费了一番彻底的研究”。

梁启超一行上街散步，那自然得小心翼翼，因为雾重一切都影影绰绰，恍恍惚惚，最严重的是日、月、灯的判定不清。有一回但见一团朦胧红气，梁启超说是街灯，还有人说是钟楼，其实是月亮。

走在这雾里，梁启超却又生出另外一种感慨，一个总是风和日丽的地方，人太舒服了，国民性中奋斗不息的素质会不会下降呢？反之，如伦敦和英伦三岛，就这样的浓雾一年要有好几个月，便摸索、耐心、坚忍、沉郁而顽强地往前走着，这就是英国人？

梁启超欣然命笔道：英国人能有今日，只怕沾了这雾不少光哩。可见得民族强盛，并不能靠绝对平顺的天惠，环境有些苛酷，才真算玉汝于成。

梁启超除了在伦敦戒烟、赏寒、看雾之外，短暂停留中最想拜访的，“自然是有名的‘英国凌烟阁’威士敏士达寺”。从托拉福加广场，经白宫街、维多利亚街到泰姆河畔，眼前屹立一长方形古寺，双塔高耸，庄严气象，令人敬畏，这便是威士敏士达寺了。

建筑把时间的一部分凝固了，梁启超心里略觉震动，当时便想到得让儿子梁思成好好地学学建筑，万不可搞政治，也不要靠舞文弄墨为生。威士敏士达寺始建于十一世纪，用的是十一世纪的材料和工艺及匠心；十三世纪末亨利三世改建，十一世纪便和十三世纪相混合了。几百年间，累世都有所增修，仿佛是岁月的积木，使之凝结的是多少代人的智慧，渗透着矗立的历史感，钟声响起时，沉醉于钟声里的人听来，这钟声更多的是属于历史的，总是历史呼唤未来，现实太匆匆一如人生之迅忽，归入将来是无穷之迷茫，融进历史是无穷之深厚。

威士敏士达寺，你以为如何？

欧洲文明从何而来？梁启超从另外一个角度，又想到了一个字眼：蜕变。

威士敏士达寺，你就是这样蜕变而来的。据梁启超考证这寺内的部分重要建筑建于一三七六年，落成于一五二八年，“约经一世纪半的长久日子”。

这是不能不让人感叹的！“当绘图的时候，随种一株杉树，还可以等它长成来充梁柱。他们却勤勤恳恳依着原定的计划，经一百多年，丝毫不乱，丝毫不懈，到底做成功了。”

在英国，梁启超认为，“无论政治上法律上宗教上道德上风俗礼节上，都是一部分一部分地蜕变，几百年前和几百年后的东西常常同时并存”。

中国可有预备一百年后才造成的房子吗？

明知一生一世不能完成的事业，却有人坚定着去做，既不打算见到功成之日，更别说自己享用一番了。后来人还有和这样的前辈有一样魄力一样品格的，把事业继承下来了，锲而不舍，终成大业。

梁启超对张君劢说：“欧洲文明从何而来，就是靠这一点；人类社会能够进化，也只靠这一点。”

众人点头，心里无不钦佩之至。但用梁启超的话说，“回想我们中国人的过去，真是惭愧无地；悬想我们中国人的将来，更是惶恐无地了。”众人心里便像铅一样沉重着。

威士敏士达寺是英国国教的大教堂，是王室和国家的大礼堂，历代君主加冕与大葬都在寺内举行，“却依然是全英国一般小百姓日日公典礼拜祈祷之所”。教堂里埋葬了英国几百年来的名人，既有君王，也有政治家、学者和诗人及艺术家。怎样才能死后得葬于威士敏士达寺呢？凡有功于国家的人，“不是拿王室的功臣作标准，是拿国家的人物作标准”。梁启超还认为这“就是一种极严正的人格教育，就是一种极有活力的国民精神教育”。

梁启超一行继而又到英国下院旁听，“听了双方辩论两点多钟，真是感服到五体投地。他们讨论国家大计，好像家人围在一张桌子上聚谈家务，真率是真率到十分，自己的主张虽是丝毫不肯放让，对于敌党意见，却是诚心诚意地尊重他”。

伦敦停留一周后，梁启超一行前往巴黎，甫下行装便知悉因为中日密约致使和会期间中国外交受阻。梁启超事先不知道曾有此密约，所谓密约即是段祺瑞以牺牲山东权益为交换条件，得借款二千万元以武力征服中国南方。日本在密约中得到的是有权在山东筑铁路，有权驻军青岛、济南。

愤怒的梁启超于一九一九年三月从巴黎致电外交委员会的汪大燮、林长民：

> 交还青岛，中国对德同此要求，而孰为主体，实为目下竞争之点。查自日本占据胶济铁路，数年以来，中国纯取抗议方针，以不承认日本继承德国权利为限。本去年九月间，德军垂败，政府究用何意，乃于此时对日换文订约以自缚。此种密约，有背威尔逊十四条宗旨，可望取消，尚乞政府勿再授人口实。不然千载一时良会，不啻为一二订约之人所败坏，实堪惋惜。超漫游之身，除襄助鼓吹外，于和会实际进行，未尝过问，惟既有所闻，不敢不告，以备当轴参考，乞转呈大总统。
>
> （**一九一九年三月二十四日《申报》**）

梁启超的电报发回中国并揭载报端之后，全国民气沸腾。张謇、林长民、熊希龄、范源濂等发起成立了国民外交协会，声援巴黎和会上中国的外交活动，并对北洋政府施加压力，协会公推梁启超为理事、代表，并致电赞扬他在巴黎的活动，“鼓吹舆论，扶助实多，凡我国人，同深倾慕”。并希望他鼎力主持外交协会的工作，竭尽所能，使山东问题能有“涓埃之补救”。

一九一九年四月二十二日，美、英、法、意四国外长讨论山东问题时，美国国务卿提议将德国在中国山东的权益移交协约国。日本政府获悉后，立即胁迫英美，并训令其全权代表：“若不彻底贯彻我方上述要求，则拒签国际联盟章程。”

一九一九年四月三十日，出于利用日军在远东反对苏俄的西方战略考虑，英、美、法三巨头悍然不顾中国为战胜国的地位，而将德国在山东的特权“移交日本”，并议定了关于这一重大问题的巴黎和约156、157、158条款。

梁启超闻讯拍案而起：“强盗！这是强盗行为！”

张君劢、蒋百里当即问:“我等当如何动作?”

梁启超:“唯有将巴黎和会的实情告诉国内,否则无颜见江东父老,并力主不签字,以示抗议。”

梁启超马上起草电文,通告外交协会,建议在全国发起反对签字运动,以争取国际舆论的同情和注意,电文称:

> 对德国事,闻将以青岛直接交还,因日使力争,结果英、法为所动,吾若认此,不啻加绳自缚,请警告政府及国民严责各全权,万勿署名,以示决心。

和会期间,东道主法国曾先后宴请了各国政要和新闻界人士。梁启超作为中国文化名人,列为第四次宴请的主客。席间,梁启超就《凡尔赛和约》中关于中国的不平等条款,发表讲话说:“若有别一国要承袭德人在山东侵略主义的遗产,就是为世界第二次大战之媒,这个便是和平公敌!”

梁启超讲话毕,满堂掌声,参加是次宴会的五名日本记者自始至终不发一言。

到底要不要在《凡尔赛和约》上签字?从巴黎到中国,一时成为分水岭,陆徵祥电请北京政府同意在和约上签字,曾经在和会上以一口流利的英语风度翩翩地舌战日本代表的顾维钧苦于回天乏术,他知道这个字要签了,那便是做定了卖国贼,怎么回中国?不签,陆徵祥是首席代表,而且北洋政府已发出同意签字密电了。

林长民在接到梁启超的电报后,立即撰写了一篇《山东亡矣》的新闻稿,刊登在五月二日的北京《晨报》上。林长民如实介绍了和会情况,惊呼“国亡无日”,“愿合四万万民众誓死图之”。

举国抗议,誓死救亡,北京各大学学生走上街头,五四运动爆发了。

由北京而上海而山东,全国响应,在巴黎的中国代表团收到七千余封国内警告电，国民外交协会在电报中干脆警告陆徵祥："公果敢签者，请公不必生还。"

爱国大潮席卷中华大地。

决心卖国到底的北洋政府，置亿万人民的民心民意于不顾，仍然命令陆徵祥签字，千钧一发之际，梁启超义无反顾地把北洋政府命令签字的消息以及国内抗议的情况，及时通报给在巴黎的中国留法学生。一九一九年六月二十八日，这是预定的和约签字日，留法学生会同留法的中国劳工包围了中国代表的驻地，声言谁敢出门去签字，就一刀杀死谁。

中国代表被迫拒签和约，并对巴黎报界发表声明，中国代表团为正义、为国家，只能拒绝签约，以待世界舆论之裁判。

在历史的关键时刻，梁启超又一次高高举起爱国主义的大旗，并为之作出了独特的贡献。按照历史的本来面目，梁启超及时发回国内有关和会进展，主张拒签并发起运动的电报，是点燃五四运动的直接导火线，梁启超的功绩实在是不应埋没也无法埋没的。

巴黎和会的《凡尔赛和约》使一千三百万人民、三百万平方公里的殖民地和战败国领土供列强瓜分、宰割。一个强权世界的格局，已经大大方方地露出地平线，中国人收回山东主权的热望终成泡影，"正义人道梦"也被彻底撕碎了。

梁启超亲历了这一对人类而言应是十分重要的时刻，那么还有谁能比梁启超更为失望呢？

梁启超由历史而现实，由现实而未来，在其时多如牛毛的关于巴黎和会的评论中，梁启超在《巴黎和会鸟瞰》中的阐述是最为深刻的。信手写来的梁启超不知道他实际是在揭示一次大战之后世界政治的动向，并率先发出了二次大战不可避免的红色信号。梁启超写道：

> 总之，那时我们正在做那正义人道的好梦，到执笔著这部书时，梦却醒了。擦擦眼睛一看，他们真干得好事，拿部历史一比，恰好和一百年前的维也纳会议遥遥相对，后先辉映。维

也纳会议由几个大国鬼鬼祟祟地将万事决定，把许多小国牺牲了，供他们的利益交换，这回还不是照样吗？维也纳会议过后有个俄、普、奥三国同盟，这回有个英、法、美三国同盟。维也纳会议后，大家都红头涨脸地来办法国革命的防堵，这回又有个俄国过激派供他们依样画葫芦的材料。唉，天下事有哪一件脱离得了因果关系？十九世纪种种祸根都是从维也纳种下来，如今他们又在那里造孽了。

梁启超这一番话的远见，是凝聚着历史的睿智的，他不仅揭示了巴黎和会的分赃实质，而且预言了因为分赃而带来的必然后果，即：世界总有一天会陷入更大的战乱灾难，其矛头必定是首先或主要对着俄国的。

梁启超一时一刻也没有忘记列强虎视下的中国所处的环境，以及对国际联盟的不切实际的期望。强权外交还会进行，而中国人倘不改变自己的恶习，那么什么主义也是救不了的，他忧心忡忡地告诉国人：

环顾宇内，就剩中国一块大肥肉，自然远客近邻，都在打我们的主意，若是自己站不起来，单想靠国际联盟当保镖，可是做梦哩。

一九二〇年三月五日，梁启超一行返抵上海，一下船即对《申报》记者发表谈话，对国内流行的就山东问题与日本直接交涉的主张进行反驳道：

余初履国土，即闻直接交涉之呼声，不胜骇异。夫既拒签于前，当然不能直接交涉于后。吾辈在巴黎对于不签字一层，亦略尽力，且对于有条件签字说，亦复反对，乃有不签字之结果。今果直接交涉，不但前功尽失，并且前后矛盾，自丧信用。国际人格从此一堕千丈，不能再与他国为正义之要求矣。

在上海稍事停留后，梁启超北上，三月十九日到北京，拜见总统徐世昌报告欧游经过。三月二十三日，在五四运动中被捕的四十三名学生领袖侦讯结束，移送法庭审判。社会各界纷纷疏通、抗议，梁启超闻讯专门致书徐世昌，请释被捕学生：

学生运动过去之陈迹，启超越在海外，靡悉其详。要其出于爱国之愚诚，实天下所共见，至其举措容或过当，此自血气方刚之少年所不能免。政府若诚以父师自居，而爱之如子弟，则充其量不过收二物之威，断无取绳以三尺之法。

（一九二〇年三月二十六日《申报》）

梁启超说得再明确不过了：爱国是无罪的，只有腐败无能的政府，断没有腐败无能的青年学子。

欧游的震荡，依然在梁启超心里翻腾，一个战后贫困、社会混乱的欧洲，给梁启超的启迪是多角度、多层次的。他念念不忘的仍然是：中国向何处去？

细细地翻阅《欧游心影录》，这部梁启超晚年的重要著作，全面地反映了作者对西方文明的种种实录和看法，透过这些历史的轨道再前溯二三十年前梁启超“心醉西风”的篇什，我们可以看到多变的梁启超，其实在政治、学术的根本性的观点上，往往是修正而不是推倒，是蜕变而不是突变。实际上梁启超也有始终如一的另一面，如对西方文明他坦承曾经“心醉”，也坚决反对中国一些文人夜郎自大的“西学中源”说；而对于“把中国什么东西都说得一钱不值”的民族虚无主义，梁启超同样鄙视之。

梁启超主张融合，而既非“全盘西化”，亦非复古。

梁启超并不是高高在上地端着名流架子，以一个旁观者的姿态来观察欧洲的。他的同情心总是在弱者、贫困者、不幸者一边，在《欧游中之一般观察及一般感想》中，他目睹物质贫乏、通胀严重，进而慨叹道："那富人便有钱也没处买东西，那穷人从前一个钱买的东西如今三五个钱也买不着，这日子怎么能过呢？"他也为战后欧洲的两极分化而忧愁："富者益富，贫者益贫，物价一日一日腾贵，生活一日一日困难。"穷人不得温饱，而资本家呢？"今日赚五万，明日赚十万，日常享用，过于王侯。"

战后的欧洲，是悲观的欧洲。

追根究源，梁启超认为至少部分原因是西方将科学和物质凌驾于一切事物之上之故，过于相信了科学万能。

梁启超认为，科学或者说科技发展，并不能解决人类面临的种种困扰：

> 当时讴歌科学万能的人，满望着科学成功，黄金世界便指日出现。如今功总算成了：一百年物质的进步，比从前三千年所得还加几倍，我们人类不惟没有得到幸福，反带来许多灾难。好像沙漠中失路的旅人，远远望见一个大黑影，拼命往前赶，以为可以靠它向导。哪知赶上几程，影子却不见了，因此无限凄凄失望。影子是谁？就是这位科学先生。欧洲人做了一场科学万能的大梦，到如今却叫起科学破产来。这便是最近思潮变迁一个大关键了。
>
> （《欧游心影录·科学万能之梦》）

梁启超于文末有自注："读者切勿误会，因此菲薄科学，我绝不承认科学破产，不过也不承认科学万能罢了。"

这一段写在《欧游心影录节录》中的著名议论，曾经被广泛引用也被广泛攻击。但我们决不能据此便认为，梁启超是反对科学的，不，他仅仅是反对科学万能，或者说他是在警示后人：生命的质量并不仅仅以物质作为标志的，未来岁月里人类无疑还要在物质和精神的两难境地中探求、摸索，简言之，人到底应该过什么样的日子？

按照美国学者勒文森在《梁启超与中国近代思想》中的观点，梁启超努力做的是一种可以称为“新的综合主义”的工程，融合中西文化中的优秀特质，再造中国新文化。显然再造工程的精神是重要一端，梁启超强调并借重中国传统文化中积极的一面，他认为科学昌明技术发达的时代及社会，人类所缺乏的往往不是物质而是精神，是精神的饥荒。梁启超开宗明义地说过：

> 救济精神饥荒的方法，我认为东方的——中国与印度——比较最好。东方的学问，以精神为出发点，西方的学问，以物质为出发点。

梁启超在哲学上固守并坚持的是物质和精神的二元论，梁启超在探求救济精神饥荒的同时，对物质文明所取的态度并不是完全排斥的。他是绝对有远见而又相当天真地想为科学划定一个适用的、哪怕是极为广大的范围；他知道科学的不可阻挡，他承认科学的价值，他大声疾呼中国人要向西方的科学精神和科学方法学习；但，他也的确看见并预见到了一个以科学万能为主旨的社会的另一种虚弱及混乱。

梁启超在欧洲游历，凭吊古战场，为法国人的爱国主义所慑服，为艰难困苦下的人民所进行的保卫家园的浴血奋战所震撼，梁启超认识到这是欧洲战后的另一面，因而欧洲文明绝不会破产，“他的文明是建设在大多数人心里，好像盖房子从地脚修起，打了个很结实的桩儿，任凭暴风疾雨，是不会动摇的”。因而梁启超断言：“我对于欧洲，觉得他前途虽然是万难，却断不是堕落。”

梁启超对欧洲亦即对西方文明的估价，从正负两个方面均由后来的历史证实为不谬之词。

那么，这个“很结实的桩儿”是什么呢？尽管游欧一年总还是匆匆来去，梁启超没有细加论述，但倘若我们追溯西方文明的源头时便可以找到答案了，那就是古希腊文明和希伯来文明即基督教文明。

欧洲的教堂是遍布欧洲大地的，无论都市或者乡村，面对战火之后废墟之上残存的十字架，梁启超心里怦然一动，这不正是欧洲的脊梁吗？

或许，古希腊文明中的精于律算渐渐演化成了西方文明中实用的一部分；而中国人始终更为陌生的基督教文明则成了西方精神的强大的支柱，并由此派生出灵魂上的自律、赎罪，为了走进天堂之门苦苦地守望。

梁启超又毕竟是中国人。

法国著名哲学家蒲陀罗（Boutreu）会见梁启超时说："一个国民，最要紧的是把本国文化发扬光大，好像子孙承袭了祖父遗产，就要保住遗产，而且叫遗产发生功用。就算很浅薄的文明，发挥出来，都是好的，因为文明总有它的特质。把它的特质和别人的特质化合，自然会产生第三种更好的特质来。"

梁启超深以为是。

欧游归来，梁启超重新审视中国传统文化的价值，满腔热情地希望使之与西方文明"综合"或"化合"，再造更灿烂的中华文明。他并没有如有些研究者判定的那样彻底回归传统，梁启超确实认为中国古代的"孔老墨三位大圣"都有"因小通大，推肉合灵"之奇妙，其中孔子的"尽性教化"，老子的"各归其根"，墨子的"上同于天"，其哲学意义上的永恒与终极关怀无与伦比。然后贡献给世界人类，"叫人类全体都得它的好处。我们人数居世界人口四分之一，我们对于人类全体的幸福，该负四分之一的责任"。（《欧游心影录》）

同时，梁启超对作为西方文化观念核心的"自由精神"仍然是一往情深的，中国在这一方面的缺乏是源远流长，梁启超已经涉及到东方文化专制主义了：

> 欧洲现代文化，不论物质方面、精神方面，都是从"自由批评"产生出来，对于在社会上有力量的学说，不管出自何人，

或今或古，总许人凭自己见地所及，痛下批评。批评岂必尽当？然而必经过一番审择，才能有这批评，便是开了自己思想解放的路。因这批评，又引起别人的审择，便是开了社会思想解放的路。互相启发，互相匡正，真理自然日明，世运自然日进。倘若拿一个人的思想作金科玉律，范围一世人心，无论其人为今人、为古人、为凡人、为圣人，无论他的思想好不好，总之是将别人的创造力抹杀，将社会的进步勒令停止了……我国千余年来，学术所以衰落，进步所以停顿，都是如此。

（《中国人之自觉》）

以一个人的思想作为金科玉律，范围一世人心，无论此人为今、古、凡、圣，也不论他的思想好不好，所造成的后果便是抹杀人类的创造力，社会进步必然停止。善哉！斯言。任公思想与言论的穿透力，于此可见一斑。

一个思想不得自由，禁止批评的国度，是毫无希望的国度。

第十五章 爱先生与美先生

回顾历史并钩沉其间，当一九二〇年三月五日，梁启超欧游归来，不知道是否有过感叹：《三十自述》之后，而今望五之年，还有多少时间可供驰骋？可以浩叹？

无论如何，我们是幸运的。“我们”，当然是指中国人，中国绵延无尽的学子们。欧游之后的梁启超，“绝对放弃上层的政治活动，惟用全力从事于培植国民实际基础的教育事业”（《梁启超年谱长编》576 页）。真正地回到饮冰室，开始了念兹在兹的学术研究的巅峰时代，这一年《墨圣校释》与《清代学术概论》两书成，学界轰动，学子雀跃。盖因热爱任公的人读出了任公的另一面：他对学术研究的严谨和冷静，他仍是排句汹涌，激情如炽，更有思想绵绵，从容道来。以世界性的目光，审视中国的历史，在一个全新的史学框架中，有系统性、科学性，并且为一种大责任心所笼罩：“中国对于世界文明之大责任”（梁启超语，见《欧游心影录》），于是就有了并世无二的任公独有的新格局、新声音。

《清代学术概论》的缘起，是蒋方震写罢《欧洲文艺复兴史》，请梁启超作序，十五天写了洋洋几万言，“量与原书埒”（蒋方震语），“天下古今，固无此等序文，脱稿后只得对于蒋书，宣告独立矣”（梁启超语），不但独立，且又请蒋方震作序，当时传为佳话。

梁启超笔下的清代学术思潮，其兴起，其流变，其对于当时中国及未来中国的贡献，可以说闻所未闻。这个既因为世界大势变迁，也因为康梁的思想精神及运动，而覆灭的中国封建社会之末代王朝，后人除去诟病及痛责之外，谁曾想到过，有清一代，从文化学术而言，其实是中国的文艺复兴时代？

梁启超在《自序》中明言："久抱着中国学术史之志。"在《新民丛报》时便著有清代学术论著，其主要观点，仍为十八年后《清代学术概论》的扛鼎之论：有清一代，"此二百余年间总可命为中国之文艺复兴时代。特其兴也渐而非顿耳，然固俨然若一有机体之发达至今日而葱葱郁郁有方春之气焉。吾于我思想界之前途抱无穷希望也。"（《饮冰室合集·专集》之八，下同）

又云："有清学者，以实事求是为学鹄。饶有科学的精神，而更辅以分业的组织。"

梁启超指出，清代与欧洲文艺复兴"绝相类"的学术思潮，"实取前此二千余年之学术，倒卷而缫演之"，如剥笋，如吃甘蔗，"愈剥而愈近里"，"愈啖而愈有味"，梁启超称之为"奇异之现象"。剥之啖之，又剥之又啖之，再剥之再啖之，人物出矣，思潮涌动矣。震古烁今的任公此文，以"时代思潮"开篇。思潮何出？"因环境之变迁，与夫心理之感召，不期而思想之进路同趋于一方向，于是相与呼应汹涌，若潮然。"它的特点为何？"始焉其势甚微，几莫之觉。"任一思潮的开始都是细小而微，发生于若有若无时，流动于不知不觉中。既称思潮而思在前，思者众矣，然有思未必有潮，"能成'潮'者，则其'思'必有相当之价值，而又适合于其时代之要求者也"。任公进而告诉我们，并不是所有时代皆有思潮，"有思潮之时代，必文化昂进之时代也"。

梁启超之后，乃至于今天，不知道多少人说"时代思潮"，也不知道似曾汹涌过多少次"时代思潮"，却与文化昂进毫不相关，甚至相反。可见我辈曾经历过的所谓"时代思潮"，非思潮也，乃政治运动也。

梁启超以“文化昂进”为唯一标志的“时代思潮”说与《新民说》、《少年中国说》异曲同工而更加深刻、广大，放之千秋万代而皆准。除了说其功厥伟，无以言之。

梁启超认为，在中国，自秦以降，“确能成为时代思潮者，则汉之经学，隋唐之佛学，宋及明之理学，清之考证学，四者而已”。

思潮何出？“无不由‘继续的群众运动’而成。”但，这样的运动“非必有意识、有计划、有组织”，运动中人“各不相谋，各不相知”，有多种派别“且相嫉视相排击”。但，“其中必有一种或数种之共同观念焉”，在运动中、嫉视中、排击中，此种观念“久之则成为一种权威”，在其时代中，俨然现宗教之色彩，此种色彩表现为对于所持的观念，“一部分人，以宣传捍卫为己任，常以极纯洁之牺牲的精神赴之”，然后成为风气，“风气者，一时的信仰也”，“一思潮播为风气，则其成熟也”。

一种可以称为时代思潮之出，并影响到斯时社会中人，有了“一时的信仰”，蔚然成为风气，其演化的进程，梁启超别开生面，以“佛说一切流转向，例分四期：曰生、曰住、曰异、曰灭”释之：“思潮之例转也正然，例分四期：一、启蒙期（生）；二、全盛期（住）；三、蜕分期（异）；四、衰落期（灭）。”循此四期之分，任公得科学、综合分析之妙，高屋建瓴而挥洒自如且新意迭出！“清代思潮”最根本的特点是什么？此一思潮又将如何影响中国未来？梁启超说：

> “清代思潮”果何物耶？简言之，则对于宋明理学之一大反动，以“复古”为其职志者也，其动机及其内容，皆于欧洲之“文艺复兴”绝相类。而欧洲当“文艺复兴”经过以后所发生之新影响，则我国今日正见端焉。

为何要对于宋明理学大反动？梁启超谓，宋儒承唐代佛学之盛，创建了一种“儒表佛里”的新哲学，到明朝达至全盛。任公告诉我们“此派新哲学，在历史上有极大之价值，自无待言”。也就是说，某种学说、思潮，其为后人所反动，并非此种学说、思想，一无是处毫无价值，否则何以成为“时代思潮”？又为什么要对其实行反动呢？很重要的一个原因是宋明理学全盛之后，完全压制、反对思想的自由、创造的自由，从而成为“思想界障碍者有二”：一是“遏抑创造”，且必“依附古人以为重”，任公责之：“岂非谓生古人后者，便不应有所创造耶？”二是“奖励虚伪”，“于学问不忠实”，对古人完全依附而不问是非，“宋明学之根本缺点在于是”。

任公又考宋明理学的“思想之本盾，研究之对象，乃纯在绍绍灵灵不可捉摸之一物”，只为少数峻拔之士用，然此种坐论清谈，孤高寡深，非但不能惠及社会、人民而于世无用，相反流风所布“而浮伪之辈，遮拾虚辞以夸饰”，成为丑名远扬的“晚明狂禅一派”，这一派以宋明理学，尤以王守仁的片言只语而自榜而招摇而张扬。这一最应为学人为社会不屑的一派，反而成为风气，流毒糜烂，弄到“满街都是圣人”，“酒色财气不碍菩提路”，且“举国靡然化之”。读者诸君啊，我们当留意了，万不可掉以轻心了：风气有极美者，有极丑者，丑陋的坏风气可以“举国靡然化之”，表现为“道德坠落之极”。学史为何？为当下也。倘谓任公宋明理学之论，直指当今中国社会之弊端，满街都是“大师”，疯狂拜金，未尝不可。

“故晚明理学之弊，恰如欧洲中世纪黑暗时代之景教，其极也，能使人之心思耳目皆闭塞不用，独立创造之精神，消蚀达于零度……至于此极，则反动安得不起。”

谁是挥笔而起、大声疾呼地批判宋明理学的开路者？“当此反动期而从事于‘黎明运动’者，则昆山顾炎武其第一人也。”顾炎武“拨乱世而反之正”一往无前，他说：“今之君子，聚宾客门人数十百人，与之言心言性，舍‘多学而识’以求一贯之方，置‘四海困穷’不言而讲‘危微精一’我弗敢知也。”又说：“今之学者，偶有所窥，则欲尽废先儒之说而驾其上，不学则借一贯之言以文其陋，无行则逃之性命之乡以使人不可诘。”“有明一代之人，其所著书，无非窃盗而已。”顾炎武还著有《日知录》、《天下郡国利弊书》等。

顾炎武于《日知录》自称“平生之志与业皆在其中”，而顾炎武精神传于后人者，亦在其《日知录》，梁启超十七岁第一次游京师，“获交当时耆宿数人”，始识夏穗卿，所闻见当时学者社会状况之一斑为：“大抵当时好学之士，每人必置一‘劄记册子’，每读书有心得则记之。”有友人问：“《日知录》又成几卷？”顾炎武有书答之：“而某自别来一载，早夜诵读，反复寻觅，仅得十余条。”（《亭林文集》之《与人书》，转摘自《清代学术概论》）每日读书心得如此之难得，在于你必须每日读书，却未必每日有心得，心得者心动而得也。由顾炎武谈及“清儒最戒轻率著书”，“清儒之治学，纯用归纳法，纯用科学精神”。任公此论使笔者大吃一惊之外且茅塞顿开。有学者认为梁启超的归纳法、科学精神，来自西学，谬也！渊源有自者清学清儒，读舶来西书则为之助也。

历史、学术写作中的归纳法与科学精神“采用何种程序始能表现耶”？

梁启超列为四步：

> 第一步，必先留心观察事物，觑出某点某点有应特别注意之价值。第二步，既注意于一事项，则凡与此事项同类者或相关系者，皆罗列比较以研究之。第三步，比较研究的结果，立出自己一种意见。第四步，根据此意见，更从正面旁面反面博求证据，证据备则泐为定说，遇有力之反证者弃之。

梁启超进而认为：“凡今世一切科学之成立，皆循此步骤。”

那么，这些步骤与劄记、劄记册有何关系？

劄记册，笔记本也。在一文一书的写作中，“每立一说”，即每有一论，每有一种观点之发表，都需要循此四项步骤，资料何来？渊源何处？考辨何出？驳难何发？我们实在难以想象，清初多少对中国文字学作出了伟大贡献的大家，其学问之始，其“发家”之初，乃为一劄记本也。唯有日积月累，岁复一岁的读书劄记，读各种各类书的劄记，提供了写作最不可或缺的基本资料，“非用极绵密之劄记安能致者”。清朝之训诂，考证之时代思潮由是而出，先是顾炎武一人，发小声，实乃反动者之先声，然后几人而集群，发大声，“怀疑精神极炽烈”，所怀疑者未必全对，然对一时代而言，只有怀疑才能求真务实，由此出发，有清一代近三百年中，将会发展、蜕变、演化出多少人心之变迁，国势之沉浮，及至清代思潮之“灭”期，清王朝灭亡，中国封建社会崩毁。劄记也，文章也，前仆后继之士也，可谓山崩地裂矣！

梁启超写作《清代学术概论》时，罗素到访，任公不想中止此文的写作，当时的状态任公自谓“颇得意”，便由蒋百里代为南下迎接。其时北京乃至中国，政治与社会的气氛，已经有了很大变化。

梁启超出国一年，中国更加动荡了。为列强操纵的军阀相互打得死去活来，一片混战声。另一方面，俄国十月革命的影响已经从寒冷的北方，踏过冰河雪原，渗入了中国大地。

一九一九年的五四运动，则是从危机与机遇的裂缝中迸发出来的呼声，从此新文化浪潮更加势不可挡，各派政治力量组织团体，创办报刊，提出了疗救中国的各种药方。革命而外，知识界纷纷走向同一条路：全盘西化！

梁启超是不甘寂寞的，他的通过社会革命最终建立中国资产阶级民主政治的理想，没有一天动摇过，更不用说放弃了。从这个意义上说，他仍然反对“过激”的革命，而主张“舍生产事业发达外，其道无由”，即发展经济。梁启超还认为中国不能跨过资本主义这一阶段而谈别的主义，否则后患无穷。

四月，北京春暖时节。

张东荪创办的《解放与改造》半月刊编辑部，张东荪力邀梁启超接掌这一刊物。

张东荪的办公桌上凌乱堆放着报纸与稿件，风吹过，一张纸在屋子里飘了一圈，落到梁启超的手上。

梁启超接过一看是份传单，名为《北平市民宣言》，上面为中文，下面为英文。梁启超饶有兴趣地看着，却不知道张东荪在说些什么。张东荪走过去：“这是去年‘五四’风潮时陈独秀写的。”

梁启超："听说他也被抓了？"

张东荪："差一点儿让段芝贵枪决了。"

梁启超："一个拼命宣传新思想的人。"

张东荪："他办的《新青年》和《每周评论》读的人很多。"

梁启超刚回国，《新青年》创刊于一九一五年，梁启超知道，也翻过一两期，以为是几个激进的青年人所为，没有太注意。"是些什么人写稿？"梁启超问张东荪。

张东荪答道："陈独秀掌舵，还有李大钊、胡适之、刘半农、鲁迅、周作人等，都是很会做文章的。"

一九二〇年的中国，混乱与活跃几乎分不出界限，各种政团、各种主张充斥社会，但最能吸引人的，尤其是年轻人的，却是马克思主义思潮、社会主义学识了。梁启超知道，一九一九年"五四"以后，想继续由自己来执中国舆论界之牛耳，已经不可能了。这自然是无奈的，却又是不可阻挡的。

但，梁启超还是勉力为之，接掌《解放与改造》后，自一九二〇年九月起更名为《改造》，梁启超主编，在发刊词中梁启超的办刊主张大致如下：

> 政治上谋求国民在法律上的"最后之自决权"。国家"以地方为基础"，缩小中央权限，实行地方自治。
>
> 经济上树立"生产事业不发达，国无以自"的观念，发展资本主义。
>
> 思想文化则致力于反对大一统主义，吸收"对于世界有力之学说"，融合中西。
>
> 废兵，即废除常备的国防军，兵民合一。
>
> 实行强迫普及教育，并视之为民治之根本。

在革命汹汹、西潮涌涌之时，梁启超在发刊词中，尚有极为难得的主张："同人确信中国文明实全人类极可宝贵之一部分遗产，故我国人民对于先民，有整顿发扬之责任，对世界有参加贡献之责任。同人确信，国家非人类最高团体，故无论何国人，皆当为全人类一分子而负责任，故褊狭偏颇的旧爱国主义，不敢苟同。”(《饮冰室合集·专集》之八)

不妨把上述的主张看作是《新民说》的延伸或部分修正，但，梁启超所取的是缓和的、渐进的、改良的，以发展生产和资本主义为主要途径，然后建立资产阶级民主体制的理想，仍然贯穿其中。

梁启超是落后呢，还是别具远见？

这是一个激进的年代，在这样的年代里，谁更崇洋，谁更西化，谁的口号更“左”，就是更革命的，“左”祸的种子就这样埋下了。

也许，中国最缺少的是一种可以讨论的环境，以及能够听取各种意见的氛围。

一九二〇年十月下旬，罗素偕陶娜抵达上海，开始对中国近一年的学术访问。是次访问，是梁启超为首的讲学社发起并邀请的。

作为英国著名的哲学家、科学家和社会评论家，罗素在二十世纪二十年代时的威望正如日中天，他的哲学主张别具一格，即既非唯心也非唯物，他认为构成世界的材料既不是纯粹的心也不是纯粹的物，更不是心与物的二元对立，而是非心非物、似心似物的“中立一元论”。

罗素的到来，在中国学术界掀起了空前的罗素热，如同早些日子由梁启超邀请来华讲学的杜威一样，实在是国际文化交流的盛举。

罗素讲数理逻辑、物的分析、心的分析、哲学问题与社会结构及唯心论、因果论等，但对中国社会冲击力最大的却是如何改变中国贫困现实的主张。罗素认为中国走向“自由之路”的当务之急是兴办农业，发展教育，而不是宣传和实施社会主义。

罗素还认为，中国不存在阶级差别，无须进行阶级斗争。

张东荪陪同罗素到湖南等地讲演回到上海后，撰写了《大家须切记罗素先生给我们的忠告》、《现在与将来》等文，发表在《时事新报》及《改造》杂志上，由此引发了一场中国近代思想史上著名的关于社会主义的论战。

梁启超在时隔一个月之后，也写了《复张东荪书论社会主义运动》（《饮冰室合集·文集》之四）一文，作为讨论唱和与支持。梁启超审慎而反复地思考过社会主义，劳神用心，任公谓“我两年来对此问题，始终在彷徨苦闷中，殊未能发现一心安理得之途径以自从事，所谓苦闷者，非对于主义本身之何去何从尚有疑问也，正以确信此主义必须进行，而在进行途中必经过一种事实——其事实之性质，一面为资本主义之敌，一面又为资本主义之友，吾辈应付此种事实之态度，友视耶？敌视耶？两方面皆有极大之利害与之相缘，而权衡利弊，避重求轻，则理论乃至纠纷而不易求其真实是，吾每积思此事，脑为之炎”。

也许，客观地公正地用历史的眼光来评价梁启超关于社会主义的若干论点，尚有待时日，笔者只是稍作引述。

梁启超认为中国与欧美社会的不同，时间与空间的差异，是判断某种主义优劣利弊的基本前提。在欧美，最迫切的是改善劳动者的地位，而在中国“目前最迫切之问题在如何能使多数之人民得以变为劳动者”。中国老百姓首先关心的是“有业无业”的问题，而不是“有产无产”，因为“全国人民十中八九，欲求一职业以维持生命，且不可得”。因而，梁启超认为中国的社会改革“当以多数人取得劳动者地位为第一义，地位取得，然后才有改善可言”。

梁启超进一步剖析道，从中国现有工人的数量而言，“区区百数十家工业矿业所收容工人多则千数，少则数个”，总数不过百余万人，而中国是一个有四亿人口的泱泱大国。

结论是：中国问题的症结是鼓励发展生产。社会主义强调分配，但分配需以生产为前提，否则拿什么去分配？即便从社会主义的立场上看问题，梁启超认为，在中国发展资本主义是十分必要的，没有劳动阶级谁来传播社会主义？而劳动阶级的产生总是以资产阶级的产生为前提，“故必有资产阶级，然后有劳动阶级，有劳动阶级，然后社会主义运动有所凭借”。

梁启超的意思很清楚，在他看来，社会发展的程序以及中国贫困落后的现实，都使之不能不大声疾呼：资本主义是“社会主义运动不可逾越之阶段”。

资本主义阶段到底能不能跨越而过？本来这是一个理论上可以讨论的问题，但，实际上当时的知识界“寻求根本”解决的呼声已经高于一切、压倒一切了。

新起的、革命的、狂风巨浪一般的年轻理论家们，已经急不可待要社会主义了，对梁启超的文章也不及细读，便起而攻击了。

《新青年》九卷一号上，李达的文章《讨论社会主义并质梁任公》批评梁启超说：“无论其道迂不可言，即故意把巧言饰词来陷四百兆无知同胞于水火之中而再提倡不彻底的温情主义，使延长其痛苦之时间。”针对梁启超提出的对资本主义的种种弊端可取“矫正”和“疏泄”之言，李达认为“国家是受资本家维持的，绅士式的知识阶级是受资本家豢养的”，“疏泄”、“矫正”等等其实是空言，只能对资本家有利，是为资产阶级利益服务的。

在这一论战中，梁启超从未声言反对社会主义，而只是主张循序渐进，到了马克思主义以及阶级斗争学说等等方面的论争时，梁启超发明了在当时传播甚广的四个词儿：当时中国只有“有业阶级”与“无业阶级”；“有枪阶级”与“无枪阶级”。

梁启超坚持改良主义更适合中国国情，开宗明义地认为：“我国有产阶级对无产阶级这个问题，我虽然确信将来必要解决，但现在说这些话，纯然搔不着痒处，我国目前生死关头，只有无枪阶级对有枪阶级一个问题。”即广大人民群众与军阀之间的矛盾。梁启超目睹了民国以来兵祸连结，“人民厌苦兵祸”，并在水深火热中，而南北军阀还在扩兵备战。梁启超力主“裁兵”，是因为他已经感到内战和内乱将不可避免地更加扩大，人民怎能在水深火热中残喘？

是的，梁启超确实惧怕杀人、流血。

梁启超对苏俄的看法，历来被当作反苏反共来批判的，他在《复刘勉己书论对俄问题》的信中，首先强调的是他自己的经济主张：

> 我不懂什么人类最大幸福，我也没有什么国家百年计划，我只是就中国的“当时此地”着想，求现在活着的中国人不至饿死，因此提出极庸腐的主张是“在保护关税政策之下采劳资调节的精神奖励国产”。不妨害这种主张的——无论中国人外国人我都认为友，妨害的都认为敌。

这一段话再明白不过地宣示：凡是对中国有经济侵略行为的，梁启超一概视之为敌人。

具体到对苏俄，梁启超认为，从沙俄的历史观之，“对内只是专制，对外只是侵略，他们非如此不能过瘾，不管苏不苏、赤不赤，玩来玩去总是这一套。马克思便是化身的希腊正教上帝，列宁便是轮转再生的大彼得，全俄人民从前是‘沙’的脚下草，现在便照例充当执行委员会的脚底泥。中国从前是‘沙’的梦想汤沐邑，现在便是红旗底下得意的抛球场”。

梁启超对苏俄的戒备是根深蒂固的，但，任何公正的人都应答出这样的结论：这是由侵略成性的沙俄帝国主义引起的，中国人民曾经深受其害，这不是夸张。梁启超在这封信里还提出了一个无论在当时或以后都极为尖锐的问题：凡是称为共产党的，就真的信仰共产主义吗？梁启超说：

> 天真烂漫的青年们，听啊，你信仰共产主义，教你信仰的人却并没有信仰，马克思早已丢在茅厕里了，因为侵略中国起见，随意掏出来洗刮一番，充当出庙会的时候抬着骗人的偶像。喂，青年们，傻子，听啊，我老老实实告诉你，苏俄现状，只是“共产党人”的大成功，却是共产主义的大失败。

梁启超预期苏俄的侵略性、共产主义在苏联的破产，这在当时是绝对反潮流的。如同对社会主义的态度一样，梁启超认为“共产主义好不好，和我们中国相宜不相宜，且不管，算是好，算是相宜，苏俄应否以外国人来替我们干也都且不管，让一百步，他果是为共产而运动共产，我们对他总可以几分原谅、容赦。苏俄本身是共产国家吗？若是共产的国家，怎样会‘大人虎变君子豹变’翻一个筋斗会变成新经济政策来”？

可以说，梁启超对苏俄充满了疑虑和不信任，这里既有梁启超个人坚持资产阶级改良主义的信念的缘果，也有站在国家和民族立场上，警惕苏俄侵略的关系。在马克思主义汹涌于中国大地上的时候，梁启超纵然一生多变，这一回却是坚持着，他对张东荪说过："无论时局怎么样，我却深信，中国除发展生产积累资本一路外，别无坦途。"

当历史作出选择之后，梁启超似乎落后了。但，历史从来都是阶段性地向前发展的，古人已经不再前瞻的时候，后人却总是在反思与回顾中，因而我们总能发现"惊人的相似"，我们不得不替历史还债或者补课，在喧嚣的现实世界里，其实没有什么新鲜的事情，闭上眼睛就能感到我们不能不生活在历史的巨大阴影中。

历史的风采，有时源于先行者，有时来自所谓落伍者。

没有了昔日光芒四射、应者云集之盛的梁启超，是更加具体、更加平静，也更加真实的晚年的梁启超。从戊戌到二十世纪二十年代，近三十年间，他始终走在时代的前列，笔下风云，唤起了多少仁人志士。尽管他追求的资产阶级改良主义的政治理想屡屡受挫，但，作为一个大爱国者的思想与风范，却堪称一时师表。辛亥而后，反对帝制复辟再造共和的业绩，足可以称之为丰功伟绩。二十年代以后，晚年的梁启超，又将展现什么样的风貌？

梁启超仍然在寻找着救国的不二法门。

他发现自己开始喜欢回想了，也许还不是喜欢不喜欢的问题，而是不由自主地回想，自己、同时代人、中国的国民运动，这个苦难的国家与民族走过的路。

回想的时候，往往要少一些激情，回想能出真知灼见。

中国有过国民运动吗？共和民国的政治生命是什么？国民运动之"运动"一词当作何解？何谓国民？不知国民，焉知民国？国民不健，民国有病，病国病民，何以治之？

梁启超在题为《国民运动之意义及价值》的讲演中说:

近来社会上稍为时髦一点的人，都喜欢用新名词，却是许多好名词，都被他们活活用坏了。即如“运动”这个字，在中国一般人说起来都觉得他含有夤缘诡秘可厌可鄙的观念。其实这个字是从英语Movement译来，Movement的本训，何尝有一毫像中国人所说呢？我如今先要把运动这个字下一个正当的解释：好像把一锅水炖到沸度，水中种种质点，都在满锅里运动起来，现出变化作用，又像在化学室中，将几种元素放在一个玻璃瓶内，他们便运动起来，分析化合忙个不停。这种物理学上运动状态，很可以借来做人类社会运动解释。社会是个有机体；凡有机体的生活，都是以构成他本身之分子的运动为养命之源。倘若“构成分子”运动停息，那有机体便活不成了。例如人体中无数细胞，刹那刹那在那里运转，周而复始，这算是经常运动。若忽然疾病来侵，便于经常运动之外，更起一种非常运动：体中健全的细胞，便一齐着急，对于那些陈腐毒害的霉菌，施行攻击或防卫。人类所以能保健却病，都是赖此。倘若有一个人，平时那血管运行，恹恹无力，遇着疾病，体中健全细胞躲起懒来，害起怕来，不肯或不敢和那些病菌对抗，这个人我敢说他不到几天便要死了。国家的构成分子——国民，和人体的构成分子——细胞，正是一样。国民当国家安宁的时候，要有继续不断的经常运动，然后政治上病的分子不至发生。国民当国家艰危的时候，要有急起直追的非常运动，然后内部发生或外部袭来之政治上病的状态，可以减轻或消灭。若是国民躲懒都害怕，运动力停滞或止息，那么，这国家或是犯著一个险症，暴病而亡，或是害了痨伤，捱些时也断送性命，这是万无可逃的事理。这样说来，国民运动意义之重大，可以想见了。

梁启超认为“共和政治的土台，全在国民；非国民经过一番大觉悟、大努力，这种政治万万不会发生；非继续的觉悟努力，这种政治万万不会维持”。简言之，国民运动是国民资格和权利的宣示和争取，“国民运动便是共和政治惟一的生命，没有运动，便没有生命了”。

梁启超真想同两派人士一起，“着实忏悔一番”，从立宪到国会到拥袁反袁到南北分裂到巴黎和会到梁启超奔走运动的“联省自治”，总是两派在斗，斗出了两败俱伤的结果，落个“书痴”的下场，而广大国民却日益感到失望和冷漠。

梁启超由自己在政治上的失败，看到了在中国精英政治的无望，仅仅“二三豪杰为时出”，是不可能更新天地整顿乾坤的。要“使多数人懂得政治是怎么一回事，懂得什么叫政治问题”，梁启超还认为，“一个个政治问题的运动，虽有成败之可言，从政治教育的意味来看，无成败可言”。梁启超断言，没有国民的真正参与，就不会有真正的中华民国。

既要运动国民，就得有“国民运动”，梁启超寄望于国民教育的“无可限量”的作用。从百日维新开始，梁启超一直把“运动”的重点放在最高统治者、当权派身上，直到《新民说》的提出倡导提高国民素质、树立与新的世界相适应的思想意识和道德观念，这时的梁启超才成了资产阶级启蒙运动的开拓者。“国民运动”的思想，是《新民说》的发展，梁启超实际上提出了对中国人民来说极为重要的问题——人的近代化——由此而走向国家近代化。

梁启超努力追求的，是要使国民在意识、心理和精神上摆脱掉封建桎梏，获得中国政治、经济赖以发展的先决条件。

并不是所有优秀的理念，都能获得生存空间的。

在急剧变化的大时代面前，梁启超倡导的温和、改良、不带暴力革命色彩的这一运动终于无声无息。但，它还是给后人留下了一个在本世纪二十年代具有远见卓识的思想家的呼唤：

国民运动，是由少数弱者的自觉，唤起多数的自觉；由少数弱者的努力，拢成多数的努力。

但他的性质，纯是多数共动，不是一人独动。

凡国民政治运动，总是成功——虽失败也算成功。为什么呢？因为靠他才能养成做共和国民的资格。成，固然养资格；败，也是养资格。资格养成，什么事干不了！所以国民运动只有成功，没有失败。

就在是次于北京高等师范学校平民教育社的讲演中，由国民运动，国民资格之养成，结尾是"'我'所应该做的事"，着着实实、痛快淋漓、字字见血、光明磊落地，对自己做了一番当众解剖：

别人怎么议论我我不管，我近来却发明了自己一种罪恶！罪恶的来源在哪里呢？因为我从前始终脱不掉"贤人政治"的旧观念，始终想凭借一种固有的旧势力来改良这国家。所以和那些不该共事或不愿共事的人，也共过几回事。虽然我自信没有做坏事，多少总不免别人利用我做坏事。我良心上无限苦痛，觉得简直是我间接的罪恶。这还是小的；我的最大罪恶，是这几年来懒了，还带上些旧名士愤世嫉俗独善其身的习气，并未抖擞精神向社会服务，并未对于多数国民做我应做的劳作。我又想：凡人对于社会都要报恩，越发受恩深重的人，越发要加倍报答。像我恁样的一个人，始终没有能替社会做出一点事；然而受了社会种种优待，虚名和物质生活都过分了。我若还自己懒惰，不做完我本分内的事，我简直成了社会的罪人。

是次讲演的时间为一九二一年十二月十八日，又将除旧更新时，梁启超，这伟大的梦想者仍在梦想着：

我生平是靠兴味做生活源泉。我的学问兴味政治兴味都甚浓；两样比较，学问兴味更为浓些。我常常梦想能彀在稍为清明点子的政治之下，容我专作学者生涯。但又常常感觉：我若不管政治，便是我逃避责任。我觉“我”应该做的事是：恢复我二十几岁时候的勇气，做个学者生涯的政论家。我很盼望最近的将来，有真正的国民运动出现。倘若有么，我梁启超应该使役我的舌头和笔头来当个马前小卒。

梁启超对五四运动的态度一直是鲜明的，也是他眷恋国民运动的唯一可以慰藉的记忆，他始终认为“五四运动是民国史上值得特笔大书的一件事，因为他那热烈性和普遍性，确是国民运动的标本”。

一种有趣的历史现象，会使每一个关注本世纪二三十年代思想文化史的人，既感到困惑也得到启迪：在这贫困、战乱的年代里，梁启超构想的国民运动、国民教育虽然终成泡影，但，思想学术界却有相当的自由度，各种学术主张的争论以及对国家发生的某一事件的评论等等，都是百花齐放的。

《清代学术概论》书成，“友人中先读其原稿者数辈，而蒋方震、林志钧、胡适三君各有所是正”。丁文江、张伯苏也在京，于是相约到梁启超处一聚，是时任公住西长安街梁启勋处，一应杂事采办酒菜等等，全由启勋承当。梁启超自翠微山秘魔崖小养归来自觉精神爽健，点一支雪茄，启勋又新泡了一壶铁观音茶，便在室内踱步，难得悠闲一刻，手中无书也无笔，等几位老友到来。

蒋方震向来准时，林志钧随后，向来不准时的是胡适，“大概还在做他的白话诗。”林志钧说。蒋方震却不客气了：“胡适那打油诗不做也罢，志摩应做下去。”“志摩在哪里？”梁启超问，这是他爱徒中的最爱。谁也回答不出，诗人独来独往。胡适正好进门，“在上海，风流快活，不日回京。”落座，小饮，酒是二十年的花雕老酒，启勋专为梁启超所藏，话题自然离不开《清代学术概论》，却以蒋方震“发难”开始：“任公，你先罚一杯酒。”梁启超心知肚明，原为蒋方震序，结果意难尽笔未收，“宣告独立”而自成一书，“该罚，自古以来闹独立的都是受罚的。”一饮而尽罢又大呼好酒！还是蒋方震提议为梁启超敬酒，方震专治欧洲文艺复兴史，他的感慨是，任公谓有清一代实为文艺复兴时代，绝类欧洲文艺复兴，“此一论断前人所无而惊世骇俗也”。胡适认为是“一个极具诱惑力的哲学命题，任公一语破的，从容道来，始读茫然，再读豁然，‘倒卷而缫演之’最妙”。最使梁启超喜出望外的是，启勋家人报：夏穗卿先生到。梁启超离座迎接：“别士光临，蓬荜生辉也。”这些年来，夏穗卿“贫病交攻，借酒自戕”，先天津，后上海，来去无踪，连其至爱至好之梁启超也难得见着一面，何况别人？偶尔也会不告而至，这个世界上也只有梁启超一人，他知道无论自己怎样穷愁，怎样潦倒，任公都不会嫌弃，何必多言，一句话就够了：“穗卿，想你想得好苦。”入座，梁启超右侧的位置便由胡适让出来了，夏穗卿与其余诸位稍一拱手算是打过招呼了，便自顾自饮酒，梁启超微笑着为他添菜，满座静极，似等着夏穗卿的高论、怪论，他开口却是吟了他自己写的两行诗：“巴别塔前一挥手，人天从此感参商。”梁启超说过，夏穗卿“光怪陆离的话不知多少”，但都能感到一种苍凉，自天而降、自地而生的苍凉，胡适问他起居近况，夏穗卿似乎没有听见只对梁启超说：“任公，你一搞政治，我就得拼命喝酒。”蒋方震不解：“为何？夏先生。”“总是失败，总是挨骂，被人骂成阴谋家，喝醉了便可忘记你挨的骂。”梁启超眼眶红湿，执壶倒酒：“穗卿，这让我如何是好，你总要当心身体。”座中无不感动而起立敬酒。“任公，有你，我的酒总得喝下去，你一进书斋便有美文，差点儿把你我气死恨死的清朝，学术思潮却有如此可爱处，为兄祝，又得喝酒，醉了，好了，对得起你了！”“可是……”梁启超欲言又止了，他最挂念夏穗卿的一是身体，二是经济，当年笔名“别士”的夏穗卿，在《新民丛报》、《东方杂志》自为一家的文章，也很少写了，满腹经纶，堪称当时中国佛学第一，却闲抛闲扔，换不来银子，或者竟是他不屑去换，穷困可知。夏穗卿却又拒绝梁启超的关心接济，说是：“君自为繁我自简。”对梁启超的《清代学术概论》，夏穗卿还有激赏者二，一是对康有为如实而高尚的评价，“此亦‘吾爱吾师吾更爱真理’也”；二是对颜李学派即颜习斋、李恕谷之学的肯定，“这肯定中却带着悲伤”，夏穗卿的这一番话博得了满座叫好，座中叫好谁最多？任公自己。林宰平："颜李之学已经不传，任公传之，别开生面。"夏穗卿："颜李反对'主静'、'半日静坐'，这一点最合任公的胃口，任公主动，笔动心动，动者习也。"

"这个'习'字却大有讲究，少时读'学而时习之'，习者温课、再读，直到能背诵，否则便挨板子。"胡适感叹道，"但到底习为何义？"梁启超娓娓道来："颜元以习名其斋，因为他感觉习的力量之伟大，因取《论语》'习相远'和'学而时习'这两句话极力提倡。其有两义，一是改良习惯，二是练习实务。"蒋方震："颜李学派之对于前人学说之反动与破坏。实在惊人！""后之可比者，应是当年康南海于万木草堂课徒，教出了一个梁任公！"夏穗卿很为自己的这句话得意，便连呼斟酒。梁启超开怀大笑，又说："至于破坏方面，其见识之高，胆量之大，我敢说从古及今未有其比，因为自汉以后二千年所有学术，都被他否认完了。他否认读书是学问，尤其否认注释古书是学问；乃至否认用所有各种方式的文字发表出来的是学问；他否认讲说是学问，尤其否认讲说哲理是学问；他否认静坐是学问，尤其否认内观式的明心见性是学问，我们试想，二千年来的学问，除了这几项更有何物，都被他否认得干干净净了。"

"读书人不读书，还能做什么呢？"胡适有点儿困惑。

"为对汉以后及宋儒'我传述注解我便是贤人'之极端语也。"张君劢说。

丁文江："总是要读书，但，流行千年的'读书即学问'确有大问题，一辈子舍生尽死地读，读成了病人、弱人、无用之人。"

夏穗卿与梁启超，当年在贾家胡同堆满酒瓶的小屋里，以广东官话对杭州腔，加上谭嗣同，三个人一边喝酒一边争论革命和时代以及佛学时，"见面就吵，对吵者梁夏也，而谭嗣同有时静听，有时舞剑。对吵两三个小时后，夏穗卿已不胜酒力，梁启超却还清醒，便以夏穗卿时常攻击自己的'墨学狂'攻之，狂而不醉如何？而夏穗卿一到这种时候却异常清醒："墨子云'兼爱'、'非攻'，任公你趁我酒醉，舍'兼爱'而攻伐，此非墨学也。”梁启超还想起，喝得糊里糊涂的夏穗卿说了另外一句叫人有点儿讶异的话：“学而不习，离‘颜李’之道远矣！”梁启超旧事重提，夏穗卿说并不记得，“不过，吾人对颜李要有宽容，斯时高论奇崛，除了门人一二个，读书人无不咬牙切齿。颜李深知宗儒以来学术之病，学而不习，必以极端反动攻之。颜李若种子也，埋于地，为出土出头不得不发其大声、怪声。任公惜其为乾嘉考证所淹忽而不得传。其实，颜李已成大树，却远离森林遗世独立。受其惠者先有戴东原，后有经世致用诸公，而洋务，而康梁。但作为傲然独立之学派，总是不存了，当今之世知颜李者几无，说颜李者任公一人而已。读书读坏了的其实还可补充，弱人、病人，自弱自病，无益于世而已，尚有读书之势利小人，危乎殆哉！”（以上颜李学派诸论，见《饮冰室合集·专集》之十）

满座拍掌，夏穗卿却要告辞了，摇摇晃晃，依然清醒：“各位陪任公打几圈麻将。”走了。

梁启超不让走，启勋已准备好客房，穗卿坚辞，兄弟俩只得相扶出门，踉踉跄跄，念着当年送给梁启超的一句诗，“白云归去帝之居”啊！

“方阵之战”是梁启超唯一的业余爱好，朋友们为了让他有一点儿时光不读书、不写作，每每怂恿：“来四圈如何？”“好啊！”任公是经不起怂情的，且每战必输。

一九二三年春夏之交，北京清华园内，气候渐渐变暖了，残留在角落中的最后的冰雪融化之后，树叶开始繁茂，各种花卉都在显示自己或者明丽或者妖艳的姿态。

是月二日，张君劢在清华学校作了一次题为《人生观》的演说，先是轰动京城，继而波及全国几个大城市，当时的报章称之为“科学与玄学大论战”。

张君劢认为，科学是客观的，人生观是主观的；科学为理论支配，人生观却多赖直觉；科学离不开分析方法，人生观则是综合的；科学决然难离因果律，人生观却是自由意志的体现；科学起源于对象之相同现象，人生观起于人格的单一性。

张君劢因而得出结论说，人生观没有客观标准，人生观与科学是不相容的，科学只是能说明自然现象，却无法解决人生观问题，也难于管束人类的精神现象。

人生观问题的解决，只有靠人类自身。

人类不必为了人生观，而求之科学，即便求了，也是徒然。

最早也是最强烈地对张君劢笔战的，是他的同一阵营中的好友丁文江。这两人都曾跟梁启超游历欧洲，丁文江专长地质，对科学的理解与认识和张君劢自然相去太远，便在《努力周报》上以《科学与玄学》为题，批评张君劢是玄学鬼附在身上，要打这个鬼。

丁文江说，科学方法不仅为追求真理所必需，且是“教育同修养最好的工具”，丁文江坚持一切物质与非物质，都可以用科学加以分析和研究，“人类今日最大的责任与需要是把科学应用到人生问题上去”。

张君劢与丁文江的争论，想不到点起了一场大论战的火把，这是因为“五四”以后，人们对民主和科学即所谓“德先生”与“赛先生”的关注变得十分迫切了。

丁文江与张君劢的论战，用梁启超的话说“已经蔓延得很大了”，使其时的中国思想文化界诸多著名人士卷入其中。胡适、吴稚晖站在丁文江一边，张东荪、杜宰平支持张君劢的观点，一时各逞锋芒难分高下。陈独秀、瞿秋白也有文章参战，用的却是马克思主义唯物论的方法了。

当时，梁启超正在翠微山中养病，长期以来想清静一番尝一尝“洞中只一日，世上已千年”的闲云野鹤之散淡悠哉，山泉林木，风吹草动实在让梁启超喜不自胜时，北京那边论战的火药味却愈来愈浓了。

梁启超看到论战双方都是对他执弟子之礼的生平挚友，唯恐言论愈来愈激烈，更要者梁启超自己对科学万能也有一番痛彻的话要说，便于五月九日发表《关于玄学科学论战之“战时国际公法”——暂时局外人梁启超宣言》，为论战双方拟定“公法”如下：

一、问题集中，针锋相对，剪除枝叶。倘若因一问题引起别问题，宁可另作专题，再辟论坛，以避死缠烂打。

二、既然所论之题为庄重之题，措词务必庄重，态度一定诚恳，不可有嘲笑咒骂之类的恶语，一方偶然不检，对方不能效尤。

梁启超的公法是为双方弟子着想，却也是他对学术论争的一种君子之道，自此之后，论战的言辞稍有缓和，但双方似乎少有新的发挥，梁启超决心介入其间。五月二十九日，他发表《人生观与科学——对于张、丁论战的批评》一文。

梁启超强调自己“是一个观战的新闻记者，把所观察得来的战况随手批评一下便了”。他认为张君劢所说“不能用科学方法解答者，依我看来十有八九倒是要用科学方法解答”。他还说“君劢尊直觉，尊自由意志，我原是赞成的，可惜他应用的范围太广泛而且有错误”。而丁文江，则“过信科学万能，正如君劢之轻蔑科学错误”。

梁启超写道：“人类从心界、物界两方面调和结合而成的生活，叫做人生，我们悬一种理想来完成这种生活，叫做‘人生观’。而根据经验的事实，分析综合，求出一个近真的‘公例’，似推论同类事物，这种学问叫‘科学’。”

梁启超的结论是：“人生关涉理智方面的事项，绝对要用科学方法来解决；关涉情感方面的事项，绝对的超科学。”

梁启超在作出这两个“绝对”的定论之后，进而分析道：

情感表现出来的方向很多，内中最少有两件的的确确带有神秘性的，就是“爱”和“美”。科学帝国的版图和威权无论扩大到什么程度，这位“爱先生”和那“美先生”依然永远保持他们那种“上不臣天子，下不友诸侯”的身份。

二十世纪二十年代以来的诸多论者认为，梁启超对科学与玄学之争是调和折中，更有人把梁启超也划入玄学派一列，说梁启超更倾向于“玄学鬼”张君劢云云。其实，在中国特殊的文化环境中，所谓主观唯心是近乎大逆不道的，谁沾边谁倒霉。可是，普天之下人的存在离得开主观吗？一颗活着的心所产生的如此微妙的情感世界，难道是科学可以替代的吗？情感超然科学，科学并不能代替终极关怀，梁启超何错之有？

更有意思的是，梁启超提出的“爱先生”与“美先生”一说，倘若和“五四”以后盛行的“德先生”、“赛先生”并列，则四先生之下，政治、思想、道德情操的互补，所勾勒出的几根线条，却如锥划沙一般凸显了这一时期知识界思想的活跃。

文人打笔仗不像军阀之间开战必得攻城略地争个胜败的，还是古人说得好，文无第一，武无第二，这场论争大概因为论战双方都已口干舌燥，再加上梁启超出面摆平，便也不了了之了。

翠微山的风不会把已经过去的岁月重新席卷而归，但会使人在回想中心澄如镜。

梁启超对张君劢、丁文江各有批评，时人有认为是“各打五十大板”的，错也！后人回顾张、丁论战，先要明了这一论战的时代背景，以笔者之见有二：一、五四运动后，中国知识分子日益西化，科学主义、科学万能泛滥；二、“德先生”、“赛先生”的引入及风靡，使当时中国社会有了新的活力和气象，但怎样融入中国文化？救国救民之道究竟若何？“德、赛”二先生，美则美矣，总觉美中不足，奈何！如容猜测，张君劢便以在清华学校的演说，朝科学万能放了一炮，而从事科学研究、留洋归国的地质学家丁文江，便起而应战。其实作为至友，口头论辩早已有之，是次笔战可谓意料之中。意料之外的则是语言之激烈，持论之极端，丁、张谁也不服谁，平生只服梁启超，任公对其先是各有批评，后有妙语妙论，可称为万世不朽之见。

梁启超先批张君劢：

君劢既未尝高谈“无生”，那么，无论尊重心界生活到若何程度，终不能说生活之为物能彀脱离物界而单独存在。既涉到物界，自然为环境上——时间空间——种种法则所支配，断不能如君劢说的那么单纯，专凭所谓“直觉的”“自由意志的”来片面决定。君劢列举“我对非我”之九项，他以为不能用科学方法解答者，依我看来十有八九倒是要用科学方法解答。他说“忽君主忽民主忽自由贸易忽保护贸易……试问伦理学公例何者能证其合不合乎？”其意以为这类问题既不能骤然下一个笼统普遍的断案，便算屏逐在科学范围以外。殊不知科学所推寻之公例乃是:（一）在某种条件之下，会发生某种现象。（二）欲变更某种现象，当用某种条件。笼统普遍的断案，无论其不能，即能，亦断非科学之所许。若仿照君劢的论调，也可以说“忽衣裘忽衣葛忽附子玉桂忽大黄芒硝……试问伦理学公例何者能证其合不合乎？”然则连衣服饮食都无一定公例可以支配了，天下有这种理吗？殊不知科学之职务不在绝对的普遍的证明衣裘衣葛之孰为合孰为不合，他却能证明某种体气的人在某种温度之下非衣裘或衣葛不可。君劢所列举种种问题，正复如此。若离却事实的基础劈地凭空说君主绝对好民主绝对好自由贸易绝对好保护贸易绝对好……当然是不可能。却是在某种社会结合之下宜于君主，在某种社会结合之下宜于民主，在某种经济状态之下宜自由贸易，在某种经济状态之下宜保护贸易，……那么，论理上的说明自然是可能，而且要绝对的尊重。君劢于意云何？难道能并此而不承认吗？总之，凡属于物界生活之诸条件是有对待的。有对待的自然一部或全部应为“物的法则”之所支配。我们对于这一类生活，总应该根据“当时此地”之事实，用极严密的科学方法，求出一种“比较合理”的生活。这是可能而且必要的。就这点论，在君说“人生观不能和科学分家”，我认为含有一部分真理。

君劢尊直觉尊自由意志，我原是赞成的，可惜他应用的范围太广泛而且有错误。他说“……常有所观察也主张也希望也要求也，是之谓人生观。甲时之所以为善者，至乙时则又以为不善而求所以革之；乙时之所以为善者，至丙时又以为不善而求所以革之。……”君劢所用“直觉”这两个字，到底是怎样的内容，我还没有十分清楚。照字面看来，总应该是超器官的一种作用。若我猜得不错，那么，他说的“有所观察而甲乙丙时或以为善或以为不善”，便纯然不是直觉的范围。为什么“甲时以为善乙时以为不善”，因为“常有所观察”；因观察而以为不善，跟着生出主张希望要求。不观察便罢，观察离得了科学程序吗？“以为善不善”，正是理智产生之结果。一涉理智，当然不能逃科学的支配。若说到自由意志吗？他的适用，当然该有限制。我承认人类所以贵于万物者在有自由意志；又承认人类社会所以日进，全靠他们的自由意志。但自由意志之所以可贵，全在其能选择于善不善之间而自己作主以决从违。所以自由意志是要与理智相辅的。若像君劢全抹杀客观以谈自由意志，这种盲目的自由，恐怕没有什么价值了。（君劢清华讲演所列举人生观五项特征，第一项说人生观为主观的以与客观的科学对立，这话毛病很大。我以为人生观最少也要主观和客观结合才能成立。）

梁启超批驳张君劢在先，是因为张君劢说“无生”、“直觉”、“自由意志”与“我对非我”，本来有理可说，有据可索，比如老子的无为无不为，“道生一，一生二，二生三，三生万物”，王阳明的心学等。但张君劢却因为极端而被狠批，他说“观察”、“常有所观察”而知善与不善，“观察”确有可能因“直觉”引起，然一经“观察”便有了识别、取舍、美之善之或非美非善之分，则此一由“观察”而引出的程序，曰理智，曰科学程序，虽或始于“直觉”，却亦与“直觉”歧途分道而走向科学了。在君即丁文江主科学万能说，又是一个极端，任公当然也要狠狠教诲：

> 然则我全部赞成在君的主张吗？又不然。在君过信科学万能，正和君劢之轻蔑科学同一错误。在君那篇文章，很像专制宗教家口吻，殊非科学者态度，这是我替在君可惜的地方，但亦无须一一指摘了。在君说“我们有求人生观统一的义务”。又说“用科学方法求出是非真伪，将来也许可以把人生观统一”。（他把医学的进步来做比喻。）我说人生观的统一，非惟不可能，而且不必要。非惟不必要，而且有害。要把人生观统一，结果岂不是“别黑白而定一尊”，不许异己者跳梁反侧？除非中世的基督教徒才有这种谬见，似乎不应该出于科学家之口。至于用科学来统一人生观，我更不相信有这回事。别的且不说，在君说“世界上的玄学家一天没有死完，自然一天人生观不能统一”，我倒要问：万能的科学，有没有方法令世界上的玄学家死完？如其不能，即此已可见科学功能是该有限制了。闲话少叙，请归正文。
>
> 人类生活，固然离不了理智；但不能说理智包括尽人类生活的全内容。此外还有极重要一部分——或者可以说是生活的原动力，就是“情感”。

亲爱的读者诸君啊，请允许我暂时中止梁启超的文章，而回到一个重要的、极其重要的、至关重要的至今仍然由历史照耀出辉煌瑰丽的时刻，而这个时刻是由梁启超在翠微山秘魔崖挥毫发明的。对于下笔千言一挥而就的任公而言，这一发明其实是他集毕生之学识、思考的精华之精华，不独当时当世，后人后世，再后人再后世，乃至人类延续至无穷，亦为振聋发聩者也！

梁启超要谈“情感”了，这是和“科学帝国”不仅相去万里而且是谬不相干的一个领域，这是人人都以为熟悉，其实人人都很陌生，却又是人人浸淫其中的一个领域。这个领域，从来都只能以“神秘”名之，任公一番话，以“爱先生”和“美先生”的发明，便使这“神秘”通透，并且仍以神圣之光芒显现：

> 情感表现出来的方向很多。内中最少有两件的的确确带有神秘性的，就是“爱”和“美”。“科学帝国”的版图和威权无论扩大到什么程度，这位“爱先生”和那位“美先生”依然永远保持他们那种“上不臣天子下不友诸侯”的身份。请你科学家把“美”来分析研究罢，什么线，什么光，什么韵，什么调……任凭你说得如何文理密察，可有一点儿搔着痒处吗？至于“爱”那更“玄之又玄”了。假令有两位青年男女相约为“科学的恋爱”，岂不令人喷饭？又何止两性之爱呢？父子，朋友……间至性，其中不可思议者何限？孝子割股疗亲，稍有常识的也该知道是无益。但他情急起来，完全计较不到这些。程婴、杵臼代人抚孤，抚成了还要死。田横岛上五百人，死得半个也不剩。这等举动，若用理智解剖起来，都是很不合理的，却不能不说是极优的人生观之一种。推而上之，孔席不暖，墨突不黔，释迦割臂饲鹰，基督钉十字架替人赎罪。他们对于一切众生之爱，正与恋人之对于所欢同一性质。我们想用什么经验什么规范去测算他的所以然之故，真是痴人说梦。又如随便一个人对于所信仰的宗教，对于所崇拜的人或主义，那种狂热情绪，旁观人看来，多半是不可解而且不可以理喻的。然而一部人类活历史，却十有九从这种神秘中创造出来。从这方面说，却用得着君劢所谓主观所谓直觉所谓综合而不可分析等等话头。想用科学方法支配他，无论不可能，即能，也把人生弄成死的没有价值了。
>
> 我把我极粗浅极凡庸的意见总括起来，就是：
>
> “人生关涉理智方面的事项，绝对要用科学方法来解决，关涉情感方面的事项，绝对的超科学。”

（一九二三年五月二十九日《晨报副刊》）

读者诸君，无论你知不知道“爱先生”与“美先生”，但我们已经看见并深切地感觉到，一个没有爱、没有美，或者不知爱、不知美而只是追求物质与金钱的社会，生出了多少自私、残忍、虚假和暴戾！

这就是梁启超留给后人的文化财富之一。

相比当年，虽然“科学帝国的版图”，在任公之后突飞猛进地扩充，而“爱先生”和“美先生”则鲜有提及者，满目所见又都是熙熙攘攘为利而来为利而往之大群。可是，我们仍然要相信任公所言，那爱与美是不可能被驱除的，依然是无比地高贵地“上不臣天子下不友诸侯”。闪烁在广茫的深山野岭，乡村野老、城市拾荒者、普普通通的中国人身上，细微而明亮，那闪烁的时刻，却如同一面镜子，照出了我们的原形。

有读过这一章手稿的朋友问:“《清代学术概论》与‘爱先生’、‘美先生’何干？”君不见此中有爱有美？若“复古以更新”，若“倒卷而缫演之”若颜习斋之告诫乃徒：

> 立言但论是非，不论异同。是，则一二人之见不可易也；非，则虽千万人所同不随声也；岂惟千万人，虽百千年同迷之局，我辈亦当以先觉觉后觉，不必附和雷同也。

“美也不美？”

“美也！”

“爱乎不爱？”

“爱也！”

于是此题得以存。“爱”与“美”，犹如沙漠中的种子，百十年不死，等待着一场雨。然后以极快的速度吸水、出土，生根开花结果。其等待之漫长，几可使人绝望；其生长之迅疾，天下为之瞠目。其树也，“爱先生”之树与“美先生”之树根蔓交错；其果也，曰爱果，曰美果，皆大善之果。果中有核，核内有仁，仁者生也，生生不息也。

就在丁张笔战，火星飞溅时，流亡十六年的康有为回国后，至少三度拒绝袁世凯共商国是之请，著书、游历。晚年创天游学院，于上海设席课徒。是年五月中旬南海漫游至天津，拜谒末代皇帝毕，梁启超得讯，“吾师来也！”其欢喜踊跃之状，若万木草堂时，当即具书，邀南海到翠微山秘魔崖小住，是为五月二十日。翠微山，北京西山风景之最佳者，原名觉山。东边坡峦起伏，苍秀亦起伏，旧说因明代翠微公主下葬于此而得名，山名沿传至今。与翠微山相峙相望的是卢师山，传说隋朝末年，有江南和尚名卢师者，驾一叶扁舟北上，誓曰：舟至则止。小舟经桑干河至此触礁，卢师和尚便上山修行，因有卢师山之名。半山有证果寺，寺后有秘魔崖，崖下有青龙潭。

任公致南海书如下：

夫子大人函丈：闻杖履抵津，欢喜踊跃。启超一月前入京在秘魔崖独居读书，闻讯即拟赴津敬谒。因小儿被车轧伤，现入医院，顷正割驳，须稍照料抚视，不审吾师拟人入京否？翠微山色正佳，能来小住，亦一适也。若厌京尘不欲莅止，不识在津亦拟一盘桓否？希饬一示，当即造也。

二十一日，又一书：

晨间上书计达，秘魔岩为吾师旧游也（弟子一人独居此间），三十年前题壁犹存，此时景物正佳，能一来盘桓，至足乐也。若愿入京，在丰台转车至黄村驿（京西之黄村），则去此数里耳。何日能来，希先一日见示（或以电话告北京南长街舍弟处），当敬迓。

二十六日，再一书：

两次捧杖履，终恨卒卒未疗积想也。呈上纸三张，一款志摩者，即昨日造谒之少年，其人为弟子之弟子，极聪异，能诗及骈体文，英文学尤长，以英语作诗为彼都人士所激赏。顷方将弟子之《先秦政治思想史》译为英文也。一款宰平者，其名为林志钧，深于佛学，前袁世凯称帝时，最先弃官者也，素敬先生，故为代求。一款藻孙者，其人为弟子之内侄，欲得数字以志景仰，希推爱随意为一挥，至幸。京尘恶浊，吾师不往亦佳，既尔则秘魔之游似亦可不必矣。弟子今日早车入京，若师行甚促，恐不复走送，主臣主臣。

（《梁任公先生年谱长编》640、641 页）

北京，康有为伤心之地也，更况“京尘恶浊”，南海不欲往访，秘魔崖之游只好作罢。南海游津期间，梁启超两度回津拜见，相扶，相拥，泪流夺眶。师犹师也，弟犹弟也，师老矣，弟老矣！饮冰室闭门谢客，设家宴为南海洗尘，小饮三杯，徐志摩作陪。梁启超稍觉欣慰者，南海谈锋尚健，虽然“两次捧履杖”，可是相见时难，相见时短，“终恨卒卒未疗积想”，而又别矣！

敢问何故伤别离？总有一别是永别。

第十六章 林徽因·泰戈尔·徐志摩

一九二四年四月初，江南草长莺飞，北国春意朦胧的时节。

蒋百里告诉梁启超："泰戈尔不日到上海了。"

梁启超为泰戈尔的到访设计、检查一应细节，然后由蒋百里、胡适等逐项落实。梁启超既倾注了极大热情，又感到责任非同小可。六十多岁的老人，印度的国宝，世界级的大诗人，应梁启超及共学社之邀来中国讲学，实在是天赐良机，却也要小心照拂。住的问题好说，通风、舒畅即可。饭食要软，印度人喜食咖喱，胡适说已经准备好了。北京的烤鸭太油腻，浅尝即止，以淮扬帮菜为主。但，北京的炸酱面不能不吃，加上窝窝头。

最使梁启超操心的是翻译。

泰戈尔说英语，国中说英语的不少，但为泰戈尔讲学做翻译却需：一是口译，反应快，词汇量丰富；二是懂文学，尤其是英国文学及熟悉泰戈尔的作品；三是年轻，跟着泰戈尔在国内到处走，同时照顾老人的生活起居。

梁启超对胡适道："你做翻译如何？"

胡适摇头："我不太合适，那一口牛津英语我就说不了，有两个人，金童玉女，一左一右，再合适不过了。”

梁启超：“说说看。”

胡适：“志摩与徽因。”

这两人都从英国留学回来，都喜欢英国的浪漫诗派，确实难得。

梁启超：“好是好，就是志摩太浮。”

胡适：“以弟子之见，志摩在泰戈尔面前不会浮，但其机敏聪慧却无人可及，更何况志摩也是诗人。”

梁启超对徐志摩不仅喜爱，且有点儿宠爱，但这爱中也有一点儿“恨”。“爱其才情，恨其浮杂。”

梁启超想起了一九一七年的秋天。秋风送爽，枫叶红了。

一日，张君劢带着一个年轻人到访，交谈之下却是掩不住的才气横溢，普通话带着浙江口音，眉清目秀，典型的江南才子。此人便是徐志摩，当时的名字叫徐章垿。

即刻就要拜师，梁启超竟也无法阻止，何况本已喜欢他了，心里暗忖：“小子可造。”

拜完师之后，徐志摩说他读过《新民丛报》，“对吾师心仪已久。”

“你对哪些文章印象较深呢？”梁启超问。

徐志摩：“《新民说》及《论小说与群治之关系》。”

其时，徐志摩在北京大学法科专修政治学，一代青年攻读政治，希冀造就中国的新民，可说都是受了梁启超的影响。

从此，徐志摩就算是大师门下之人了，梁启超既视为爱徒，也等同家人，天津饮冰室梁宅，徐志摩直进直出，无所顾忌。在梁宅，徐志摩认识了林长民、蒋百里、丁文江、胡适等一批名人。

徐志摩与张君劢之妹张幼仪喜结良缘后，又远走美国，哥伦比亚大学博士帽就要戴上之际，却又到了英国，为的是找罗素。此举让徐志摩的父亲徐申如老先生气得拍桌子，梁启超却很高兴，认为爱徒有眼光有出息能特立独行。

也是在伦敦，因为听林长民的一次演讲，而结识了林长民的爱女、其时也在英国留学的林徽因，两个人谈华兹华斯、朗诵济慈的诗、议论中国新诗的去向，竟一见如故。

林徽因亭亭玉立的身影，再也无法从徐志摩的心上抹去。

康河边上，芳草地中，乃至霏霏雨下，都留下了两个人的足迹。

一个有妇之夫，穷追一个待字闺中的少女，“徐志摩昏了头了”。

还有更昏的。当林长民携林徽因不告而别匆匆归国，林徽因与梁思成订下口头婚约、正在热恋之际，徐志摩赶回北京了。

北海公园松坡图书馆，是梁思成、林徽因的幽会之地，穷追不舍的徐志摩常常不请自来，梁思成不得不在门上贴一纸条，用英语写的：Lovers want to be alone. 翻译过来便是：恋人不愿受干扰。

徐志摩正想拍门，那一只手却在那一张字条前僵化了。便在北海转，低着头，撞了几次老树和假山，直到静园才怏怏离去。

这一切，梁启超都风闻了。

儿女的私情，梁启超一向不愿多管，林长民也是，在那个年代，他们算是很开通的人了。在他们眼里，徐志摩永远是一个有火一般的炽热，有大才情、大发展的弟子、小友，忘年之交。

林长民跟徐志摩直言过：“你比我女儿大十岁，我比你大二十岁。”这是讲的年龄，而没有强调志摩曾经有家室后来又离婚的尴尬。梁启超面对这爱徒狂追着未来儿媳的时候，只觉得又气又好笑：“这些年轻人都怎么了？”却又不便明言，梁思成偶尔也会提到，比如那一张逐客的字条，梁启超笑笑说：“你和徽因不是要到美国去吗？”

徐志摩为了林徽因跑到正在柏林的太太张幼仪处，办完离婚手续，此时，徐志摩和张幼仪的第二个儿子彼得出生刚刚一个月。

当徐志摩从柏林赶回英国，要把离婚的消息告诉林徽因时，林徽因——徐志摩心目中的“雅典的少女”已经回中国了。

于是才有前文写到的徐志摩追到北京之举。徐志摩追林徽因及婚变等等，梁启超都听说了，惜人才之难得，梁启超为此气闷了好几天后，写一长信告诫徐志摩：“万不容以他人之痛苦，易自己之快乐。弟之此举，其于弟将来之快乐，能得与否，殆茫如捕风，然先以予多数人无量之痛苦。”唯恐意犹不足，梁启超继续晓之以理：“恋爱神圣为今之少年所乐道……然兹事盖可遇而不可求。况多情多感之人，其幻象起落鹘突，而得满足得宁贴也极难，所梦想之神圣境界终不可得，徒以烦恼终身而已耳。”

信末，是梁启超的大声疾呼了：

> 呜呼志摩！天下且有圆满之宇宙？……当知吾侪以不求圆满为生活态度，斯可以领略生活之妙味矣！……若沉迷于不可必得之梦境，挫折数次，生意尽矣，郁悒侘傺以死，死为无名，死犹可也，最可畏者，不死不生而堕落至不复能自拔。呜呼志摩，可无惧耶？可无惧耶？

徐志摩一生最敬畏的就是梁启超，自从投奔门下，凡学问、文章乃至人生教诲，梁启超每有所言，徐志摩从来毕恭毕敬，唯唯诺诺。这一次远在万里之外的英伦三岛因着爱林徽因而决意和发妻离婚，首先震怒的是徐申如老先生，大骂“逆子”，朋友中也是人言啧啧，徐志摩均不在乎。唯独梁启超的信，他读了又读，思之再三，这一次他是决心“造反”了，连恩师的话也不听了。

徐志摩写了一封同样激烈的复信。他不认为他是在用别人的痛苦来换取自己的欢乐。徐志摩信上说：“我之甘冒世之不韪，竭全力以斗者，非特求免凶惨之痛苦，实求良心之安顿，求人格之确立，求灵魂之救度耳。人谁不求庸福？人谁不安现成？人谁不畏艰险？然且有突围而出者？夫岂得已而言哉？”

对于自己之所爱，徐志摩是追求定了的，他声言他决不回头：“我将于茫茫人海之中，访我惟一伴侣。得之，我幸；不得，我命。如此而已。”

徐志摩向恩师敞开胸怀道：

> 嗟夫吾师：我尝奋我灵魂之精髓，以凝成一理想之明珠，涵之以热满之心血，明照我深奥之灵府，而庸俗忌之嫉之，辄

欲麻木其灵魂，捣碎其理想，杀灭其希望，污毁其纯洁！我之不流入堕落，流入庸懦，流入卑污，其几亦微矣！

谁又能断言，徐志摩所追求的是不该追求的呢？

梁启超读完信，闭目片刻，再读，一言不发地把信放到书桌上，心里却是翻腾着。是的，徐志摩是太浮太杂，心里却又是一片大光明，不顾社会，不顾恶言，不顾规劝，只顾自己追求着，追求的是爱与美，那与卑污应属两个世界。即使事情发展到眼下，梁启超与老友林长民将要成为儿女亲家，痴痴迷迷的徐志摩仍然在心里恋着林徽因时，无论外界流传什么风言恶语，梁启超与林长民仍然把他视作小友、弟子，内心里爱怜着。

"自己不曾自由过，难道还不让别人自由一回吗？"有时，梁启超甚至这样想。

"呜呼志摩！"

"嗟夫吾师！"

一时传为美谈。一九二四年四月十二日，泰戈尔漂洋过海到了上海。四月下旬，泰戈尔抵北京，梁启超率蒋百里、胡适等数十位文化界名流，先后在北海静心斋、天坛草坪举行了隆重的欢迎仪式。

静心斋可以冥想可得圆满，泰戈尔所好也。天坛作为中国帝王的祭天之处，要庄重、肃穆一些，而不是颐和园的仅仅湖光山色风景秀丽。另外考虑到泰戈尔年事已高且长途跋涉而来，在天坛转一转，范围也要小得多，不致太过劳累。

梁启超先致欢迎词。

接着鬓发斑白的泰戈尔，由徐志摩右扶、林徽因左搀，上台发表演说。长髯诗翁的智慧凝聚在他的目光里，他说中国，如数家珍，他谈到中国与世界文明、文明与进步，以及什么是真理，都是平缓地由内心吐出来的，而不是惊涛骇浪。他是在和你谈家常，思想原来也并非全是如烟如雾的，它就在你身边，比如春草，比如露珠，比如冬树凋敝春花满枝，比如雨不能不下虹不能不美……

梁启超组织的泰戈尔中国之行，可谓世纪盛举，当时新闻媒体的镜头自然离不开泰戈尔，却也同时对准了徐志摩和林徽因，并且有绘声绘色的记述：

> 林小姐人艳如花，和老诗人挟臂而行，加上长袍白面，郊寒岛瘦的徐志摩，有如苍松竹梅一幅三友图。徐氏在翻译泰戈尔的英语演说，用了中国语汇中最美的修辞，以硖石官话出之，便是一首首小诗，飞瀑流泉，淙淙可听。

这是一幅何等令人神往的画面！

白髯老者扶之以花挽之以郊寒岛瘦，谓之松竹梅三友图，实在是妥帖得很。

更有论者谓：东方文化的气韵、意境，其珠联璧合的神妙，尽在这一幅既似泼墨写意又似工笔重彩的画幅中了！

一九二四年五月三日北京《晨报副镌》发表了梁启超在北京师范大学欢迎泰戈尔的致词。梁启超谈到了古代的中国和印度：

> 我们中国在几千年前，不能够像地中海周围各民族享有交通的天惠，我们躲在东亚一隅和世界各文化民族不相闻问。东南大海，海岛上都是狉狉獉獉的人——对岸的美洲，五百年前也是如此。西北是一帮又一帮的犷悍蛮族，只会威吓我们，蹂躏我们，却不能帮助一点。可怜我们这点小小文化，都是我们祖宗在重门深闭中铢积寸累创造出来的。所以我们文化的本质，非常之单调，非常之保守的，也是吃了这种环境的大亏。
>
> 我们西南方却有一个极伟大的文化民族，是印度。他和我从地位上看、从性格上看，正是孪生的弟兄两个。咱们哥儿俩，在现在许多文化民族没有开始活动以前，已经对于全人类

应解决的问题着实研究，已经替全人类做了许多应做的事业。

印度尤其走在我们前头，他的确是我们的老哥哥。

据梁启超考证，从西晋到唐朝，“我们的先辈到印度留学者”为一百八十七人，有姓名可考的一百零五人。而从汉永平十年到贞元五年，印度大学者到中国来的共二十四人，加上克什米尔来华的十三人，总为三十七人。

梁启超说：“咱们哥儿俩事实上真成一家人，保持我们极甜蜜的爱情。”

梁启超话锋一转，感叹道：

> 诸君啊，我们近年来不是又和许多“所谓文化民族”往来吗？他们为什么来？他们为看上了我们的土地来，他们为看上了我们的钱来，他们拿染着血的炮弹来做见面礼，他们拿机器——夺了他们良民职业的机器——工厂所出的货物来吸我们膏血。我们哥儿俩从前的往来却不是如此，我们为的是宇宙真理，我们为的是人类应做的事业。
>
> （《饮冰室合集·文集》之五）

这是一种情真意切的感叹。

我们现在常常说丝绸之路，而丝绸之路最耀眼的，超越了时空，至今仍闪着光泽的，却是佛典的大彻大悟、不二法门。

是七千卷一部《大藏经》！

泰戈尔的到来，徐志摩是非常高兴的，既是崇仰这位世界文坛的大师已久，今日得以当面聆听教诲，自然是三生有幸。另外，又有了更多的机会与林徽因在一起，听她的声音，看她的背影，徐志摩都有如沐春风的感觉。想重续旧情，想问她一句“你究竟爱不爱我”？

林徽因对徐志摩总是彬彬有礼，保留着那一份曾经有过的美好，却也保持着相当的距离，只有那蒙娜丽莎似的谜样的目光，落在徐志摩的身上或心上时，都会有涟漪泛起……

一九二四年五月七日，林徽因告诉徐志摩，她将于下个月和梁思成一起到上海候船去美国，一次无可挽回的很长很长的分别。

徐志摩一时无语只有黯然。

真的要结束了。

徐志摩留下了这样几行诗送她远去：

在那山道旁，一个雾蒙蒙的早上，
初生的小蓝花在草丛里窥觑，
我送别她归去，与她在此分离，
在青草里飘拂她的洁白的裙衣。

我不曾开言，她亦不曾告辞，
驻足在山道旁，我暗暗的寻思：
“吐露你的秘密，这不是最好的时机？”
沾露的小草花，仿佛恼我的迟疑。
……

在另一首短诗里，徐志摩写道：

在云外，在天外，
又是一片暗淡，
不见了鲜虹彩——
希望，不曾站稳，又毁了。

徐志摩小心翼翼地收拾好诗稿，赶往梁启超处，商量祝寿大会事。据梁启超记述：“泰戈尔很爱徐志摩，给他取一个印度名叫做 Son Sim。”泰戈尔给徐志摩取完印度名字后，却又要梁启超给他取个中文名字，泰戈尔说：“我不晓得什么缘故，到中国便像回故乡一样，莫非我是从前印度到过中国的高僧，在某山某洞中曾经过他的自由生活？”泰戈尔对中国文化的情谊于此可见，并说他的名字泰戈尔中有太阳、雷雨之意。“要我替他想‘名字相覆’的两个字”。梁启超信口答应，还说希望在他生日那天得着这可爱的新名。

梁启超这才觉得兹事体大，点一支烟，又新泡一壶铁观音，一番思索。与太阳和雷雨两相对照，先取太阳之意，“我想印度人从前呼中国为震旦”。震旦的象征意味是“轰然一震，万象昭苏，刚在扶桑浴过的丽日从地平线上涌现出来，这是何等境界”。泰戈尔原名中恰含此意，赠之以震旦，沐浴于光华，岂不美妙！何止美妙？且有禅意，天作之合也。名有了，按中国惯例还要有姓，这个姓断不能从百家姓中去找，梁启超好佛学，想起“自汉至晋的西来古德都有中国名”，姓从何出？“如安世高从安息来便姓安，”从天竺即印度来的便姓“竺”，“如竺法兰、竺佛念、竺法护”都是历史上有功于文化的人，泰戈尔自此便有了竺震旦的中国名字。梁启超在泰戈尔祝寿大会上说：

> 今日我们所敬爱的天竺诗人，在他所爱的震旦地方，过他的六十四岁的生日，我用极诚挚及喜悦的情绪将两个国名联起来，赠给他一个新名曰竺震旦，我希望我们对他的热爱，跟着这名儿永远嵌在他心灵上，我希望印度人和中国的旧爱，借竺震旦这个人复活过来。
>
> （《饮冰室合集·文集》之五）

一九二四年五月十八日，泰戈尔六十四岁生日。

北京协和大礼堂为泰戈尔举行了盛况空前的祝寿大会，梁启超致词并赠泰戈尔中国名：竺震旦。泰戈尔微笑着欣然接受。

梁启超致词毕，舞台帷幕前大放光明，聚光灯下是一个灿烂的造型：古装少女及一稚童，仰望着一弯冉冉升起的新月。这一造型取意于泰戈尔的《新月集》，直让泰戈尔看得泪花满面，满场雷动的掌声，一直轰响到新月隐去，帷幕拉开。

帷幕开启之后，演出泰戈尔的名剧《齐德拉》，演员一律用英语，林徽因、徐志摩联袂担任主演。

徐志摩在台上的风度、表演，以及那一口流利的英语，就连梁启超、胡适也为之击节。至于林徽因，少女的柔情、羞怯、淡淡的哀怨更是淋漓尽致，那眼神在流盼间的美丽倾倒全场。

泰戈尔："中国人说的金童玉女就是他俩。"

掌声中帷幕拉上了。

五月二十日傍晚，北京前门火车站。

月亮刚从东方升起，暮色正从四面八方随着川流不息的过客涌来。

徐志摩陪同泰戈尔离京去太原，送行的人挤在月台上，林徽因也来了。

徐志摩搀着泰戈尔上车后，回首一望，林徽因也正看着他。列车马上就要启动了，一切的一切，都会带到远方，让时间和空间使炽热冷却，把化不开的浓烈冲淡，叫生命流走……

"咣当"一声，徐志摩的眼泪夺眶而出。

徐志摩挥手。那一只手想要成为路旁树上的一枝一节，时时等候着，把绿荫给她，把微醺的风给她。

徐志摩的故事还没有结束。

胡适、张彭春来清华园看望梁启超，先是问起居问病况，又说徐志摩与陆小曼准备结婚了有事求先生。

徐志摩欧游归来便看望梁启超，谈欧洲，谈学问，谈诗歌，梁启超总是兴趣盎然，他早就提倡"小说界革命"、"诗界革命"，而且本世纪初"中国唯一之文学报《新小说》"便是由梁启超创刊的。徐志摩恰恰便是受梁启超熏陶应运而生的一群中的、走到了梁启超身边的一个。

梁启超爱徐志摩，也怨徐志摩。

在梁启超看来，徐志摩遗弃发妻已是大逆不道，追求林徽因不得之后，又去爱另一个朋友王受庆的夫人陆小曼，那是大逆不道之最了。

“为什么就不能控制一下自己的感情呢？”有一次梁启超问徐志摩。

徐志摩爽快地答道：“先生，我实在控制不了，我都跑到欧洲了，天天在巴黎的咖啡馆里喝咖啡，喝到要醉要昏，仍然忘不掉小曼。”

梁启超叹一口气，人要说真话，连鬼都害怕。

胡适总是充当和事佬：“为爱火烧着，苦痛可见。”

梁启超不语，他知道胡适的婚姻，想起胡适二十七岁不得已回乡结婚时自己写的那副对联：“三十夜大月光，廿七岁老新郎。”而且此兄怕乡下老婆，好歹总比徐志摩稍强，糟糠之妻没下堂。

胡适告诉梁启超，徐志摩要他做证婚人。

梁启超：“你做，我不做。”

胡适：“志摩苦苦哀求他父亲，徐申如老先生才算首肯了，但提出‘必须由梁任公证婚，胡适作介绍人’、‘结婚费用自理’，事到如今这个地步，不成全他又怎么办呢？”

梁启超还是不答应：“这要让世人笑话。”

胡适继续恳求：“先生，实在事出无奈，倘若你不给这个面子，便是连你也把他抛弃，他说他将彻底无面目活下去，其实他也爱得好苦。”

梁启超终于松口了：“一定是志摩逼着你，做好套子来套我。但，我有言在先，证婚时说些什么话却由不得你们。”

“自然，这当然由先生随意说。”

胡适一身轻松，找徐志摩交差去了。

一九二六年十月三日，徐志摩、陆小曼婚礼于北京六国大饭店举行。媒人席上坐着胡适，证婚席上坐着梁启超。宾客如云都为一对新人道贺，陆小曼的前夫王受庆也送来了贺礼。

其时北京，关于徐志摩、陆小曼之恋已经沸沸扬扬，总算有了个结果，证婚席上坐的是德高望重的梁启超，朋友们算是为徐志摩松了一口气。

一切如仪，证婚人致词。

梁启超在满堂宾客喜盈盈的目光期盼下走上讲席。

梁启超说：

徐志摩，你这个人性情浮躁，所以在学问方面没有成就。你这个人用情不专，以致离婚再娶……你们两人都是过来人，离过婚又重新结婚，都是用情不专。以后要痛自悔悟，重新做人！愿你们这是最后一次结婚。

胡适大惊失色，不知如何是好，徐志摩、陆小曼自是羞愧难当，婚庆的礼堂里一点儿声音也没有，好像没有一个人，却又是满礼堂的人，俟众宾客从惊愕中渐渐醒过来，心里都说：这就是梁任公！

梁启超说："我平生演讲无数次，唯这一次为最特别。"

为徐志摩婚礼事，梁启超专有与长女梁令娴等一书：

我昨天做了一件极不愿意做之事，去替徐志摩证婚。他的新妇是王受庆夫人，与志摩爱上，才和受庆离婚，实在是不道德之极。我屡次告诫志摩无效。胡适之、张彭春苦苦为他说情，到底以姑息志摩之故，卒徇其情。我在礼堂演说一篇训词，大大教训一番。新人及满堂宾客，无一不失色。此恐是中外古今未闻之婚礼矣！今训词稿子寄给你们一看，青年为感情冲动，不能节制，任意决破礼防的罗网，其实乃是自投苦恼的罗网，真是可痛，真是可怜！徐志摩这个人其实聪明，我爱他，不过此次看着他陷于灭顶，还想救他出来，我也有一番苦心。老朋友们对他这番举动，无不深恶痛绝，我想他若从此见摈于社会，固然自作自受，无可怨恨，但觉得这个人太可惜了，或者竟弄到自杀。我又看着他找得这样一个人做伴侣，怕他将来苦痛更无限，所以想对于那个人当头一棒，盼望他能有觉悟（但恐甚难），免得将来把志摩累死，但恐不过是我极痴的婆心便了。闻张歆海近来也很堕落，日日只想做官（志摩却是很高洁，只是发了恋爱狂——变态心理——变态心理的犯罪），此外还有许多招物议之处，我也不愿多讲了。品性上不曾经严格的训练，真是可怕，我因昨日的感触，专写这一封信给思成、徽因、思忠们看看。

（民国十五年十月四日《给孩子们书》
见《梁启超年谱长编》704—705 页）

写罢这封信，却又不觉想起了徐志摩的诗，可恨又可爱的志摩啊，有几句记得分明：

这是一个懦怯的世界，
容不得恋爱！容不得恋爱！
披散你的满头发，
赤露你的一双脚，
跟着我来，我的恋爱，
抛弃这个世界，殉我们的爱！
……跟着我来，
我的恋爱！
人间已经掉落在我们的后背——
看啊，这不是白茫茫的大海？
白茫茫的大海，
无边的自由，我与你恋爱！
……

第十七章

情圣梁启超

从卷帙浩繁、蒙尘几重的关乎梁启超的资料中搜寻，陈伯庄先生说梁启超的文字，他人所无，读后心为之动，目为之亮，梁启超文字的魅力与人格的魅力，从何而来？陈伯庄说：

> 任公称杜子美情圣，以弟观之，任公实近代之一代情圣。其风雷磅礴，浓郁馨芳，不能出之于诗，而出之于文于为人。黄尊生兄以茉莉素馨为岭南魂，而任公又实此花之精魄也。故其出现如长慧烛天，如琼花照世，不旋踵而光沉响绝……康派中两奇人，一谭复生，一梁任公，其智慧情感皆特异，谭激越，梁烂漫，谭秋梁春，其色香味皆夺人心魂……近数十年之谭梁所以使人低回而不能自已者以此。
>
> （一九四二年八月《思想与时代》十三期《致张其昀书》）

“爱先生”与“美先生”，情感精神世界之大者也，前文有记述，而对于情感之神圣，情感之培养，情感之复杂，情感之教育，任公屡有论及，《情圣杜甫》（《饮冰室合集·文集》之五）此其一也。论杜甫不言诗圣而言情圣，因为诗圣的“标准很难确定”，我们先看看梁启超是怎样写杜甫的，才能体味一个“情”字，如何穿越几千年把情圣杜甫和情圣梁启超相交结，相重叠，相辉映，好一个“情”字了得！任公说，杜甫之所以可称情圣，“因为他的情感的内容，是极丰富的，极真实的，极深刻的”。任公用一连三个“极”字，真是极而言之了，又说，“他表情的方法又极熟练，能鞭辟到最深处，能将它全部反映完全不走样子，能像电气一般一震一荡地打到别人的心弦上。中国文学界写情圣手，没有人比得上他，所以我叫他做情圣”。

情感何出？一出于杜甫“从小便心高气傲，不肯趋承人”，有诗为证：“白鸥没浩荡，万里谁能驯。”（《赠韦左丞》句）又写《佳人》，杜甫穷愁潦倒时投奔正在做四川节度使的严武，“然而一点不肯趋承将就，相传有好几回冲撞严武”，把严武气恼得很，而杜甫作《佳人》自况：

绝代有佳人，幽居在空谷。
自言良家子，零落依草木。
……
在山泉水清，出山泉水浊。
侍婢卖珠回，牵萝补茆屋。
摘花不插鬓，采柏动盈菊。
天寒翠袖薄，日暮倚修竹。

梁启超说这位佳人，“身份是非常名贵的，境遇是非常可怜的，情绪是非常温厚的，性格是非常高亢的”，是杜甫“人格的象征”。

显然作为情圣，仅仅孤傲，只能落个孤芳自赏，佳人也不过对镜自怜而已。杜甫情感中最震荡人心的、最浓厚的是他对贫穷与不幸的直面，哪怕是唐朝的所谓太平盛世、黄金时代，因为杜甫所关注的是社会最下层的普通百姓，是贫富悬殊，是“朱门酒肉臭，路有冻死骨”，便生出了“无限悲哀”。梁启超因此认为“他是最富于同情心的人”，他有两句诗："穷年忧黎元，叹息肠内热。"看来梁启超"内热饮冰"之"内热"，不仅出于庄子，或者受杜诗启发亦未可知。如这样的以极美的诗句，写极穷极苦极悲哀之黎民百姓的，杜甫不是偶一为之，而是"在他的作品中，到处可以证明"。如："彤庭所分帛，本自寒女出。"又如《垂老别》中老妻哭送"六七十岁被拖去当兵的老头子"："老妻卧路啼，岁暮衣裳单。孰知是死别，且复伤其寒。此去必不归，还闻劝加餐。"有一首《缚鸡行》，"表示他对生物的泛爱，而且很含些哲理"：

小奴缚鸡向市卖，鸡被缚急相喧争。
家人厌鸡食虫蚁，未知鸡卖还遭烹。
虫鸡于人何厚薄，吾斥奴人解其缚。
鸡虫得失无人了，注目寒江倚山阁。

这首很少有人提及，却被梁启超拣出的写鸡与虫的诗，到底含有多少哲理，是愈读愈明白，再读却模糊，恐怕要从最后两句"鸡虫得失无人了，注目寒江倚山阁"中去挖掘，但杜甫对"生物的泛爱"，泛及鸡与虫却明明白白。鸡，小畜也；虫，动物之小小者也。

杜甫的情感从"国破山河在，城春草木深"，到最底层的穷苦人，又广及朋友、家人、流乱岁月中的儿女情长。当梁启超说杜甫说到此一层面时，情圣何解？当可知之。对被陷害的朋友，杜甫说："便与先生当永诀，九重泉路尽交期。"李白被流放，他有《梦李白》：

死别已吞声，生别常恻恻。
江南瘴疠地，逐客无消息。
故人入我梦，命我长相忆。
君今在罗网，何以有羽翼。
恐非平生魂，路远不可测。
魂来枫林青，魂返关塞黑。
落月满屋梁，犹疑照颜色。

水深波浪阔，毋使蛟龙得。

梁启超说，杜甫对朋友的遭遇，“所感痛苦和自己亲受一样，所以做出来的诗句句都带血带泪”。有《月夜》思家的，“遥怜小儿女，未解忆长安”，“何时倚虚幌，双照泪痕干”。思念弟弟和妹妹的诗，在杜甫诗中有二十来首，一句“有弟有弟在远方”，“有妹有妹在钟离”，便催人泪下了。怀妻的，“去年潼关破，妻子隔绝久”。写过家书，“今已十月后”，十个月毫无音信，兵荒马乱中老妻平安否？这是杜甫最思虑的，但杜甫却写道：“反畏消息来，寸心亦何有”。梁启超叹道：“真是惊心动魄！”（《饮冰室合集·文集》之五）

情到最深处，很可能是生出畏惧、绝望，然后情圣出矣！

写到这里，想必读者诸君会和我有一个共同的感受：没有杜甫的情怀，能如此独辟蹊径解读杜甫吗？此情圣梁启超之来由也，而证实梁启超堪称一代情圣的，除去本书已写的不少内容外，尚有其他，暂且不表。先看梁启超是因何、如何以万斛深情写陶渊明的？

《陶渊明》（《饮冰室合集·专集》之十二）开卷便是，“批评文艺有两个着眼点，一是时代心理，二是作者个性。古代作家能够在作品中把他的个性活现出来的，屈原以后我便数陶渊明”，梁启超认为，自汉司马相如、杨雄、班固、张衡以降，“大抵以作‘赋’著名”，“很难在里头发见什么性灵”。五言诗和乐府在汉时已经出现，且有佳作如《古诗十九首》，遗憾的是“现存的汉诗十有九和诗经的国风一样，连撰人带时代都不甚分明”。诗人是谁、时代年份都不甚分明时，谈何个性？如何“研究出一位文学家的个性”，梁启超认为“第一要‘不共’”，何谓“不共”？“完全脱离模仿的套调，不是能和别人共有”者，不共也。“第二要真，怎样才算真呢？要绝无一点矫揉雕饰，把作者的实感，赤裸裸地全盘表现。”符合这两个条件的，唐以前的诗人，“陶渊明尤为甘脆鲜明”。因此梁启超说“我最崇拜他，而且大着胆批评他”（附带说一句，梁启超所言之“批评”，为评论、评价之意，与现今之语意不同，此为进化耶？退化耶？笔者附识）。

陶渊明的父亲陶侃，官至八州都督封长沙郡公，“有很烜赫的功名”，少时陶渊明有颂扬父亲的诗：“功成辞归，临宠不忒，孰谓斯心，而近可得。”陶侃风云一生，在“东晋名臣里头，算是气魄最大品格最高的一个人”，可是这一切在少年陶渊明看来，都算不了什么，唯“功成辞归”大妙！

梁启超对陶渊明所处的“时代心理”，概述为：三国两晋之思想界，因两汉的“破碎支离”，“加以时世丧乱的影响，发生所谓谈玄学风”。清谈也，何用哉？在这丧乱时世中，当时“士大夫浮华奔竞，廉耻扫尽”。陶渊明选择的却是归去田园，一边做农民一边写诗，倘有酒饮，那是再好不过了，自饮自吟，归去来兮……梁启超又以他的历史归纳法告诉我们，两晋时代，除去风尚之坏，却还有“另外一种思潮从外国输入，便是佛教”，“佛教虽说汉末已传到中国，但认真研究教理组成系统，实自鸠摩罗什以后”。梁启超的历史归纳法，往往有出乎意料之魔力，在一个看似无望的时代中，希望的思潮悄然而生，有一些对中国文化皆有伟大贡献的人物，会在某个历史节点上同时或先后出现，他们在彼时是否相识相知并不重要，重要的是他们均以自己的行为，推动着可以冲破乱世藩篱的新的思潮，累积着因为清谈、空谈而日渐凋敝萎缩的华夏文化的庙堂。这个历史节点又是何等景象呢？梁启超说：

> 鸠摩罗什到中国，正当渊明辞官归田那一年。同时有一位大师慧远在庐山的东林结社说法三十多年。东林与渊明住的栗里相隔不过二十多里，渊明和慧远方外至交，常来常往。

“纵然没有力量移风易俗，起码也不肯同流合污”，梁启超认为这是陶渊明弃官种地的“最主要的动机”，任公又以诗一般的文墨描出了陶渊明归去的栗里南村乡土：

> 北襟江，东南吸鄱阳湖，有“以云为衣”、“万古青濛濛”的五老峰，有“海风吹不断、山月照还空”的香炉瀑布，到处溪声……几千年在那里说法……杂花四时不断，像在各抖擞精神替山容打扮，清脆美丽的小鸟儿，这里一群，那里一队，成天价合奏音乐，却看不见它们的歌舞剧场在何处？呵呵！这便是一千多年来诗人讴歌的天国——庐山了，山麓的西南角——离归宗寺约摸二十多里，一路上都是……三里五里一个小村庄，那庄稼人老的少的村的俏的，早出晚归做他的工作，像十分感觉人生的甜美。中间有一道温泉，泉边的草，像是有人天天梳剪它，葱蒨整齐得可爱，那便是栗里——便是南村了——，再过十来里便是柴桑口，是那“雄姿英发”的周郎谈笑破曹的策源地，也即绝代佳人陶渊明先生生长、钓游、永藏的地方了……以上说的是陶渊明的乡土。

笔者一边做抄书公，一边感觉着梁启超写这一段文字时的恬静、沉醉，此种直接叙写自然的文笔，在《饮冰室合集》中很难读到，梁启超写《中国之美文及其历史》，认为“韵文之兴当以民间歌谣为最先”，梁启超对歌谣的评价是“歌谣是不会做诗的人（至少也不是专门诗家的人）将自己一瞬间的情感，用极简短极自然的音节表现出来。因为这种天籁与人类好美性最相契合，所以好的歌谣，能令人人传诵，历几千年不废”。我不知道梁启超笔下写庐山的这段文字，是歌谣是散文，总而言之是美文，最配陶渊明这位“绝代佳人”所居处的山水田园，而且也由这极美的自然环境中，渐次展开了一个伟大诗人荷锄种豆，且常常不得温饱的足迹。

梁启超写陶渊明，实质上是在写一种梁启超心目中的诗人的完美人格，诗人奇崛嶙峋、芬芳美妙的“不共”性，即无遮无掩、傲然浩然的个性。我们还可以读出屈原、陶渊明、杜甫、辛弃疾、陆游等诗人，为梁启超激赏的同时，也在陶冶、影响着梁启超，在这一些灿若斗柄的诗人中，梁启超着力最深、用笔最精的是陶渊明，陶渊明的诗和人之精魂，相随相伴，入骨三分，否则何来梁启超写陶渊明时的贴切、沉重而美妙？对当时文坛，对二十一世纪之多少“著名诗人”相拥挤、自吹自捧的诗坛、文坛，仍然是一面明镜——照妖镜。

梁启超认为陶渊明整个人格有三点应特别注意：“第一须知他是一位极热烈极有豪气的”，渊明少时有诗：“少时壮且历，抚剑独行游。”“日月掷人去，有志不获骋，感此怀悲戚，终晓不能静。”这样的诗句还告诉我们，怀才不遇几乎是所有天才、大才的境遇，为之而感叹，陶渊明也不例外，与归去田园也不矛盾，归便归了，难道还不兴略抒胸臆？关键是皆可为感叹，而气概有大小，格局有宽窄。陶渊明“少年心事”、“意气飞扬”，“中年以后渐渐看得这恶劣社会没有他发展的余地了”，可是“直到晚年，这点气概也并不衰灭，在极闲适的诗境中，常常露出些奇情壮思来”，此所谓其性情无可藏也不必藏。如我们少时吟诵过的：

精卫衔微木，
将以填沧海。
刑天舞干戚，
猛志固常在。

还有“夸父诞宏志，乃与日竞走……余迹寄邓林，功竟在身后。”这些都是陶渊明读《山海经》后所写，而当时陶渊明正在庐山脚下种地，总是“草盛豆苗稀”。收获无多、贫病交加时，梁启超认为《读山海经》是陶渊明最浪漫的作品，“不知不觉把他的‘潜在意识’冲动出来了”。

梁启超所说的应特别注意的陶渊明整个人格特点之二为，“他是一位缠绵悱恻最多情的人”，表现为对亲属、对朋友。他对朋友的情爱又真率，又浓挚，如移居篇写的，“春秋多佳日，登高赋新诗，过门更相呼，有酒斟酌之，农务各自归，闲暇辄相思，相思则披衣，言笑无厌时……”梁启超读出的是“亲美甜厚的情意”，并且“活现纸上”，亲爱的朋友，你感觉到了吗？你看见了吗？任公说得好啊，“要之渊明是极热血的人，若把他看成冷面厌世一派，那便大错了”，“闲暇辄相思”——亲人友人之思也，“有‘停云’一首，写得最好”：

停云，思亲友也，罇湛新醪，园列初荣，愿言弗从，叹息弥襟。

霭霭停云，濛濛时雨，八表同昏，平路伊阻，静寄东轩，春醪独抚，良朋悠邈，搔首延伫。

停云霭霭，时雨濛濛，八表同昏，平陆成江，有酒有酒，闲饮东窗，愿言怀人，舟车靡从。

东园之树，枝条再荣，竟用新好，以怡余情，人亦有言，日月于征，安得促席，说彼平生。

翩翩飞鸟，息我庭柯，敛翮闲止，好声相和，岂无他人，念子实多，愿言不获，抱恨如何！

梁启超感叹说：“这些诗真算得温柔敦厚情深文明了。”

古往今来，人们很希望窥探诗人的，是花前月下，男女情爱。读陶渊明的人，大约都会长以叹息，此老柔情满怀，淋漓到滴血，却孤苦而贫终老乡土，这日子怎么过？梁启超说“因为他实在没有这种事实”，但“心理上本来有极温热的情绪”。或可说，陶渊明对男女柔情、男欢女爱心里常温存着，写过《闲情赋》，梁启超说，“古今言情的艳句，也很少比得上”。这些内心流露的极柔极热的诗句，正是陶渊明所渴望而不得者也，《闲情赋》如下：

愿在衣而为领，承华首之余芳；悲罗襟之宵离，怨秋夜之未央。

愿在裳而为带，束窈窕之纤身；嗟温凉之异气，或脱故而服新。

愿在发而为泽，刷玄鬓于颓肩；悲佳人之屡沐，从白水以枯煎。

愿在眉而为黛，随瞻视以闲扬；悲脂粉之尚鲜，或取毁于华妆。

愿在莞而为席，安弱体于三秋；悲文茵之代御，方经年而见求。

愿在丝而为履，附素足以周旋；悲行止之有节，空委弃于床前。

愿在昼而为影，常依形而西东；悲高树之多荫，慨有时而不同。

愿在夜而为烛，照玉容于两楹；悲扶桑之舒光，奄灭景而藏明。

愿在竹而为扇，含凄飙于柔握；悲白露之晨零，顾襟袖以缅邈。

愿在木而为桐，作膝上之鸣琴；悲乐极以哀来，终推我而辍音。

“第三须知他是一位极严正——道德责任心极重的人，他对于身心修养，常常用功，不肯放松自己。”“有‘荣木’一篇自序云：‘荣木，念将老也。日月推迁，已复九夏，总角闻道，白首无成。’”诗云：“先师遗训，余岂云坠，四十无闻，斯不足畏，脂我名车，策我名骥，千里虽遥，孰敢不至。”四十岁以后的陶渊明一方面是“深痛幽远”，一方面是“行行向不惑”而心有警惧，“古人惜寸阴，念此使人惧”。梁启超谓：“渊明得寿仅五十六岁，这些诗都是晚年作品，你看他进德的念头，何等恳切！何等勇猛！许多有暮气的少年真该愧死了。”陶渊明的归田务农，写诗做学问，“一生得力处和用力处，却都在儒学”，都在躬行其学而时习之，改变做官的生活，使自己“不复出仕”而可以谋生于乱世。并且对“那些满嘴谈玄人物，满嘴里清净无为，满腔里声色货利的一班人，最是痛心疾首”。陶渊明称呼这班人为“狂驰子”，狂驰奔竞行走豪门，无非是利禄二字，却又要头顶着一顶“文人”的高帽子，“终日驰车走，不见所问津”。渊明自己呢？“忧道不忧贫”，“历览千载书，时时见遗烈。高操非所攀，谬得固穷节”。“不忧贫，固穷节”，陶渊明一生人格的勾勒，用这六个字大约就可以了，而诗文又如此典雅清丽，仿佛庐山和鄱阳湖的灵气，都一起涌来凝聚在他那一方砚中，研啊磨啊，便把除了耕种以外“闲暇辄想思”的诗情研磨得浓浓淡淡而芬芳四溢，在这样的境界中，我们便可体察到任公赞渊明的那一个轻易实在用不得的词语了：“绝代佳人”。

陶渊明之所以成为陶渊明，就那么闲暇相思潇洒吗？如果要向这位“绝代佳人”学习，真正一睹芳颜，便那么容易吗？笔者妄加猜测，也可以从字里行间窥知，梁启超写陶渊明，虽说是“养疴家居，诵陶集自娱”辄成此文，然行文时的心情可以“激荡”喻之。梁启超说清代学术，说颜习斋之一个“习”字，改变或养成一种习惯，以陶渊明归田而论，种田垦荒习惯的养成，已经是生存方式、生活方式的彻底改变了。“吾本乡人，谈何容易！”任公有此一叹吗？

梁启超写陶渊明却是写到最根本处了，人格力量，美文妙句果然重要，可是一个高官之后、文弱书生靠着种豆种麦又是怎样生活，或者说怎样活着的呢？古往今来，写陶渊明者，众矣。于生存、如何活着最要害处，却不是忽略便一笔带过，或语焉不详。任公说：“渊明一世的生活，真算得最简单了，老实说，他不过是庐山底下一位赤贫的农民，耕田便是他惟一的职业。”自摆脱“心役”而得思想解放，以“劳役”取而代之，同为“役”，“心役”者被他人奴役也，“劳役”者为自己生存也。然劳役之苦之难，求一顿饱饭之不易，陶渊明并没有足够的思想准备，“质性自然”，又实在不堪与官员、“狂驰子”为伍，“他精神上很经过一番交战。结果觉得做官混饭吃的苦痛，比挨饿的苦痛还厉害”，于是“决然弃彼取此”，归去也，读《归去来兮辞》，其实必须先读它的序，是陶渊明的“心理自白”，也是窘境自状，且为佳构美文：

> 余家贫，耕植不足以自给。幼稚盈室，缾无储粟，生生所资，未见其术。亲故多劝余为长吏，脱然有怀，求之靡途，会有四方之事，诸侯以惠爱为德。家叔以余贫苦，遂见用于小

邑，于时风波未静，心惮远役。彭泽去家百里，公田之利，足以为酒，故便求之。及少日，眷然有归欤之情，何则？质性自然，非矫厉所得。饥冻虽切，违己交病，尝从人事，皆口腹自役。于是怅然慷慨，深愧平生之志，犹望一稔。当敛裳宵逝，寻程氏妹丧于武昌，情在骏奔，自免去职，仲秋至冬，在官八十余日。因事顺心，命篇曰归去来兮。乙巳岁十一月也。

苏东坡说陶渊明："欲仕则仕，不以求之为嫌；欲隐则隐，不以去之为高。"任公谓："这话对极了。"冲远高洁，这是后人评论陶渊明的语言，而渊明只说"质性自然"，对官场厌恶者有之，对自己标榜者无之。梁启超读这篇序的感慨可称良多："这篇小文虽然极简单极平淡，却是渊明全人格最忠实的表现。""古今名士，多半眼巴巴盯着富贵利禄，却扭扭捏捏说不愿意干，《论语》说的'舍曰欲之而必为之辞'，这种丑恶最为可厌。再者，丢了官不做，也不算什么稀奇的事，被那些名士自己标榜起来，说如何如何的清高，实在适形其鄙。二千年来文学的价值，被这类人的鬼话糟蹋尽了。"陶渊明却是"把他求官弃官的事实始末和动机，赤裸裸照写出来，一点掩饰也没有，这样的才是真人，这样的文艺才是真文艺。任公横扫对陶渊明曾经的所谓"忠爱"、"见机"、"有托而逃"之说，而只许以赤裸裸的真人、真文艺的至高无上。我等文人，无论是已经做着官的，或者正在"狂驰"奔竞的，可要警醒了。

梁启超写陶渊明，或有借他人酒杯浇心中块垒之意，因为陶渊明的"质性自然"与梁启超是何等相似，陶渊明的耕作自力与梁启超儿时的生活何等相近。自然梁启超无饥冻之忧，梁启超声名显赫，几次入阁做过大官为世人中的一部分诟病，但梁启超从来便宣称自己对政治、学术皆有热情，因为"内热"有理想，想做点儿事。官场太黑，做不成事便辞官回书房，一而再再而三，梁启超的天真烂漫一览无余，赤裸裸，从不掩饰。任公真人也，任公之作真文艺也。

以物质言，陶渊明穷到"常常没有饭吃"，《乞食篇》："饥来驱我去，不知竟何之？行行至斯里，叩门拙言辞。”为何而去，饥极乞食，诗人陶渊明又怎么说得出口，虽然叩门却拙于言辞，主人，想必是栗里南村的近邻农人，他们的心里是敬爱着陶渊明的，“主人解余意，遗赠岂虚来，谈谐终日夕，觞至辄倾卮”。如何谢得这一顿乞食乞得的酒饭？“冥报以相贻。”江州刺史檀道济往候，谓：“贤者处世，天下无道则隐，有道则至。今子生文明之世，奈乎自苦如此？”渊明对曰：“潜也何敢望贤，志不及也。”陶渊明，儒之隐者也，“他并不是好出圭角的人，待人也很和易”。但，他是一个绝对有性格的人，檀道济可以进得柴门“馈以粱肉，麾而去之”，说明这两个人还是有交情的，而有的朋友，在他病卧时送来米、酒、肉，他会要求米与酒留下，肉请带回，在渊明看来，吃肉实在是太过奢侈。好饮，则终生不改，还有的人是陶渊明不想见的，米面酒肉一概拒收，“请回”！“他对于不愿见的人不愿做的事，宁可饿死，也不肯丝毫迁就”。“志士不忘在沟壑也。”（孟子语）亦如陶渊明《饮酒》篇中句：“纡辔诚可学，违己讵非迷！且共欢此饮，吾驾不可回。”虽千万人，吾往矣。

梁启超写陶渊明最不同凡响，也是最与陶渊明心性契合，契合到刻骨铭心处，是他指出物质上如此穷困穷到挨饿乞食的陶渊明，可说是苦极了，而且是“自苦如此”！但，在精神上、情感上，梁启超说“他不惟不苦，而且可以说是世界上最快乐的一个人”。何以见得？因为他“最能领略自然之美，最能感觉人生的妙味”。因此故，只有陶渊明才能写得出可以千古万古吟咏的这样的诗句：“孟夏草木长，绕屋树扶疏。众鸟欣有托，吾亦爱吾庐。既耕亦已种，时还读吾书。穷巷隔深辙，颇回故人车。欢然酌春酒，摘我园中蔬。微雨从东来，好风与之俱。泛览周王传，流观山海图。俯仰终宇宙，不乐复何如？”又如《饮酒篇》二十首之五：“结庐在人境，而无车马喧。问君何能尔？心远地自偏。采菊东篱下，悠然见南山。山气日夕佳，飞鸟相与还。此中有真意，欲辨已忘言。”

梁启超写陶渊明心境之快乐，“不乐复何如”时，有“自然之美”

一语，虽然，从谢灵运，从中国山水画开始，对自然之美的敬仰、欣赏以及看得见看不透的神秘神圣之感，向为中国文人笔下的一大题材，心中的一处依傍。时至梁启超的年代，兵荒马乱，刀兵不断，西风东渐乃至西风狂作，人们彷徨于新旧之间何能择善而从，作为华夏民族几千年传承之一的自然之美，几已无暇顾及时，任公之言，又一大海潮音也。但，我们还需完整地领会梁启超之论，为什么他在说陶渊明"最能领略自然之美"时，紧接一句为"最能感觉人生的妙味"呢？笔者不才，左思右想得此一解：你想感觉人生妙味吗？你就得领略自然之美；你既已领略了自然之美，便能感觉到人生之妙味了。因为只有"心远地自偏"处，才能领略自然之美，庐山脚下荷锄耕种的农夫，抬头一望山峦青翠云雾缭绕瀑布如挂，便有心神怡悦，这怡悦的感觉，便是人生的"妙味"了。更何况这农夫又是"绝代佳人"陶渊明？梁启超实际上已指出了自然和人生的关系，自然和诗人的关系，更要者，梁启超笔下所指是劳动者的人生、是躬耕田亩的诗人与自然的关系，其神圣妙味，"狂驰子"、奔行豪门奉迎官场，不劳而获者，岂可得而品之！不仅有自然之美，梁启超进而认为"渊明是'农村美'的化身，所以他写农村生活，真是入妙"。如"狗吠深巷中，鸡鸣桑树颠"，这"颠"字告诉我们，这是一只飞到树上的鸡而居高声自远，其鸣时，桑枝摇曳，桑叶碰撞，桑葚落地，可想可见也。

"曾文正说'勤劳而后休息，一乐也'，渊明一生快乐，都是从勤劳后的休息得来。"任公之后几十年有西哲云："人辛勤劳碌，然后诗意地安居。"可谓东西两哲一前一后百虑一致而殊途同归也。

陶渊明"爱自然之美"，又"质性自然"——"顺着自己本性的自然，自然是他理想的天国，凡有丝毫矫揉造作，都认作自然之敌，绝对排除"。有耕作的辛劳，有饥寒交迫，有上顿不知下顿的日子，也有"酣饮赋诗以乐其志"，"忘怀得失以此自终"，任公说："爱自然的结果当然是爱自由，渊明一生都是为精神生活的自由而奋斗。斗的什么？斗物质生活。"为什么要斗物质生活？其意有二，一是"在昔曾远游，直至东海隅……此行谁使然，似为饥所驱”。陶渊明又思量“倾身营一饱，少许便有余”，何苦来着？最后是“营已良有极，过足非所钦”，还是归去；二是物质太多太丰富会挤压精神，失其清爽，会使一种本应简单的生活，变得太过复杂而走向奢靡，靡则糜烂也。渊明笔下的“口腹自役”，“以心为役”，说的就是因为物质而做了别人的奴隶，而最使陶渊明觉得可怖可惧的是因为物质做了自己的奴役，心役也。为此他向往庐山脚下的农人，耕种自足，怀抱自然，自然而生，自然而死，“极刻苦的物质生活，他却认为‘复归于自然’”。陶渊明的此种理想在彼时彼世、今时今世，皆属“不求上进”而谈不上“理想”者，其实质之高远冲洁人所弗知。渊明归去种地后便得知，他的理想与现实是有距离的，因为“草盛豆苗稀”，尤其是开头几年，耕种所获不得温饱，渊明好饮，酒需谷酿，且是余谷，读陶渊明的诗，饮酒篇什众而佳，酒从何来？或者他从收获无多的米与谷中分出一部分酿酒了，或者由相邻亲友馈赠，不得而知也。倘有酒饮，不吃饭也可以。陶渊明的善饮好酒，或许也有借酒浇愁，醉而忘忧的一面。尤其是冬日，冬天的庐山脚下栗里南村，也是冰雪重重的啊，过一个冬季，需柴草，需粮食，举凡物质陶渊明无一不缺。有酒便好，酒可暖身，酒可热心，酒可激发“相思之情”，倘若酒至酣处，醉了，便睡去了，一切愁苦暂得忘却，管它做不做梦，做的什么梦。这一点意思，梁启超笔下所无，乃笔者胡思乱想。

还要说明一点，陶渊明没有足够的酒，更多时是“饥馁、冻饿”在床上，“一直到临死时候，还是悠然自得，不慌不忙地留下几篇自祭自挽的妙文”：录其一：

有生必有死，早终非命促。
昨暮同为人，今旦在鬼录。
魂气散何之，枯形寄空木。
娇儿索父啼，良友抚我哭。
得失不复知，是非安能觉。
千秋万岁后，谁知荣与辱。

但恨在世时，饮酒不得足。

还有：死后必有祭酒，然“春醪生浮蚁，何时更能尝？”还有：“死去何所道，托体同山阿。”陶渊明的自祭文以“廓兮已灭，慨焉以遐，不封不树，日月遂过，匪贵前誉，孰重后歌，人生实难，死如之何”作结。梁启超说陶渊明的自挽自祭诗文“确实是临死时候所作，因为所记年月，有传记可以互证”。任公更以自祭文中“勤靡余劳，心有常闲，乐天委分，以至百年”“作为陶渊明先生人格的总赞”（《饮冰室合集·专集》之十二）。

陶渊明生于东晋咸安（372）二年，卒于宋元嘉（427）四年，梁启超感叹，陶渊明只活了五十六岁！

梁启超一生写过的人物，远不止杜甫和陶渊明，仅古人有孔子、老子、墨子、荀子、屈原、辛弃疾、戴东原、王阳明等。但称为“情圣”的唯子美一人，而用笔最精，用情最深，堪称任公笔下美文之最的，要数《陶渊明》了，写梁启超很容易因为他浩繁的政论文——任公的此类大块文章有不少酣畅淋漓、大气磅礴之作，却也因此忽略了见情见性、至情至性、鞭策驰驱、直达人性的这两篇作品。《情圣杜甫》与《陶渊明》两书，能给读者什么启发？可否窥思梁启超心理、个性之一二？

梁启超一生多变，应时而变，不能不变，《易》曰“变则通，通则久”且不论。但，任公有不变者：内热炽烈之情怀也，美善相得之宅心也，尚侠节气之冲远也。梁启超最为欣赏的也是这样的文学家，屈原、陶渊明、杜甫、陆游、苏东坡、辛弃疾等等。或者还可以说，梁启超最看重的是情谊、情怀、情性。情之深者，爱；情之远者，美；情之大者，圣。深也，远也，大也；爱也，美也；梁启超兼而有之，相交相融浓得化不开是为情感。梁启超说：“天下最神圣的莫过于情感：用理解来引导人，顶多能叫人知道那件事应该做，那件事怎么做法，却是被引导的人到底去不去做，没有什么关系；有时所知的越发多，所做到的越发少。用情感来激发人，好像磁力吸铁一般，有多大分量的磁，便引多大分量的铁，丝毫容不得躲闪，所以情感这样东西……是人类一切动作的原动力。”“问世间情为何物？”你问我，我问他，问天问地问不出所以然的一个若即若离、若隐若现、若热若冰的神圣话题，唯有梁启超给出了几近完美的答案：

> 情感的性质是本能的，但它的力量能引人到超本能的境界；情感的性质是现在的，但它的力量，能引人到超现在的境界。我们想入到生命之奥，把我的思想行为和我的生命迸合为一；把我的生命和宇宙众生的生命迸合为一；除却通过情感这一关门，别无他路。所以情感是宇宙间一大秘密。
>
> （《饮冰室合集·文集》之四）

神圣的情感不是皆善皆美，“他也有很恶的方面，他也有很丑的方面”。他具有盲目性，“到处乱碰乱撞”。梁启超又告诫世人：“古来大宗教家、大教育家都最注意情感的陶养……”“把情感教育放在第一位”。

梁启超是公认的写情高手，然仅以此称任公为情圣？似嫌不足，请读下文。

梁启超于一八九九年十一月访夏威夷，当地“华商二万余人，相絷留，因暂住焉”（《梁任公先生年谱长编》115页）。同胞情谊，异国风光，不在话下，却也有别一番类似艳遇之遇。

梁启超刚到檀香山不久，清廷驻檀香山领事馆便用银子买通了一家当地的英文报纸，不断发表文章攻击梁启超。梁启超苦于不懂英文，只能徒唤奈何！

其时，清廷已通电各驻外使领馆，务必严密注意康梁动向。所以来自报纸上的攻击，梁启超倒也坦然。加上华侨中有人相劝，以勿激化为要，保得平安，才可谋事，梁启超也觉言之成理，便照例日夜忙于应酬、集会、演讲、筹款，竟把被攻击一事忘了个一干二净。

忽然间檀香山盛传一件怪事：在另一家英文报纸上出现了为梁启超

辩驳的文章，此人是谁？

梁启超先以为是保皇党的朋友所为，问遍有关人等，都说不知此事。还有人说，是曾想过要写文章论战一番，可惜笔力不济。

由英文翻译过来的文字，梁启超认真研读了一番：这些辩驳文章的作者绝对是维新同志，而且熟悉梁启超的经历和著述，从《变法通议》到《中国积弱溯源论》，观点融会贯通，引文有条有理，梁启超百思不得其解："真乃檀香山奇事奇人也！"

檀香山因梁启超的到来而在华侨社会中引起轰动，宴会应酬是少不了的，谁能请来梁启超为座上宾，则均会当作莫大荣幸。檀香山有一位何姓华侨巨富，特设家宴，并请来了一些当地名流，希望梁启超赏光赴宴，并即席演讲。

梁启超一进何家大门，笑吟吟地迎出来的除了何姓主人外，还有一位小姐，是主人的女儿，芳龄二十岁，十六岁就当英文教员。主人介绍后又说："小女即是今天梁先生的翻译。"原来出席这次家宴的还有一些美国人。

该女名何蕙珍。坐在梁启超的身旁，总有一股淡淡的女儿味飘来，梁启超又看了她一眼，长相一般，绝无闭月羞花之貌，落落大方地待客应酬，却使人觉得有文化、有教养。

宴会开始，梁启超即席演说，这是轻车熟路了，除了国语说不好，梁启超的口才可以说滔滔乎无遁词。

梁启超不习惯即说即译，只顾自己说，却想不到何蕙珍的翻译博得了满堂掌声，这时候梁启超再看何小姐时，已被她的风度所吸引。

更有出人意料者，演说完毕，梁启超刚说完"谢谢何小姐"，何小姐却微露羞怯地捧出一卷手稿说："梁先生，这些文字都是我代你笔战的底稿，送你留个纪念。"

何蕙珍的家人，各界名流惊喜不已，赞不绝口。

梁启超终于明白了一切，但还有不明白的：一个二十岁的华侨小姐，何以有如此厚重的笔力？倒是何蕙珍说得妙："都是读梁先生文章受的教益。"

席间，梁启超与何蕙珍聊天，海阔天空，梁启超惊讶了：何小姐不仅学识过人，而且深明大义。何蕙珍呢？既不冷落别的客人，又明显地接近着梁启超，趁这难逢的机会，要梁启超说说文章何以能写得如此动人。

梁启超一说起文章便有无数的话，古今中外无不了然。直把何小姐听得目光里满含着敬佩，大大的眼睛看着梁启超，那长长的睫毛忽闪忽闪的。

“我能拜先生为师吗？”何小姐问。

梁启超：“小姐客气了。”

梁启超礼貌地拒绝了主人的劝酒：“可以了，多则为灾。”

何小姐盈盈地站起来：“梁先生，假如你愿意接受我这杯酒，我将感到无比的幸福。”

梁启超正要站起来，何小姐轻轻地用左手一按梁启超的肩膀：“不必，学生理当站着听先生的教诲。”

梁启超何等机灵善言之人，不料一时语塞，又怎能让何小姐一直站着呢？便满饮此杯。两只杯子轻轻地一碰，撞击之声叮咚悦耳。

梁启超是真的有点儿陶醉了，陶醉于这氛围，陶醉于一个妙龄女郎的真诚的崇敬，陶醉于她的眼波和声音。

真是相见恨晚啊！

何家已久居檀香山，生活习惯也西化了，比如家宴，不像中国以吃为主，而是以谈话为主，类似于“派对”，端着酒杯慢慢地品尝，谁跟谁有话说就只管慢慢地说。

无论如何，这宴会总有结束的时候。

客人们相继告辞时，梁启超惶惑而尚不失态地从何蕙珍身边站起来：“何小姐，我该走了。”

何小姐：“你真的要走？”

梁启超一一告辞，何小姐伸出玉手与梁启超握别，说：“梁先生，我很难表达对你的万分敬爱，如果先生方便，望能送我一张照片，以作纪念。”

梁启超握着何小姐手的那一刻，便已感到了今生今世从未有过的心的颤抖。回到寓所，梁启超仍觉心旌摇荡。

其实，按西方风俗，握手道别极为平常，不平常的只是那种感觉，触电一般的感觉。至于一个女子向心仪的男士索要照片或一纸签名，也是常事，没有什么了不得的。可是这一切发生在饱读诗书熟记“男女授受不亲”古训的梁启超身上时，便产生了破天荒的“轰动效应”，竟不能入眠，总有何小姐的倩影飘然而至。

梁启超也是个人，而且是个年轻人。

这样一个奔走呼号、亡命天涯、专心著述的革命家、思想家，他已经舍弃了很多，儿女私情甚至连想都没有工夫想。夫妻分离，难见一面，曾经有过的长夜的孤独，都被这风云变幻年代的岁月带走了。然而一旦偶有艳遇，想入非非也实在是人之常情。

何小姐的仗义、何小姐的文采以及何小姐的风度，总而言之，一个二十岁女郎的一切，那种纯情的青春气息，都使梁启超感到赏心悦目，内心里一直压抑着的情感，终于突破而出，一口气写下了他一生中少见的二十首情诗，录其六：

人去天住两无期，啼驶年华每自疑；
多少壮怀都未了，又添遗恨到蛾眉。

如果说这几行诗中梁启超还遮遮掩掩的话，另一些诗句却要坦率得多了：何小姐是他浪迹天涯时遇到的唯一红颜知己——

颇愧年来负盛名，天涯到处有逢迎；
识荆说项寻常事，第一知己总让卿。

青衫红粉讲筵新，言语科中第一人；
座绕万花听说法，胡儿错认是乡亲。

目如雷电口如河，睥睨时流振法螺；
不论才华与胆略，蛾眉队里已无多。

眼中既已无男子，独有青睐到小生；
如此深恩安可负，当筵我几欲卿卿。

尹尚粗解中行颉，我愧不识左行驹；
奇情艳福天难妒，红袖添香伴读书。

梁启超确实已现痴迷之状了。

梁启超写毕情诗，痛快倒是痛快，哪知道一遍吟罢，不禁想起了远在上海的夫人李蕙仙，兹事体大，夫人一旦得知，醋海洪波自可想象。再三思考的结果是：先修家书一封，轻描淡写告知与何小姐的邂逅，总之是说了比不说好，个中隐情当然说不得。

梁启超笨拙地告知夫人，何小姐“粗头乱服如村姑”，这绝不是故意糟蹋何小姐，而是先入为主让夫人先打消了疑虑。至于说到何小姐“善谈国事，有丈夫之气”，这一点正好和梁启超脾气相投而已。为了表白自己，梁启超用生花妙笔把与何小姐握手道别的细节如此写来：

“何小姐说：‘我万分敬爱梁先生，虽然，可惜仅敬爱而已，今生或不能相遇，愿期诸来生，但得先生赐以小像，即遂心愿。’余是时唯唯而已，不知所对。”

这是自己把自己描黑了，夫人岂有不知梁启超之灵敏智慧？如此不知所对，非任公也。

梁启超致夫人信，大约这是梁启超平生最难举措文字的一封信：

女郎何蕙珍者，此间一商人之女也。其父为保皇会会友。蕙珍年二十，通西文，尤善操西语，全檀埠男子无能及之者，学问见识皆甚好，善谈国事，有丈夫之气。年十六即为学校教师，今四年矣。一夕其父请余宴于家中，座有四国缙绅名士及妇女十数人，请余演说，而蕙珍为翻译。明晨各西报即遍登余演说之语，颂余之名论，且兼赞蕙珍之才焉。余初见蕙珍，见其粗头乱服如村姑，心忽略之；及其入座传语，乃大惊，其目光炯炯，绝一好女子也。及临行，与余握手（檀俗华人行西例，相见以握手为礼，男女皆然）而言曰："我万分敬爱梁先生，虽然，可惜仅敬爱而已，今生或不能相遇，愿期诸来生，但得先生赐以小像，即遂心愿。"余是时唯唯而已，不知所对。又初时有一西报为领事所口嘱，诬谤余特甚，有人屡作西文报纸与之驳难，而不著其名，余遍询同志，皆不知。乃是夕，蕙珍携其原稿示我，乃知皆蕙珍所作也。余益感服之。虽近年以来，风云气多，儿女情少，然见其事、闻其言，觉得心中时时刻刻有此人，不知何故也。越数日，使赠一小像去（渠报以两扇），余遂航海往游附属各小埠，半月始返。即返，有友人来谓余曰："先生将游美洲，而不能西语，殊为不便，亦欲携一翻译同往乎？"余曰："欲之，然难得妥当人。"有人笑而言曰："先生若志欲学西语，何不娶一西妇晓华语者，一面学西语，一面当翻译，岂不甚妙？"余曰："君戏我，安有不相识之西人闺秀而肯与余结婚？且余有妇，君岂未知之乎！"友人曰："某何人，敢于先生作戏言？先生所言，某悉知之，某今但问先生，譬如有此闺秀，先生何以待之？"余熟思片时，乃大悟，遂谓友人曰："君所言之人，吾知之，吾甚敬爱之，且特别思之。虽然，我尝与同志创立一夫一妻世界会，今义不可背，且余今日万里亡人，头颅声价，至值十万，以一身往来险地，随时可死，今有一荆妻，尚且会少离多，不能厮守，何可更累人家好女子。况余今日为国事奔走天下，一言一动，皆为万国人所观瞻，今有此事，旁人岂能谅我？请君为我谢彼女郎，我必以彼敬爱之心敬爱彼，时时不忘，如是而已。"友人未对，余忽又有所感触，乃又谓之曰："吾欲替此人执柯可乎？"盖余忽念及孺博也。友人遽曰："先生既知彼人，某亦不必吞吐其词，彼人目中岂有一男子足当其一盼？彼于数年前已誓不嫁矣，请先生勿再他言。”遂辞去。今日（距友人来言时五日也）又有一西人请余赴宴，又请蕙珍为翻译，其西人（即前日在蕙珍家同宴者）乃蕙珍之师也。余于席上与蕙珍畅谈良久，余不敢道及此事，彼亦不言，却毫无爱恋抑郁之态，但言中国女学不兴为第一病源，并言当如何整顿小学校之法以教练儿童，又言欲造切音新字，自称欲以此两事自任而已。又劝余入耶稣教，盖彼乃教中之人。其言滔滔汩汩，长篇大段，使几穷于应答。余观其神色，殆自忘为女子也。我亦几忘其为女子也。余此次相会，以妹呼之，余曰：“余今有一女儿，若他日有机缘，当使之为贤妹女弟子。”彼亦诺之不辞。彼又谓余曰：“闻尊夫人为上海女学堂提调，想才学亦如先生，不知我蕙珍今生有一相见之缘否？先生有家书，请为我问好。”余但称惭愧而已。临别，伊又谓余曰：“我数年来，以不解华文为大憾事，时时欲得一通人为师以教我，今既无可望，虽然，现时为小学校教习，非我之志也。我将积数年束修所入，特往美洲就学于大学堂，学成归国办事。先生他日维新成功后，莫忘我，但有创办女学堂之事，以一电召我，我必来。我之心唯有先生”云云，遂握手珍重而别。余归寓后，愈益思念蕙珍，由敬重之心，生出爱恋之念来，几于不能自持。明知待人家闺秀，不应起如是念头，然不能制也。酒阑人散，终夕不能寐，心头小鹿，忽上忽落，自顾生平二十八年，未有如此可笑之事者。今已五更矣，起提笔详记其事，以告我所爱之蕙仙，不知蕙仙闻此将笑我乎？抑恼我乎？吾意蕙仙不笑我，不恼我，亦将以我敬爱蕙珍之心而敬爱之也。我因蕙仙得谙习官话，遂以驰骋于全国；若更因蕙珍得谙习英语，将来驰骋于地球，岂非绝好之事。而无如揆之天理，酌之人情，按之地位，皆万万有所不可也。我只得怜蕙珍而已。然吾观蕙珍磊磊落落，无一点私情，我知彼之心地，必甚洁净安泰，必不如我之可笑可恼。故我亦不怜之，惟有敬爱之而已。蕙珍赠我两扇，言其手自织者，物虽微而情可感，余已用之数日，不欲浪用之。今已寄归，请卿为我什袭藏之。卿亦视为新得一妹子之纪念物，何如？呜呼！余自顾一山野鄙人，祖宗累代数百年，皆山居谷汲耳。今我乃以二十余岁之少年，虚名振动五洲，至于妇人女子为之动容，不可为非人生快心之事。而我蕙仙之与我，虽复中经忧患，会少离多，然而美满姻缘，百年恩爱，以视蕙珍之言，今生不能相遇，愿期诸来生者，何如岂不过之远甚！卿念及此，惟当自慰，勿有一分抑郁愁思可也。有檀山《华夏新报》(此报非我同志）所记新闻一段剪出，聊供一览。此即记我第一次与蕙珍相会之事者也。下田歌手之事，孝高来书言之。此人极有名望，不妨亲近之，彼将收思顺为门生云。卿已放缠足否？宜速为之，勿令人笑维新党首领之夫人尚有此恶习也。此间人多放者，初时虽觉痛苦，半月后即平复矣。不然，他日蕙珍妹子或有相见之时，亦当笑杀阿姊也。一笑。家中坟墓无事，可无念。大人闻尚在香港云。

（《梁启超年谱长编》163—164 页）

此信寄出不久，李蕙仙的信寄到了檀香山，信中表示同情梁启超与何小姐的苦恋，决定“玉成其事”。但，她将把这一切经过详细禀告于堂上——梁启超的父亲。夫人的这一招顿时使梁启超惊慌，急忙复信以求手下留情，万勿告知堂上，否则“累我挨骂矣，即不挨骂，亦累老人生气”。并再三向夫人表白“发乎情，止乎礼仪而已”(《梁启超年谱长编》164 页)。

梁启超是怅惘不已的。

梁启超反复琢磨：也许这就是西人所谓的恋爱吧？心生牵挂，辗转反侧，欲罢不能，如影随形……

梁启超觉得自己是跌入漩涡了。

一种芳香的没顶。

但，又得从没顶中冒出来，面对世界，首先是面对夫人。

世人一直不解，梁启超既钟情于何小姐，何况又是孤身一人飘悬海外之际，又何必一而再地给夫人写信呢？既是写信，或可说明情由趁早作罢，要不干脆提出娶何小姐为妾，又为什么既遮掩且表白还流露出如此缠绵悱恻？

这就是梁启超。

一个为传统思想和现代自由意识所挟持的人，在理智与感情之间，他总是矛盾着。倘说感情曾几何时冲破闸门而一泻千里，那也只是说明梁启超到底是凡人；如果理智最终压抑了感情，檀香山之恋便付诸太平洋水的话，也是寻常事一段，谁不是负担重重地活着的呢？

往事如烟，光阴疾速。

一九二四年自春而夏，梁启超陪侍在夫人的病榻旁，因为夫人的呻吟痛苦而“块然独坐，几不知人间何世”。提笔写作的情趣几乎没有，便不时地翻读汲古阁印的《宋六十家词》及王幼霞刻的《四印斋词》。每每读到佳句，便拼接集句做对联闹着玩，久而久之，竟集成二三百副之多。

那时，骈俪对偶之文已经不时兴了，梁启超也是在心情极坏之时的偶一为之。不过，梁启超还是指出“这种文学，固自有其特殊之美，不可磨灭”。梁启超又说道，“楹联起自宋后，在骈俪文中，原不过附庸之附庸。然其佳者，也能令人起无限美感。”

对联集句，盛行已久，但所集的都是五七言诗句，长短句便少见了。

陈师曾先生辞世，梁启超参加追悼时，读到了一副令他一时动心的集姜白石句的对联：

歌扇轻约飞花，高柳垂荫春渐远，汀洲自绿；
画桡不点明镜，芳莲坠粉波心荡，冷月无声。

梁启超叹其工整，心想不妨一试。

梁启超说："我所集的最得意的一联，是赠给徐志摩的——"

临流可奈清癯，第四桥边，呼棹过碧环；
此意平生飞动，海棠影下，吹笛到天明。

这一联极能表示徐志摩的性格，附带还记着故事：徐志摩陪泰戈尔游杭州西湖，"在海棠花下作诗个通宵"。

赠蹇季常的一联，也为梁启超喜爱：

最有味，是无能，但醉来还醒，醒来还醉；
本不住，怎生去，笑归处如客，客处如归。

季常的朋友见了无不拍案叫绝："梁任公集了一个活生生的季常出来了！"

梁启超专为赠人的就这两联，但，他却把别的几百副对联一一录出，"请亲爱的朋友们选择，选定了便写给他"。

刘崧生选的是：

忽相思，更添了几声啼鴂；
屡回头，最可惜一片江山。

丁文江挑的是：

春欲暮，思无穷，应笑我早生华发；
语已多，情未了，问何人会解连环。

胡适之选了这样一副：

蝴蝶儿，晚春时，又是一般闲暇；
梧桐树，三更雨，不知多少秋声。

梁启超的弟弟梁仲策却偏偏喜欢这一联：

曲岸持觞，记当时送君南浦；
朱门映柳，想如今绿到西湖。

听说梁启超那里集有几百长短句楹联，任挑任选，梁启超还一一挥毫写来，新朋旧友以及听过他在清华研究生院“书法指导”课的学子们，一时纷至沓来，求联求字，好不热闹。

梁启超忙着应酬，忙着挥毫，这一忙倒是冲走了心头不少冷冷的凄凉。

日间便有朋友传过话来了，诸多求联求字者中，尚有杨度和袁克文，说极想亲趋梁府，又怕宾客如云中小生枝节云云。梁启超当即对传话的朋友说，今晚专为他两人写，你明天来取吧。这自然又是勾起一番旧事旧情，慨叹岁月匆匆，心里却是温馨的，杨度，老友也；梁启超知道袁克文醇酒妇人的荒唐却极有才华，写诗劝袁世凯不要做皇帝。此公撰联语又是一绝，写哪一联给他却费了一番思量：

小楼昨夜东风，吹皱一池春水；
梧桐更兼细雨，能消几个黄昏。

送给杨度的是：

呼酒上琴台，把吴钩看了，阑干拍遍；
明朝又寒食，正海棠开后，燕子来时。

一时兴起又挥毫一联，却是写给蔡锷的，北海公园里的松坡图书馆正待扩修：

> 芳草接天涯，几重山几重水；
> 坠叶飘香砌，一番雨一番风。

一九二四年九月十三日，梁启超夫人李蕙仙患乳疾辞世，梁启超于是年十二月三日为北京《晨报》纪念增刊写《苦痛中的小玩意儿》：

> 我的夫人从灯节起卧病半年，到中秋日奄然化去，他的病极人间未有之痛苦，自初发时医生便已宣告不治，半年以来，耳所触的，只有病人的呻吟；目所接的，只有儿女的涕泪……风雪蔽天，生人道尽，块然独坐，几不知人间何世。哎，哀乐之感，凡在有情，其谁能免？平日意态兴会淋漓的我，这也嗒然气尽了。

死生大事。梁启超为夫人选择的墓地在北京西山一处林木葱郁的山坡上，一切均由梁启勋打理，在给儿女们的信中有记："你二叔在山上住了将近一月，以后还需住一月有奇。住在一个小馆子内，菜也吃不得，每天跑三十里，大烈日里在坟上监工……这等事本来思成、思永们做的，忠忠又为校课所迫，不能效一点劳，倘若没有这位慈爱的叔叔，真不知如何办得下去。"梁启超还打算下葬后，"叫忠忠们向二叔磕几头叩谢"，所有大大小小的在海外的宝贝们"也要各各写一封信，恳切陈谢"，"这种子弟之礼，是要常常在意的，才算我们家的乖孩子"（《梁启超年谱长编》681 页）。梁启勋"最注意的是圹内工程，真是一砖一石都经过目，用过心了。我窥他的意思，因为这也是我的千年安宅，他怕你们少不更事，弄得不好，所以他趁他精力尚壮，对于他的哥哥尽这一番心"。再一次感叹："你们二叔的勤劳，真是再也没有别人能学到了。"再一次叮咛："你们对于这样的叔叔，不知如何孝敬，才算报答哩。"（同

上 683 页）

一年后的十月三日，农历八月十六日移灵入圹，梁启超给爱儿“思顺、思成、思永、思庄”的信上说“昨日天气阴霾”，今天“凌晨起来，红日杲杲，始升葬时，天无片云，真算大幸”。“从此之后，你妈妈真是音容永绝了，全家哀号，悲恋不能自胜，尤其是王姨，去年产后，共劝他节哀，今天尽情一哭。”梁启超又告诉孩子们：“我的深痛哀绝，今在祭文上发泄。”（同上）又告诉孩子们“圹安双冢，你妈妈居右，我居左”。又谈祭文，“我的祭文也算我一生的好文章之一了，情感之文极难工，非到情感剧烈到沸点时，不能表现他（文章）的生命，但到沸点时又往往不能作文。即如去年初遭丧时，我便一个字也写不出来。这篇祭文，我做了一天，慢慢吟哦改削，又经两天才完成。虽然还有改削的余地，但大体已很好了。其中有几段，音节也极美，你们姊弟和徽因都不妨熟诵，可以增长性情”。（同上，同信）

四天之前九月二十四日的另一封信中，梁启超便说到了这篇祭文：“我昨日用一日之力，做成一篇告墓祭文，把我一年多蕴积的哀痛，尽情发露。”这一年多的哀痛中，有梁启超不欲告人者，就连对最心爱的大女儿梁思顺（令娴）亦未曾言及，写完祭文才吐露而出：“顺儿啊，我总觉得你妈妈这个怪病，是我们打那一回架打出来的。”所谓“打一回架”也就是吵一回嘴，任公却连夫人得病也担当下来了，“我实在哀痛之极，悔恨之极，我怕伤你们的心，始终不忍说。现在忍不住了，说出来也像把自己罪过减轻一点。”一团和气的梁任公，与始终相敬如宾的夫人，因何事由“打一回架”？不得而知。夫妻吵嘴最常事，但梁启超视之为“罪过”，伟丈夫也。梁启超又告思顺，“祭文本来该焚烧的，我想读一遍，你妈妈已经听见，不如将原稿交你保存（将来可装成手卷）”。《祭梁夫人文》如下：

惟民国十有四年，岁在乙丑，夏历八月既望，鳏夫启超率哀子思顺、思成、思永、思忠、思庄、思达、思懿、思宁、思礼，奉先室李夫人灵柩永安于京西香山卧佛寺之东原，实夫人周忌之后一日也。既克葬，乃以特牲清酒庶羞果蓏享于墓门而告之曰：呜呼！君真舍我而长逝耶？任儿女崩摧号恋而一瞑不视耶？其将从君之母，挈君之殇子，日逍遥于彼界耶？其将安隐住涅槃，视我辈若尘芥耶？呜呼哀哉！自君嫔我，三十三年。仰事父母，俯育儿女，我实荒厥职，而君独任其仔肩。一家之计，上整立规范，下迄琐屑米盐，我都弗恤；君理董之，肃然秩然。君舍我去，我何赖焉？我德有阙，君实匡之；我生多难，君扶将之；我有疑事，君榷君商；我有赏心，君写君藏；我有幽忧，君噢使康；我劳于外，君煦使忘；我唱君和，我揄君扬。今我失君，只影彷徨！呜呼哀哉！君我相敬爱，自结发来，未始有忤；七年以前，不知何神魅所弄，而勃谿一度。君之弥留，引疚自忏，如泣如诉。我实不德，我实无礼，致君痼疾，岂不由我之故？天地有穷，此恨不可极，每一沉思，捶胸泪下如雨。呜呼哀哉！君之疾举世医者知其不瘳，胡乃深自讳匿而驱爱子远游？吾悔不强拂君意使之少留，致彼终天泣血欲赎而末由。去年正月，去年五月，去年七月乃至八月，刹那刹那，千痛万惨，永印我心头。呜呼！我知君之诸子实君第二生命。我今语君以彼辈，君其聪听：顺自侍君疾以迄执君丧，几劳毁以灭性；君与我固常忧其病，今幸无恙，随婿挈孙，徜徉大陆，起居殊胜。阿庄君所最系恋，今从厥姊，学而能竞。成、永长矣，率君之教，无失其恒性。一月以前，同气四人，天涯合并，相持一恸，相看一笑，不知有多少悲愉交进！君倘曾一临存，当那边夜深人静？忠、达、懿、宁，正匍伏墓前展敬；君试一煦摩省视，看曾否比去年淑令！小子礼在怀，君恨不一见而瞑；今已牙牙学唤母，牙牙学唤母，君胡弗应？呜呼哀哉！君之去我，弹指经年。无情凉月，十三回圆。月兮，月兮，为谁圆？中秋之月兮，照人弃捐！呜呼！中秋月兮，今生今世与汝长弃捐，年年此夜，碧海青天。呜呼哀哉！有怀不极，急景相催。寒柯辞叶，斜径封苔；龙蛇素旐，胡蝶纸灰；

残阳欲没，灵风动哀；百年此别，送君夜台。尘与影兮不可见，羌蜷局兮余马怀——五里一反顾，十里一徘徊。呜呼！人生兮若交芦，因缘散兮何有？情之核兮不灭，与天地兮长久。碧云兮自飞，玉泉兮常溜。卧佛兮一卧千年，梦里欠伸兮微笑。郁郁兮佳城，融融兮隧道，我虚兮其左，君宅兮其右。海枯兮石烂，天荒兮地老，君须我兮山之阿！行将与君兮于此长相守。呜呼哀哉！尚飨！（民国十四年九月三十日撰书）

（《梁启超年谱长编》655、656页）

从一九二三年到一九二九年梁启超去世，梁家共有五个子女放洋海外念书，在此期间梁启超留下了大量的数以几十万字计的书信，活脱脱地再现出一个作为父亲的梁启超的情感世界：爱恋、教诲，生活上周密的安排，乃至精神上的依赖。《梁任公先生年谱长编》的迥异于其他年谱而可以使读者为之哭、为之笑、为之能面对、贴近无比慈爱者，便是这些书信。所谓“闲暇便相思”，陶渊明之后便是梁任公了；所谓儿女情长，谁能量得任公之情有多长？

即便是给儿女们的信，笔端也常带感情，他称呼思顺为“大宝贝思顺”，任公膝下之大女儿也，或者“顺儿”，小女儿庄庄即祭文中的“阿庄”到了海外便称“小宝贝庄庄”；对思成和思永两个儿子，则是“那两个不甚宝贝的好乖乖”，有时忙便把信寄给思顺，统称为“对岸一大群孩子们”，“一群大大小小的孩子们”，“爱儿思顺、思成、思永、思庄同读”……思顺是梁启超的最爱，任公晚年经济小有困难时，思顺致信要承担一部分家庭费用，任公劝止道：“你虽是受父母特别的爱（其实也不算特别，我近来爱弟妹们也并不下于你），但你的报答也算很够了。妈妈几次的病，都是你一个人服侍，最后半年多衣带不解地送妈妈寿终正寝。对于我呢，你几十年来常常带给精神上无限的安慰喜悦，这几年来把几个弟弟妹妹交给你，省我多少操劳。最近更把家里经济基础，由你们夫妇一手确立，这样女孩儿真是比别人男孩还得力十倍，你自己所尽的道德责任，也可以令你的精神上常常得无限愉快了……”思庄十六岁随大姐思顺到加拿大，梁启超怕庄庄想家、想爹妈，便写更多的信，同时寄去自己写的小条幅，装裱成精美的小手卷，“小宝贝庄庄：我想你的狠，所以我把这得意之作裱成这玲珑小巧的精美手卷寄给你，你姐姐呢，她老成了不会抢你的，你却要提防你那两位淘气的哥哥，他们会气不忿呢，万一用杜工部那‘剪去吴淞半江水’的手段来却糟了，小乖乖，你赶紧收好吧。乙丑五月十三日爹爹寄爱。”

一九二二年十一月二十一日，梁启超在南京讲学，“陈老伯请吃饭，开五十年陈酒相与痛饮，我大醉而归。”（《梁启超年谱长编》623页）回到住处后，“拿一张纸写满了‘我想我的思顺’、‘思顺回来看我’等话”。（同上）一九二五年四月十七日的一封信：“宝贝思顺，小宝贝庄庄：你们走后，我很寂寞……思顺离开我多次了，所以倒不觉怎样；庄庄这几个月来天天挨着我，一旦远行，我心里着实有点难过，但为你成就学业起见，不能不忍耐几年。”

梁启超对待孩子们，既是无边无际的爱，也有具体细微的做人交友、做学问的教诲。一九二七年八月二十九日，给梁思成信中，任公认为，思成所学太专业，“我愿意你趁毕业后一两年，分出点光阴多学些常识，尤其是文学或人文科学中之某部门，稍多用点功夫，我怕你因所学太专门之故，把生活也弄成返于单调。太单调的生活容易厌倦，厌倦即为苦恼，乃至堕落之根源。”在另一封信中，梁启超又告诫梁思成：“一个人想要交友取益，或读书取益，也要方面稍多，才有接谈交换，或开卷引进的机会。不独朋友而已，即使在家庭里头，像你有我这样一位爹爹，也属人生难逢的幸福；若你的学问太过单调，将来也会和我相对词竭，不能领着我的教训，你全生活中本来应享的乐趣，也削减了不少了。”看来梁启超对梁思成在建筑专业上寄予厚望，但于生活乐趣似有担心。梁启超信中“全生活中……”一句的“全生活”是说，一个人所学的专业，只是“全生活”中的一部分，倘若别无所学、别无爱好，则无法得到全部生活中的乐趣。梁启超作为父亲忧心于梁思成者，唯恐其学问太过单调，生活太过单调。梁启超告诉思成，一是要求学问不仅要做得专精而且要广博，还要有趣味，是梁启超一向提倡的趣味主义，既是教训思成，也回答了社会上有人对梁启超治学广而不精的批评："我是学问、趣味方面极多的人，然而我的生活内容异常丰富，能够永久保持不厌不倦的精神，亦未始不在此。我每历若干时候，趣味转过新方面，便觉得像换了新生命，如朝旭升天，如新荷出水，我自觉这种生活是极可爱的，极有价值的。我虽不愿你学我泛滥无归的短处，但最少也想你们参采我那烂漫向荣的长处。"

为学趣味的转换，需要开拓的是一方新天地，开拓中是有新的趣味，某种程度上我们可以说这正是梁启超治学毕生，大块文章"笔端常带感情"的奥妙所在，所达致的情界则是：朝旭升天、新荷出水，烂漫向荣，文章如此，生命亦如此。

从梁启超给儿女们的书信中，既可读出孩子们对任公热烈挚爱的牵挂，也有要任公注意卫生的批评建言，梁启超哭笑不得，故作恼烦状："忠忠劝我卫生的六张纸的长信，半月前收到了。好啰嗦的孩子管爹管娘的，比先生管学生还严。但我已领受他的孝心，一星期来，已实行八九了。"

"老白鼻"是梁思礼的乳名，祭文中告夫人"小子礼在怀"，思礼在怀唤母也，是梁启超最宠爱的小儿子，梁启超与"老白鼻"在一起玩耍尽得天伦、天真之乐，任公在给海外的孩子们信中说："'老白鼻'一天一天越得人爱，非常聪明，又非常听话，每天总逗我笑几场。他读了十几首唐诗，天天教他的老郭念（老郭是保姆），刚才他来告诉我说：'老郭真笨，我教他念'少小离家'他不会念，念成乡音无改把猫摔（他一面说一面把抱着的小猫摔下地，惹得哄堂大笑）。他念'两人对酌山花开，一杯一杯又一杯，我醉欲眠君且去，明朝有意抱琴来'，总要我一个人和他对酌，念到第三句便躺下，念到第四句，便去抱一部书当琴弹，每天趣话多着哩。"（未见标注者，见吴荔明著《梁启超和他的儿女们》一九九一年版《民国春秋》）

吴荔明，思庄之女，梁任公外孙女也。

前文写到在安葬梁夫人时悲声大哭的王姨何人？任公的书信中时有

提及“王姨”、“王姑娘”其实是一个人，梁夫人的陪嫁姑娘，后于一九〇三年成为梁启超的如夫人。因任公与谭嗣同倡立不纳妾，朋友们对此便取避讳之意，年谱长编中亦无一字交待。王姨，王姑娘原名王来喜，后由梁启超改名王桂荃。梁启超长大成人的九个子女中，梁思顺（令娴）、梁思成、思庄即庄庄为夫人李蕙仙出；其余六子女思永、思忠、思达、思懿、思宁、思礼为王桂荃出。李蕙仙身体欠佳后，梁家一应杂务均由王桂荃操劳。梁启超的生活能力大概比较差，到哪里都离不开王姨的照料，一九二五年九月十三日与令娴书中说：“我搬到清华已经五日了（住北院教员住宅第二号）。因此次乃自己租房住，不受校中供应……王姑娘又未来……我独自一人住着不便极了……想洗热水澡也没有，找露意茶、甘露油也没有，颇觉狼狈。今日已渐好了。王姨大约一、二日也来了。”（《梁任公先生年谱长编》680页）梁启超盼王姨之急迫，王姨不在身边之无助，可见一斑。王姨在梁启超的生活中是如此重要，但回忆梁启超的文章中鲜有提及，仿佛隐身人，只是照料着梁启超及一堆大大小小的孩子，一辈子追随梁启超而默默无闻。偶尔钩沉出相关的几句话，勾勒起来，这是一个极善良且极勤劳俭朴的女人，待九个孩子皆如已出，她没有任何名分，却深得梁启超、梁夫人的信任，几乎是托付一切。梁启超笔下的王姨之称何从而出已不可知，推想起来，似乎应是思顺、思成、思庄对王桂荃的称谓。但，任公九个孩子呼李蕙仙为“妈”，呼王桂荃皆为“娘”，这一声声娘的呼唤，大约就是王姨心中莫大的慰藉了，也是她在梁家虽无名分，却是极有威望、极有尊严地存在的明证。

一九二七年二月初，北京冰天雪地，一个周末，梁启超回启勋家。“晚饭后休息十分钟，抽支烟，在七点多钟开始写字，每晚都写，一个大字卖八块钱。”松坡图书馆“每月开支由梁卖字收入来维持”（《广东文史资料》广东人民出版社一九八三年六月版，周传儒）。磨墨、裁纸、牵纸，伺候梁启超写字的是他的研究生周传儒。启勋奉茶，哥俩小坐，任公：“南海七十寿，我想写一副对子、写一篇文章，想了几夜了。”启勋："道出南海师的学问、性情，此联不好做。"任公抿一口茶，敲敲自己的秃脑："有了！"

述先圣之玄意，整百家之不齐，入此岁来，已七十矣。

奉觞豆于国叟，致欢忻于春酒，亲受业者，盖三千矣。

任公告启勋："集而成之也，语出《史记》、《汉书》、《郑康成集》。我也自撰过，不如这联贴切。"启勋、周传儒同声称妙，活脱脱一个康有为的写照，句出重典而不生僻，字得魏碑之厚重，又透出任公特有之娟秀，稍息，吐一口气，点一支烟，又写《南海先生七十寿言》：

岁丁卯二月五日实我本师南海康先生七十生日，上距广州长兴里万木草堂设教伊始三十有七年矣。同学著籍者遍天下，咸思所以为先生寿，其最初受业于门者及游宦于京邑者若而人则胥谋命启超为之辞。启超窃惟先生思以道援天下溺，恻恻焉数十年如一日，顾竟不得所藉手至于今。而世变愈棘，夷狄禽兽，交于中国，四民惨悴颠沛，不可终日。先生盖然忧伤，其不能一日展眉以为欢也。虽然，先生有天游焉，终日行不离辎重，而神明乃栖息乎方之外。以故一生所历劳苦患难，非恒人所堪，而常能无入而不自得。古之真人，盖有入水不濡，入火不热，寿不知其几，而颜色常如婴儿者。孔子有言："智者乐，仁者寿。"先生惟仁也故有终身之忧，惟智也故不改其乐，仁且智故乐而寿，正惟弟子不能及也。先生之功在国家，与其学术之开拓千古，若悉说之将累万言不能尽。吾侪今日求所以乐先生者，请语草堂之乐以为乐可乎?

吾侪之初侍先生于长兴也，徒侣不满二十人，齿率在十五六及至十八九之间，其弱冠以上者裁二三人耳，皆天真烂漫，而志气踸踔向上，相爱若昆弟，而先生视之犹子。堂中有书藏，先生自出其累代藏书置焉；有乐器库，先生督制琴竽干戚之属略备。先生每逾午则升坐讲古今学术源流，每讲辄历二三小时，讲者忘倦，听者亦忘倦。每听一度，则各各欢喜踊跃，自以为有所创获，退省则醰醰然有味历久而弥永也。向晦则燕见，率三四人入室旅谒，亦时有独造者。先生始则答问，继则广谭，因甲起乙，往往遂及道术。至广大至精微处，吾侪始学耳，能质疑献难者盖鲜有之，则先生大乐益纵，而所以诲之者益丰。每月夜吾侪则从游焉。粤秀山之麓，吾侪舞雩也，与先生或相期或不相期。然而春秋佳日，三五之夕，学海堂、菊坡精舍、红棉草堂、镇海楼一带，其无万木草堂师弟踪迹者盖寡。每游率以论文始，既乃杂遝泛滥于宇宙万有，芒乎沕乎，不知所终极。先生在则拱默以听，不在则主客论难锋起，声往往振林木；或联臂高歌，惊树中栖鸦拍拍起。於戏！学于万木，盖无日不乐，而此乐最殊胜矣。先生著《新学伪经考》方成，吾侪分任校雠；其著《孔子改制考》及《春秋董氏学》，则发凡起例诏吾侪分纂焉。吾侪坐是获所启发，各斐然有述作之志。其著《大同书》，覃思独造，莫能赞一辞；然每发一义，未尝不择其可语者相与商榷，陈礼去〈吉〉、曹著纬〈伟〉其最有异闻者也。抑先生虽以乐学教吾侪乎，然每语及国事杌陧，民生憔悴，外侮凭陵，辄慷慨欷歔，或至流涕。吾侪受其教则振荡怵惕，懔然于匹夫之责而不敢自放弃自暇逸。每出则举所闻以语亲戚朋旧，强聒而不舍，流俗骇怪指目之，谥曰“康党”，吾侪亦居之不疑也。

自长兴以后，而邝家祠，而府学宫，从游者岁增，动至数百千人。虽得朋日丰，而亲炙之时日不能遍给，乐稍替矣。既而公车上书、强学会、戊戌政变以迄今日，忽忽三十年，先生转徙海外之日强半，吾侪相从于患难中，其间零落凋谢，不一二数。今先生七十，吾侪亦皆垂垂老矣。各牵于人事，或经数岁不得合并；然每一侍坐，则先生谭兴之豪，与抚爱之切挚，壹不减长兴时。吾侪深庆事先生之日方长，而所以鼓舞之使靖献于天下国家者，正未有艾也。

今国事诚有大不忍言者存，然剥极之后，会有其期。戊戌以后之新中国，惟先生实手辟之。今之少年，或能讥弹先生；然而导河积石，则孰非闻先生之风而兴者？事苟有济，成之何必在我！先生其亦或可稍纾悲悯，雍容扶杖，以待一阳之至也。

启超等或于役京国，或息影家园，或栖迟海外，不能一一抠衣趋祝。惟往往风晨雨夕相促膝话畴昔少年同学事，则心魂温馨而神志飞扬，谓为有生第一至乐，而知先生亦必有以乐乎此也。乃以所以乐先生者为先生寿，而属亲炙于侧者致辞焉。先生其将莞尔而笑曰："吾党之小子狂简犹昔也。"

贺南海先生的寿联，寿文共十六幅条屏，用白玉版宣纸，朱丝锦缎精裱，寄往上海之前，北平《晨报副刊》闻讯赶至，影印发表，报界、学界顿时哗然，称任公笔下书文双绝，一也；叹梁启超情重若山，义薄云天，二也。

梁启超在寿言中说"不能一一抠衣趋祝"，实有难言之隐，其时梁启超患血尿已有两年，远赴上海，旅途劳顿，恐力所不逮，但，家人劝止无果，梁启超以恩师庆生事大，还是去了。《梁启超年谱长编》725页记："先生与同门诸子均亲往沪上庆祝。"

一代风流，尽已白头！

谁料为康南海祝寿的欢乐余音尚在，三月三十一日康南海在青岛突然去世，一喜一悲，中间只隔二十三天。原来灵魂归去时是不以人的祝寿之声为眷念的。归去便归去，天何言哉！

梁启超接到噩耗，如同掉入冰窟。

康有为匆匆地走了。其实这个世界上天天都有不知其详的人离世，偏偏有一个人是对梁启超恩重如山、难分难离的。他的始终如一的不合时宜，使他活着时始终如一的倍加艰辛，集大毁大誉于一身，而毁之誉之的又有几人是真正了解他的？世纪交替，金戈铁马，人们在焦虑、惶急、苦难之下便无法去探寻那些站在历史前头的人物的内心，或曰他们的心路历程，甚至被流言挟裹，一起参与对其人格和思想“凌迟”的酷刑，悲哉！然梁启超在《南海康先生传》中断言：“若夫他日有著二十世纪新中国史者，吾知其开卷第一页，必称述先生之精神事业，以为社会原动力之所自始。”

现在，康南海安息了。

最后，也是第一次，康南海置毁誉于度外了。

梁启超在心里默默地说：吾师累了！天游去也！

青岛，有海上的涛声传来。

浪迹天涯，亡命四海，居无定所的康南海，最后长眠于青岛，由涛声拥着。

他的灵魂又浮槎于海了吗？

康南海身后萧条，世人为之震惊：赫赫有名的南海康有为死后，连草草入殓的银子都没有！

梁启超当即汇去数百元，青岛那边才算匆匆殡葬。

一九二七年四月十七日，梁启超发起北京各界追悼康南海。于宣武门外之松筠庵，这是明代杨椒山先生故宅，也是康梁第一次变法上书集合地。“梁启超披麻戴孝，穿孝子服（麻衣不缝边）。南海门下弟子徐志摩，张君劢，胡适都行磕头礼，任公如礼答之。”（周传儒《广东文史资料》之三十八）从一八八八年康有为《上清帝第一书》至今，三十九年矣！北京的老百姓中年岁稍大一些的，无不知道康梁。康的死讯及梁启超为之公祭的消息，一时传遍了古城，也有市民胸前缀白花以示哀悼的。

座中泪下谁最多？自然是梁启超了，不久刚写过寿联的笔现在又用来写挽联了：

祝宗祈死，老眼久枯，翻幸生也有涯，率免睹全国陆沉鱼烂之惨；

西狩获麟，微言遽绝，正恐天之将丧，不仅动吾党山颓木坏之悲。

公祭康南海之后第三天，给思顺等一书："南海先生忽然在青岛死去，前日我们在京为位而哭，好生伤感，我的祭文，谅来已在《晨报》上见着了，他身后萧条的万分可怜，我得着电报，赶紧电汇几百块钱去，才能草草成殓哩。我打算替西哲送奠敬百元，你们虽穷，但借贷典当还有法可想。西哲受南海先生提携之恩最早，总应该尽一点心，谅来你们一定同意。"(《梁启超年谱长编》725页，西哲即梁思顺之夫君)读者或有困惑：当张勋复辟，康梁如水火，何得重修于好？先是，南海去世前五年，梁启超有上海之行，刘海粟居间通融，相偕到康宅游存庐拜访康有为，一声"吾师辛苦"，相拥相惜，"和好如初"(《齐鲁谈艺录》)。后康有为到天津任公"两次捧杖履"，前文已记，康梁不能分也，康梁岂可分？

北海快雪堂松坡图书馆，任公一人独坐。

四月早春，北海的迎春开得最早，一根一根一丛一丛的金黄，垂柳也垂下了丝丝嫩绿，虽当乱世，草木依旧。任公眼前，晃动着的却是那么多的亲人故旧的灵影，夫人走了，静穆的夏穗卿彻底静穆了，授业恩师康有为独自天游了，曾经习归去道山，林长民惨遭不测……还有谭嗣同、康广仁等六君子；还有唐才常、林圭等；还有蔡锷以及多少护国之役献身的将士……

还有袁世凯，不治身亡后，"任公与陆荣廷书云：'昔缘义愤，曾与分张；今念交期，转深嗟悼；茫茫百岁，想公同之。'"(刘太希《记梁任公》一九五八年二月《畅流》十七卷二期)

步出快雪堂，抬头星光扑眼。这个风云变幻、希望与失望交织的民国年代，时值复古以更新的清代学术思潮之后，也曾星斗灿烂，辉煌各列呵。如今陨落飘零，那一时春光，又怎生挡得雨打风吹去？可是无此思潮，焉有民国？

任公步月而行，轻声吟诵《桃花扇》十三出中《哭主》一段唱词，写的是左良玉在黄鹤楼开宴，忽然接到崇祯皇帝煤山自尽的急报：

高皇帝在九京，不管亡家破鼎，哪知他圣子神孙，反不如飘蓬断梗。十七年忧国如病，呼不应天灵祖，调不来亲兵救兵；白练无情，送君王一命。伤心煞煤山私幸，独殉了社稷苍生，独殉了社稷苍生！

梁启超曾注释孔尚任全本《桃花扇》，清末民初，能以历史和文艺思潮求《桃花扇》主旨者，任公一人而已。任公所注几乎全为史实的钩沉、戡误，中国戏曲的唱词大抵粗率，《桃花扇》作者十余年煮字，三易其稿，梁启超赞其唱词精美。孔尚任，孔子六十四代孙，借离合之情，书兴亡之感也。任公说：读《桃花扇》“而不油然生民族主义思想，必其无人心者也”，又说，“小时候读它，不知淌了多少眼泪”，“他感人最深处是一个个字，都带着鲜红的血呕出来”。（梁启超批注本《桃花扇》凤凰出版社）

最让人肝肠寸断的却是《桃花扇》结尾那出《哀江南》了：

俺曾见金陵玉树莺啼晓，秦淮水榭花开早，谁知道容易冰消。眼看他起朱楼，眼看他宴宾客，眼看他楼塌了。这青苔碧瓦堆，俺曾睡过风流觉，将五十年兴亡看饱。那乌衣巷不姓王；莫愁湖鬼夜哭，凤凰台栖枭鸟。残山梦最真，旧境丢难掉。不信这舆图换稿，诌一套《哀江南》，放悲声唱到老！

吟唱罢，梁启超泪流满面。

不堪忆，不能忘，便是那人间兴亡事。

虽然，明天的太阳还会升起。

第十八章 大块文章

梁启超治学，广博丰厚，时有新论，其涉及范围之广、其情感的浓烈、其常常化身其间的责任感，当时之世可比者寥寥。后之来者，在他一生以文字构造的学海中探幽，是涛声扑面目不暇接之慨；也有不以梁启超为然的，把丰厚说成浅薄，以其“多变”而谓之浅薄，类同数典忘祖，近乎无知无识。

编辑《饮冰室合集》的林志钧在序文中说：

> 知任公者，则知其为学虽数变，而固有其紧密自守在，即百变不离史是矣。其髫年即喜读《史记》、《汉书》，居江户草《中国通史》，又欲草世界史及政治史、文化史等，所为文如《中国史叙论》、《新史学》及传记学案，乃至传奇小说，皆涵史性。

林志钧确是知梁启超者。

梁启超毕生的学术成就涉及到关乎文化的几乎所有领域，但无论文学、哲学、佛学、教育学、政治学、财经学、新闻学、图书馆学，均以史为经脉，如梁启超所言，“平生好学，以史为甚”。溯其当初，则始于万木草堂，康南海所教也。

从埋头于典籍、稿笺中站起来，在书房里踱几步，抿一口茶抽一支烟以为小憩时，梁启超常常自言自语：历史是活的。

但，他也会叹息，自觉人生紧迫，要读的书要写的文章却太多太多。

梁启超从来不曾想过，自己还有多少时间，而只是抓紧着做学问。从他告别官场到一病不起，不过短短的十年。这十年间，讲台与书桌是他长相厮守之处，也曾有过政治的冲动，甚至想组织第三党与国民党和共产党抗衡，但终于也只是想想而已。

就是这生命最后的十年，梁启超达到了学术成就最辉煌的巅峰，灿烂在二十世纪，并且会随时光之箭而闪耀于未来岁月。

一九二一年，对先秦诸子情有独钟的梁启超写了《墨经校释》、《复胡适之论墨经书》、《墨子学案》、《墨子讲义摘要》等。有关佛学的则有《翻译文学与佛典》、《佛学之初输入》、《读异部宗轮记述记》。

一九二二年，中国近代史学史上影响深远、读史研史论史者必读的巨著《中国历史研究法》出版。梁启超的这部巨著，被称为“中国近代史学理论宝典”，是梁启超在南开大学主讲一年的《中国文化史稿》的结集。

梁启超总是陶醉于历史的巨大中。这巨大有时是辽阔无垠，有时是细若山泉；有时是阳光灿烂，有时是阴影笼罩；有时若明月之清丽，有时若烛火之闪烁；有时美极，有时丑极。总而言之，它是无声的，作废墟状，却埋伏着温热的碎片，几个古泉上的古文，龟板和陶瓷的一角……

梁启超在清华讲授中国历史研究法补编的同时，正撰述《五千年史势鸟瞰》作为《中国通史》的若干章节，这一宏伟的计划因天不假年而未能完成，但现存的《中国历史上民族之研究》、《太古及三代载记》、《春秋载记》、《战国载记》等均是梁启超授课的讲稿，从中可以约略看出梁启超观照中国史的思路及唯梁启超才有的特色。

梁启超是从民族史开始切入中国史的，并扩大了史学研究领域，他认为所谓“民族意识”即是“谓对他而自觉为我”，而这个“我”亦即是“中国人”的代名词。“凡遇一他族而立刻有‘我是中国人’之观念浮于其脑际者，此人即中华民族之一员也。”此种自觉只发生于我国对他国，而所以发生，国与国已有交流，或者通商，或者战争，于是有外交，人类社会进步之一端。民族意识又何以发现并确立？梁启超告诉我们：“最初由若干血缘关系之人，根据生理本能，互营共同生活，对于自然的环境常为共通的反应。”此一时期应是部族社会一姓一国时，后来因社会分工、心理沟通、协力合作的需求，而这些需求中最根本需求则为生存之需求、延续种族之需求，“乃发明公用之语言文字及其他工具，养成共有之信仰学艺趣嗜，经无数年无数人协同努力所积之共业，釐然成一特异之文化，文化枢系……民族意识是由成立也”。

根据神话、传说及相关文献资料，他认为“中国人”的观念最早形成于上古时代，是多民族的集合体，梁启超说：“吾民族自名曰‘诸夏’，以示别于夷狄。诸夏之名立，即民族意识自觉之表征，‘夏’而冠以‘诸’，抑一多元结合之一种暗示也。”

梁启超说民族意识的确立及用诸夏之名，“可推定起于大禹时代”。那是因为“文化渐开，各部落交通渐繁，公用之言语习惯已成立”。其次因遭大洪水浸没，各部落纷纷迁居高地，“又以捍大难之故，有分劳协力之必要，而禹躬身其劳而集大勋，遂成为民族结合之枢核”。再者，“与苗族及其他蛮夏相接触，对彼而自觉为我”。

从此以后，“‘诸夏一体’的观念，渐深入于人人意识中，遂成为数千年来不可分裂不可磨灭之一大民族”。

梁启超还考察了上古时代的满族、蜀族、巴氐族、徐淮族、吴越族、闽族、百粤族、百濮族等民族的地理分布、语言特点、生活习性及相互融合于中华民族大家庭的历史过程，得出了这样的结论：

> 中华民族自始本非一族，实由多数民族混合而成。

《中国历史上民族之研究》(《饮冰室合集·专集》之八）一书，则是梁启超专为说明中华民族繁衍及一体化过程而写的。他的总的观点是：中华民族为一极复杂极巩固之民族；这个民族的形成曾经付出了极大的代价；中华民族的将来绝不至衰落，而且有更扩大的可能性。

《中国历史上民族之研究》的另一巨献，向为治梁学者忽略，梁启超回答了“欧人主张华族为外来者”的不确，任公以历史和当时仅见的考古发掘，“则长城以北，冰期时已有人迹，即河南中原之地，亦发现石器时代之遗骨，陶器多具”，可证“吾族之宅斯土已在五万年以上，故所传‘九头’、‘十纪’等神话……固足为我族渊源悠远之一种暗示”。欧洲白人中心主义者所谓中国人外来之说者中曾以玉为例，谬也！“玉为古代通灵之器”，限以时代，其时，中国考古仅为萌芽，玉的出土后来蓬勃于地下，玉的产地分为地方玉、和田玉而广及华夏，作为精神和文化的载体，八千多年前的兴隆洼玉器，六千年前的红山玉器，五千年前的良渚玉器其优美精良，并世无有。梁思成迎娶林徽因，梁启超精心选择的聘礼，即为一对玉佩，中华民族外来说云云，梁启超认为“恐终涉武断也”(《饮冰室合集·专集》之八)。

历史是离不开年代及地理环境的。

梁启超称之为“空际”与“时际”。梁启超认为：

> 历史者，因空际时际之关系而发生意义者也。吾尝言之矣，曰“史迹之为物，必与‘当时’、‘此地’之两观念相结合，然后有评价之可言”。故于地理及年代托始焉。
>
> （《饮冰室合集·专集》之九）

梁启超在一九二二年清华学校讲演的《地理及年代》，谈到环境与文化发展的关系时，有极为精当、重要的论述。梁启超说：

> 人类征服自然之力，本自有限界，且当文化愈低度时，则其力愈薄弱。故愈古代则地理规定历史之程度愈强。且其所规定者，不徒在物的方面而兼及心的方面，往往因地理影响形成

民族特别性格。而此种性格，递代遗传，旋为历史上主要之原动力。

梁启超并且特别告诫:“故治史者，于地理之背景，终不能蔑视也。”

梁启超告诉当时及以后的读者的，是这样的名言至理：一切平凡或者伟大的人类活动，无不都在一定的地理环境中展开；唯其如此，这一定的环境便影响着历史的发展和民族性格的形成。

在梁启超所处的时代，有梁启超这样对环境及其作用有深刻认识的，还有第二人吗?

这就是梁启超的深厚。

他总能找到可以开掘、铺陈、叙述的凭借，所有的史迹都离不开这样的“山阴道”。

这就是梁启超的魅力。

他总会发出自己的新论，而这样的新论能使历史和地理都不再枯燥，活鲜着，让人惊讶。

一条奔腾不息浊浪滚滚的黄河，是最能说明历史与地理环境之间相依相存相斥相争之紧密关系的。梁启超从地理的角度以十八条理由，说明黄河流域为什么成为中华民族及其文化发祥地的。

实录前七条，便可略知梁启超的学识与目光了：

1. 中国黄河流域原大而饶，宜畜牧耕稼，有交通之便，于产育初民文化为最适。故能以邃古时即组成一独立之文化系。

2. 该流域为世界最大平原之一，千里平衍，无冈峦崎岖起伏，无湾碕佤离旋折，气候四时寒燠俱备，然规则甚正，无急剧之变化，故能形成一种平原的文化，其人以尊中庸爱平和为天性。

3. 以地形平衍且规则正故，其人觉得自然界可亲可爱，而不觉其可惊可怖。故其文化绝不含神秘性与希伯来埃及异，居其地者非有相当之劳作不能生活，不容纯耽悦微渺之理想，故其文化为现世的，与印度异。

4. 天惠比较的丰厚，不必费极大之劳力以求克服天然，但能顺应之即已得安适，故科学思想发达甚缓。又以第 2 项所言地形气候皆平正少变化故，故乏颖异深刻的美术思想，又以爱乐天然顺应天然之故，故伦理的人生哲学最发达。

5. 此一区域中，别无第二个文化系，而本部（即第一部）地势毗连不可分割，故随民族势力之发展，文化亦愈益扩大，结成单一性的基础。

6. 以第 2 项理由故，中庸性质特别发展，唯其好中庸，万事不肯为主我极端的偏执，有弘纳众流之量，故可以容受无数复杂之民族，使之迅速同化。亦唯因周遭之野蛮或未开的民族太多，我族深感有迅令同化之必要。而中庸性格实为同化利器，故演化愈深，而此性格亦愈显著。

7. 国境西界葱岭以与中亚及欧洲之文化隔绝，南界喜马拉雅以与印度文化隔绝，缺乏机缘以与他系文化相磨砺相滋长，故其文化为孤立的单调的保守的。

梁启超关于中华民族起源及与此相关的地理、文化的分析比较，实际上明确并回答了一个十分重要的问题：即源远流长的中华文化有其不可毁灭的深厚的历史、地理根源，而由同样的根源上生出的却是传统文化的单调与保守性，因此并有了文明衰退、经济落后的中国近代。

所谓“李约瑟之谜”，其实梁启超早已作出回答了。

一九七五年辞世的汤因比以《历史研究》闻名世界，在论及中华文明时，为应因他的“挑战与反应”理论，汤因比认为中国文明起源于黄河而非长江，是因为黄河险恶，形成挑战，人类应之，文明生出。此说大谬，汤因比读读梁启超就明白了。

梁启超还论及中国“大一统”主义的产生，其原因也是“文化起源起自黄河流域，次及长江流域，此两流域平原毗连，殆无复天然境界可以析划，与欧陆形势极异。我民族以此地为枢核，则所谓‘大一统’主义自然发生。故幅员虽大于欧陆，而欧陆以分立为原则，以统一为例外，吾土正反是”。

在“大一统”之下，“致地方自治不能发达”。梁启超曾力倡“联省自治”，在保全主权、统一版图的前提下，联省独立、自治，类似于古希腊的小城邦，以期竞争和促进，并遏制军阀势力。这是梁启超的又一个破灭的梦想，但他终于从中国的相连于地理环境的历史演进中找到了答案：“地势既不适于分立，又难于发育自治，其势自然趋于中枢专制。”

原来，“大一统”与“中枢专制”是一块硬币的正反面。

梁启超在撰写本文的一九二三年时，已经看到了科技必将改变人类生活的趋势，他说：

> 右所举地理影响于历史者，崖略可视矣——然此类地理之权威，近代既日以锐减，例如海运及国境上之铁路既通，则连山大漠不足为对外交通之障……工商业渐渐发展，则重心趋于都市，而自治之可能性愈大，诸如此类，今日皆有异于古所云。
>
> （《饮冰室合集·专集》之八）

然而，梁启超也明确指出：历史、地理铸就的民族心理，是很难改变的——“特前此影响之留迹于心理者，其蜕变非旦夕间事也。”（同上）

近百年后，梁启超所说的“留迹于心理者”，在中国仍比比皆是；而且从地理环境而言，“山脉与河流皆自西而东”，这是无法改变的，水土流失使中国分分秒秒都在大出血，边远的贫困地区贫困依旧，地理制约历史之后必会制约现实，否则何来历史呢？史地之学，由自而始。

梁启超关于历史和年代的论述中，广义而言“有人类即有史”，“即新石器时代迄今，亦已五万年”，那么，“亦可称五万年前中国已有史”。

但就狭义的而言，“先民活动之迹，有正确记录可征者为限”，信史是也，中国的历史年代，宗《史记》之说，以西周共和元年为断，则不及三千年，任公又认为，追之夏禹，则中国“有史则固当远溯诸四千年以上矣”(《饮冰室合集·专集》之八)。前些年的所谓夏商周断代工程，任公早已一手断之矣。

考古者不断提出的一个责难为：没有文字，多有器物的年代，难道就不是历史吗？梁启超谓：“有史以前，谓之神话时代。”而“神话时代亦有史迹，史迹时代亦有神话”的论述极为重要，神话何来？神话谁说？人也。神话传说中有人的史迹和影子，而且是极古怪极可爱的先民的影子，当无可疑。历史，史前史因为十分茫然而十分迷人，梁启超说：“神话时代，其悠远乃数十百倍于有史时代，若著一部《人类活动通考》，则有史时代所占之篇幅，不过其最末数页而已。”(同上)在另一篇文章中称：“文字之源，起于八卦。许氏《说文解字》为现存最古之字书，其叙即首述伏羲作八卦，以以垂宪象，盖探其本也。”任公以坎、离两卦为例，“坎☵为水，离☲为火，确为籀篆水火巛巛二字所本，但一纵一横耳，此象形字所从出也”，而“乾坤二卦，以奇偶表阴阳之概念，以阴阳表天地之概念，此会意字所从出也”，“实中国最古老之文字也”。(《志语言文字》)

梁启超的浩瀚博大，一望可知；梁启超的缜密精细，则隐伏于浩瀚博大。任公文字源于八卦之说，实为开辟之论，溯源者能不为之心动！

一九二二年《申报》上发表梁启超著《五十年中国进化概论》，对十九世纪七十年代到二十世纪二十年代这五十年间，亦即同光以后的中国政治、经济和文化演变，作了十分精辟的叙述。时人论曰：“或可说梁任公登高一呼妙笔生花独领风骚的时代已经过去，然而在思想文化领域，梁任公的‘史笔’落下，却仍有惊雷之响。盖其才气学识过人，且愈发平静、老到之故！”

事关近代思想文化的变迁，可谓头绪繁多莫衷一是。梁启超却只是以器物、制度、文化三个递进的方面，有层次地概括近代中国的变化过程，其中糅合了他的亲身经历，贯穿了他的敏锐洞察，如今读来仍是光彩照人：

> 古语说得好：“学然后知不足。”近五十年来，中国人渐渐知道自己的不足了。这点子觉悟，一面算是学问进步的原因，一面也算是学问进步的结果。第一期先从器物上感觉不足。这种感觉从鸦片战争后渐渐发动，到同治年间借了外国兵来平内乱，于是曾国藩、李鸿章一班人，很觉得外国的船坚炮利，确是我们所不及。对于这方面的事项，觉得有舍己从人的必要。于是福州船政学堂、上海制造局等等渐次设立起来。但这一期内，思想界受的影响很少。其中最可纪念的，是制造局里头译出几部科学书。这些书现在看起来很陈旧很肤浅，但那群翻译的人，有几位颇忠实于学问……因为那时读书的人都不会说外国话，说外国话的都不读书。所以这几部译本书，实在是替那第二期“不懂外国话的西学家”开出一条血路了。

梁启超用浅显的文字，把五十年间“器物上感觉不足”所引起的洋务运动，写得准确而生动。中国人要向外国学习的艰难也跃然纸上，因为那时就连“读懂外国话的西学家”也还没有，制造局译出的那几本书便是天下无二的“珍品”了。

能不能说，中国的现代化之路就是这样开始探求的呢？它从一开始就有的先天不足是显而易见的了！它是由器物开始的，文化滞后，思想更谈不上。

我们一直在做着没有“人的现代化”的现代化之梦。

梁启超由第一期的器物谈到了制度：

> 第二期是从制度上感觉不足。自从和日本打了一个败仗下来，国内有心人，真像睡梦中着了一个霹雳，因想道，堂堂中国为什么衰败到这田地，都为的是政制不良。所以拿“变法维

新”做一面大旗，在社会上开始运动。那急先锋就是康有为、梁启超一班人。这班人中国学问是有底子的，外国文却一字不懂，他们不能告诉人“外国学问是什么，应该怎么学法”。只会日日大声疾呼说：“中国旧东西是不够的，外国人许多好处是要学的”，这些话虽像是囫囵，在当时却发生很大的效力。他们的政治运动，是完全失败，只剩下前文说的废科举那件事，算是成功了。这件事的确能够替后来打开一个新局面，国内许多学堂，外国许多留学生，在这期内蓬蓬勃勃发生。

这一段文字告诉读者，变法维新曾经是一股潮流，失败之后唯一留下的便是废科举、开学堂，北京大学前身京师大学堂，也可以说是变法维新仅剩的果实。以后的中国史，却无论怎样也离不开北京大学及别的学校了，往国外派留学生也“蓬蓬勃勃”于此一时期，不懂外国文字的历史从此结束。

梁启超还指出，第二期经过的时间比较长，从甲午海战到民国六七年间，约二十年。“政治界变迁很大，思想界只能算同一个色彩。这二十年间，都是觉得我们政治、法律等等，远不如人，恨不得把人家的组织形式，一件件搬进来。以为但能够这样，万事都有办法了。”

其实不然，因而有了“第三期便是从文化根本上感觉不足”。“革命成功近十年，所希望的件件都落空，渐渐有点废然思返，觉得社会文化是整套的。要拿旧心理运用新制度，决计不可能，渐渐要求全人格的觉悟……所以最近两三年算是划出一个新时期来了。”

《五十年中国进化概论》一文中，梁启超还写道，在新文化运动的第二期，“康有为、梁启超、章炳麟、严复等辈，都是新思想界勇士，立在阵头最前的一排。到第三时期，许多新青年跑上前线。这些人一趟一趟被挤落后，甚至已经全然退伍了”。

梁启超说的“许多新青年跑上前线”，这新青年中当有陈独秀、李大钊、蔡元培、鲁迅、周作人、胡适等等，并认为自己也在落后之列。

《新青年》的出现，使思想文化界陈独秀时代的到来已经渐显端倪，而梁启超只是潜心著述，从讲台到书桌，文章仍如潮水一般涌来，并且爱护着后来人，这并不妨碍任公仍坚守着应该坚守者。梁启超此一时期著述及诸多讲演中，常常要求青年学子学会先做人，在人格上历练培养，求得精神上的彻底自由。陈独秀、胡适等人提出“打倒孔家店”之后，任公告诫学子万不可轻忽国学而“沉醉西风”。梁启超在《评胡适之“一个最低限度的国学书目”》中指出：“胡君这书目，我是不赞成的，因为他文不对题。”（《饮冰室合集·专集》之九）而最使梁启超不解甚至愤愤然而“最诧异的”，胡适居然“把史部书一概屏绝”，“有《三侠五义》、《九命奇冤》却没有《史记》、《汉书》、《资治通鉴》，岂非笑话！”“思想之部，连《易经》也没有，什么缘故，我也要求胡君答复。”任公并专门写信给发表胡适书目的《清华周刊》，“国学入门要目及其读法一篇呈上”，任公自己列出一份国学最低限度之必学书目如下：“‘四书’、《易经》、《书经》、《诗经》、《礼记》、《左传》、《老子》、《墨子》、《庄子》、《荀子》、《韩非子》、《战国策》、《史记》、《汉书》、《后汉书》、《三国志》、《资治通鉴》（或《通监记事本末》）、《宋元明史记事本末》、《楚辞》、《文选》、《李太白集》、《杜工部集》、《韩昌黎集》、《柳河东集》、《白香山集》，其他词曲集随所好选读数种。”（《饮冰室合集·专集》之九）梁启超并称，“以上各书……并此未读，真不能认为中国学人矣。”任公的朋友都知道他一团和气，温文尔雅，却在讲台之外着实为胡适的书目愤怒了一回。

梁启超推崇先秦，在他看来，先秦是漫长的中国思想文化史中最重要的一段，也是他倾注了热情为之歌颂的一个时期。春秋以前，中国学术文化开始孕育形成，春秋战国时期，真可谓百花齐放，万水奔流，达到“全盛”。

梁启超说：

以思想家的资格创造思想，唯先秦诸哲独擅其能。

梁启超甚至认为：

> 若研究过去的政治思想，仅拿先秦做研究范围，也就够了。

研究先秦思想史，梁启超的殚精竭虑，可从下面的著作目录上窥见一斑:《老孔墨以后学派概观》、《先秦政治思想史》、《先秦学术年表》、《老子哲学》、《子墨子学说》、《墨经校释》、《孔子》、《读孟子界说》、《庄子天下篇释义》、《荀子评诸子汇释》、《韩非子显学篇释义》等数十种论著，还对包括司马迁、班固在内的秦汉学者作了评介。《先秦政治思想史》即是一部资料丰厚，目光远大，从整体上再现先秦诸子风采的代表作。

梁启超在《序论》中说：

> 人类全体文化，从初发育之日起截至西历十五六世纪，以前我国所产者，视全世界之任何部分，皆无逊色。

中国文化自古以来就有自己的发展途径，如前文已谈到的由中国的地理制约的历史，同时也产生了相应的文化发展之路，既有异于希伯来、印度的“超现世的热烈宗教观念”；而“希腊人、日耳曼人之冥想的形而上学，我虽有之而不倡”；至于“近代欧洲之纯客观的科学，我亦微微不足道”。

那么，中国为什么能在全人类文化中“占一位置”呢？梁启超说：

> 中国学术以研究人类现世生活之理法为中心，古今思想家皆集中精力于此方面此各种问题。以今语道之，即人生哲学及政治哲学所包含之诸问题也。盖无论何时代何宗派之著述，未尝不归结于此点。坐是之故，吾国人对于此方面问题之解答，往往有独到之处。为世界任何部分所莫能逮，吾国人参列世界

文化博览会之出品持此。

梁启超又告诉我们，中国文化、中国文人好谈政治，实在是有根子的，而且这根子又长又远："我国自春秋战国以来，学术勃兴，而所谓'百家言'者，盖罔不归宿于政治。"论先秦就离不开先秦的政治思想，先秦诸子谈人生、谈学问、谈人世、谈出世，其实都与政治相关，儒、墨、道、法四家概莫能外。

梁启超称这四家为先秦"政治思想四大潮流"，是这一时期的"思想之主干"，并为这四大潮流作了画龙点睛的诠释：

> 道家：信自然力万能而且至善，以为一涉人工，便损自然之朴。故其政治论，建设于绝对的自由理想之上，极力排斥干涉，结果谓并政府而不必要，吾名之曰"无治主义"。
>
> 儒家：谓社会由人类同情心结合，而同情心以各人本身最近之环圈为出发点。顺等差以渐推及远，故欲建设伦理的政治，以各人分内的互让及协作，使同情心于可能的范围内尽量发展，求相对的自由与相对的平等之实现及调和……吾名之曰"人治主义"或"德治主义"或"礼治主义"。
>
> 墨家：其注重同情心与儒家同，惟不认远近差等，其意欲使人人各撤去自身的立脚点，同归于一超越的最高主宰者（天）。其政治论建设于绝对的平等理想之上，而自由则绝不承认，结果成为教会政治，吾名之曰："新天治主义。"
>
> 法家：其思想以"唯物观"为出发点，常注意当时此地之环境，又深信政府万能，而不承认人类个性之神圣。其政治论主张严格的干涉，但干涉须以客观的"物准"为工具，而不容主治者以心为高下。人民惟以法律容许之范围内，得自由与平等。吾名之曰"物治主义"或"法治主义"。

在《先秦政治思想史》的结论部分，梁启超感叹道："今之少年喜谤前辈，或摭拾欧美学说之一鳞一爪以为抨击之资，动则‘诬其祖’曰：‘昔人之无闻知’。”

梁启超自然是不排斥学习西方的，但作为本世纪中国最有影响的学问家之一，他最知道中国古代先哲的“精深博大”，而今天的人在汇集人类文化的全部精粹以为我用时，也必须思索这样一个问题：“如何而能应用吾先哲最优美之人生观使实现于今日？”

这是不可能让先人“代吾侪解决”的，只有“当时此地之人类善为自谋”，为此，梁启超提出了两个直到二十世纪行将结束乃至今日，仍然有着实际意义的问题——

“其一，精神生活与物质生活之调和问题。”梁启超说，人类有别于禽兽，在其有精神生活；而精神生活又“不能离物质生活而独自存在”；物质的发展、人对物质的追求很容易陷入无度，所以“物质生活应以不妨害精神生活之发展为限度”。

物质生活怎样才能与精神生活相适应呢？

梁启超说：“太丰妨焉，太缺亦妨焉。应使人人皆为不丰不缺的平均享用，以助成精神生活之自由而向上。”

梁启超又说：“物质生活不过为维持精神生活之一种手段，决不能以占人生问题之主位。”梁启超并且预见到“科学勃兴之结果，能使物质益为畸形的发展，而其权威亦益猖獗”。他所希望的是“在现代科学昌明的状态之下，如何能应用儒家之‘均安主义’，使人人能在当时此地之环境中，得不丰不缺的物质生活实现而普及”。

精神与物质的关系之外，梁启超提出的第二个问题是“个性与社会性之调和”。梁启超说：“据吾侪所信，宇宙进化之规则，全由各个人常出其活的心力，改造其所欲至之环境，然后生活于自己所造的环境之下。”他还同时指出，“毫无所疑墨法两家之主张以机械的整齐使个人同治，一炉同铸一型，结果使个性尽被社会性吞灭。此吾侪所断不能赞同者也。”

“一炉同铸一型”的社会是要不得的，社会对个性的影响却不能小视，尤其进入近代以后，古代社会的“简而小”已成为“复而庞”，改造也难，建设也难。而“在恶社会之下，则良的个性殆，不能以自存”。

梁启超的理想是：

如何能使此社会不变为机械的，使个性中心之“仁的社会”能与时势并进而时时实现，“此又吾侪对于本国乃至全人类之一大责任也”。

梁启超不可能开出一张万全万有的社会政治的药方来。但，他对社会问题的思考，则毫无疑问是超越了当时，超越了阶级，甚至超越了民族和国界的。

梁启超对中国的未来，既满怀着希望——那是基于文化的层面；又忧心忡忡——那是因为现实的纷乱。梁启超在文末借用孔子的“不愤不启不悱不发”、孟子的“有终身之忧，无一朝之患也。乃若所忧者有之”叹道：“吾终身之忧何时已耶？吾先圣哲伟大之心力，其或终有以启吾愤而发吾悱也。”

梁启超是十九世纪末年二十世纪初叶，中国文化思想界最轰轰烈烈的一位，却又有多少人看见了他贯穿其毕生的内心忧患？

他生于忧患。

他还将死于忧患。

读梁启超的人，如果读出了忧患，便是读懂了他所处的时代，甚至也会读懂他身后即今天的中国和世界。

梁启超沉浸于巨大而深邃的历史时，他不仅是一个思想家、评论家，而且还是一个历史人物的传记家。

窥测梁启超的苦心，为历史论，梳理千百年的经纬万端，为彰显先哲思想文化之圣明而不致为现世的繁杂淹没；为人物传，则是要让活的历史通过人物而有动作，在理想之中更含一种可亲可敬可悲可叹的形象。可以说，梁启超惊人才智的相当部分是融化在历史中的。

梁启超所著的中国历史人物传记，影响较大的有《谭嗣同传》、《康广仁传》、《南海康先生传》、《李鸿章》、《张博望班定远合传》、《黄帝以后第一伟人——赵武灵王传》、《明季第一人物——袁崇焕传》、《中国殖民八大伟人传》、《祖国大航海家——郑和传》、《王荆公》、《管子传》

等等。

所有这些传记，都是由梁启超精心选择题材，并使人物在特殊的非常时刻的环境中展开，不求全、不是编年史，以一生中最有影响的时间段作叙述和评判。根本目的则在于弘扬中华民族的民族精神，为苦难暗夜中的中国人民、尤其是求索中的年轻人，燃出几堆亮火，多少有一点儿光明的希望，自然希望也往往带着苦涩。

《张博望班定远合传》中（《饮冰室合集·专集》之六），梁启超详记了张骞与大宛、月氏、大夏、乌孙、安息等地人民的交往，以及班超出使西域的历史背景。世代相传的“凿通西域”之盛举，活跃在梁启超笔下：

> 汉之通西域，凡以弱匈奴也。匈奴与汉不两盛，而皆以西域为重……论者或以功归于卫青、霍去病、窦宪诸人，而不知其赖张、班之谋勇，以坐收其成者也。故黄族之威，震于域外者，以汉为最，而博望始之，定远成之。二杰者实我民族帝国主义绝好模范之人格也。

梁启超告后人上古世界两大文明差一点就碰上了，“是时罗马力强，用兵于西亚细亚，屡破安息。中国日扩而西，罗马日扩而东，上古世界两大文明几相接触”。“接触、碰撞”之后，会不会有上古时代的世界大战？胜者为谁？败者为谁？世界格局为何种样子？可想而不可问也。结果是班超“又使部将甘英使大秦（罗马）抵条支，临大海”，然“海水广大”，望而却步，是时班超年已七十，“耳目不聪明，扶杖乃能行”。任公为班超一叹：“使假以岁年，予以精力，吾恐超之成就当不止此，或竟能躬逢大秦之役，揄我黄帝子孙之声名文物于欧土，为世界留一更大纪念，呜呼人杰哀哉！”

梁启超讴歌张骞、班超，也为他们可惜没有继续西进以达地中海，如是则中国与西洋文明的沟通，不知会提前多少年！

梁启超最为感叹的，是张骞、班超的冒险进取精神，没有能得到后人的发扬和继承，一个不再冒险不敢进取的民族，便只能安以闭关自守，其民族精神的江河日下，其物力心力的日渐衰败，便是必然的了。

梁启超为郑和作传的意义及重要性，也许超过他所作的别的人物传记。

一九〇五年，二十世纪刚刚开始的时候，梁启超在《郑和传》（同上）中提出了一个直到二十一世纪仍然是中国人觉得新鲜的话题：我们认识海洋吗？我们知道海洋国土也是国土吗？而我们的海洋国土被“瓜分豆剖”的有多少？国人什么时候才能真正明白，中国在历史上的强大始于陆地终于海洋的悲壮史实？

梁启超在学术著作上，好追根溯源，为大块文章。即便是一次讲演，他总多少带着“史性”，从为人为学的根本上着手，虽小犹大，犹重。郑振铎说：“他在政治上虽是一位温情主义的改良论者，野心一点也不大；然在学术上，他却是一位虎视眈眈的野心家。”善哉！此言。只要相关史学，他未开笔之前便思接今古，“一动手便有极大的格局放在那里”（郑振铎语），此种“极大的格局，不是见于饮冰室的三部两部，可谓比比皆是，有极大格局者，必有极大襟抱，当时今世，无有可与任公比肩者。后人为梁启超没有完成若干巨著而扼腕，天不假年，奈何”。如《中国通史》、《中国文化史》，梁启超拟为文化史叙论的，即是《中国历史研究法》，洋洋大观，磅礴精致。《中国文化史》只完成了《社会组织篇》，故虽为叙论，已成经典。留下的《中国文化史》的纲目，三部二十篇，郑振铎说“范围极为广大”，“最可骇人”。抄录如下：

第一部

朝代篇　神话及史阙时代、宗周及春秋、战国及秦、两汉、三国南北朝、隋唐及五代、宋辽。

种族篇　上　汉族之成分、南蛮诸族。

种族篇　下　北狄诸族、东胡诸族、西羌诸族。

地理篇　中原、秦陇、幽并、江淮、扬越、梁益、辽海、漠北、西域、卫藏。

政制篇　上　周之封建、秦之郡县、汉之郡国及州牧、三国南北朝之郡县及诸镇、唐之郡县、唐之藩属统治法、宋之郡县及诸使、元之行省及封建、明清之行省及封建、清之藩属统治法、民国之国宪及省宪。

政制篇　下　政枢机关之制度及事实上之沿革、政务分部之沿革、检察机关之沿革、清末及民国之议会、司法机关、政权旁落之变象。

舆论及政党篇　历代舆论势力消长概观、汉之党锢、宋之王安石及司马光、明之东林复社、清末及民国以来所谓政党。

法律篇　古代法律易蠡测、自战国迄清中叶法典编纂之沿革、汉律、唐律、明清律例及会典、近二十年制律事业。

军政篇　兵制沿革、兵器沿革、战术沿革、历代大战比较观、清末及民国军事概说、海军。

财政篇　力役及物贡、租税、专卖、公债、支出分配、财政机关。

教育篇　官学及科举、私人讲学、唐宋以来之书院、现代之学校及学术团体。

交通篇　古代路政、自汉迄清季驿递沿革、现代铁路、历代河渠、海运至今昔、现代邮电。

国际关系篇　历代之国际及理藩、明以前之欧亚关系、唐以后之中日关系、明中叶以来之中荷中葡关系、清初以来之中俄关系、清中叶以来之中英中法关系、清末以来之中美关系。

第二部

社会组织篇　母系、婚姻及家族、宗法及族制、阶级、乡治、都市。

饮食篇　猎牧耕三时代、肉食、粒食、副食、烹饪、麻醉品、米盐茶酒烟之特别处理。

服饰篇　蚕丝、卉服、皮服、装饰、历代章服变迁概观。

宅居篇　有史以前之三种宅居、上古宫室蠡测、中古宫室蠡测、西域交通与建筑之影响、室内陈设、城垒、井渠。

考工篇　石铜铁器三时代、漆工、陶工、冶铸、织染、车、舟、文房用品、机械、现代式之工业。

通商篇　古代商业概想、战国秦汉间商业、汉迄唐之对外商业、唐代商业、宋辽金元明间商业、恰克图条约以后之对外商业、南京条约以后之对外商业、近代国内商业概观。

货币篇　金属货币以前之交易媒介品、历代圜法沿革、金银、纸币、最近改革币制之经过、银行。

农事及田制篇　农产物之今昔观、农作技术之今昔观、荒政、屯垦、井田均田之兴废、佃作制度杂观、森林。

第三部

言语文字篇　单音语系之历史的嬗变、古今方言概观、六书之孳乳、文字形成之蜕变、秦汉以后新造字、声与韵、字母、汉族以外之文字、近代之新字母运动。

宗教礼俗篇　古今之迷信、阴阳家言及谶纬、道教之兴起及传播、佛教信仰之史的观察、摩尼教、犹太教之输入、回教之输入、基督教之输入及传播、历代祀典及淫祀、丧礼及葬礼、时令与礼俗。

学术思想篇　上古代学术思想之绍述机关、思想渊源、儒家经典之成立、战国时诸子之勃兴、西汉时儒墨道名法阴阳六家之废兴及蜕变、西汉经学、南北朝隋唐经学、佛典之翻译、佛学之宗派、儒佛道之争辩与会通、宋元理学之勃兴、程朱与陆王、清代之汉学与宋学、晚清以来学术之趋势。

学术思想篇　下　史学、考古学、医学、历算学、其他之自然科学。

文学篇　散文、诗骚及乐府、词、曲本、小说。

美术篇　绘画、书法、雕塑、建筑、刺绣。

音乐篇　乐律、古代音乐蠡测、汉后四夷之输入、唐之雅乐清乐燕乐、唐宋间乐之变化、元明之南北曲、乐器、乐舞、戏剧。

载籍篇　古代书籍之传写装潢、石经、书籍印刷术之发明及进步、活字版、汉以来历代官家藏书、明以来私家藏书、类书之编纂、丛书之辑印、目录学、制图、拓帖。

如郑振铎所言，“中国文化史究竟是不是这样的编著方法，我们且不去管他，即我们仅见此目，已知他的著书的胆力之足以‘吞全牛’了！”。(郑振铎一九二九年二月《小说月报》)

第十九章

呼啸清华

作为文人、学者、导师，讲坛上的梁启超是什么样子？何种风采？梁实秋先生在《清华八年》中记有任公一次演讲的缘起，因为与梁思成是同班同学，便由几个同学集议请梁启超。梁实秋并且说："任公先生的学问事业是大家敬仰的，尤其是他心胸开朗，思想赶得上潮流……我个人对中国文学的兴趣，就是被这一篇演讲激动起来的。"（《追忆梁启超》夏晓虹编，三联书店）梁启超的演讲题目是："中国韵文里头所表现的情感"。"他的讲演是预先写好的，整整齐齐地写在宽大的宣纸制的稿子上面，他的书法很是秀丽，用浓墨写在宣纸上，十分美观。但是读他这篇文章和听他这篇讲演，那趣味相差很多，犹之乎读剧本与看戏之迥乎不同。"

这是一个风和日丽的下午，清华高等科楼上大教堂里坐满了听众。梁实秋笔下，梁启超的样子大体如下：一位短小精悍秃头顶宽下巴的人物，穿肥大长袍，"步履稳健"而且"风神潇洒，左顾右盼，光芒四射"。梁启超走上讲台，打开讲稿，目光环顾讲堂，开场白极简短也极能看出梁启超的性格，梁实秋说"一共只有两句"，头一句是"启超没有什么学问"，"眼睛向上一翻，轻点一下头"之后是第二句："可是也有一点喽！”如此谦逊而又如此自负。梁启超的广东官话久经历练后，要比和光绪帝独对时易听多了，但仍“距离国语甚远”。又因梁启超的“声音沉着有力，有时又是洪亮而激昂，所以我们还是能听懂他的每一个字，我们甚至想他说标准国语其效果可能反要差一些”。梁实秋的这句话堪称经典：凡有大学问做大文章作精彩讲演的，语言必有其个性，稍带方言口音实为色彩之一斑，任公其一也。

是次讲演，轰动清华的除梁启超的风采之外，是“情感”一词以及任公深切独到的见识：“天下最神圣的莫过于情感。”这句话是开场白以后梁启超作大海潮音的第一句，又说“情感教育最大的利器”是音乐、美术、文学，“这三件法宝”掌握了“情感秘密”的钥匙，然后讲韵文里头的情感。梁启超目的何在？“是希望把我讲的做基础，拿来和西洋文学比较，看看我们的情感，比人家谁丰富谁寒俭？谁浓挚谁浅薄？谁高远谁卑近？我们文学家表示情感的方法，缺乏的是哪几种？先要知道自己民族的短处去补救他，才配说发挥民族的长处。”（同上）这一番话先已抓住了听众的心，接着想听民族的情感短长时，却一个大拐弯，“现在请入本题”。梁实秋回忆说，“我记得他开头讲一首古诗:《箜篌引》”：

公无渡河，
公竟渡河！
坠河而死，
将奈公何！

开首便讲古乐府中的《箜篌引》，四句十六字，有人读过，有人没读过，读过没读过的，经梁启超荡气回肠的背诵、解读之后，满堂静穆，空气中活现着一出悲剧：一个狂夫，于冬日早上，披发跃入乱流，说是要渡河而去，他的妻子呼叫奔跑赶来，未及拦阻，狂夫亡命，乱流东去，妻子坐在河边，援箜篌而鼓之，作公无渡河之曲，曲终，亦投河而死。梁实秋说：“其中有起承转合，有情节，有背景，有情感。”古乐府文学的魅力，加上不知作者为谁的情感的跌宕奔跃，千年而后仍感鲜活。梁启超还朗诵了高渐离送别荆轲刺秦王的两句诗，“风萧萧兮易水寒，壮士一去兮不复还”。任公说，“只用两句话，一点扭腔也没有，却是对于国家、对于朋友的万斛情感，都全盘表出了。”

梁启超以博闻强记闻名于当时，“在笔写的讲稿之外，随时引征许多作品”，别无辅助书籍，全是背诵。梁实秋显然是听得认真且仔细的一个，“有时候，他背诵到酣畅处，忽然记不起下文，他便用手指敲打他的秃头，敲几下之后，记忆力便又畅通成本大套地背诵下去了”。学子们便拍掌。梁启超用手指敲打秃头的时候，满室肃静，能听见他敲头的声音，当当作响。有趣、期待，而且是梁实秋所谓“屏息以待”。一旦思路通畅，“我们也跟着他欢喜”。梁启超自谓：“我平生最受用的两句话，一是‘责任心’，一是‘趣味’。”梁启超的演讲到有兴味处，“便成为表演”。梁启超实在不是一个会表演的人，正因他不会表演又兴之所致而“手之舞之足之蹈之”，有时掩面，有时顿足，有时狂笑，有时太息。听他讲到他最喜爱的《桃花扇》，讲到“高皇帝，在九京，不管亡家破鼎……”那一段，“他悲从中来，痛哭流涕而不能自已。他掏出手绢擦泪，听讲的人不知有几多也泪下沾巾了”。任公不仅哭，也笑，“又听他讲到‘剑外忽传收蓟北，初闻涕泪满衣裳’，先生又真是涕泗交流之中张口大笑了”。

因为“责任心”，梁启超的演讲极认真，极用心，又因为“趣味”，梁启超不仅“讲”而且“演”，手舞足蹈，哭笑由之。梁实秋记道：“他讲得认真吃力，渴了便喝一口水，掏出大块毛巾擦脸上的汗，不时地呼唤他坐在前排的儿子：‘思成，黑板擦擦！’梁思成便跳上台去，把黑板擦干净了。”梁实秋说：“听过这次讲演的人，除了当时所受的感动之外，不少人从此对于中国文学史发生了强烈的爱好。先生尝自谓‘笔锋常带感情’，其实先生在言谈演讲之中所带的情感，不知要更强烈多少倍！”

以笔者的想象，这个时候的梁启超，如同一个农夫精耕细作着那一块地，撒下种子，哪怕“草盛豆苗稀”，哪怕大汗淋漓，哪怕累到尿血，却“知其不可为而为之”，“自己未度，先已度人”，只问耕耘不问收获，私心却盼着，总会有时雨落地，总会有新苗出土，总会有鲜花开放，总会有新果结出，待后人收获，或者复埋于地，重生、再生、更生……

是次讲演分三次讲完。梁实秋还为我们留了一个梁启超的背影：“每次钟响，他讲不完，总要拖几分钟，然后于掌声雷动中大摇大摆地徐徐步出教室。”

梁启超与清华结缘，或者说清华学子初识梁启超，是在一九一四年冬，当时清华首创德、智、体三育并有人格教育，这一教育方向颇对梁启超胃口，清华邀请讲演，任公欣然前往。是次讲演，梁启超以语出《易经》乾、坤两卦系辞之《君子》为题，据此发挥，君子之大也，君子之重也，故“天行健，君子以自强不息；地势坤，君子以厚德载物”。“以此黾勉少年学子们树立‘完整人格’。他深情及激越地向学子们陈词道：“‘象’言君子自励，犹天之运行不息，不得有一曝十寒之弊……《坤》‘象’言君子接物度量宽厚，犹大地之博，无所不载。’”梁启超讲演结尾，可谓期望殷殷：“清华学子，荟中西鸿儒，集四方之俊秀，为师为友，相磋相磨，他年遨游海外，吸收新文明，改良我社会，促进我政治，所谓君子人者，非清华学子行将焉属！”（《清华四大导师》邵盈午，东方出版社）清华校训“自强不息，厚德载物”由此确立，勒石而记，另有一石则略记任公一九一四年到清华园讲学事。双石屹立，经训熠熠，清华幸何如之！“他年遨游海外者”，盖当时清华只设留美预备班。同年，梁启超为写《欧洲战役史论》假馆清华西工字厅，因为“清华学校在西山之麓，吾兹爱焉”（《欧洲战役史论》序言）。“亦尝以此书梗概，为诸生讲演，听者娓娓不倦。”从一九二〇年起，梁启超先后设坛开讲于天津南开、金陵东南大学、北京大学及上海的学校，而以清华为重，这一段为时七八年的时间，梁启超奔走于大江南北，张朋园先生在《梁启超与五四运动》一文中有此一叹：“先后七年之间，教授生活的忙碌，超过一般人所能负荷。”

梁启超在清华虽为间续却有系统的讲学，题为《国学小史》。梁启超坦言，清华学子除开研究西学外，其必读必修之国学，经训所在，国训之源，精神所依，立人、立国之本也。梁启超大约演讲五十次后，清华学子要求集印成书，任公先取所讲的《墨子》部分，删定为《墨子学案》，墨子，任公之所爱，夏穗卿称之为“墨学狂”。梁启超之所以重墨学，一为“战国二百余年间，其言盈天下”，其时人皆言墨子而少言他子，为什么“易代之后”即秦汉之后遽然中绝，“一扫无迹”？“天下宁有此理？”任公为墨学愤愤不平，期后人之不忘也。其次，墨子的“兼爱”、“非攻”，任公深为喜爱、崇尚，“兼相爱，交相利”。梁启超一生虽有革命思想，却走改良之路，除非万不得已如反袁护国，最恨刀兵流血烽火狼烟，刀兵流血烽火狼烟之下焉有社会进步、安居乐业？梁启超说，“既已主张‘兼爱’，‘攻’之当‘非’”，何必标为主义？“孟子说“春秋无义战”，到了墨子时代，“当时军国主义，已日见发达，多数以为国际上道德和个人道德不同，觉得为国家利益起见，无论出什么恶辣手段都可以，墨子根本反对此说”。简言之，视他人若自已，视他家而自家，视他国而自国。孟子云：“墨子兼爱，摩顶放踵利天下为之。”善哉斯言。另，墨子之“非攻”不是“非战”，“质言之，侵略主义，极端反对；自卫主义，却认为必要”。墨子门下，都研究兵法，推论攻防之策，何故？若东国欲攻西国，墨子便率门人去劝阻，说兼相爱交相利，“若劝他不听，墨子便带一群门生去替那被攻的国家防守”。梁启超认为，虽然墨学无继，“其种子必持续于后而永不灭”，墨学实际上已“形成吾民族特性之一”，“积久而成为国民性之要素焉”：兼爱、相交、非攻，但有来犯者必自卫而歼之。

怎样理解梁启超新史学中史为今人史为生人的观念？在《墨子学案》中有解：“故吾国史迹中，对外虽无雄略，且往往受他族蹂躏，然始终能全其宗疆守勿失坠，虽百经挫挠而必光复旧物者，则墨子之怯攻而勇于守，其教深入人心也。”而墨子之“兼相爱交相利”、“非攻”之义，“则正今后全世界国际关系改造之契机，而我民族当发挥其特性以易天下者也。”梁启超想到了今后、今天及今天之后，那是生人、生人后的生人了，以“兼爱”为改造国际关系之契机，以“非攻”和邻国相处，以对来犯者能战而守土，然后易天下好战、好攻、掠夺之风气，梁启超由历史深处，为镜为鉴谋划吾民族未来如何相处于世界之道了。斯时也，任公乃第一人。

前文写到过，梁启超在探求中国文化起源于黄河流域时，曾有论断说，中国文化的起始是“平原文化”，沿革之后则是“大陆文化”，这一种文化之所以没有引导近代中国走向强盛，是因为它的单调和保守性，换言之，是因为没有海洋文化的冲击与调和。

梁启超认为，海洋文化是大陆文化的高层次发展，中国人不重视海洋，不敢到海上去与别国抗争，相反禁海四百多年，隔断了大风大浪，一个走不到海上去的民族怎么能强大呢？

况且，我们并不是没有先驱者。

郑和下西洋较哥伦布发现美洲早六十多年，比维嘉达哥马抵达印度早七十多年。不同的只是在西方“哥伦布以后，有无量之哥伦布；维嘉达哥马以后，有无量之维嘉达哥马；而我则郑和以后，竟无第二之郑和”。任公有长叹：班超、甘英未能扬帆渡海，“于是东西文明相接触之机会坐失，读史者有无穷之憾矣。”“及观郑君，则全界历史上所号称航海伟人，能与比肩者，何期寡也”(《郑和传》)。

清华工字厅，呼啸清华之年，与同学诸子论学闲聊时，不知是吴其昌还是谢国陨，突然起立，向任公鞠躬致礼，众人讶其不知何为时，此子竟慷慨而诵：“若我国之驰域外观者，其希望之性质安在……”诵毕，双泪而垂。梁启超微笑以示鼓励，又云：对海洋观感的加深，凡有血性之中国人，无不初起自甲午之惨败。而于我更深的刺激，是一八九九年访夏威夷初渡太平洋，至温哥华已为二十世纪矣——一九〇〇年二月六日，读西报，知时任美国总统罗斯福巡行太平洋，有演说。其谓：“吾国民有不可不熟察者一事，即吾国在太平洋上过去及现在所占之优势及其根源是也。太平洋，洋中之最大者也，而此最大洋，在今世纪中，当为吾美国独一无二之势力范围……呜呼！我同胞，吾信诸君，吾信吾国民，吾深谢彼苍此绝好机会畀于二十世纪时代之吾国同胞也……呜呼！

机会不可逸！……吾祝吾侪大成功之日，不在远也。”任公当时所受的刺激可以惊骇喻之，霸道，霸气，远见相交织，且直接地、明白无误地诉诸美国民众，反观中国对海洋的经略，除了望洋兴叹，便是望洋而哭了。梁启超告诉同学们，这些他都写在《新大陆游记中》，至今不忘者，为海洋忧也。任公告同学诸子，还有一段话纯是自己对太平洋与时局的观感，还能背出，尔等共享：“世界大势日集中于太平洋，此稍知时局者所能道也。世界大势何以集中于太平洋？曰：以世界大势日集中于中国故，此又稍知时局者所能道也。若是乎其地位可以利用此太平洋以左右世界者，宜莫如中国。中国不能自为太平洋之主人翁，而拱手以让他人，吾又安忍言太平洋哉！虽然，吾之所不忍言者，又宁止一太平洋哉！”（《饮冰室合集·专集》之七）

一九二五年，山雨欲来的多事之年，“五卅惨案起，先生数为文论其事”，“九月初，至清华主持该校研究院事”（《梁任公先生年谱长编》661 页）。梁启超生平的最后一章，写于中国学界享有极高之美誉的清华国学院。是院也，其存在也短，四年而已；其导师也少，四人而已，其学子也寡，四届七十人（按毕业计）而已。何能绝响不绝，迄今余音缭绕，言者无不肃然，闻者无不起敬，几近“神话”？

先说时代思潮。笔者曾有民国乱世之言，所指的是军阀混战、兵匪或相争利、或为一家，以致乡绅地主纷纷避难，无业游民为非作歹之种种乱象。然以学界思想论，民国与历史上的战国有相似之处，即思想自由也，因思想自由之故，“我国学界之光明，人物之伟大，莫盛于战国”。（梁启超语）东西、新旧、及至后来的《新青年》、打倒孔家店、三民主义、共产思想、江亢虎去崇明岛办无政府色彩的社会主义试验农场等等，各有言论阵地、代表人物，付之笔墨，互相驳难，皆有文采风流。如果说思想自由是民国思潮之一种极宝贵、极可爱的看似现象实为本质的枢机的话，可惜学术攻错，思想交锋的时日太短，因此故，民国思潮没有形成持续的群众运动，没有在群众运动中碰撞而融合的一种权威，没有“趋于同一方向，于是相与呼应汹涌，如潮然”（梁启超语），

“思未必成潮，姑且言之的民国思潮，严格地说有思无潮，康有为、梁启超、章炳麟、严复等辈，都是新思想界勇士”，因为《新青年》的出现，这些人被挤落后，“甚至已经全然退伍了。”那么《新青年》为代表的那一派成为思潮了吗？因为“打倒孔家店”终是不得人心，而全盘西化能得一时之时髦，终于也是成不了思潮者，还有时势所不待。陈独秀等转而成为共产党，胡适投身于国民党，如此等等，究为若何思潮，那是别人要写的文章了。

无论有没有、有多长时间的民国思潮，民国的思想自由当无疑义，此一社会混乱、思想自由的宝贵而短暂的年代里，以专事国学研究的清华国学院的出现，对瞠目者、欢呼者、雀跃者而言，均为夏日雷声掠过，震响京华乃至中国学界。而清华大学，则开创了中国独一的先例：留美预备班，直奔欧风美雨而去；清华国学院，梁启超手定的《指导方针及选择研究题目之商榷》中，关于“指导方针”的第一句：“研究院的目的，是在养成大学者。”读罢国学院就能成为国学大学者吗？不可能！任公说：“古今中外的大学者，大致以四十岁以前为预备时代；所有著作皆在四十岁以后。”“至于大学者不单靠天才，还要靠修养，如果用科学的方法来研究，并且要得精深结论，必须要有相当的时间，并受种种磨炼，使其治学的方法，与治学的兴味都经种种的训练陶冶，才可以使学问成就。”梁启超特别强调，虽然清华国学研究院，以培养国学大学者为目的，为唯一目的，“然绝对不敢希望速成；大发明，大贡献，皆在将来”。在国学院研究做学问，“必须做到的，有两件事：一、养成做学问的能力；二、养成做学问的良好习惯”；“明敏，眼光异常敏锐”。敏锐为何？为发现问题，“古人所说的读书得间”，以笔者的理解所谓问题，这书中某言某论本身有可追问之题；或者受启发而寻觅书外之问题，“一般人看来不成问题，自己可以发生问题，能够发生问题，即做学问的起点，若凡事不成问题，那便无学问可言了”。“密察；别裁”，梁启超解别裁，“即在辨别真伪，辨别有无，辨别主要与次要。若无去取爬梳的能力，那末，满桌材料，皆成砾瓦了”。“别裁好比绳索，资料好比散钱，用一根绳索把散钱贯串起来，这是做学问的第三步。”“通方。”

习惯方面:“忠实，但凡不肯忠实，必定一事无成。”任公手制的这一点，与他一向主张的“教育是教人学做人”与人格的培养密切相关。学问上的不忠实其后果是什么？梁任公早就有言了:“学问上的不忠实，无如剿说与盲从。绝对不用自己的脑筋思想，一味听人致使，这叫盲从；自己并无心得，随便以古人所说，改头换面这叫剿说。这两种都是做学问的大忌，简直把终身糟蹋了。”然后依次是“深切”，“敬慎”，“不倦”。梁启超并且指出:“现在的青年，大抵在大学毕业，或留学回来以后，学问就算终了，教书的人还肯对付功课，不当教员的人，连书都不翻，这是一种很可悲观的现象。”何以如此？“就是研究学问时代，未先养成良好习惯。”梁启超当时提到不能以为学为“敲门砖”，任公之后不到百年，校舍高耸，楼堂馆所齐全，专以烧钱烧砖为能事，如今侧耳，君不闻拍门之声不绝乎?

综上所言，清华国学院之所以几近神话而享誉中国最高学府之最高处，除民国思想自由之外，又得梁启超、王国维、陈寅恪、赵元任四大导师之人格、学问、情操的培养与陶冶的不言之教，国学院卓然遗世独立之风，盖因思想自由、学术独立故也。清华国学院的传奇，几近神话不独四大导师还有四届七十多学生，所共同创造。当我们回首历史——历史往往只是在回首而且沉迷其间的某一时刻，才会情景还原般显现——呼啸清华的梁启超，实实在在是声震千古，光烁万代的一代宗师。

清华国学院的课程设置分为普通讲演及专题研究，采中国旧式书院制兼收英式教学若干方面。开学之初由校长曹云祥主持茶会，同时举行拜师礼。每个导师有研究室，配助教，徐中舒有记:“凡各教授指导范围以内之重要书籍，皆置其中，俾同学辈得随时入室参考，且可随时与教授接谈问难。”又据谢国祯《论七略别录与七略》跋（一九二九年三月五日天津《益世报》）所言:“先生近三年著述，以祯所知者有《中国文化史社会组织篇》、《庄子天下篇》释义。又查《梁任公年谱长编》，一九二五年十二月，梁启超赴任国学院之后四个月，《要籍解题及其读法》由‘清华周刊社’印刷出版。”笔者曾有困惑：任公何以以此书先示学子？读后有所得，一为正名溯源。“《论语》、《孟子》两书，近人多呼为《经书》，古代不然，汉儒对于古书之分类，以《诗》、《书》、《礼》、《乐》、《易》、《春秋》为‘六艺’，亦谓之‘六经’，实为古书中之最见宝贵者。”次之为“记”、“传”，是为“六经”的辅助读物。“《论语》即属此类。”梁启超所言是国学的基本常识，其用意想必是为研究生诸子述一正确的范畴与定义，使起始无误，则研究有序。我们通常所说的“四书”为何？“自宋儒从《礼记》中抽出《大学》、《中庸》两篇，合诸《论语》、《孟子》称为‘四书’”，后“四书”驾“六经”之上，为何？因明清两代八股取士所出之应试题“悉出‘四书’”，六七百年来，数岁孩童，入塾读书都是由“四书”起，由“人之初性本善，性相近习相远”起。“四书”的贡献与作用是什么呢？任公称，“其书遂形成一般常识之基础，且为国民心理之总关键”。依笔者看来，“四书”的出现，实为宋儒整理国故“六经”的一大贡献，在浩繁的旧学中择一范围，利于普及。梁启超由“题解”而“读法”，经他的考证认为“《论语》虽十有八九可信，然其中仍有一二自后人依托，学者宜分别观之也”。除去可以存疑的一二，梁启超对《论语》的评价为：“字字精金美玉，实人类千古不磨之宝典”，是“表现孔子人格惟一之良书也”。其“精金美玉”之内涵，读《论语》者需“学而时习之”的，梁启超列举八点，前二条亦当视为“千古不磨”之教：

1.关于个人人格修养之教训；
2.关于社会伦理之教训。

《孟子》如何读？任公赞之道：

1.高唱性善主义，教人以自动的扩大人格，在哲学上及教育学上，成为一种有永久价值之学说；

2.排斥功利主义，其用意虽在矫当时之弊，然在政治学社会学上，最少亦代表一面其理想；

《孟子》的另一特点是“多用发扬蹈励语，提倡独立自尊的精神”。

梁启超对《大学》、《中庸》的孔子之言认为“皆属意度，并无实证”，可读“但不必尊仰过度”。记载孔子的书，“惟《论语》最为可信”。任公又言，对待一个历史上的人物，“宜以极严冷谨慎之态度观之，盖凡一伟大人物，必有无数神话极于其身，不可不察也”。任公的要籍题介读法辨法及其要旨之评点，为治学者夯下基础，也是梁启超毕生所学之领悟、通会与辨识的精华所在，他告诉了我们一种方法，也指正了治学的一条道路。梁启超对待历史“严冷谨慎之态度观之”一语，也道出了梁启超晚年文风、学风既磅礴浩大，又专精缜密的根本转变。

梁启超在本书中又论《史记》及太史公。《史记》为中国第一部史书自无可疑，而任公认为“最当注意者，‘为作史而作史’”，“其著书最大的目的，乃在发表司马氏‘一家之言’”。如太史公自谓：“欲以究天人之际，通古今之变，成一家之言。”任公感谓：“故太史公为史界第一创作家也。”“《史记》创造之要点”，任公概述为：“以人物为中心”；“历史之整个的观念”；“组织之复杂及其联络”；“叙列之扼要而美妙”。另，我们都笼统知道太史公为写《史记》而搜罗史料，通访先贤，可是到底去了多少地方？则语焉不详，虽然典籍有记。梁启超一一记录太史公踏访之地外，又取一地图，施红线，标出汉时版图，再对照文字记录，结论是：“除朝鲜、河西、岭南之新开郡外，所历殆遍矣……”（《饮冰室合集·专集》之九）梁启超同时感叹，众人合写之史，皆不可读；一人所写之史皆可读，太史公为首也。

这一年，孙中山先生逝世，任公亲往吊唁。

到清华国学院后，梁启超给思顺等孩子们的信中说：“校课甚忙——大半也是我自已找着忙——我很觉忙得有兴会。新编的讲义极繁难，费的脑力真不少。盼望老白鼻快来，每天给我舒散舒散。”可见梁启超虽然又忙又累，但心情甚好，他可以把做学问的方法传授给学生了，他即将在清华、燕京大学开讲《中国历史研究法补编》、《古书真伪及其年代》等。

清华万籁俱寂之夜。星斗闪烁，闪烁着无穷美妙；月色倾泻，倾泻出白练铺路。

梁启超一手持烟一手握笔写《中国文化史·社会组织篇》讲义，搁笔，思想突然开小差，抑或月笼清华树影彷徨故？便不由自主地背诵祭夫人文中的一节：

我德有阙，君实匡之；我生多难，君扶将之；我有疑事，君榷君商；我有赏心，君写君藏；我有幽忧，君噢使康；我劳于外，君煦使忘；我唱君和，我揄君扬；今我失君，双影彷徨。

不二法门，终归大化，忽然想起了杨仁山，首创金陵刻经处，终其一生刻印了佛家经典二千卷有余。

仁山生前对梁启超说过，他每每坐禅，无论昼夜，都曾梦见过达摩东渡，一苇慈航。

梁启超希望也有一个这样的梦。

此刻，他忽然面对的是大片的芦苇荡。于江风海韵中他期盼着的到底是什么？

达摩安在？

什么是涅槃？

梁启超清楚地记得，在南开大学他对学子们说过，佛家的最高境界原是不可解释的，凡夫俗子只能妄加推测，所谓涅槃，“大概是绝对清凉无热恼，绝对安定无破坏，绝对自由无束缚的一种境界”，梁启超如是说。

梁启超去小便，他发现尿的是红血。夫人病重时就发生过，时断时续，任公不与人言。

梁启超竟出奇的平静。

夫人的死，夜半的梦，关于涅槃的回顾，他都从冥冥中得到了某种启示，甚至夫人辞世时飘到窗前之一片落叶。正所谓天地万物，息息相关，智者悟之。

梁启超似乎不曾想到过自己会得什么大病，且一直以健壮自豪。一九二二年十月，五十初度，去南京大学讲《中国政治思想史》，十一月二十九日给思顺说了一则极为生动的故事：一个月“撰述约十万字。张君劢跟着我在此。日日和我闹着说，‘铁石人也不能如此做’，总想干涉我，但我没有一件能丢得下”。后吃醉过一次酒，受了点儿风寒，“归来大吐，睡了半日”。君劢便自作主张请了一位外国医生，“诊查我的身体”，诊查的结果是，“他说我有心脏病，我疑心总是君劢造谣”。查验身体那天晚上，有政治学校讲演，梁启超如约而至，正讲到紧要处，“君劢在外面吃饭回来，听见大惊，一直跑到该校，从讲堂上硬把我拉下来，自己给学生讲演，说是为国家干涉我”。梁启超素知张君劢的脾气，又视任公为天下知己，只好哭笑不得，在满堂学子面前，被君劢历数病状，以及不知张弛，不爱身体昼夜写作、读书，且又吃茶、吃烟、吃酒吃到大醉，医嘱“讲演著述一概停止”云云，梁启超不得不下台。故事还有出人意料处，“再明日星期五”，梁启超“照例上东南大学讲堂，到讲堂门口时，已见有大张广告，说梁先生有病放假，学生都散了”。“原来又是君劢搞的鬼”，写信给学校，梁启超的课停讲一周。“这还了得！”任公对君劢说，张君劢照医生所言严加监督休息一周。“不准我读书著书构思讲演，不准我吃酒，可以吃茶吃烟。我的宝贝，你想这种生活我如何能过得。”任公稍作反抗，君劢便严正以告：“你梁启超的生命是四万万人的，因此由不得你任公一个人做主，我既跟着你来，便有代表四万万人监督的权利和义务。”梁启超又向思顺诉苦道：“我想我好好的一个人，吃醉了一顿酒，被这君劢捉着错处，（呆头呆脑，书呆子又蛮不讲理）如此欺负我，你说可气不可气。”不仅如此，“君劢声势汹汹……他有本事立刻将我驱逐出南京，问他怎么办法？他说他要开一个梁先生保命会”，“不怕学生不全体签名送我出境，你说可笑不可笑”（《梁任公年谱长编》）。给友人书中报告病状，“实无大病，君劢太相爱，故情急耳”。这心脏病不是过去了吗，尿血便尿血，亏得那“蛮不讲理”的君劢不在。

在此种心态下，梁启超安之若素，对自己的病秘而不宣，“不就是血尿吗？我不去看它可也”。同时又觉着时不我待，而《中国政治思想史》、先秦学术又是如此博大精深，令他着迷，便赶紧写，一天三千字，同时，“以余力从欧阳竞无先生学大乘法相宗之教理”。竟无法搁笔。梁启超在东南大学讲演的《中国政治思想》因病而止以后厥如，成《先秦政治思想史》，自序中有言：启超“……而坚持其所以自信，还治所业，乃益感叹我先哲之教所以极高而道中庸者，其气象为不可及也”（《梁任公先生年谱长编》626 页）。

一九二五年过去了。

“城头变幻大王旗”的北京年关，依旧是大雪，巷子里偶尔有冰糖葫芦挑子和担着芝麻秸的农人在叫卖。北京的百姓有旧俗，大年初一把芝麻秸铺在四合院里“踩祟”，“祟”与“碎”同音，鬼祟也；驱邪图吉利之意。风云起伏，二十世纪又过去了四分之一，水深火热中的中国人仍然在内乱外患中煎熬，何曾吉利过？

梁启超忽然想起，自己随意写来以后却被人反复引用的“过渡”一词——上世纪末、本世纪初，梁启超以及一大批有识有为之士所处的时代乃是“过渡时代”。进而，梁启超又认为，这个时代的中国是“过渡之中国”；而活跃于当时政坛、文坛上的诸多人物便是“过渡人物”。

不妨说，“过渡”一词出于梁启超之口，好像随意，其实是他对自己身处时代的浓缩而又浓缩的总结。不再有炉火的熊熊声势，却有了百炼成铁之后的凝重，闪着淡淡的青光。

又过渡了一年。

梁启超慨然自喟：“尿血不也是一种过渡？”

一九二六年一月，梁启超的病情已经无法掩饰了，他的气色苍白，精神委顿，使他的爱女及朋友们心急如焚。至此，梁启超血尿已经一年多了！

启勋催他去看病，任公却说：“费事！”

丁文江急得几乎暴跳如雷："任公，岂能如此？所为何来？"爱女令娴闻讯几至昏厥，儿女们泪眼汪汪似在问梁启超："你是不爱我们了吗？还是我们不值得你爱？"张君劢一进门，还没有来得及"严加训斥"，任公先声夺人，"我知你代表四万万人"。

一九二六年一月，梁启超拖着沉重的脚步前往一家德国人开的医院诊病。经化验，他的尿液先由紫红变粉红，继而又呈咖啡色和黄色，且带有浓浓的血腥味。德国医师怀疑他的肾或膀胱有病，却又查无实据。服药后有好转。这时候梁启超才痛感讳疾忌医是不妥的，这次血尿诊治得太晚了。

一九二六年的春节，梁启超是在南长街五十四号启勋家过的，给思顺信云：……今日是旧历十二月二十七了，过两天我们就回南长街过年。"我把南长街满屋子都贴起了春联来了。"（《梁任公先生年谱长编》690—691页）

梁启勋《曼殊室填词》又记：今年梁启超忽发奇兴，自书春联，遍榜楹柱，庭院为之一新。大门一联："卿自有卿法，我亦爱吾庐"。北屋联曰："周旋惟我与我久，自处在材不材间"。客厅联曰："未能小隐聊中隐，忽悟今年老去年"。书房一联："门前学种先生柳，日暮聊为梁父吟"。西屋一联："能招过客饮文字，闲看儿童捉柳花"。马号一联："岂有雄兴骋老骥，不妨余兴看游猪"。

一九二六年，国事家事，莫不纷繁，自己又得病，梁启超却总是有自己的乐趣和兴趣，究其根源，一是任公自称的趣味主义使然，二是得精神自由之故。哪怕南方大乱，"军阀们的仗打得还是一塌糊涂"（同上，691页）。还是"不妨余兴看游猪"。其"游猪"却有来历，任公的很多朋友曾为之开怀，笔者孤陋，所见任公与"游猪"相关文字有两处，先是《齐鲁谈艺录》刘海粟所记，后是启勋写《夕阳芳草见游猪》（《晨报星期画刊》一九二六年五月）。两人所记，大同小异，却已是传为佳话：一九二五年刘海粟到京，住松树胡同七号徐志摩宅。某日，志摩请客，有梁任公、闻一多、王梦白、姚茫父。席间闲聊，胡适说："中国古诗很多，诗人都吃肉，就是没有人写过猪，这个畜牲没有入过诗。"开始满座的人无以应答，就连诗人徐志摩也说不清猪可曾入诗与否。梁启超吐一口烟，悠然告之："乾隆写过'夕阳芳草见游猪'。"一众哗然，为任公之博学也。又是胡适："猪能入画吗？"画家王梦白告之："没有人画猪而出名，但可以画。"徐志摩便要梦白画猪，任公说："就用乾隆的成句好了。"于是研墨，铺开宣纸，王梦白挥毫，画了三只猪。"墨韵自然，浓处不死，层次分明，这是很难的。"刘海粟如是评价，于是梁启超题"夕阳芳草见游猪"，姚茫父又题一诗，后发表于《晨报画刊》。

《齐鲁谈艺录》还写道，"青年诗人闻一多给梁先生画速写像"，"线条厚实，奔放中有法度，后来才知道闻一多会刻印，所以下笔不俗"。

或者，因节从竹出故，梁启超甚爱中国画的墨竹，要海粟"画张竹子送我好吗"？刘海粟"画一竿墨竹，下配小枝，枝头撇了两片叶子"。任公喜爱，端详了一番，题字道："孤竹君之二子"。

春联写罢，"游猪"见罢，血尿依旧。丁文江清早到访，连寒暄都省去了，这一次是坚决地命令："到协和医院去。"

梁启超想说什么却又默然，他知道这位认识较晚、相知极深的至友的脾气以及苦心，那是不能违背的。一个总是反潮流的、在大风大浪中搏击一生的强者如梁启超，偶然顺从一回，心里反而觉得舒坦而轻松。

梁启超自己亦有悔意："我这回的病总是太大意了，若是早点医治，总不至如此麻烦。"又说："病总是不要紧的"，但清华国学院里他的研究生"总须放两三个月假，有点对不住学生们"（《梁任公先生年谱长编》691页）。

协和医院为梁启超的住院着实忙碌了一番，确诊为"右肾有黑点，血由右边出，即断定右肾为小便出血之原因"，（梁启勋《病床日记》）需割一肾。梁启超是年九月十四日给儿女们的信，称见到伍连德，"他已证明手术是协和孟浪错误了，割掉的右肾，他已看过，并没有丝毫病态，他很责备协和粗忽，以人命为儿戏，协和已自己承认了"。又告诉孩子们，延请名医唐天如服中药调理后，血尿骤停，"你二叔天天将小便留下来看"，说"他的还像普洱茶，我的简直像雨前龙井了"（同上，700页）。

梁启超告诉思顺等，一切皆非孩子们想象，“手术七天后一切如常，第十一天晚”，因不愿在床上出恭“偷偷下床上茅房”，被护士看见“埋怨了半天”。不仅如此还“写了几十把扇子，从医生、看护妇到厨子打杂每人都求了一把”，任公让他们自挑自拣皆大欢喜。别人欢喜他便欢喜，仁者无忧之又一端也。但令梁启超难以忍受的是一个礼拜吃不到肉，“饿得我像五台山上的鲁智深”（同上，694 页）。

梁启超赶紧给女儿令娴写信：“我的病真真正正完完全全好得清清楚楚了！”

梁启超最后审读了一遍在病中脱稿的《先秦学术年表》。

血尿既已停止，身体便也渐渐康复。

北京的春天总是十分短暂，那金黄色的迎春花开过，西山的桃花缤纷时，春天的云朵便也飘走了。樱桃沟里淙淙的泉水之上，浮着几朵野花，只见其色，不知其名。然后便是苦夏。清华园中，学生放暑假了，梁启超便批改作业，着手准备资料撰写《中国历史研究法补编》的提纲。《儒家哲学》已经酝酿几年了，可谓成竹在胸，也该动笔了。一九二六年九月八日，梁启超回清华。

梁启超的学生盼导师归来，《中国文化史》才讲了开头，但就是这一《社会组织篇》学子们已陶醉其中了。

虽然，梁启超曾在《什么是文化》（一九二二年一月《晨报副刊》）中，曾以一句话作答：“文化者，人类心能所开积出来之有价值的共业也。”一九二五年秋，当清华国学院学生，初受业于梁启超的姚名达，一览梁启超手制的《中国文化史·社会组织篇》的纲目时，心灵便为之一震：文化史怎么可以这样写？文化史原来可以这样写！

梁启超省去了先前常说的“启超没有多少学问……”的开场白，直入主题：社会组织由何而始，先说《母系与父系》、《婚姻》、《家族及宗法》……那是人的开端，自有人与人之关系，男与女的交接，社会组织之萌芽也。圣人无父，感天而生，为神话所传。“如华胥履人迹而生伏羲”等，“亦可为初民多经母系时代之一证”。任公又说婚姻，“未有婚姻则男女共，有之则男女别”。人可谓婚姻大事，古人制礼“日月以告君，斋戒以告鬼神，为酒食以邀乡党僚友，以厚其别也”。拜天地，吃喜酒之所由出也，而何为厚其别？告天告地告鬼神之后，此男此女不与人共，何其别也，“是之谓‘夫妇有别’，有夫妇则不如前比之仅有母子而更有父子”。夫妇何来，任公云：“相传伏羲始制嫁娶以俪皮为礼，事太荒远无从证实。”（参见拙著《荒门·寻找伏羲》，作家出版社）实质上，梁启超已经把清华学子带往荒远，中国文化赖以发端初民心能渐开渐积渐深渐广的荒远。任公的另一门生周传儒在一九八一年一月《社会科学战线》著文称：“任公讲儒家哲学、历史研究法、荀子、王阳明。又为大学部诸生讲中国文化史，同时为燕京大学讲《古书真伪及其年代》，实为一生用力最专、治学最勤、写作最富之时间。虽其讲半属入门之学，为诸生指示治学途径及其方法，然亦足以见其实欲包举二千年来中国之学术文化合于一炉而治之。”

可见，梁启超奉献于清华国学院的，乃是融会毕生之学，以科学综合之法合于一炉，再爬梳条理，浅显入门于前，精察细微其中，博大恢宏于后。或者我们可以如此推测，梁启超念兹在兹且愈到晚年愈有兴味愈加迫切的是完成《中国通史》、文化史等等，皆为其中章句。《中国文化史》仅以《社会组织篇》讲演于学子，姚名达记任公师：“口敷笔著，昼夜弗辍，入春而病。”血尿又发也。读《饮冰室合集》，前后贯穿，条析其中，在文化学术思潮长短不一的著作中，几乎均与史学相关，均可见到历史的背影，乃至“随手劄记，不为编次”的《国文语原解》四十八条目，“触手举例……饶有兴味”，何故？“大抵指事会意之字，最为先民思想所寄”，历史从其出，文化从其出，其为字也。梁启超治学即治史也，梁启超治史由细微、根源、文字着手，似乎也可回答任公何能作美文的道理之一。《国文语原解》序言中任公有此一说，摘其片断：

人之有语言，其所以秀于万物乎，所怀抱于中者，能曲折传达之，以通彼我之情，于是智识之交换起，而模傲性日益发达，此社会心理成立之第一要素，人类进化之筦钥也。与语言相转而广其用者曰文字，时地间阏，语言用穷，有文字，则纵横万里之空间，上下百代之时间，皆若见面相接。社会心理之所以恢廓而愈张，继续而不断者，赖是也。……吾国文字，行之数千年，所以糅合种种异分子之国民而统一之者，最有力焉！……且国民之所以为国民以独立于世界者，持有其国民之特性，实受自历史上之感化，与夫其先代伟人哲士之鼓铸焉。而我文字起于数千年前，一国历史及无数伟人哲士之精神所攸托也。

（《饮冰室合集·文集》之三）

梁启超此文写于一九〇七年，却被他的研究生翻出来，一时传诵，并据此问任公，文化史的构想是否由来已久？任公笑答：治学究其源，则涓滴可珍，祭川先祭河也。

一九二六年十月六日清华国学院讲座复开，梁启超讲《中国历史研究法补编》，“补旧作《中国历史研究法》之不逮，阐其新解，以启发后学，专精史学者也”。令学子们伤感的是梁启超“扶病登台，无力撰稿”，那浓墨写在宣纸稿上的一沓沓讲稿、娟秀的书法已不复得见，任公指名由周传儒笔记再编为讲义。课堂静极，学生们早早地到了，等候着，期盼着，那时光虽短促，十分钟？五分钟？又觉得格外漫长，梁启超准时走进教室，依旧宽额秃顶，宽大的长袍，略显清瘦，微微一笑，目光环顾，没有了过去的开场白而是言明此次所讲的历史研究法，与几年前所讲的历史研究法“迥然不同”，此次讲演实为旧作的一种补充。“专重史的研究。”任公激扬飞越的神态少了一点儿，炉火纯青般的讲述绵绵而出。为什么研究历史？“什么是史的目的？”是为了“将过去的事实予以新意义或新价值，以供现代人活动之资鉴”。中国的史书“汗牛充栋”，“吾人做新历史”一定要有“新目的”。唯为此故，“历史所以要常常去研究，历史所以值得研究”。为达“新目的”，历史研究的第一要务是“先有真事实"，"求得真事实"，"有五种用功的方法"："钩沉法"，"已经沉没了的事实，应该重新寻出，此类事实愈古愈多"。梁启超以做罗马史为例，先是"专靠书本上的记载"，实在靠不住，后来发现"很多古代的遗迹实物"，"罗马的真相才能逐渐明白"。此类事实的沉没，真相之不现，近代亦然。梁启超例举说"光绪二十六七年间"，"德皇威廉第二发起组织中俄德联盟，相传结有密约"。这一史料欧洲略见，"中国方面一点也没有"，"我们若把它钩起来，岂非最有趣味最关紧要的事情"。"正误法"，古人所记有误，今人亦然，"近代史尤甚多，比如现在京汉铁路上的战争，北京报纸上所载的完全不是事实"，"不特不可盲从，而且应当改正"。报纸专说官话、假话，由来已久。"新注意"，以往史家所不注意者，"我们应当特别注意它"，任公特别提到西域新疆，"西域地方在古代不但文化很高，而且与中国本部有密切的关系，许多西方文化皆从西域输入"。后来有人说新疆地理位置的重要性，西方文化之输入，东西文明之碰撞，几大文明都集合于新疆等等，倘非源出梁启超，也远在梁启超之后。梁启超以下一段话，可谓治史之金玉良言：

> 有许多小事情，前人不注意，看不出它的重要，若是我们予以一种新解释，立刻便重要起来。往往因为眼前的问题，引出很远的问题，因为小的范围扩张到大的范围。我们研究历史要注意力集中，要另具只眼。

"联络法"，任公说到晚明时代，士大夫反清，"或死或亡，不欲合作"，是不是毫无意义呢？要把个别的历史现象联络综合，"假如没有晚明那些血气义士使节不辱，把民族精神唤起，那么辛亥革命能否产生还是问题呢"。

梁启超以科学综合的方法治史，认为中国历史上有史学之确立与发展，"最有关系的有三个人：一、刘知几；二、郑樵；三、章学诚。"其代表作为刘知几的《史通》，郑樵的《通志总序》、《二十略序》；章学诚有《文史通义》，笔者不揣冒昧，认为史学三人之外，应另加一人：梁启超，不可不读的作品为《中国历史研究法》及其补编。刘知几认为官修的史，多少人合著的史都是靠不住的，“应该由一个专家拿自己的眼光成一家之言”。郑樵“把历史放大了很多”，“六书、七音、氏族”等，均“包揽在史学范围内”，其“成绩最大的”是告诉后人：“历史是整个的，分不开，因此反对断代的史，主张做通史，打破历史跟着皇帝的观念。……历史如长江大河，截不断，要看全部。”至于章学诚，任公认为，“截至现在，只有他配说是集史学之大成者”，其“《文史通义》有四分之一或三分之一是讲哲学的，此则所谓历史哲学，为刘知几、郑樵所无，章学诚所独有……若问世界上谁最先讲历史哲学，恐怕要算章学诚了”（《饮冰室合集·专集》之十二）。

那么梁启超呢？采史学三家乃至百家之长，以科学的方法梳理千年旧史，强调为生人写史为今人借鉴。钩沉求真史笔；简洁飞动，于历史的瓦砾堆中找出生动活泼之种种教训，声光魔力，雷以灌顶，心雄万古，参天拔地。任公而后，无可记之人。

《中国历史研究法补编》先由周传儒后由姚名达笔记，成书时姚名达有跋于后，略记清华国学院甫成，姚名达问学于梁启超，任公答曰：“史也，史也！”及至笔记《中国历史研究法补编》，孰料斯讲竟成梁启超在清华之绝响！姚名达跋文录于后：

> 右《中国历史研究法补编》一部，新会梁任公先生的讲述，其门人周传儒、姚名达笔记为文，都十一万余言，所以补旧作《中国历史研究法》之不逮，阐其新解，以启发后学，专精史学者也。忆民国十四年九月二十三日，名达初受业于先生，问先生近自患学问欲太多，而欲集中精力于一点，此一点为何？先生曰：史也，史也！是年秋冬，即讲《中国文化史·社会组织篇》，口敷笔著，昼夜弗辍，入春而病，遂未完成！十五年十月六日，讲座复开，每周二小时，绵延以至于十六年五月底。扶病登坛，无力撰稿，乃令周君速记，编为讲义，载于《清华周刊》，即斯编也。周君旋以事忙不能卒业，编至《合

传及其做法》而止，名达遂继其后。自三月十八日至五月底，编成《年谱及其做法》,《专传的做法》二章。自八月十三日至二十八日，编成《孔子传的做法》以后诸篇。全讲始告成文，经先生校阅，卒为定本。是秋以后，先生弱不能耐劳，后学不复得闻高论，而斯讲遂成绝响！《中国文化史》既未成书于前,《史法补编》又未卒述于后，是诚国人之不幸，亦先生所赍恨以终者已！名达无似，有心治史而无力以副之，深愧有负师教！斯编之行世，幸又得与于校对之列，谨志数言，以示所自，惟读者正焉。

绝响在前，绵续于后，发自清华，亦汇集于清华。工字厅，古月堂，花树滋荣，块垒起伏，月下漫步，问石问水，落花水面皆文章，曾经师生同乐，当年余响犹存。这余响中有：王国维背诵《两京赋》，梁启超吟唱全本《桃花扇》,“最喜歌者，十四出《余韵》之《哀江南》”（蒋善国《文史资料选编》二十四辑，一九八五年）。

松山野草带花桃，
猛抬头秣陵到，
残军留废垒，
瘦马卧空壕，
林郭萧条，城对着夕阳道。

又,《桃花扇》之结句：

渔樵同话旧繁华，短梦寥寥记不差；
曾恨红笺衔燕子，偏怜素扇染桃花；
笙歌西第留何客，烟雨南朝换几家？
传得伤心临去语，年年寒食哭天涯。

余响不绝者尚可例举其万一：

我不能背《治安策》，又怎能上《万言书》呢？

（谢国桢，一九八〇年十月《书林》）

没有袁世凯，中国的历史不是如此；没有我梁启超，中国的历史也不是如此。

（黎东方《大师礼赞》一九六九年十二月，台北传记文学出版社）

此吾第一次之废稿也，此吾第二次之废稿也，此稿本不足惜，惟可见治学之不易云尔。假吾数年，能为中国文化史、清儒学案诸篇，则亦可以少偿余志也夫。

（谢国桢，一九二九年三月五日天津《益世报》）

有人说：依进化法则，二千年前人的学问，应该不及二千年后人。戴东原专从孔孟几部古书上讨生活引为同调，岂不是往退化那条路上走吗？我说，此话不然。我们虽不敢说今人必不及古人，也不敢说古人必不及今人。不含时代性学说，尽可以几千年前的人发明了，几千年后的人无从易之。

（《戴东原哲学》，一九二四年一月二十四日《晨报副刊》）

无论研究何种学问，都要有目的。甚么是历史的目的？简单一句话，历史的目的在将过去的真实予以新意义或新价值，以供现代人活动之资鉴。

（《中国历史研究法补编》）

诚然知识在人生地位上，也是非常紧要，我从来并未将他看轻；不过，若是偏重知识，而轻忽其他人生重要之部，也是不行的。现在中国的学校，简直可以说是贩卖知识的杂货店，文哲工商，各有经理，一般来求学的，也完全以顾客自命。固然欧美也同坐此病，不过病的深浅略有不同。我以为长此以往，一定会发生不好的现象。中国现今政治上的腐败，何尝不是前二十年教育不良的结果？近来中国青年界很习闻的一句话，就是“知识饥荒”，却不晓得还有一个要紧的“精神饥荒”在那边……不知道精神生活完全，而后多的知识才有用。苟无精神生活的人，知识愈多。痛苦愈甚，做歹事的本领也增多。……大奸慝的卖国贼，都是知识阶级的人。将为我的私心扫除，即将许多无谓的计较扫除，如此可以做到“仁者不忧”的境域。有忧时就是“先天下之忧而忧”，为人类——如父母、妻子、朋友、国家，世界——而痛苦，免除私忧，即所以免烦恼。

（一九二三年一月二十日《时事新报·学灯》）

我情愿每天在讲堂上讲做学问方法，或者同学从前所用的方法不十分对，我可以略略加以纠正；或者他本来已得到的方法，可以为相当的补充……在人格上磨练及扩充，我自少到现在，一点也不敢放松……归纳起来罢，以上所讲的有二点：一是做人的方法——在社会上造成一种不逐时流的新人。二是做学问方法——在学术界造成一种适应新潮的国学。

（《北海谈话录》，《梁任公年谱长编》735、737页）

“民之瘼矣，忍度外置之乎？”（颜习斋语）呜呼！习斋，非天下之大仁大勇者其孰能与于斯？习斋、恕谷抱这种宏愿，想要转移学风，别造一个新社会，到今日二百年了，到底转移了没有？哎，何止没有转移，只怕病根还深几层哩，若长此下去，习斋有一番不祥的语言待我写下，他说：“文盛之极则必衰，文衰之返则有二，一是文衰而反于实，则天下厌文之心必转而为赏实之心，乾坤蒙其福矣。……一是文衰而返于野，则天下厌文之心，必激而为灭文之念。吾儒与斯民沦胥以亡矣……《易》曰：‘知几其神乎？’余曰：‘知几其惧乎！’”

鸣呼！今日的读书人听啊，自命知识阶级的人听啊，满天下小百姓厌恶我们的心理一日比一日厉害，我们正在那里做梦。习斋说“未知几之何向”？依我看“灭文”之机早已动了，我们不“知惧”，徒使习斋、恕谷长号地下耳！

（《饮冰室合集·专集》之八）

“知其不可为”便是知命，“而为之”便是努力，孔子的伟大和勇气，在此可以完全看出了。孔子的“发愤忘食，乐以忘忧”的功夫，实在是知命和努力的一个大榜样。

知命与努力，这是儒家的一大特色，也是中国民族的一大特色，从来伟大人物，无不如此。

（《知命与努力》，一九二七年五月二十九日《国闻周报》）

我国学界之光明，人物之伟大，莫盛于战国，盖思想自由之明效也。

我极舍不得清华研究院。独子清华不能无眷眷。

有一众生不成佛，我便不成佛；我认东方的宇宙未济人类无我之说。

现在讲学社请来的杜里舒，前个月在杭州讲演……他大概说：“凡物的文明，都是堆积的非进化的；只有心的文明是创造的、进化的。”又说“够得上说进化的，只有一条‘智识线’”。他的话把文化内容说得太窄了，我不能完全赞成，虽然，我很认为它含有几分真理。但我要参酌杜氏之说，重新修正进化的范围，我认为历史可以确认为进化者有二：一、人类平等及一体的观念，的确一天比一天认得真切，而且事实上确也眷眷向上进行。二、世界各部分人类心能开拓出来的“文化共业”，永远不会失掉，所以我们的遗产，的确一天比一天扩大。只有从这两点观察，我们说历史是进化，其余只好编在一治一乱的循环圈内了……何止中国，全世界只怕也是如此。埃及呢？能说现在比“三十三”王朝进化吗？印度呢？能说现在比《优波尼沙昙》成书，释迦牟尼出世的时候进化吗？说孟子、荀卿一定比孔子进化，董仲舒、郑康成一定比孟、荀进化，朱熹、陆九渊一定比董、郑进化，顾炎武、戴震一定比朱、陆进化，无论如何，恐说不去。说陶潜比屈原进化，杜甫比陶潜进化，但丁比荷马进化，莎士比亚比但丁进化，拜伦比莎士比亚进化，说黑格尔比康德进化，倭铿、柏格森、罗素比黑格尔进化，这些话都从哪里说起呢？又如唐、宋、明、清各朝政治比较，是否有进化与不进化之可言？恺撒、拿破仑等辈人物比较，是否有进化不进化之可言？所以从这方找进化的论据，我敢说一定全然失败完结。

（1923 年 3 月 3 日《时事新报·学灯》）

如是我闻。

尾声 河岳日星

姚名达的跋语言简赅，其中，“先生弱不能耐劳，后学不复得闻高论，而斯讲遂成绝响”三句短语，却包含了梁启超生命最后两三年的历程。

一九二七年六月二日，王国维自沉昆明湖。梁启超已离开清华，六月十五日信告思顺：“本想立刻回津，第二天得着王静安先生自杀的噩耗，又复奔回清华，料理他的后事及研究院未完的首尾。”（《梁启超年谱长编》738 页）

同一封信中，梁启超说到时局，“半月以来，京津已入恐慌时代，亲友们颇有劝我避地日本者，但我极不欲往，因国势如此，极难为情也”。

可是，梁启超在“白丢一只腰子”（徐志摩语）之后，身体状况时好时坏，总是每况愈下了，又说：“我一个月来旧病复发得颇厉害，约摸四十余天没有停止。原因在学校暑假前批阅学生成绩太劳，王静安事变又未免大受刺激。”归养津门一星期，“饱食终日，无所用心，这两天渐渐好过来了。”好一点儿就想做文章，“蹇季常、丁文江、林宰平大大反对，说只有‘知其不可而为之’，没有‘知其不可而言之’，王姨又时加干涉，作罢，每日写几张字，读文学书。”

还有一件紧要功课便是日日盼孩子们的海外来信，每每展读，神清气爽。曾经“三个多月不得思成来信，天天悬念”。“你们需知爹爹是最富有情感的人，对于你们的爱情，十二分热烈。你们无论功课若何忙迫，最少隔个把月总要来一封信，便几个字报报平安也好。你爹爹已经是上年纪的人，这几年来国忧家难，重重叠叠，自己身体也不如前。你们在外边几个大孩子，总不要增我的忧虑才好。”（同上）任公语带忧伤，此前从未有过，甚至有点啰嗦了，同信又嘱：“你们知道家中系念游子，每月各人总来一信便好了。”其实，这一次迟迟不得来书纯为偶然，思顺等爱梁启超，不在梁启超对孩子们的爱情之下，或者我们还可以读出，在任公笔下“爱情”一词的广泛热烈，它并不是男女相恋的专用词。仁之极者，爱之大者也。

这一时期，因为孩子们陆续放洋自费留学，梁启超的负担日益加重，又加上国内乱象丛生，金融混乱，在经济上不能不稍作经营以策长远。同一信中与思顺商量，托她和西哲代为经营理财，“知第一次之五千美元已收到”，第二次托二叔“又汇去五千美元想已收到”，此五千美元为“将中国银行股票五折卖出”所得，“有一万美金，托西哲代为经营，以后思庄学费或者可以不消我再管了”。“我还想将家里点点财产，陆续处分处分，得多少都交你们替我经营去。”（同上，739、740 页）

是年七月，辞北京图书馆馆长职。建议编纂《中国图书大辞典》。

是年九月，梁启超又在协和住院检查十二天，“血压由百四五十度降到百零四度，小便也跟着清了许多”。调养休息之功也，“若照此半年下去，或许竟有复原之望”。

是年十一月二十三日给孩子们信，其中有“思顺这次来信，苦口相劝，说每次写信便流泪。你们个个都是拿爹爹当宝贝，我是很知道的，岂有拿你们的话当耳边风的道理。但两年以来，我一面觉得这病不要紧，一面觉得他无法可医，那么我有什么不能忍耐呢？你们放下十二个心吧。”（同上，747 页）

思成订婚，前文已述梁启超亲定一红一绿玉佩两方为订婚礼。梁思成与林徽因的婚礼在国外举行，梁启超嘱："我远隔不能遥断，但主张用外国最庄严之仪式。"梁启超对思成婚后返国行程，"我也盘算到了，头一件我反对从西伯利亚路回来，因为野蛮残破的俄国，没什么可看"。任公又云："我替你们打算，到美国后折往瑞典、挪威一行，因北欧极有特色，市政府也极严正有新意，必须一往。由是入德国，除几个古都市外，莱茵河畔著名堡垒最好能参观一二，回头折入瑞士看些天然之美，再入意大利，多耽搁些日子，把文艺复兴时代的美彻底了解。"（同上，751 页）

是年十二月四日致思顺信，"昨日范静生病逝可伤之至"。湖南时务学堂硕果仅剩之爱徒走了，再也不来饮冰室饮茶聊天、嘘寒问暖了。梁启超每每"身心过劳，或动感情，则病情转剧"。近一年不仅时发血尿，"小便不通者凡三次，去岁一月一日，范公静生病逝，先君子伤感甚，小便不通者二十九小时。六月二十七日，约五十余小时。"思成偕林徽因归国，任公念及夫人，"小便堵塞又二十余小时"（梁思成语，《梁启超年谱长编》773 页）。如此苦痛，任公既得之且安之忍之，从无叫苦怨言，其非凡人乎？凡人之非凡者也。

一九二八年一、二月间，梁启超再住协和，"兼行灌血"，输血也。输血之后，病况好转。三月，梁思成、林徽因于加拿大结婚，行将返国，对徽因，任公给思成的信上说："尤其令我喜欢者，我以素来偏爱女孩之人，今又添了一位法律上的女儿。"比梁启超更高兴更忙碌的是王姨，布置新房，事必亲为，无分巨细，"竟将旧房子粉刷一新"。

还有大喜事，是年六月十六日，梁思顺生一子，任公外孙子也，"三天家得着添丁喜安电，合家高兴之至，你们盼望添个女孩子，却是王姨早猜定是个男孩子了"，任公并取名嘉平。

以年谱记载，一九二八年任公书信中涉及清华国学院的有四处：五月八日与思顺书："我清华事到底不能摆脱，我觉得日来体子已渐复元，虽不能摆脱，亦无妨。因为我极舍不得清华研究院。"（同上，758 页）六月十九日给思顺信："今日最痛快的一件事，是清华完全摆脱，我要求那校长在他自己辞职之前先批准我辞职，已经办妥了。"该校长即曹云祥，当时清华风波之作俑者。又有一信，任公称：旧病又有点儿发作，“因为批阅清华学生成绩，一连赶了三天”（同上，762 页）。致启勋书中有“独于清华不能无眷眷”句。

又拟寄到期保险费八千美金给思顺。以笔者所见可据资料计，梁启超的浮财为一万八千美元。任公又称：“我自己零用呢，很节省，用不着什么。除了有些万不得已的捐助借贷外，只爱买点书，我很想平均每月有二百元的买书费……若实不够用，此项也省得。”（同上，763 页）

是年九月十日，梁启超著《辛稼轩先生年谱》。

辛弃疾的影子在眼前闪过：吹角连营、挑灯看剑，这个从北方投奔南宋的爱国志士，可谓人中英才，词中霸主，豪放意态却又不是任意挥洒可得。读来荡气回肠，块垒顿消，人多说辛词之雄伟、刚健，却少有人知辛弃疾的惨淡经营、苦心孤诣。

一首词牌为《破阵子》的祝寿词，写的是辛弃疾的妻兄范南伯，虽然只是如词前小序所云“为范南伯寿”，其实却有故事：范南伯在吏治和军事上都有长才，从北方到南宋后却怀才不遇，落寞失意，让他去做偏远的泸溪县令，范南伯迟迟不肯就任。辛弃疾便写《破阵子》既为祝寿又为规劝，营意用典之妙，用梁启超的话说是：“可为三叹！”词曰：

掷地刘郎玉斗，
挂帆西子扁舟。
千古风流今在此，
万里功名莫放休。
君王三百州。

燕雀岂知鸿鹄，
貂蝉无出兜鍪。
却笑泸溪如斗大，
肯把牛刀试手不？
寿君双玉瓯。

闲来无事，梁启超便一边写《辛稼轩先生年谱》，一边品味、考证这《破阵子》中的典故。全词六十二字，用了范增、范蠡、陈涉、周盘龙、宗悫、子游六典，除周盘龙一典稍为冷僻外，均为熟典，为全词的生动内容的一部分，非耀学无生硬，得蕴藉隽永之妙，远胜于直接议论。

第一句典出刘邦送玉斗给项羽谋士范增，范掷玉斗于地，拔剑碎之，可谓以碎玉始；而结句是辛弃疾献玉瓯以祝寿，则为完玉终，其间，捕捉心态，造语灵动，以万里功名上对千古风流，下启君王三百州，而大宋三百州此时已剩下不及一半了，完玉之业吾辈岂能以一己之得失而置之度外乎？

一九二八年九月二十四日，晨起，梁启超便伏案，编至辛弃疾五十二岁时，突然痔病发作，三天后到北京就医，得《信州府志》，欣喜若狂。稍觉安定后即携药带书出院返津。虽然时有发烧，心情郁闷，仍然以侧股续写辛弃疾的年谱打发日子。

是年九月十六日，是《梁任公年谱长编》中梁启超给思顺的最后一封信，他依然憧憬着新生活："我平常想你还自可，每到病发时便特别想得厉害，觉得若是顺儿在旁边，我向他撒一撒娇，苦痛便减少许多。"思顺将归国，任公乐不自禁，"现在好了，我的顺儿最少总有三五年依着我膝下，还带着一群可爱的孩子——小小白鼻[①]接着老白鼻——常常跟我玩。我想起八个月以后家里的新生活，已经眉飞色舞。"又道："思成说你们吃得太坏，我和全家人都不以为然。宁可别的省，吃得坏会伤身子，于孩子尤不相宜。"（《梁启超年谱长编》768 页）

是年九月二十七日，因痔疮剧痛再入京住协和。九月十七日，梁启超与梁思成书，是书亦为《梁启超年谱长编》中最后一书："这回上协和一个大当，他只管医痔，不顾及身体的全部，每天两杯泻油，足足灌了十天（临退院还给了两大瓶，说是一礼拜继续吃，若吃多了非送命不

---

① 指思顺之子，笔者注。

可），把胃口弄倒了。也是我自己不好，因胃口不开，想吃些异味炒饭、腊味饭，乱吃了几顿，弄得胃肠一塌糊涂，以致发烧连日不止，人是瘦到不像样子，精神也很萎顿……好在还没有牵动旧病，每当热度高时，旧病便有窃发的形势……我实在睡床睡怕了，起来闷坐，亦殊苦，所以和你闲谈几句，但仍不宜多写，就此暂止罢。"（同上，770 页）

一九二八年十月十二日，梁启超写到辛弃疾六十一岁，是年朱熹去世，辛弃疾前往吊唁，于不胜悲痛中作文略寄哀思，梁启超在"考证"一栏中写道："全文已佚，惟本传录存四句云：'所不朽者，垂万世名，孰为公死，凛凛犹生'。"

梁启超写完最后一个"生"字，搁笔。

这一支笔忽然间沉重到如山，梁启超再也扶不起来了。

这是梁启超写下的最后几句话、最后一个字。"生"——陌生的"生"——生命的"生"——生于斯、长于斯的"生"——生前身后的"生"——多么沉重的一个"生"字啊！生生不息之"生"！

《辛稼轩先生年谱》文末，有梁启超弟梁启勋写的一段小跋，可以真实地看见生命最后的梁启超：

> 伯兄所著《辛稼轩先生年谱》，属稿于十七年九月十日，不旬日而痔疮发，乃于同月之二十七日入协和医院就医。病榻岑寂，惟以书自遣，无意中获得资料数种，可为著述之助，遂不俟全愈，携药出院。于十月五日回天津，执笔侧身坐，继续草此稿。如是者凡七日，至十月十二日，不能支，乃搁笔卧床，旋又到北平入医院，遂以不起。谱中录存稼轩祭朱晦翁文，至凛凛犹生之"生"字，实伯兄生平所书最后之一字矣！时则十二日午后三时许也。稼轩先生卒于宁宗开禧三年丁卯九月初十日，年六十又八，此谱止于六十一岁，尚缺七年未竟。

一九二八年十一月二十七日，梁启超由启勋等家人送往协和医院急诊抢救，由柏格兰教授亲自听诊检查，发现痰中有一种罕见的病毒。

“任公以其病不治，亲嘱家人以其尸身剖验，务求病原之所在，以供医学界之参考。”（《梁启超年谱长编》772 页）梁启超去世前几日的状态，安静平和，不忧不惧不怨，梁思成有记，“先君子于人生观无论环境如何，辄以不忧不惧为宗旨，虽到临终之前数日，犹日夜谋病起之后，所以继续述作之计划”。又：“先君子曾谓‘战士死于沙场，学者死于讲座’。方在燕京、清华讲学，未尝辞劳，乃至病笃仍不忘著述，身验斯言，悲哉！”（同上，773 页）

这是除了思想、情操、才学之外，连同躯壳都想奉献出来的一个人。

一九二九年一月十九日午后二时十五分，激情烂漫叱咤风云几十年的一颗堪称伟大的心脏停止了跳动。

梁任公累了。

梁任公永远睡着了。任公曾为陶渊明叹：“他仅得五十六岁。”而今任公走了，何其匆匆也，任公！

有道是：寂寥哀时客，烂漫饮冰子。

一九二九年二月十七日，北京各界人士五百多人在广惠寺为梁启超公祭。广惠寺门前高高扎着一座蓝花白底素色牌楼，横幅上书有“追悼梁任公先生大会”的黑色大字。进得牌楼是祭台，祭台前素花万朵搭成又一牌楼，并缀出“天丧斯人”四字。

悬熊希龄一联：

十余年患难深交，有同骨肉，舍时去何先，著书未完难瞑目；数小时行程迟误，莫接声容，悲余来已晚，抚棺一痛更伤心。

丁文江一联亦广为传诵：

生我者父母，知我者鲍子；

在地为河岳，在天为日星。

门前屋内挽联挽诗密布，时人估计至少约有三千余件。清华、燕京等学子及社会名流如熊希龄、丁文江、胡适、钱玄同、朱希祖、陈衡哲、任鸿隽、袁同礼、谢国桢等纷至沓来。

同日上午九点，上海各界在静安寺公祭梁启超，陈散原、张元济主持，蔡元培、孙慕韩、姚子让、唐蟒、高梦旦等致祭。静安寺佛堂“四壁均悬挽联，白马素车，一时称盛”。“礼堂中悬任公小像，几之前，遍陈鲜花水果。”

北京广惠寺佛堂，“男女公主思成、思礼、思懿、思达、思宁与林徽因，麻衣草履，伏于灵帏，稽颡叩谢，泣不可仰，全场均为暗鸣之声笼罩，咸为所黯然”（天津《益世报》一九二九年春季增刊）。斯时，任公最疼爱的“大宝贝思顺”，“小宝贝思庄”及思忠，还在从大洋彼岸洒泪而归的奔丧路上，天涯之哭，山海同悲。

任公去世两个月，一九二九年三月五日，其门人谢国桢于天津《益世报》为文，言梁启超毕生的著述生涯，语极精当，皆可作不二之论：“先生少年之文，以豪迈胜，及夫壮年治学，以系统条理见长，故恒亦有疏忽之愆；及夫晚年，则由提要钩玄，一变而为精湛缜密之作，而文则情韵不匮，直逼东汉。惜乎！先生死矣！”

梁启超去世时，思礼五岁，少不更事也，拉扯着娘的衣襟问，爹爹为什么不回家？爹爹不喜欢我了吗？爹爹还跟我背诗玩耍吗？

两人对酌山花开，
一杯一杯又一杯，
我醉欲眠君且去，
明朝有意抱琴来。

我们说历史不会重演，是指时光之箭不会倒退；我们说历史有惊人的相似之处，是因为一个民族、一个种群、一个国家，其民族性、国民性的改变是长期的、艰难的，有时甚至是有反复的。由是观之，梁启超在近一百年前奔走呼号的变法及“变法不知本原之害”和改变国民意识的“新民之道”，乃至对史学的思考，“精神饥荒”与“道德的崩溃”，还有梁启超时代尚未出现的山河破碎，生态失衡，雾霾笼罩等，不是更加迫切地摆在我们眼前吗？史也！习也！

每一个民族在每一个时代都呼唤着自己的伟人。

对于任何一个民族的任何一个时代而言，再没有比获得一个伟人的声音更重要的了。

这个声音将会落到无数人的心里，成为智慧的种子，萌芽在寒冷的季节，收获在孩子们的瞳仁里。

这个声音并且无法被埋没。

如同梁启超，以及他的《饮冰室合集》，无论尘封多久，那声音总是亲近的，因为他说出了那个时代渴望说出的话，并且仍然能使今天的人振聋发聩：

> 中国“千门万户”的未央宫，三个月烧不尽的咸阳城，推想起来，虽然不必像现代的纽约、巴黎，恐怕也有他的特别体面处，如今哪里去了呢？罗马帝国的繁华，虽然我们不能看见，看发掘出来的建筑遗址，只有令现代人吓死羞死，如今又都往哪里去了呢？远的且不必说，维也纳、圣彼得堡战前的势派，不过隔五六年，如今又都往哪里去了呢？可见物质文明这样东西，根柢脆薄得很，霎时间电光石火一般发达，在历史上原值不了几分钱。所以拿这些作进化的证据，我用佛典上的一句话批评他：“说为可怜愍者。”
>
> （《饮冰室合集·文集》之五）

伟人是历史的影子，也是历史的回音壁。

十九世纪末《新民丛报》时，梁启超身为“通缉要犯”，流亡日本时，纵论中国三百年学术界思想变迁之大势，其清代学术篇章之惊世妙论即为后写的《清代学术概论》之自序：“此二百余年间，总可命名为中国之‘文艺复兴’时代”也，梁启超此论秀于他一生的浩繁著述。至今仍烛天照地。要言之，没有“文艺复兴”，何谓民族复兴？“中国之‘文艺复兴’时代”假如今日还在“伏藏”，我深信必有“掘藏”者之起。

附录

梁启超大事年表

一八七三年二月二十三日，先生生于广东新会县能子乡之茶坑村，能子乡亦熊（音奶）子乡，为新会诸岛之一，当西江入海之冲。村落依山，草木不凋，风浪时作。

一八七七年，先生五岁。《三十自述》中先生谓：四五岁“就祖父及母亲膝下授四子书、《诗经》”。夜与祖父同榻。祖父“尤喜举亡宋、亡明国难之事，津津道之”。次年，从父读，“受中国略史、《五经》卒业”。又从启蒙师张乙星先生学。

一八八〇年，先生八岁。自谓：“八岁学为文，九岁能缀千言。”

一八八二年，先生十岁，就童子试，第一次去广州。“同行皆父执”，舟中共饭，有以咸鱼为题，命先生作诗者。先生应声曰：“太公垂钓后，胶鬲举盐初。”神童之名自此始。

一八八四年，先生十二岁，补博士弟子员，广东学政叶大焯接见诸生，先生长跪不起求学政大人为祖父书寿序。叶大焯感其孝，叹其才，赞先生祖父家教有方，欣然命笔，有“启超勉乎哉”句。

一八八七年，先生十五岁，就读于广州学海堂。这一年先生母亲去世。《三十自述》记道：“余方游学省会，而时无轮船，奔丧还乡，已不获亲含殓，终天此恨，莫此为甚。”先生进学海堂后，“舍帖括”，学训诂词章。学海堂而外，又从石星巢先生学，民国元年先生致令娴书中谓：“吾十五六岁之知识，大承得自彼也”。

一八八九年，十七岁的先生参加广东乡试，中举人第八名。主考官李端棻，清光禄大夫礼部尚书也，激赏少年举人，遂以妹相许。

一八九〇年春入京会试，不第。偶识夏穗卿，先生“外江佬”中第一个挚友。南归时经上海，购《瀛环志略》，“始知有五大洲各国”。是年八月始识康有为，其时南海“于京师上书请变法，不达，新从京师归”。“于是乃因通甫修弟子礼，事南海先生”。(《三十自述》)

一八九一年，先生十九岁，是年康南海徇先生和陈通甫之请，设教于广州长兴里万木草堂，这一时期，康南海所教，“是先生一生学术和事业的大基础”。(《梁任公先生年谱长编》15页)受益最深者，康南海之为人师表也，南海所著之《长兴学记》也。是年冬十月，先生入京完婚。

一八九五年，先生二十三岁，入京会试，不第。其时甲午败后，朝廷割地求和，国将不国。《三十自述》中先生谓：“代表广东公车百九十人上书陈时局，既而南海先生联公车三千人，上书请变法，余亦从其后奔走焉。”

一八九六年，先生二十四岁。七月《时务报》开办，先生以《变法通议》而一纸风云，声名鹊起。

一八九七年，先生二十五岁。设时务学堂于长沙，先生主讲，谭嗣同、唐才常助教，集学子四十人，蔡锷、林圭等均为高才生。“时务学堂激起的风云，是明年戊戌政变的重要原因之一”。(《梁任公先生年谱长编 42 页》)

一八九八年，先生二十六岁。三月，随南海先生发起“保国会”。四月上书请废八股。四月二十二日，光绪帝发诏定国是的上谕，变法新政由是开始。百日而后，光绪被囚，西后政变，“六君子”被杀于菜市口，先生仓惶出逃日本，住东京。筹办《清议报》及大同学校。

一九〇〇年，参与“勤王之役”，即唐才常之自立军起义，惨败。四月一日，在《致南海夫子大人书》中“辩自由之义”。(《梁启超年谱长编》153 页）是年先生居檀香山时，识华侨女子何蕙珍，并有诗记之。

一九〇一年冬，《清议报》停刊，改办《新民丛报》。

一九〇二年正月，《新民丛报》出版，十月《新小说报》出版。《新民说》问世，这一年，先生与黄公度先生多有函札往返。

一九〇三年，先生三十一岁，三月游美洲，著《新大陆游记》。

一九〇五年八月，中国同盟会于日本成立，十月，同盟会机关报《明报》出版，并宣布与先生论战，先生之“死战革命党”亦由此而始。

一九〇六年，先生三十四岁。是年七月，清廷下预备立宪诏，立宪与革命之辩更趋激烈，并渐趋实际运动，先生与康南海商定组党。这一年，先生的著作有《开明专制论》及《再驳某报之土地国有论》、《中国不亡论》等。

一九〇七年七月，《新民丛报》停刊，九月，“政闻社”成立于日本东京，十月《政论》出版。这一年，先生著有《国文语原解》。

一九〇八年，先生三十六岁。是年七月，清廷查禁“政闻社”。十月，光绪帝与西太后先后崩逝，载沣以摄政王执政。

一九〇九年，先生三十七岁。是年三月《管子传》成，四月著《财政原论》，八月《宪政新志》出版。

一九一一年，先生三十九岁。是年二月有台湾之行。八月，武昌起义。九月，先生匆匆返国后又回日本。同月，开放党禁，由袁世凯组阁，以先生为法律副大臣，先生坚辞不就。十月，先生与南海先生发表“虚君共和”政见，十一月南北议和成立这一年，先生著《新中国建设问题》、《中国前途之希望与国民责任》等。

一九一二年，民国元年，先生四十岁。元旦，中华民国于南京成立，孙中山为临时大总统。是年二月十二日，清帝退位，三月，袁世凯就任临时大总统于北京，先生电贺。四月，先生著《中国立国大方针商榷书》，六月，又著《财政问题商榷书》。九月，先生归国。

一九一三年，先生四十一岁。是年二月，先生加入共和党。四月，宋教仁于上海沪宁车站被刺。七月，袁世凯任命熊希龄为国务总理，先生任司法总长。

一九一四年，先生四十二岁。是年二月十二日熊希龄辞国务总理职，先生数次请辞，袁世凯慰留；十八日再坚辞，袁世凯任命先生为币制局总裁。十二月，先生辞币制局总裁职，假馆京西清华园，著《欧洲战役史论》。

一九一五年，先生四十三岁。是年正月，先生任《大中华》杂志总撰述。十八日，日本向中国提出要求条件二十一条。八月十四日，为袁世凯帝制运动事，发表《异哉所谓国体问题者》一文挞伐之，京沪为此一报难求。十二月十六日，先生南下与蔡锷会合，讨袁护国。

一九一六年，先生四十四岁，是年五月三十日，先生始闻老父三月十四日逝世，即辞军务院职，在上海居丧。

一九一七年，先生四十五岁。是年七月一日，张勋复辟，同日先生通电反对，后即参加段祺瑞、冯国璋讨伐复辟之役；十九日，段祺瑞内阁成立，先生受任为财政总长。十一月十八日，先生辞财政总长职。

一九一八年，先生四十六岁。是年春夏间先生摒弃百事，致力于《中国通史》的写作，数月间成十万余言，至八九月间因勤奋积劳而呕血，通史之作亦因此搁笔。十二月二十八日，先生偕蒋方震、丁文江等由沪上坐日轮“横滨丸”放洋，欧洲之始也，亦为先生此后致力于教育事业的起点。

一九一九年，先生四十七岁。是年二月十一日抵伦敦。这一年的游历，先生观察欧洲社会。比较风土人情，感觉社会心理，于读书写作中度过，著《欧洲心影录》。中国发生“五·四”运动。

一九二〇年，先生四十八岁，三月五日返上海。是年先生著述甚丰，有《清代学术概论》、《墨经校释》、《老子哲学》、《孔子》、《老、孔、墨以后学派概观》以及佛教文章十二篇。

一九二一年，先生四十九岁。是年《墨子学案》出版，撰写《中国历史研究法》。

一九二二年，先生五十岁，是年一月《中国历史研究法》出版，风行学界。这一年先生在清华等学校多次讲学，题目有：《美术与科学》、《评非宗教同盟》、《情圣杜甫》、《先秦政治思想》、《学问之趣味》、《敬业与乐业》、《屈原研究》、《地理及年代》、《为学与做人》、《什么是文化》等，二月二十二日——旧历正月十六，先生五十寿日，熊希龄以《湖南时务学堂遗编》一书为先生寿。

一九二三年，先生五十一岁。是年先生著《陶渊明》一书成，为《清华周刊》撰《国学入门书目》，九月起，在清华学校讲学。十月，发起戴东原二百年生日记念。十一月，松坡图书馆于北海快雪堂正式成立。是年又著《颜李学派与现代教育思潮》。

一九二四年，先生五十二岁。是年四月泰戈尔到访，同月夏穗卿卒，先生作《亡友夏穗卿先生》一文以悼之。是春讲学于南开大学。六月，梁思成赴美留学。九月十三日——旧历八月十五——梁夫人辞世。是年著《戴东原哲学》等。

一九二五年，先生五十三岁。是年三月十二日，孙中山先生逝世，先生前往吊唁。九月初，先生主持清华国学院，订学规，讲《中国历史研究法补编》。十月，葬梁夫人于西山卧佛寺旁之墓园。十二月，《要籍解题及其读法》出版，其间令娴偕思庄放洋加拿大，先生思女心切，多有书信寄爱。

一九二六年，先生五十四岁，是年初先生便血加剧。三月，入协和医院割去右肾一枚，经查，右肾为无病之肾，是有“梁任公白丢腰子”说。十二月，先生延请中医后，病体稍愈，即为清华学子讲学，并忙于著述出版，有《中国历史研究法补编》、《先秦学术年表》、《王阳明知行合一之教》、《清华国学院座谈会演说辞》等。

一九二七年，先生五十五岁，是年三月，康南海先生逝世，先生抱病设灵堂公祭。六月，王国维投湖自沉。八月先生开始《中国图书大辞典》工作。先生是年著有《儒家哲学》、《古书真伪及其年代》，而《中国文化史》实为先生在清华国学院最后之授课，惜乎病体不支，不能为之续也。

一九二八年，先生五十六岁，是年六月，辞清华研究院事。九月，作《辛稼轩年谱》，未曾完稿而病大作。

一九二九年，先生五十七岁，一月九日，先生驾鹤不归。

跋

灿烂庄严

二〇一三年惊蛰过了的第一场春雨之夜，书竟，以余绪为跋。梁启超临终，启勋《病床日记》称："一月十五日病垂危，至临终时，无一语遗嘱。"又曾在别一文章中读到，任公生命之末，拉着王姨即如夫人王桂荃的手说："辛苦你了，一堆孩子全交给你了。"苦于寻觅不到旁证，正文未写，后记不能不录。任公临终前的一月十一日启勋记道："任公拟预备自祝六十岁寿，请其友人作文百篇，请林宰平作关于任公之佛学研究，罗复庵作任公书法。"可见任公最后几天病况似有一线生机，清醒平静而一如既往地乐观，或者于这三四天中，与王姨之言是王姨侍候在侧时任公所说？于情于理，我信其有。

梁启超辞世时五岁的思礼，在母亲和哥哥、姐姐的关爱下，到十七岁时"他拿着外婆凑得四百美元，随五姨思懿远渡重洋到了美国"（吴荔明，一九九一年一月三日《民国春秋》）。以"人必真有爱国心，然后可以用大事"（任公语）之激励，任公的后人其爱国报国之情甚少见于言谈，而只是在"事情上下功夫"。吴荔明称："全家人在外婆王桂荃和大姨思顺的支持下，将外公梁启超遗留下来的手稿全部捐赠给北京图书馆。他们还把北戴河一座避暑别墅献给了国家。一九七八年妈妈[①]代表全家将外公坐落在北京卧佛寺的陵园和几百枝树木献给国家，现在那里已被北京植物园开辟成郁郁葱葱的裸子植物区。”

呼吸植物园的空气，追寻天籁中传来的梁启超的声音，静享此如沐天恩的心境，幸何如之！

可是，那艰难时世中的痛苦，梁启超最不愿看到的暴力与“灭文运动”的斑斑血泪，一样在梁家飞溅。梁启超的“大宝贝”思顺，“在红卫兵的多次毒打下，终于在一九六六年悲惨地死去，没有亲人来和她诀别，因为她的弟弟妹妹们，不是‘反动权威’就是‘反革命分子’。”（吴荔明，同上）吴荔明此文颇得梁公真传，简洁生动，唯一的遗憾是写到其外婆处，只有“四川人，一九〇三年嫁给外公”寥寥二三语。这个为梁启超、为梁启超的子女们尽倾其爱的女人，作为“中国最大的保皇派的老婆”，曾受尽凌辱，逐出北京，一九六八年去世。这一被我们忽略的女人，从品性人格而言，其实是梁启超的影子。

一九九六年初夏，二〇一二年秋，我偕太太两次拜谒梁启超墓，侧有另一墓，王桂荃墓也，梁氏后人植白皮松一株，曰：“母亲树”，碑文称“梁氏子女九人深受其惠……及子孙辈”。“待到枝叶繁茂日，后人见树如见人”，信哉此言，一九九六年初见为小树，二〇一二年再见已枝繁叶茂，与梁启超夫妇的合葬墓相距咫尺，作陪侍状。

梁启超于去世前一年多写的《学校读经问题》，实在可以当作任公遗训读。任公告诉我们，“学童幼时，当利用其记性，稍长乃利用其悟性”，“非自小学时即读之不可”。所以要读经，因“经训为国训所寄，全国思想之源泉，自兹出焉”。任公又指出，“我国因言文分离之故，故文字无变化，欲用国文以表今日各种科学思想，已觉甚难”。任公认为，“古书训词深厚，含意丰宏，能理解古书者，则借此基础以阐发新思潮，或尚有着手处”。倘若不是从小在读经读古文上修养锤炼，结果必然是苍白肤浅，世界最美的汉字便顿失光彩。任公有担忧：“若全国皆

---

① 即思庄，笔者注。

习于浅薄之文学，恐非惟旧学失坠，而新学亦无自昌明。”

梁启超这一段遗训最刺痛我的是“若全国皆习于浅薄之文学”一句，别人的我不敢说，我的这部《梁启超传》，无疑是属于“浅薄之文学”一类，任公气象为不可及也。虽然，我也努力，一九九六年至今四易其稿，陶醉于《饮冰室合集》几致不能自拔，偶尔还能听见任公的教训，“宇宙未济人类无我”，“知其不可为而为之”。不可为而为之，而往之，而煮字，奈何力所不逮。

我愿更多的年轻人读梁启超，你只要读便能得着任公引领的进入历史、进入国学、修养人格、无忧无惧并呼吸新学的孔道。倘若我的这本书能稍稍起一点向导的作用，那就是三生有幸了。目及当今，金钱和物质已成唯一的追求，在此巨大的压迫力下，思想何在？精神何在？国中有梁启超而国人不蒙其泽，悲夫！哀哉。

梁启超一生欣欣向荣，最讲“趣味”、“敬业”、“人格完成”和“思想自由”。倘以任公为榜样，“学而时习之”，改去我们的种种恶习，中华民族文化复兴大业、任公没有做完的《中国文化史》正等着我们去做呢！笔者以梁启超的两句话作跋语之末：

> 吾感谢我先民饷遗我者至厚，吾觉有极灿烂庄严之将来横于吾前。
>
> 若说老虎杀人算恶，为什么人杀老虎不算恶？

二〇一三年春分大雪之晨又改，

五月再改于北京凉水河一苇斋

二〇一三年九月中秋近删定

第一批已出版书目

1 ———《逍遥游——庄子传》 王充闾著

2 ———《书圣之道——王羲之传》 王兆军著

3 ———《千秋词主——李煜传》 郭启宏著

4 ———《草泽英雄梦——施耐庵传》 浦玉生著

5 ———《戏看人间——李渔传》 杜书瀛著

6 ———《心同山河——顾炎武传》 陈益著

7 ———《孤独的绝唱——八大山人传》 陈世旭著

8 ———《泣血红楼——曹雪芹传》 周汝昌著

9 ———《旷代大儒——纪晓岚传》 何香久著

10 ———《烂漫饮冰子——梁启超传》 徐刚著

图书在版编目（CIP）数据

烂漫饮冰子：梁启超传 / 徐刚 著. -- 北京 : 作家出版社，2014. 1（2020. 6重印）
（中国历史文化名人传）
ISBN 978-7-5063-7139-1

Ⅰ. ①烂… Ⅱ. ①徐… Ⅲ. ①梁启超（1873~1929）- 传记 Ⅳ. ①B259.1

中国版本图书馆CIP数据核字（2013）第240843号

烂漫饮冰子——梁启超传

作　　者：徐　刚
传主画像：高　莽
责任编辑：史佳丽
书籍设计：刘晓翔 + 韩湛宁
责任印制：李卫东　李大庆
出版发行：作家出版社有限公司
社　　址：北京农展馆南里10号　　**邮　　编：**100125
电话传真：86-10-65067186（发行中心及邮购部）
86-10-65004079（总编室）
E-mail:zuojia@zuojia.net.cn
http://www.zuojiachubanshe.com
印　　刷：北京汇林印务有限公司
成品尺寸：152×230
字　　数：440千
印　　张：31
版　　次：2014年1月第1版
印　　次：2020年6月第4次印刷
ISBN 978-7-5063-7139-1
定　　价：58.00元